A CULPA É DOS OUTROS

EMIL FARHAT

A CULPA É DOS OUTROS
BRASIL, O PAÍS DOS COITADINHOS

INTRODUÇÃO E COMENTÁRIOS
ALAN GHANI

COPYRIGHT © FARO EDITORIAL, 2022

COPYRIGHT © EMIL FARHAT (1914 - 2000)

FORAM EMPENHADOS TODOS OS ESFORÇOS PARA ENCONTRAR OS HERDEIROS DO AUTOR.

Todos os direitos reservados.
Nenhuma parte deste livro pode ser reproduzida sob quaisquer meios existentes sem autorização por escrito do editor.

Avis Rara é um selo de Ciências Sociais da Faro Editorial.

Diretor editorial **PEDRO ALMEIDA**

Coordenação editorial **CARLA SACRATO**

Preparação **GABRIELA DE ÁVILA**

Revisão **THAÍS ENTRIEL**

Dados Internacionais de Catalogação na Publicação (CIP)
Jéssica de Oliveira Molinari CRB-8/9852

Farhat, Emil
    A culpa é dos outros : Brasil, o país dos coitadinhos / Emil Farhat — São Paulo : Avis Rara, 2022.
    448 p.

    ISBN 978-65-5957-216-8

    1. Ciência política - Filosofia 2. Brasil – Economia 3. Ciências sociais I. Título

22-3186   CDD 320

Índice para catálogo sistemático:
1. Filosofia política

1ª edição brasileira: 2022
Direitos de edição em língua portuguesa, para o Brasil, adquiridos por FARO EDITORIAL.

Avenida Andrômeda, 885 — Sala 310
Alphaville — Barueri — SP — Brasil
CEP: 06473-000
www.faroeditorial.com.br

SUMÁRIO

INTRODUÇÃO: Uma obra atual e à frente do seu tempo 7

1. O país dos coitadinhos 13
2. A ficção de uma "sangria" e a realidade de uma sangradura ... 30
3. Por que fracassou a primeira "Reforma de Base" do Brasil: a do Mar 49
4. O biombo das Reformas e a câmara de eco "reformista" 70
5. O deliberado descarrilamento geral dos nossos sistemas básicos de transporte 94
6. O Nordeste brasileiro é uma ilha duas vezes mais distante que a Austrália 145
7. Rio Grande do Sul – a nova ilha do arquipélago 170
8. A semeadura de embustes em torno da reforma agrária 181
9. A mão seca do Estado industrial e a mão frouxa dos líderes *Madame-de-Pompadour* 204
10. Os marxistas sebentos e os ricos fedorentos 242
11. As "crises nacionais" e a indecisão pendular das lideranças .. 274
12. As "chaves" comunistas: terror intelectual e terror econômico .. 309
13. Povo burro é povo pobre 343
14. Ideias em resumo, à guisa de conclusões 397

INTRODUÇÃO

Uma obra atual e à frente do seu tempo

Um livro pode ser considerado genial pela sua imortalidade perante o tempo e as circunstâncias. A obra de Emil Farhat preenche exatamente esses critérios. Escrito na década de 60, temos a nítida impressão de que o autor descreve e analisa a realidade atual brasileira, ou talvez tivesse algum dom sobrenatural preditivo sobre o futuro.

O livro é um choque de realidade, um soco no estômago. Faz um diagnóstico preciso das causas do nosso subdesenvolvimento, de maneira erudita e visceral. Com um estilo literário sofisticado — espécie em extinção nos dias de hoje —, a obra não deixa de ser angustiante, pela sensação de que evoluímos pouco em termos econômico, político e cultural, preservando os mesmos vícios do atraso da década de 60.

Cada capítulo é um diagnóstico cirúrgico do Brasil de hoje. Coube a mim, somente, a nobre missão de contextualizá-los para os dias atuais. A atualização foi mais de forma do que de conteúdo e essência. Com o avanço da quantidade de dados e da estatística, ficou mais fácil evidenciar a relevância desta obra para entender, de fato, o Brasil de hoje.

O capítulo 1, logo na sua primeira página, vai direto ao ponto, mostrando como predomina a mentalidade do "coitadismo". Mesmo com o desenvolvimento da indústria nacional, a narrativa do coitadismo prevalece sobre os benefícios concretos trazidos pelo avanço industrial para toda a sociedade.

Essa mentalidade anticapitalista ainda predomina nos dias atuais. Mesmo que o avanço da economia do mercado traga melhoras para os mais pobres, sempre há um, "mas", exigindo-se uma perfeição inatingível, como num mundo infantil idealizado, em que o "bom" e o "possível" cedem espaço para a fomentação do vitimismo irracional, ideológico, interesseiro, populista e eleitoreiro.

A mentalidade do coitadismo ocorre na confusão entre a necessidade de assistência aos mais pobres e doentes, com a premiação aos ociosos e a valorização da incapacidade produtiva. Essa confusão atende aos interesses de grupos específicos que vivem de conchavos políticos e privilégios classistas na exploração do sentimentalismo oco e da premiação da improdutividade.

Por exemplo: Farhat mostra como certos juízes dão sentenças invariavelmente em prol do "funcionário coitadinho", em que a lei assume apenas uma posição ideológica diante da pressão intelectual de esquerdistas e de toda a cultura do "bom-mocismo". Nada mais atual, certo? Em certos momentos, esquecemos que o livro foi escrito na década de 60. Aliás todos os capítulos seguem nesta mesma toada.

O capítulo 2 mostra como predomina uma mentalidade contra o capital estrangeiro, por mais que a lógica econômica, a evidência empírica e a experiência internacional mostrem o contrário: recursos do exterior e comércio internacional trazem desenvolvimento. É impressionante como as ideias desse nacionalismo piegas ainda predomina atualmente. Basta ver a quantidade de estudantes universitários e de acadêmicos que repetem clichês como: "estão vendendo o Brasil ao capital estrangeiro".

Já o capítulo 3 mostra o nosso atraso no setor pesqueiro. Apesar de nossa abundância de rios e do vasto litoral, éramos deficitários no comércio de peixes internacional — e, adivinhem? Continuamos com este déficit sessenta anos depois, e não estamos nem entre os quinze maiores produtores mundiais.

No capítulo seguinte, é possível fazer um paralelo entre o governo João Goulart e o da ex-presidente Dilma Rousseff pela semelhança entre o populismo desenvolvimentista, o descontrole econômico, o medo do empresário e do investidor frente as medidas governamentais, os "atentados concretos à Constituição" e o fomento ao corporativismo classista empresarial, alimentado pelos impostos assistencialistas.

Já o capítulo 5 traz um panorama sobre o setor de transportes. Apesar de alguns avanços no tempo, a falta de uma infraestrutura de transporte mais robusta continua a ser um dos entraves para o nosso crescimento sustentável no século XXI. A razão é simples: não adianta produzir, se não tiver como escoar a produção de maneira rápida e eficiente. Nem é preciso dizer que continuamos ainda muito dependentes do transporte rodoviário — com um agravante: reféns de uma greve de caminhoneiros, que literalmente pode parar o país.

Nos capítulos 6 e 7, Farhat faz uma análise do Nordeste e do estado do Rio Grande do Sul. Em relação ao Nordeste, algumas estatísticas comprovam, lamentavelmente, pouca mudança, confirmando o mesmo diagnóstico da década de 60.

Mas não apenas a situação do Nordeste se manteve no tempo, como também o discurso ideológico sobre a Reforma Agrária, tema abordado no capítulo 8. Se, já naquela época, o discurso atendia a uma visão ideológica para tomada de poder; hoje, fica evidente essa intenção.

O agronegócio brasileiro se tornou a locomotiva do crescimento econômico brasileiro, gerando renda e empregos diretos e indiretos para o país. Frente a pujança do agronegócio — e todos os benefícios gerados pela sua cadeia de produção — não faz o menor sentido propor uma Reforma Agrária no país, a não ser que haja uma intenção ideológica de poder por trás. Será mesmo que o Movimento Sem Terra (MST) quer a reforma agrária ou simplesmente usa de uma bandeira sem sentido nos dias atuais para ganhar poder e recursos do governo? Enquanto o agronegócio gera renda, emprego e impostos para o Estado, o principal movimento "defensor da Reforma Agrária" não produz, invade fazendas produtivas e destrói anos de pesquisa de biotecnologia. Mais uma vez, Farhat tem razão.

Se o embuste da Reforma Agrária retratado no capítulo 8 ainda é um tema atual, o que dizer do capítulo 9 que aborda a presença do estatismo na economia brasileira? Mais atual, impossível! Os dados fiscais do FMI* e o índice de liberdade econômica não me deixam mentir, somente para ficar nos argumentos quantitativos mensuráveis, sem levar em conta os aspectos qualitativos, como a elevada burocracia.

Por falar em estatismo, o capítulo 10 ressalta como a presença de empresários ligados ao capitalismo nacionalista de compadrio junto com a presença dos defensores do marxismo condenam o país ao atraso, com suas ideais antiliberais e nacionalistas (primeiro grupo) e de condenação ao lucro (segundo grupo). Ora, os 13 anos do PT não foram exatamente um casamento entre esses dois grupos, que culminou em uma grave crise econômica, cujos efeitos fiscais pagamos até hoje?

Outro ponto bastante relevante do capítulo 10 para os dias atuais é a análise do autor sobre o comunismo e o apoio de intelectuais a ideias marxistas, mesmo com o fracasso dos regimes socialistas comparativamente às democracias ocidentais. Apesar da queda do muro de Berlim, as ideias socialistas continuam presentes nas escolas e na mídia, com uma nova roupagem mais — *moderninha* e — *progressista*.

---

* Fundo Monetário Internacional

Não apenas as ideias socialistas estão presentes atualmente, também mantivemos o fisiologismo político dos anos 60. O capítulo 11 chama atenção para esse fato, mostrando como políticos colocam seus interesses mesquinhos e pessoais acima dos objetivos da nação. Na década de 60, já existiam inúmeros partidos, cuja solidez ideológica se assemelhava a um camaleão mudando de cor. Nada mais atual, se pensarmos na quantidade partidos do "centrão", sem visão, princípios e direção, que pendem para a direita ou esquerda de acordo com cargos, interesses e vantagens econômicas e políticas.

Já o capítulo 12 aborda uma questão muito presente na atualidade: o terror intelectual exercido por grupos de esquerda. Farhat traz exemplos de como existia o receio de políticos serem rotulados de — *reacionário* — *direitistas* e de como a calúnia era uma arma poderosa exercida pelos comunistas. Se traçarmos um paralelo com os dias de hoje; nada mudou. Pelo contrário, a direita é acusada constantemente de propagar *fake news* e discurso de ódio, sem nunca apontarem o fato e o ato concreto. A adjetivação caluniosa, repetida exaustivamente de maneira vaga e leviana, tem uma função específica: calar a direita no debate público.

A esquerda não exerce apenas o terror intelectual, mas também o terror econômico, que se caracterizava pelas superexigências burocráticas, altos tributos sobre as empresas e aprovação de medidas contrárias à iniciativa privada e ao lucro.

Nem é preciso dizer que atualmente a burocracia e os impostos são limitantes do crescimento das empresas. Além disso, algumas medidas aprovadas pelo Congresso Nacional, quando não judicializadas no Supremo Tribunal Federal, atrapalham o bom funcionamento da economia de mercado, dificultando o crescimento do lucro, da renda e do emprego.

Para fechar o último capítulo (Povo burro é povo pobre), não poderia faltar a tragédia educacional brasileira. O baixo nível educacional e técnico traz impactos diretos no desenvolvimento do país. Na década de 60, de acordo com "Índice Composto de Desenvolvimento de Recursos Humanos", o país ocupava o vergonhoso 49º lugar num total de 75º países.

Atualmente, apesar dos investimentos em educação terem aumentado em relação à década de 60 e, os gastos com escolas e universidades ocuparem uma parte significativa do Orçamento do governo, o sistema educacional brasileiro continua uma tragédia. De acordo com o Programa Internacional de Avaliação de Estudantes (em inglês, Pisa), num total de 79 países, na última versão de 2018, os estudantes brasileiros ficaram em 57º em Leitura; 71º em Matemática e 67º em

Ciências. Essas colocações no PISA apenas confirmam o diagnóstico de Farhat sobre o desastre educacional no país.

Em suma, para todos aqueles que querem entender o Brasil e as causas de nosso atraso, a leitura de Farhat é obrigatória. É uma análise realística, precisa, rasgada e sem rodeios dos obstáculos ao nosso desenvolvimento.

Uma boa leitura a todos!

Alan Ghani

Doutor pela FEA-USP, com parte do seu doutorado realizado na UTSA, University of Texas at San Antonio. Possui graduação em Economia pela FEA-USP, pós-graduação em Finanças pela FGV e mestrado em Finanças pela FEA-USP.

É também professor de Economia e Mercado Financeiro do Insper e já foi professor da UTSA. Foi head de Renda Fixa e Crédito Privado da Exame Invest (BTG). Trabalhou como economista da MCM Consultores e colunista e apresentador do InfoMoney

Atualmente é economista-chefe da Sarainvest e comentarista da BM&C News TV.

1

O país dos coitadinhos

Em meados de 1963, uma revista de Belo Horizonte tinha como "prato principal" da sua edição do mês uma reportagem com o título patético: "Tragédia bíblica em Minas".

É que acabara de dar-se o fechamento das comportas da represa de Furnas, um dos maiores empreendimentos hidrelétricos do mundo, e obra que, ao lado de Três Marias e o estímulo à implantação da indústria automobilística, forma o tripé de realizações verdadeiramente objetivas do governo Kubitschek.

Aquilo que deveria ser comemorado como um feriado nacional, uma data para entrar na História, o que em outros países, de elites intelectuais e dirigentes amadurecidas e já afastadas da fase juvenil da exploração do "coitadismo", seria saudado como expressão da pujança criadora da nação, virara cantochão de lamúria em intenção dos que, indenizados e com seus direitos assegurados, iam perder suas velhas terras e suas antigas casas. Como se a represa tivesse sido construída da noite para o dia e ninguém fora larga e antecipadamente advertido de que as águas um dia subiriam.

A represa, imensa e audaciosa, cujo paredão domaria um dos mais rebeldes e benditos rios da Terra — o Rio Grande* — só oferecia aos inspiradores da

---

* Sim, rebelde e bendito; rebelde até mais do que bendito. Há tempos, numa mensagem, já o chamamos de "Rio de Deus" porque, oferecendo ao Brasil, como oferece, a oportunidade de construção de 22 centrais elétricas, somente por um capricho da mão divina é que o eixo do seu curso ficaria colocado, como é, a uma distância média de 250 km das três cidades-chaves do coração econômico do Brasil: São Paulo, Rio de Janeiro e Belo Horizonte. As 22 centrais elétricas, inclusive Furnas, darão ao Brasil um acréscimo de mais de dez milhões de quilowatts na sua potência energética!

reportagem aquele ângulo municipalíssimo: algumas centenas de eleitores reclamavam porque teriam de mudar-se, surpreendidos assim por aquela incômoda, não acreditada e irrevogável sentença do progresso.

De boa-fé, pensamos que o escrevinhador da reportagem e seus aprovadores não estavam espiritualmente preparados para assistir aos isolados graves dramas individuais que ocorrem quando, na vida dos povos, são tomadas as decisões que levam a caravana a marchar e rolar sobre estradas que às vezes se pavimentam até com o desespero, a revolta ou o despreparo dos que não querem ou não a podem acompanhar. País nenhum, aliás, se tornou grande sem a rude coragem de dar um *safanão* nas suas fragilidades e comodismos, e na condescendência com as moléstias morais e espirituais, aquelas que formam a base da mesmice, da indecisão, do concessionismo e da desconversa para fugir às realidades cruas e às medidas duras e másculas.

É bom que se advirtam os que amadureceram em idade, mas permanecem frágeis e atônitos, é bom que se previnam aqueles que vêm vindo para serem os donos do Brasil de amanhã: este país tem que tomar opções diante do futuro, tem que se livrar do complexo das encruzilhadas e libertar-se para sempre da "filosofia" hipócrita da frouxidão e da esterilidade comodista da inércia.

Pela tumultuosa força telúrica do verdadeiro continente que é o Brasil, pelo crescimento desmesurado de sua população, pela complexidade rápida e algebricamente crescente dos problemas nacionais, as soluções da vida brasileira não podem mais basear-se em ser isto aqui o paraíso dos "coitadinhos", ou dos ajeitamentos do "Deixa como está para ver como fica", ou da cada vez mais ilimitada concessão de "direitos" contra uma cada vez mais curta compreensão dos deveres.

É preciso que toda a vida nacional — os governos nos seus Conselhos e decisões, os homens de empresa nas suas iniciativas e realizações, e os próprios chefes de família nos serões caseiros —, enfim, que todos compreendam, quer queiram ou não, que não é mais possível regerem-se os destinos do país, dos estados, dos municípios dos negócios e até mesmo das próprias famílias, na base de considerações e condescendências, lastreadas no pieguismo, na concessão, no "jeito", na exceção, no protecionismo à incompetência, ou na tolerância para com o desleixo, a preguiça e a bajulação.

Isso precisa ser dito, pois muitos não estão vendo, nem se dando conta de que o Brasil de hoje — na universalidade de sua vida pública, empresarial e familiar — não pode mais ser regido pelas mesmas regras do jogo do tempo dos "sinhozinhos" de punhos de renda ou dos carros de boi.

Ocasionalmente sem que muitos o quisessem, a nação avançou com o mundo. Talvez sem que muitos o desejassem, o progresso penetrou pelas frinchas dos vales, atingiu as pequenas cidades e se espraia pelos campos. O tumulto, a pressa, a movimentação das gentes e das riquezas quebrou a sonolência da inércia e da outrora nacional pachorra provinciana.

Tudo isso criou uma densidade nova que mãos e gestos frágeis não suportam, e fez surgir uma complexidade que não pode ser deslindada por mentes primárias e intelectualmente limitadas. Esse alargamento da vida brasileira, com a verdadeira redescoberta de imensas regiões humanas e geográficas, desvendou um panorama grande demais para as visadas míopes e demasiado extenso para as passadas curtas.

Decididamente, o Brasil sai da era do culto da facilidade vazia e sem consequências para os tempos duros dos desafios das dificuldades, a que o alçam as fantásticas possibilidades e oportunidades que tem esta nação.

A preamar dos problemas que batem de todos os lados, a pressão dos acontecimentos econômicos e sociais que exigem decisões e não engodos, coragem moral e não bifrontismo ou avestruzismo, esse rude "Decifra-me ou te devoro" das horas supremas de cada povo, está fazendo ruir — vemos todos os dias — os frouxos pedestais daqueles chamados "líderes" que pensam poder liderar escamoteando-se entre os biombos das encruzilhadas. Eles, os supostos habilidosos e espertos, pensam que podem iludir o destino da nação, simplesmente mandando apagar à sua frente as trilhas dos caminhos que impõem opção ou exigem decisão.

Então, gingam e bamboleiam-se, pensando poder ser a favor de tudo, e contra apenas aqueles que lhes contrariam as ambições. Ocupando posições de magistrados em altas tribunas executivas da vida pública, mantêm omissa a mão que deve lavrar a sentença orientadora, alternando suas emoções no terrível autodiálogo dos indecisos, com pena da vítima e com medo do criminoso. Chega a ser patética e ridícula a esperta mornice desses pretensiosos *Hamletzinhos* que usam o tolo estratagema do *camaleonismo*, pensando estar diante de uma plateia de parvos e não de uma nação de milhões de habitantes, que já está sentindo ter as mais altas responsabilidades no mundo de hoje e de amanhã.

Diante de qualquer grupo mais ou menos ruidoso que levante as mais petulantes e insaciáveis reivindicações *antipovo*, ou que defenda os mais atrevidos privilégios contrários à coletividade, diante de sapos que pleiteiam a lua à custa da nação ou de cochos que exigem ir à frente da caravana, eles não têm um NÃO de revolta, nojo, decisão e de coragem. "Seria uma burrada desagradar tantos eleitores..." E vão amarrando o destino da pátria, seu futuro, sua respiração, seu fôlego e sua sobrevivência aos caprichos, às vezes até sórdidos, dos que melhor se sindicalizarem para esse assalto.

Esses *capitulacionistas* que pensam sempre em termos de favorecimento aos seus "currais eleitorais" fingem não saber nem sentir que nenhum país se torna grande à custa da complacência ou condescendência com os insaciáveis, com os eternos mendicantes de direitos inumeráveis, com os tortuosos, os incapazes, os relapsos, e a calculada voracidade dos criminosos sociais que agem planificadamente dentro da mais nova estratégia do *agitacionismo* político: a forjação de intermináveis reivindicações, cujas consequências se enroscam perigosamente sobre a garganta da nação.

O "coitadismo" eleitoreiro, legiferante e judicante armou sua tenda na vida brasileira, e mercadeja simpatia, apoio e bom-mocismo nos gabinetes de governos e ministros, nas antessalas do Congresso e até nas antecâmaras da justiça trabalhista.

Quem folhear o "Diário do Congresso" verá, estarrecido a corrida em que deputados dos mais variados matizes se acotovelam na oferta das mais mirabolantes vantagens, concessões, direitos, privilégios, "defesas" e "arranjos" para grupos, classes ou grupelhos "especializados" de "trabalhadores" ou "funcionários". A disputa para ver quem é mais "generoso", à custa do resto da nação, chegou a tal ponto que ficou humorística a reivindicação de paternidade do "13º salário": segundo um cronista parlamentar, nada menos do que quinze deputados e senadores se disseram "pais da ideia", não respeitando nem mesmo a hegemonia exercida nesse latifúndio político, "por direito de herança", pelo próprio senhor João Goulart...

Deputados que querem ser senadores, senadores que querem ser ministros, ministros que querem ser presidentes, ou governadores, dirigentes de institutos ou de bancos oficiais que querem ser deputados, vão distribuindo à mão cheia privilégios, concessões, "vantagens", reivindicações, cargos e sinecuras, porque tudo isso cairá nas costas de um imenso, vago e indefinido burro de carga que é o povo.

Cada um desses carreiristas abobalhados pela perspectiva da posição ou do poder, vai descarregando freneticamente em cima da nação, DAS SUAS NOVAS GERAÇÕES, da sua iniciativa privada, com a insensibilidade dos abúlicos ou dos débeis mentais, os ônus da sua existência como "líderes" de qualquer coisa, ou até mesmo de presidentes da República. Em outubro de 1963, o presidente da Comissão de Finanças da Câmara Federal falava a respeito do então esperado déficit da União em 1964 ("Um trilhão e quatrocentos bilhões de cruzeiros antigos"):

— E como é possível lutar contra isso, se um recente ministro da Viação, que acaba de ocupar o cargo por mais oito meses, atendeu sem a menor relutância a todas as dezesseis diferentes e novas reivindicações dos ferroviários, reivindicações que redundaram num acréscimo anual de vinte bilhões de cruzeiros no já imenso déficit da Rede Ferroviária Federal?!

Convém atentar: mais VINTE BILHÕES de cruzeiros POR ANO, num déficit que já era (1963) de duzentos bilhões!

Pouco depois, a imprensa revelava a razão de tantas e tão fácil "generosidade" com o dinheiro da nação: o ex-ministro teria uma grande aspiração eleitoral na Guanabara, *maior centro residencial de ferroviários do Brasil.*

Sempre e sempre a mesma solução da esterilidade mental, e da insensibilidade dos políticos calculistas: criar e manter o seu "curral eleitoral" à custa dos cofres públicos.

Desgraçadamente, a visguenta frouxidão do *coitadismo* e do *concessionismo* desmanchou-se e espraiou-se também sobre amplas áreas da justiça trabalhista — e até da própria justiça comum —, como é o caso do novo Projeto de Código Penal.

Certo tipo de juízes, agindo em função do bom-mocismo ou do terror intelectual habilmente lançado pelos comunistas, assume, através de sentenças sistemáticas, a posição "filosófica" de que a legislação trabalhista tem como finalidade única proteger o "coitadinho": o "coitadinho" do incapaz, o "coitadinho" do desleixado, o "coitadinho" do empregado desleal com a empresa que lhe dá trabalho, e o "coitadinho" que faz *apenas* pequenas e tímidas desonestidades...

A preocupação da "adição de direitos", que tem sido a atitude invariável de certos juízes trabalhistas, levou uma fábrica de cigarros a já incorporar, em dinheiro, no montante da indenização ao empregado despedido, o equivalente ao preço do maço de cigarros que, espontaneamente, a empresa distribuía diariamente para seus funcionários...

Já houve juiz, "certamente preocupado em ser enaltecido como bom moço", que determinou a uma empresa também pagar em dinheiro ao empregado despedido o equivalente ao valor do "lanche" que ela, generosamente, dava todos os dias a seus auxiliares, pela manhã e à tarde...

É digna também de registro a atitude daquele "avançado" magistrado (do tipo dos que "fazem tudo" para que os comunistas não os chamem de "reacionários" ou "vendidos") que sentenciou favoravelmente ao empregado relapso que, tendo seus atrasos tolerados ingenuamente pela empresa, exigiu que aquele fosse considerado o *seu* especial horário de chegada...

A gelidez do "concessionismo" político com relação ao que possa acontecer ao país em consequência do dilúvio das "benemerências" oriundas do eleitoralismo ou do superassistencialismo, e a insensibilidade com que o amedrontado bom-mocismo alimenta na cocheira do "coitadismo" os fantasmas de todas as hienas sociais, exigem que se advirtam as novas gerações brasileiras.

Que os moços não se impressionem com aqueles bonecos trágicos que, às vezes, avultavam no palco e chegavam a parecer a nossa única e melancólica "trupe" de "líderes" e homens públicos, espelho baço e sombrio no qual os jovens deveriam olhar o futuro, e para o futuro.

Além desses espantalhos que só têm vivido ao sopro dos foles dos cofres oficiais, o Brasil dispõe de uma plêiade admirável de homens públicos genuínos, alguns discretos, outros rumorosos, com o mais alto e puro espírito cívico.

O que é preciso é que as novas gerações entendam e compreendam que jamais nação alguma cresceu pelas mãos dos "estadistas" do jeito, e dos governantes que não tomam decisões, mas contornam com manobras, preocupados que sempre vivem com os índices de sua popularidade e com sua cotação eleitoral. Uma grande nação se governa muito mais com "NÃOS" solenes, duros e corajosos, do que com "SINS" hábeis, frouxos, melífluos, espertos e sobretudo irresponsáveis.

Guardem os moços o seu coração para amar o Brasil COM TODOS OS DEVERES QUE ISSO NOS IMPLICA, e não pelos direitos que isso nos possa assegurar. E sobretudo é preciso que nos previnamos contra o bom-mocismo nas funções públicas.

Não devem merecer senão repulsa e repugnância aqueles "líderes" que fazem do patrimônio nacional e do bem-estar do povo o almoxarifado das *suas* concessões e dos *seus* presentes às castas amigas e correligionárias.

Na realidade, esses não são líderes, nem comandantes; são os "garçons" da República, dispostos a "servir" a pátria em bandejas às suas vorazes clientelas eleitorais, as mesmas que fabricam déficits astronômicos — mas, às vezes, levam ao poder...

O Brasil não é para ser dado a ninguém, nem de FORA, nem de DENTRO. O fato de se ter nascido nesta terra não confere a ninguém o direito de parasitar seu povo, seja desfrutando a moleza IMPATRIÓTICA das sinecuras improdutivas ou dos cargos indevidamente super-remunerados, seja usurpando favores e "direitos" abusivos que atentam contra o bem comum ou contra as possibilidades de progresso do país.

É preciso ter cuidado com os falsos "líderes", com aqueles que fazem a nação pagar as despesas dos seus triunfos eleitorais; com aqueles cujo bom-mocismo se alimenta das contínuas concessões à variadíssima espécie dos "coitadinhos".

Não confiando na capacidade do homem comum para entender as medidas de longo alcance que constituam as bases dos reais benefícios que devem prestar, os "líderes" de fôlego curto, apressados em vencer na vida política pelos atalhos mais rápidos, lançam-se açodadamente ao leilão das benevolências. E então produzem em massa os projetos tipo brindes de auditório, numa verdadeira maratona de ofertas de prêmios, de "sombra e água fresca", na disputa de quem dá mais direitos e mais vantagens aos "coitadinhos"...

Medidas sérias e profundas que imponham alternativas de modernização tecnológica e assegurem mais estímulos ao progresso econômico geral e, em consequência, mais ofertas de empregos, mais demanda de mão de obra (o que, por sua vez, resulta logicamente em melhores salários), providências rígidas que redundem em mais escolas primárias e técnicas de frequência gratuita, em hospitalização mais acessível e eficiente, tudo isso pode ser coisa boa, "mas o eleitor não recebe diretamente das mãos da gente...". Portanto, não serve aos planos de sobrevivência, ascensão e consagração dos que fazem das urnas de votos o obsedante pedestal de suas gloríolas provincianas ou de sua "consagração nacional".

É preciso que as novas gerações, desavisadas ante certas distorções da piedade, e nisso tão ludibriadas, se acautelem contra as artimanhas intelectuais desses exploradores do "coitadismo". Pois suas armadilhas sibilinas já quase chegam à audácia de erigir os albergues em símbolo dos lares que devemos ter... e parecem querer fazer dos pobres favelados a própria imagem — *heroico-romântica* — do que todos deveríamos ser...

Para esses sofistas da inteligência, os dignos de admiração não são os brasileiros que fizeram este país, sob tantos aspectos progressistas, que já é o Brasil; os brasileiros admiráveis não são os que nas suas cidades ou comunidades construíram algo de qualquer tamanho ou utilidade, que abriram fábricas, escritórios e lojas, que doaram hospitais ou que erigiram escolas.

Não. Para esses pastores e guias desleais que tentam turvar e conturbar a desprevenida mente da juventude, exemplares são, sim, os cidadãos infelizes que não venceram o analfabetismo e suas consequências; admiráveis são os indolentes que não se esforçaram, e dignos são os fracassados que não tentaram de novo...

Quando nas suas sutis manobras para enternecer, entorpecer e debilitar, os sapadores da convulsão social agem visando descarregar sobre o Estado novos, minuciosos e múltiplos deveres de um superpaternalismo que matematicamente levará o país à exaustão, à estagnação e ao apodrecimento moral — é preciso sacudir e acordar os generosos desprevenidos, para lembrá-los de que uma nação não é uma galinha com uma ninhada de pintos.

Uma nação — como o Brasil de hoje — é uma confluência de seres, vontades, esforços, sacrifícios e ideais comuns, que avançam como uma ordeira, mas turbilhonante caravana, cuja marcha não poderá mais ser detida para se dar água aos que não a tomaram à passagem das fontes, ou não a trouxeram cautelosamente em seus cantis. Nem pode atrasar os seus ponteiros por causa daqueles que não atenderam nem ao chamar dos sinos, nem ao toque das alvoradas.

Uma nação deve dar assistência, mas não direitos à incapacidade. Deve amparar os doentes, mas não premiar os ociosos resmunguentos, nem os tornar razão de suas leis, padrão de méritos públicos e limite das ambições cívicas ou econômicas. Deve fortalecer o espírito e os instrumentos de justiça, mas não transformar o sentimentalismo oco e elástico — e não o mérito — em medida para aferir valores e capacidade, e julgar direitos e razões.

O Brasil tem que se decidir entre ser essa grande nação que todos sonhamos ou um vasto albergue.

É preciso dar um *BASTA* ao "coitadismo" na vida pública, ou então este país gigantesco, que o mundo já começa a apontar ironicamente como sendo "apenas o país do futuro...", jamais se erguerá além do afundado subnível econômico-social das cubatas africanas, ou da desoladora paisagem de mentes ocas e bocas vazias das potências meramente geodemográficas.

Não é admissível que o *nhenhenhém* do "coitadismo" continue a ditar a essência da jurisprudência e do espírito das leis sociais brasileiras num convite oficial ao amolecimento nacional, ao imobilismo geral, ao caradurismo total, ao mais inerme e boçal parasitismo. É preciso que haja coragem moral da parte dos verdadeiros homens públicos para dar esse *BASTA* solene e dramático à coorte dos falsos guias de cego, composta de certos senadores e deputados que vivem da cata histérica e inescrupulosa de votos de favor junto a classes, grupos e grupelhos.

Esse tipo de "legislador" pensa que tem o direito de amarrar e comprometer o destino do país e, principalmente, o das novas gerações ao seu pessoalíssimo problema particular de obter ou garantir uma cadeira no Congresso. Pouco lhes dão para que acabem por liquidar a nação, por atacado e a varejo, num leilão interno de favores e concessões, desde que esses lhes tragam o sonhado ricochete dos votos pingados nas urnas.

Aliás, o concessionismo à custa dos cofres públicos atinge sua mais borbulhante e furiosa expressão na avalanche de emendas pespegadas aos orçamentos da União. O de 1965 recebeu nada menos que OITENTA MIL — e estimava-se que o de 1966 receberia 150 MIL! Cada uma delas "dando" uma verba para este ou aquele município ou lugarejo, "premiando" este ou aquele grupo ou classe social, e "favorecendo" esta ou aquela associação ou entidade.

É preciso que esse tipo especialíssimo de "altruístas", que exercem na vida pública sem cerimônia a política do amigo do alheio, pois estão sempre dando o que é dos outros — e, pior ainda: o que seria das gerações vindouras — é preciso que saibam que nenhuma nação é suficientemente rica para aguentar carregar um corpo de leis sociais e assistenciais calcadas na preocupação dos favores aos menos capazes, aos menos dedicados, aos dispensáveis de toda natureza e por todos os motivos.

Por que essa muralha de garantias ao que não fez e não quer fazer força? Por que requintes de proteção aos que abominam o suor e o esforço? Por que a preocupação de padronizar o futuro e a prosperidade de todos pela indiferença dos que não se importam com o amanhã, nem mesmo com o hoje, avessos que são a todos os compromissos com a vida, com a comunidade, com a organização onde "trabalham" ou onde simplesmente têm emprego?

O perigo desse descarado favoritismo visando proteger os que desdenham de tudo é fazer o homem comum — que é tão cioso de não ser ludibriado — tomar a inércia como padrão para recompensa, considerar o desinteresse como atitude exemplar ou concluir que a deslealdade é que é digna de proteção contra os que não a toleram e a punem pelo isolamento, pela expulsão ou pela dispensa.

Qualquer país se acercará do desastre social e nacional no instante em que o cidadão comum descobrir, nas leis que regem o trabalho e os direitos sociais, uma consolidação de favores que amparam a incapacidade, uma intencional compensação e proteção à frouxidão, e que cabem mais recompensas legais ao lambonismo e à miúda esperteza que à perfeição e à exação no cumprimento do dever.

Nós temos sido embalados todos pela visão panorâmica das riquezas brasileiras, e muitos espíritos contemplativos dão-se por satisfeitos só em enumerá-las;

entram em êxtase patriótico e acham que tudo está resolvido pelo simples fato de que existam tais dádivas da natureza, esquecendo-se ingenuamente daquela advertência maliciosa e precavida que foi mesmo a primeira página e a primeira lição de nossa História: "Em se plantando...".

Porque temos excesso de muitas coisas boas, esquecem, por exemplo, ou então apenas ignoram, as permanentes consequências da grave constatação econômica de que "até agora faltam ao Brasil 250 dos 300 minerais normalmente necessários ao progresso e à sobrevivência de um país", como acentua Glycon de Paiva em estudo divulgado em 1963.

Não há, aliás, nenhuma nação da Terra, por mais rica, que se possa dar ao luxo de fazer uma quermesse das suas possibilidades e, por conta delas, sacando contra o presente e sempre CONTRA O FUTURO, realizar uma distribuição graciosa de benesses às classes ou grupos de indivíduos que melhor saibam pedinchar vantagens, ou impor, exigir e demandar privilégios.

É preciso que se lembre sempre que CADA FAVOR CONCEDIDO A UMA CLASSE SOCIAL RECAI SOBRE TODAS AS OUTRAS, que pagam o seu custo, quer na forma de impostos, quer na forma de preços mais elevados. Deem-se "taxas da vergonha" de adicionais de 20% ou 30% para os "humilhados" estivadores que descarregam vasos sanitários recém-saídos do forno de fabricação, limpinhos e intocados; quem pagará o custo dessa "fricotagem" marota dos duros homens de beira de cais será o comerciário, o bancário, o industriário, o ferroviário que for dotar sua modesta casa com esse absolutamente imprescindível equipamento de higiene familiar e pública.

Essas considerações impõem-se diante da acintosa e renovada ofensiva realizada em fins de 1964 por alguns assanhados congressistas que, sem nenhuma compostura cívica, disputavam (e, por certo, voltarão a disputar) a glória eleitoreira de *dar* a aposentadoria aos 30 anos para todos os funcionários públicos federais.

Enquanto assim agiam esses "caridosos" inventariantes e liquidantes do Tesouro público brasileiro, um artigo-reportagem fornecido pela *France Press*, publicado em 9 de março de 1965 em *O Globo*, do Rio, informava que num Simpósio Internacional, realizado em Kiev, fora tomada a decisão unânime de recomendar a elevação de 63 para 70 anos a idade de aposentadoria. E chegara-se a essa conclusão uniforme após a análise das consequências sociais decorrentes do prolongamento médio da vida humana, e da ampliação da capacidade do homem para atividades produtivas e de significação econômica.

Não será por isso, entretanto, que os que teimam em fazer do Brasil um país frouxo, grotesco, amolecido e apantomimado vão desistir de fazer a barretada dos "30 anos" aos seus eleitores-funcionários.

O grupelho da ação entre amigos, dos que pretendem rifar o Brasil entre parentes e correligionários, voltará brevemente com a mesma fisionomia que Deus lhes deu a propor a "reparadora" medida. E o farão, como sempre, sem que a nação tenha a mínima noção ou estudo do quanto lhe custará anualmente em CENTENAS DE BILHÕES DE CRUZEIROS essa antecipação do *otium cum dignitate* dos seus dignos e leais servidores. A imposição de mais este "direito" será outra vez jogada cinicamente sobre a mesa; essa nova sobrecarga inflacionária, improdutiva e onerosa será atirada friamente às costas de todos os milhões de cidadãos que não são funcionários, sem que a nação tenha tido a menor recompensa, ou pressentido o mais leve indício de melhoria tecnológica ou aumento de produtividade de qualquer setor da administração pública, que justifique a antecipação do período de ócio remunerado de mais de um milhão de servidores.

Vencida essa etapa — sim, porque se trata apenas de uma ETAPA — virá logo a "humanamente justa" campanha das "equiparações". E as razões já se acham à vista, pois existem estados que "têm a petulância" de se haverem antecipado ao governo federal, concedendo carnavalescamente aposentadoria aos seus funcionários até mesmo aos 25 ANOS DE SERVIÇO. (Os estados de Minas Gerais, Rio de Janeiro, Amazonas, Bahia, Sergipe e Mato Grosso, que já concedem aposentadoria aos 30 anos e alguns até aos 25 anos, e não conseguem, por isso mesmo, acertar suas cronicamente destroçadas finanças.)

Pode-se antever, também, que a "estafante" batalha pelo futuro rebaixamento do também futuro limite de aposentadoria será a nova e ansiosa meta cívica de certo tipo de congressista que vise, assim, assegurar a renovação fácil de seu mandato.*

---

* Em 22 de outubro de 1964, o presidente de uma entidade de classe de funcionários públicos federais já antecipava pelo jornal *O Globo*, do Rio de Janeiro, que a aposentadoria aos trinta anos não era nada de mais, uma vez que "certas categorias militares já tinham aposentadoria aos 22, aos 21, 20 e 19 anos de serviço".

Este é o começo da conversa — o início do círculo vicioso das inacabáveis equiparações — que será usada logo ao ser votada a aposentadoria aos trinta anos. Essa, uma vez obtida, passará, imediatamente, a ser apontada como uma reivindicação "obsoleta" e — talvez o digam — "até desumana", partindo-se daí para pleitear também a dos 25 anos e, depois, quem sabe, até mesmo aos vinte anos de trabalho...

Aliás, os homens sem nenhum patriotismo e de nenhum escrúpulo que comandaram a vida governamental brasileira nos três primeiros anos da década de 1960, haviam já concedido aos marítimos o direito de se aposentarem com 25 anos de trabalho, ganhando salário integral e mais ainda: um adicional de 20%.

Por isso, a folha de salários do Lloyd acusava em 1964, somente com inativos, a astronômica cifra de 14 bilhões e 200 milhões de cruzeiros para o ano.

Trata-se, como se vê, de um saco sem fundo para a nação, e igualmente um manancial inexaurível de oportunidades para a demagogia estéril que vive ciscando alucinada, nos pedrouços de sua própria inteligência, em busca dessas "pepitas", desses "achados eleitorais". Pois, no momento em que os funcionários públicos em geral obtiverem a aposentadoria integral aos trinta anos, por qual motivo não a poderão pleitear os empregados das autarquias industriais do Estado?

E por que não os trabalhadores das empresas privadas que servem nas mesmas categorias ou mesmos ramos de atividades?

E por que não TODOS OS TRABALHADORES e, enfim, a nação inteira?

E assim o Brasil que, no dizer do grande higienista Miguel Pereira, já seria um vasto hospital, passará a ser também um VASTO ALBERGUE, onde se asila um povo, cujos cidadãos na idade dos 45 anos adquirem o "direito" de não produzir mais, e obtêm a "vantagem" de vegetar ou o "privilégio" de descansar, À CUSTA DAS INEXPERIENTES GERAÇÕES MAIS JOVENS.

Seremos uma nação precocemente envelhecida, enrugada pelo ócio em plena juventude, e onde alguns milhões de meios mendigos, garantidos por "avançadas" leis de aposentadoria, viverão às expensas de milhões de futuros idem-idem.

Ver-se-á então o chocante paradoxo de as gerações mais novas, sem experiência e sem maturidade, as gerações moças que estão começando tudo e de tudo precisando, terem que dar o que nem sequer puderam ainda reunir ou amealhar: conhecimentos e rendimentos. Os jovens, ainda vencendo salários de começo de vida ou de carreira, terão que arcar com as contribuições necessárias a manter milhões de adultos, cujas aposentadorias individuais poderão representar várias vezes o próprio salário de cada moço. E, tratando-se de adultos ainda válidos, eles terão que ser assim sustentados por dezenas e dezenas de anos...

Deparamo-nos aqui com uma grave constatação. Pois, segundo observa o economista Glycon de Paiva, o indivíduo até os vinte anos, mesmo trabalhando, é deficitário para a sociedade, pois está em fase geral de aprendizado.

Ora, perguntamos nós, sabendo-se também que é extremamente larga (mais de 40%) a faixa da população brasileira de menos de vinte anos, QUEM ENTÃO TRABALHARÁ NESTE PAÍS, com rendimento positivo para a economia da nação, se os adultos puderem, por sua vez, aposentar-se a partir dos 45 anos de idade?!

Aqueles que pensam que legislar é dar esmolas, e que raciocinam sobre o Brasil em termos de ASILO e não de nação — deveriam meditar sobre as paralisantes consequências do excesso de protecionismo social. Deveriam deter-se diante do que a hipertrofia do coitadismo fez de uma nação como o Uruguai (e estava fazendo em 1965 com a Itália) quebrando o ímpeto de vida daquela que era uma das mais bem organizadas, mais prósperas e exemplares nações da América. Todo o ânimo criador do outrora tão dinâmico povo uruguaio vergou-se ao peso de uma montanhosa legislação social — exibicionista, livresca e esterilizante — que leva homens, ainda jovens e decididos, a encerrar a carreira no ápice de sua capacidade e de sua experiência, porque a lei os convida e manda para o ócio depois de apenas 25 ou 30 anos de serviço.

Quanto à Itália — que chegou a dar o mais impressionante exemplo mundial de recuperação e progresso nos primeiros quinze anos após a guerra, ultrapassando a própria "explosão" da Alemanha e do Japão — cambaleava em 1965 sob uma crise de superassistencialismo, deliberadamente forçada pelos comunistas, para desarticular e destroçar sua economia, sob a complacência atarantada dos democratas-cristãos do acovardado Amintore Fanfani.

Para se ter uma ideia da montanha e do peso das obrigações sociais sobre o orçamento operacional das empresas — repercutindo matematicamente sobre o preço de seus produtos — basta dizer que para cada cem dólares de salários, os empregadores italianos têm de pagar 87 dólares de taxas e benefícios assistenciais.

Essa tremenda sobrecarga previdenciária tem dois resultados imediatos e negativos para os próprios trabalhadores: apavorados com tantos ônus, os empresários italianos diminuíram o ritmo de admissão de novos empregados, e o da concessão de aumentos de salários, já que sobre todo salário novo ou novos aumentos, recaem os 87 dólares concedidos. Isso explica também o êxodo de capitais que se verifica naquele grande país e o pânico de que estão tomados certos setores capitalistas nativos que liquidam suas empresas aos compradores mais ou menos aventureiros, que agora jogam na hipótese de que "os Estados Unidos não deixariam a Itália cair em mãos dos comunistas...".

Aqueles que acham que a melhor maneira de legislar ou governar é DAR sempre alguma coisa, para merecer a ambicionada gratidão de João da Silva*, por que não legislam, furiosamente de todas as maneiras, para facilitar-lhe condições imediatas de aprimorar as suas habilitações profissionais e, principalmente, as de seus filhos?

Não há nada de melhor a fazer para obter a gratidão de um homem do que fazer algo pelos seus filhos.

---

* A imortal figura do nosso homem comum, criada pelo cronista Rubem Braga.

E nada há que proteja mais um cidadão do que ele estar bem preparado e equipado para a luta pela vida. Se João da Silva Júnior receber a instrução adequada a que tem direito, primária e secundária, e lhe ensinarem uma profissão ou um ofício com a sua técnica mais moderna, ele terá confiança em si mesmo, e saberá pelejar e sobreviver por conta própria, sem que seja necessário sobrecarregar a nação com as taxas, as sobretaxas e os superprivilégios criados pelo coitadismo e os benefícios para os falsos incapazes.

Podem os "generosos" de todos os escalões do bom-mocismo, os que são *bons-moços* por derretimento sentimental e os que o são por fingimento político — podem todos ficar sabendo que a João da Silva, como a qualquer homem digno, apraz muito mais disputar duramente por si mesmo, com o que sabe e o que tem, a ascensão em todos os degraus da vida, do que ser um permanente indigente na antessala dos favores públicos, esperando como um pária cívico as graças oriundas da maior ou menor ambição carreirista, ou precisão eleitoral, desse ou daquele prócer partidário.

Nenhum conjunto de leis "protetoras", nenhum instituto, nenhuma das pomposas siglas assistenciais, nenhuma repartição vigiadora fará tanto por João da Silva, pai e filho, quanto eles próprios poderão obter para si e os seus, se lhes forem dados ORIENTAÇÃO, INSTRUÇÃO, EDUCAÇÃO E OFÍCIO. Pois o brasileiro tem provado que, bem equipado profissionalmente, bem abastecido de técnica atualizada e ideias arejadas, ele é tão bom e tão capaz como os "tycoons", os fabulosos homens fazedores de coisas e de mundos que construíram com sua audácia o progresso das nações que hoje comandam a terra com seus exemplos.

É preciso ainda alertar certos ingênuos idealistas, admiravelmente ciosos da sua e da liberdade alheias, mas cuja experiência da vida foi quase toda haurida entre as quatro paredes de um gabinete, que quanto mais o cidadão chama o Estado para proteger, mais o Estado sub-repticiamente o domina; mais o Estado restringe sua liberdade de iniciativa, de criação, de ação, de realização e até de movimentos.

Quanto mais o homem comum se deixa encolher sob as asas do *Deus-Governo*, mais este se arroga a tutela de todos os seus passos e o espolia quanto às suas oportunidades e vantagens de ser livre e tudo tentar e tudo poder fazer, inclusive ser dono do que for capaz de criar ou produzir.

Quanto mais se ampliam as asas do paternalismo do Estado, mais se encolhem e se encurtam os caminhos que o homem pode percorrer por si mesmo na busca audaciosa e sem limites proporcionada por sua capacidade de realização, para atingir a felicidade e a prosperidade por ele próprio delineadas e conquistadas.

Quanto mais é chamado a "dar", mais o Estado incontestavelmente recebe, ou toma, da coletividade que ingenuamente apelara para a sua introvertida generosidade.

Quanto mais o Estado é instado a diretamente participar dos problemas econômicos, mais ele amplia a área de seus próprios benefícios e recolhimentos que recebe com mão voraz e esbanja com mão de estroina.

Seja qual for a atividade econômico-social em que se instale, às vezes em caráter de "interinidade" ou "pioneirismo" estimulador, para "servir à coletividade", o Estado aí se acampa com toda a sua ninhada de compromissos políticos, e as deformidades administrativas dos complicados organogramas e fluxogramas da sua burocracia.*

E então acontece, como no caso dos Institutos de Aposentadoria, que a parte mais substancial de suas verbas acaba sendo destinada a manter o seu bem pago e numeroso corpo de técnicos e funcionários, sobrando níqueis para a assistência médico-hospitalar e bagatelas para os órfãos e as viúvas, ou os que encaneceram pagando aquelas suntuosas máquinas eleitorais, digo, burocráticas. Isto sem falar no calote astronômico que o Estado brasileiro tem passado em milhões de trabalhadores e contribuintes, deixando de entrar com sua cota-parte para manutenção dos mesmos institutos, dos quais "é dono", mesmo sendo o mais relapso dos seus devedores.

Esse débito que, em dezembro de 1963, já ascendia a MAIS DE 280 BILHÕES DE CRUZEIROS, passou, em fins de 1965, à gigantesca cifra de MAIS DE 500 BILHÕES DE CRUZEIROS!

Uma nação não se pode dar ao cruel requinte seletivo de espontaneamente abandonar os cidadãos cuja limitada capacidade profissional ou intelectual os fará mourejar sempre nas atividades mais simples e rudimentares. Ninguém contesta que lhes cabem amparo e direitos que os alcem à vida com dignidade.

Mas jamais se deve admitir que, incensados pela hipocrisia oportunista do "coitadismo", os menos dotados se transformem em astuciosa alavanca de

---

* Não se cometa a injustiça de supor que a obsessão do papelório seja um mal exclusivo do burocrata brasileiro. No país onde o Estado é o faz-tudo (a União Soviética), seus técnicos-burocratas escreveram nada menos que 70 mil páginas (!), reunidas em 91 volumes, para descrever o plano da usina siderúrgica de Novolipetsk! Até mesmo na Rússia foi espanto geral.

rebaixamento social, quando deslealmente se tenciona fazer deles os privilegiados da República, para os quais se deveriam abrir as comportas de todas as concessões, de todos os direitos e de todas as vantagens.

Não há dogma político, nem sofisma religioso que possa fazer aceitar a inaptidão do incapaz, ou a inércia do preguiçoso, ou a improdutividade do desleixado, ou a esterilidade do indivíduo sem iniciativa, como padrão além do qual tudo é "espoliação": a dedicação do estudioso, a persistência do incansável, a inventividade do talentoso, a audácia do pioneiro, o inconformismo do homem dinâmico, a insatisfação do realizador.

Medir para baixo é estratagema dos frustrados e complexados que querem assim deter a potencialidade criadora dos cidadãos capazes. Pois é o exercício livre dessa potencialidade que leva as comunidades e as nações a níveis de progresso tais que se torna impossível nelas estabelecer-se qualquer despotismo, de classes ou de partidos.

Pode haver infelicidade — digna de amparo — mas não virtude, em morar num casebre. É lamentável infortúnio — merecedor de ajuda —, mas não situação modelar e dignificante o necessitar de mais alimento ou roupas. Não é o não ter que deve ser exaltado, mas a capacidade de poder ter mais, produzir mais, contribuir com mais. O civicamente honroso não é o viver em estado de precisão pública, mas desdobrar-se em multiforme produtividade da qual sobrem iniciativas, empregos, impostos e melhorias para os "*civitas*" e os demais concidadãos.

O que leva as nações para a frente é a divina obsessão dos que amam competir, dos que incansavelmente constroem, dos inquietos criadores, dos que rompem a inércia; dos que rasgam os pantanais humanos ainda que espadanando a preguiça; dos que desabam dilúvios de atividades ainda que estas perturbem a placidez do vazio e a esterilidade do nada.

Uma nação marca o seu destino quando a massa do seu povo passa a entender que a vida é uma permanente maratona viril de vontade, talento e audácia, onde não há lugar para a conspiração dos mesquinhos que buscam fanaticamente a compensação de bitolar todas as coisas pela curteza da sua inaptidão, ou pelo descompasso das suas frustrações.

Não é penalizando os cidadãos que querem e sabem progredir que se corrige a distância social entre os homens, mas dando mais instrumentos e meios técnicos, como pela educação COMPLETA e gratuita para todos.

A diferenciação de resultados, de vitórias e fracassos, entre os seres humanos é uma característica tão fisiológica quanto a diversidade de fisionomias e a das retocadas aparências; ela tem a peculiaridade que cada um imprime à sua rota. Peculiaridade oriunda da maneira como os indivíduos usam as suas oportunidades, nos instantes frequentes que Deus lhes concede para gizarem eles próprios os seus destinos.

É preciso que certos espíritos piedosos, engajados com tanto açodamento nos rumorosos *comandos* do coitadismo, compreendam de uma vez por todas que ser eficiente, esforçar-se mais, estudar mais, produzir mais, aperfeiçoar, inovar e inventar novos e melhores produtos e elementos de conforto e bem-estar que elevem a condição humana — é também uma outra maneira, dinâmica e cristã, de atender ao sopro de inspiração com que Deus encheu a alma do homem.

Mantenham sua mão generosa e protetora sobre a cabeça dos coitadinhos, pois eles merecem o seu e o nosso amparo. Mas podem, sem receio, também fazer a sua convincente e fervorosa prece por aqueles homens, aparentemente mais duros, pois certamente de fibra, que abrem novos caminhos para o bem-estar de seus concidadãos, e se arriscam em empreendimentos arrojados que dão mais colocações para os que, usando a sua própria dignidade cristã, também preferem MAIS OFERTAS DE EMPREGOS a mais generosidade de esmolas.

Esta nação não se pôs a caminho para seguir rumo ao futuro encolhida e amedrontada sob os cantochões dos *miserere* e das *mea-culpa*. Este país não pode desorientar-se pela sinistra litania dos que se perderam ou se marginalizaram e querem, por isso, desmarcar e confundir as rotas alheias. Nem pode passar a temer a ação dos mais capazes — forçando-os a que simplesmente se igualem aos que fazem mal as coisas, ou nem as fazem. Nem pode punir o mérito, por esse exceder o desvalor dos que não se cuidaram. Nem deve estiolar-se na ideia estéril e mesquinha de que tirar dos que conseguem ter é a única maneira de dar aos que não sabem ter.

O que não podemos, e NÃO QUEREMOS, é ser uma nação obstruída, contida, delimitada, aterrorizada e forçada a só caminhar pachorrentamente — porque este é o andar dos nossos trôpegos; ou a viver em andrajos — porque esta é a possibilidade dos nossos incapazes. Preferamos, sim, socorrer os nossos náufragos — ao invés de naufragarmos com eles. Optemos por libertar os prisioneiros da miséria, e não a jungirmo-nos todos às algemas com que se aprisionaram.

2

A ficção de uma "sangria" e a realidade de uma sangradura

Na metade final da década de 1950 e nos primeiros anos da década de 1960, os comunistas brasileiros e suas linhas auxiliares, estrategicamente dispersos dentro de outros partidos, estavam sobressaltados com o "seu" futuro.

Preocupava-os a indiferença com que eram recebidas as suas agourentas profecias quanto ao porvir da nação e os pífios resultados de suas ações de guerrilha econômica, muitas delas concretas e agressivas, visando à contenção das condições de marcha e progresso do país.

Dopado pelo desejo de viver melhor, e indiferente aos "informes" econômicos e políticos dos teóricos bolchevistas, o povo brasileiro lançava-se às oportunidades e ao trabalho que lhe ofereciam milhares de iniciativas novas e simultâneas. O país usufruía a plenos pulmões do clima de certeza e segurança que lhe ensejava a consolidação da democracia, depois de longos anos do ambiente esterilizante, mefítico e abafadiço da ditadura.

Isso ocorria apesar de todos os esforços, estratagemas e medidas de caráter derrotista e garroteante desenvolvidos por muitos dos mais dedicados servidores e seguidores do "quanto pior, melhor" encarapitados em importantes posições públicas como assessores, conselheiros e diretores de organismos nacionais da mais alta responsabilidade.

Daí desses cimos, metodicamente conquistados e ocupados num alpinismo misto de carreirismo individual e ação tática grupal — eles fustigavam a vida política e econômica do país. Muitos dos mais sinuosos informantes, simpatizantes, ou seguidores do "Partido" conseguiram habilmente colocar-se à ilharga de importantes políticos ou dirigentes burgueses, ora com a pomposa função de assessores, ora como "secretários de imprensa", ora como simples "chalaças" — o que lhes dava uma intimidade até fescenina nos bastidores (ou nos porões cinematográficos...) dos mais importantes palácios do país.

Sua função aí tinha várias facetas: ia desde trocar um ponto por uma vírgula, embaralhar o que era simples, torcer o que era certo ou, principalmente, INFLUIR pela distorção ou PARALISAR pelo medo.

A qualquer atitude ou medida mais decisiva dos seus "orientados", contra a demagogia ou a favor da Livre Iniciativa, eles faziam uma careta, entre amuados e superiores, e aplicavam a "chave" do terror intelectual: "Cuidado, chefe. Cuidado para não o chamarem de REACIONÁRIO!... Olhe o seu futuro político junto às massas...".

Apesar, porém, de cada uma das leis ou das consecutivas portarias ministeriais, no setor trabalhista ou na área fiscal e fazendária, com que os infiltrados estrategos bolchevistas procuravam, com paciência a princípio e, depois, com crescente audácia, sabotar, manietar, ou simplesmente descoroçoar e desanimar os homens de empresa — apesar de tudo isso, funcionavam fabulosamente os sete fôlegos deste imperecível Brasil. O país arrancava para a frente, com um ímpeto que desfazia ou destruía continuamente as tramas ou os resultados de todas as manobras, interferências e intrigas com que os bolchevistas, entrincheirados em altas posições governamentais ou burocráticas, procuravam — obsedados pelo "quanto pior, melhor" — quebrar a euforia do progresso que se apoderara de todos os brasileiros à volta dos primeiros dez anos de regime democrático, depois do medíocre, visguento e rasteiro fascismo do "Estado Novo".

O crescimento da renda nacional chegara a atingir a sólida cifra de 7% ao ano. Com esse algarismo estimulando sua capacidade criadora, empresários brasileiros e estrangeiros "apostavam" no futuro do Brasil somas que chegaram a atingir 500 bilhões de cruzeiros anuais (valor de 1960), de *novos* investimentos. Isso ampliava continuamente o mercado de trabalho, garantindo emprego certo e esperançosas oportunidades para o quase MILHÃO de jovens que, anualmente, estão "chegando para a vida" no país.

O jornal *O Estado de S. Paulo* publicava um suplemento dominical especial no qual havia a média semanal de até QUARENTA páginas oferecendo empregos *qualificados* com salários que ascendiam de mês a mês provando que se estava num estimulante leilão de capacidade, experiência e competência numa busca quase frenética de talentos novos. Estudantes de economia, de química, ou de qualquer especialidade da engenharia industrial, de eletrotécnica ou de administração de empresas eram convocados ainda nos bancos escolares e desde então já inscritos como funcionários de grandes e futurosas empresas, enquanto cursavam os dois e até os três últimos anos do curso.

O *Boletim Banas* e o *Boletim Cambial* registravam semanalmente a formação de novas e numerosas organizações, ou a ampliação de outras que procuravam não perder o comboio do progresso e crescer também a passos largos. Caía sobre o Brasil, vinda da América, da Europa e da Ásia, uma torrente média anual de 350 milhões de dólares em capitais de risco e de empréstimo.

Um tanto desapontados e atônitos, os colunistas comunistas "explicavam-se" nas suas colunas dos jornais e tentavam obscurecer ou envenenar a euforia geral: "É, mas o Nordeste está na miséria".

O Nordeste, a situação "irremediavelmente calamitosa" do Nordeste, era o seu mais CULTIVADO trunfo, o "curinga" infalível com que contavam para desorientar e amedrontar todos que se arriscassem ao jogo da expansão e do progresso.

Porém, todas as empresas industriais e organizações comerciais reportavam: "Estamos vendendo como nunca para o Nordeste, apesar das graves dificuldades de transporte para entrega".

Não adiantava "conversar" com o mais simples homem da rua dizendo que "o Brasil estava na miséria". Como acreditar se ele, graças a Deus, estava bem empregado. Os filhos também. Já havia muita "gente pobre" com geladeira, vitrola e televisão em casa. (As fábricas de refrigeradores chegaram a vender 300 mil unidades em 1962.) E ele estava vendo que os vizinhos também já tinham de tudo. Em casa, o homem do povo começava a escutar um novo zum-zum dos filhos e da mulher: "E por que não? Uai, nós também somos gente!" Era a discussão para a compra de uma "fubica", um carro de segunda mão para a família. (Em 1962, o Brasil, com seus então 74 milhões de habitantes, já tinha 660 mil automóveis *particulares*, o mesmo número com que contavam os "felizes e desenvolvidos" 220 milhões de russos após quase meio século de "paraíso soviético". Esses 660 mil carros eram, por outro lado, *vinte vezes* o número dos que tinham os 700 milhões de chineses, dominados já havia quase duas décadas pela ditadura "agrário-progressista" de Mao Tsé-Tung.)

Foi então que, por um bem-intencionado e trágico equívoco do povo, surgiu na vida pública brasileira um tétrico e inacabável período de grandes contrafações políticas, começando com a renúncia do senhor Jânio Quadros — ela própria a mais espetacular farsa pública já tentada em toda a História do Brasil.

Nada, então, poderia ter sido melhor para os comunistas. Era como eles queriam: o poder caía inesperadamente em mãos despreparadas, inexperientes e que não aceitavam nem o desconforto, nem as inibições oriundas de quaisquer tipos de escrúpulos.

E o peçonhento refrão bolchevista remontou-lhes à mente com redobrada esperança: "Agora, quanto pior, melhor!".

Deram rapidamente a mão a quem não tinha mãos. E acenderam suas "luzes" turvas para ajudar o caminho de um cego. Juntos, mas guardando-se cada um para o bote final da sua própria ditadura, os novos sócios iniciaram-se então na empreitada comum de abrir os diques de lama e ódio, de ameaças e calúnias, para desmontar a "velha" maquinaria de conceitos morais, e os andaimes de ideias e razões com os quais os liberais e democratas haviam tido a "sorte" de eleger um suposto presidente.

Em pouco tempo, acutilada e enquadrada pelas gazuas intelectuais das calúnias comuno-nacionalistas ("Vendido!", "Entreguista!", "Gorila!"), uma maioria de congressistas — quase todos advogados, médicos e engenheiros jejunos em assuntos econômicos — entre ingênua e aterrorizada, votava a primeira "Lei de Remessa de Lucros", a de nº 4.131, de setembro de 1962.

Libertando-se assim, com seu voto favorável àquela lei, da ameaça de serem excomungados como "reacionários", alguns mais tolos pensavam até que haviam votado uma nova versão da Lei do Ventre Livre: daí em diante, justificavam, o futuro do Brasil deixaria de ser sombrio.

Os termos em que a lei fora aprovada correspondiam a um deliberado, drástico e agressivo autoisolamento do Brasil. Daquele momento em diante, o país, como que num alucinado ato de autopunição, colocava-se "superiormente" acima das mãos e dos gestos amigos e se fechava em si mesmo para a aventura juvenil de um *encaramujamento* econômico e tecnológico que o levaria à autofagia dos ilhéus sem barcos nem ancoradouros, e ao isolacionismo imobilista dos ascetas sem parentes nem semelhantes. Para o mundo espantado, o Brasil parecia um hidrófobo imaginário que, num assomo de autoflagelação, se ilhava numa inconcebível quarentena, isolando-se de todos, mesmo daqueles que lhe mantinham estendidas as mãos fraternas.

Alarmada, a imprensa alertou a nação sobre o significado daquele extremismo primário e primitivista que fechava o Brasil dentro de si mesmo, sozinho com suas deficiências e fraquezas diante de um mundo que, paradoxalmente, só lhe oferecia auxílio e colaboração.

O presidente da República em exercício, o senhor Goulart, apesar de ser um dos arautos dos "princípios" esposados pela nova lei, caiu então sob uma de suas crises de *Hamletismo* pendular: "Sanciona, não sanciona... Sanciona, não sanciona". E, depois de duas semanas, não sancionou! Devolveu-a ao Congresso para que o presidente do Senado tivesse a "coragem" de sancionar.

(Aliás, contou um cronista parlamentar que também um outro pregoeiro do "espírito" da lei, um deputado "nacional-comunista", ocupava no instante da votação — dentro do estratagema que traçaram — a presidência da Câmara. Disse o cronista que, ao ser aprovado o texto do projeto com os "encaixes" integrais que os comunistas e seus servidores nele fizeram, ludibriando a boa-fé dos seus colegas, o deputado presidente empalideceu e exclamou: "Virgem, eles aprovaram *tudo*!")

Assim, o terror intelectual forjara de modo até inesperado ("Virgem, eles aprovaram *tudo*!") uma das suas mais eficientes armas para alcançar o tão longamente planejado terror econômico.

Passado, porém, ano e meio depois de sancionada pelo presidente do Senado — a primeira "Lei de Remessa de Lucros", apesar de votada em regime de "urgência-urgentíssima" pelo Congresso, ainda não havia sido regulamentada pelo mesmo poder Executivo que também temera sancioná-la.

Que aconteceu nessas duas dezenas de meses em que supostamente se aguardavam as recomendações dos técnicos para execução da lei, que é a sua regulamentação?

Enquanto se esperava que aqueles padeiros forçadamente lentos estudassem "cuidadosa e longamente" se podiam fazer pão com farinha, a remessa de lucros, de quaisquer lucros, isso que fora o tema da tão sovada "sangria de dólares" usada pelos escamoteadores políticos, praticamente estancou; pois não era permitido mandar nem mesmo o que a nova lei rigidamente permitia.

Cessou de modo quase total, nesse longo período, a remessa de lucros e *royalties*; mesmo porque todas as companhias estrangeiras estavam, como sempre, por causa da celeridade da inflação, precisando desesperadamente de todos os seus resultados para revertê-los imediatamente no Brasil.

Se essa "sangria" era o mal — ou melhor, se essa era a "sangria" real que exaure o Brasil — como se explica, então, a contínua, corrosiva e rapidíssima deterioração da nossa moeda, o quase caos econômico-financeiro de que o país atropeladamente se aproximava no ano de 1964?

Se eram tantos assim os dólares que saíam, com o dique oposto pela nova lei "salvadora", deveriam ficar sobrando, daquele dinheiro americano, aos montes no Banco do Brasil. Não deveriam mais existir nem as dificuldades e as humilhações do cruzeiro no campo internacional, nem, internamente, a inflação galopante que teria atingido a marca macabra e caótica dos 144% no fim de 1964, se não acontecesse a Revolução de 31 de março.

Se a "remessa de lucros" é que era a "sangria", e essa fora jugulada pela força implacável da nova lei, por que então a nação cambaleava estonteada e paradoxalmente sem recursos financeiros sob um dilúvio de dinheiro-papel que começava a criar, na mente confusa e apalermada do pobre homem comum, a angústia de tantos novos zeros, dos milhões, dos bilhões e dos trilhões, que inexoravelmente se transformavam em incorrigíveis déficits caseiros e em estratosféricos déficits nacionais?!

É que aquela "sangria" visada pela chamada "Lei de Remessa de Lucros" é uma das várias *desconversas* com que se tem engodado solertemente a ignorância da maioria dos cidadãos em assuntos econômicos. Na verdade, essa lei não era sobre a "Remessa de Lucros" em si. Era, sim, uma lei principalmente para *impedir a entrada de novos capitais estrangeiros* cuja contínua chegada ao país tem para os comunistas o grave "inconveniente" de aumentar a confiança dos próprios capitais nacionais, trazer MAIS PROGRESSO E OFERECER MAIS EMPREGOS. Isso exatamente quando eles interferiam em larga escala em toda a vida econômico-social do Brasil visando criar condições que gerassem o desemprego em massa — seu grande combustível para todos os incêndios político-sociais.

Como esses capitais trazem também novas técnicas, maior produtividade, custo e preços mais baratos — isto, por outro lado, afeta também aquele reduzido, mas poderoso grupelho de capitalistas nativos, cujo espírito feudal e monopolista se apavora diante do dilema "progredir ou desaparecer". Considerando-se já "proprietários" do mercado pátrio, esses capitalistas monopolistas assanhavam-se neuroticamente em face da perspectiva de uma concorrência que traz novos métodos e novas técnicas, impondo-lhes a necessidade de também modernizarem-se, a eles que já eram "donos da praça" e estavam tão pachorrentamente tranquilizados quanto ao seu domínio sobre a freguesia nativa, vendendo-lhe o que bem queriam, pelo preço que bem lhes aprouvesse, fosse qual fosse a qualidade do que ofereciam.

Por isso, jogando obtusamente no que lhes parecia o perigo mais remoto, davam as mãos aos comunistas, *subassinando* os seus projetos de leis e financiando suas campanhas e eleições.

Mas a maioria absoluta dos dirigentes da livre empresa no Brasil compreendia que a "boa vontade" dos comunistas com os chamados capitalistas "progressistas" é apenas uma etapa de sua velha tática de liquidar um índio de cada vez.

A ojeriza forçada que os comunistas tentam criar contra o capital estrangeiro é apenas o primeiro tempo da sua ação para eliminação de todos os capitais, mesmo aqueles que tenham sido oriundos de um tacho de goiabada fumegando na serra da Borborema, ou das chispas das primeiras ferraduras moldadas num galpão de Santa Maria da Boca do Monte.

No caso do Nordeste, por exemplo — a mais bem cuidada e acariciada peça da sua jogada política na América do Sul — o que preocupava os bolchevistas não era apenas a para eles incômoda chegada de novos capitais estrangeiros. O que os atrapalhava não era tanto cada milhão de dólares norte-americanos ou de marcos alemães que ali aportassem através de uma ou outra das entidades financeiras internacionais, de auxílio aos países menos desenvolvidos.

O que os exegetas vermelhos temiam era a movimentação, o entusiasmo, a revitalização, a ressurreição que essa presença tão positiva causava na vida econômica da região, fazendo com que, por sua vez, bilhões de cruzeiros NATIVOS se desembrulhassem dos lenços, se desembaraçassem de entre as dobras dos colchões e se pusessem também em movimento, neste CÍRCULO VIRTUOSO dos investimentos:

Mais dólares aplicados, mais cruzeiros em giro;
mais cruzeiros em giro, mais progresso;
mais progresso, mais confiança;
mais confiança, mais cruzeiros e dólares novamente investidos...

Os habilidosos e desleais teóricos "nacionalistas" apenas fingem não saber que o progresso de uma nação subdesenvolvida, ou em desenvolvimento, só pode ser mantido sem contínuos e torturantes sacrifícios PARA A MASSA DO SEU POVO se vierem recursos de fora. Pois tentar obtê-los internamente, somente com as poupanças locais, seria cortar na carne de quem ainda está praticamente em ossos e cartilagens.

Uma nação subdesenvolvida não tem, por causa mesmo desse subdesenvolvimento, meios suficientes para sozinha, atender e acelerar o seu progresso — sem tremendos e insuportáveis sacrifícios para o seu povo. Tentar isso com os próprios e parcos recursos, quer em dinheiro, quer em técnica, é dispor-se ao esporte chinês de encher uma piscina a poder de copos d'água.

Para se obterem melhores condições de vida para o país, não é preciso chegar quase à inanição ou à morte das gerações que estão vivendo. Não será jamais encurralando uma nação ou uma tribo, manietando-a às suas próprias limitações, e fechando-a à mão estendida do mundo e dos outros núcleos humanos, pelo ridículo temor de ter que pagar *royalties*, que se conseguirá a expansão do seu progresso ou bem-estar. Por se terem isolado do mundo, encaramujando-se dentro das florestas ou encolhendo-se na imensidão dos altiplanos, como único ato de sobrevivência que lhes ocorria de sua ignorância primitiva, os nossos indígenas pouparam-se precavidamente a todos os problemas das trocas, inclusive o da remessa de lucros e *royalties*... Mas quedaram-se entre os grupos viventes mais atrasados da face da Terra, só comparáveis aos bosquímanos da África e aos nativos do norte da Austrália.

Autofagia e flagelamentos isolacionistas jamais produziram bem-estar e progresso a nenhuma nação. Só a intensa troca de meios e técnicas é que nos enseja a assimilação das porções ou sobras, gordas e reprodutivas, que nos venham de fora e podem ajudar a manter vivas e acesas as fornalhas de nossa marcha.

A desconcertante frieza com que certos dos nossos bolchevo-isolacionistas aceitavam o isolamento total da economia brasileira, não provinha de um delírio geográfico de grandeza, que pretendesse arrogantemente atribuir autossuficiência econômica à cidadezinha gaúcha de Não-me-Toque, ou ao vilarejo sul-mineiro de São Sebastião dos Peitudos, ou à vila amazônica fronteiriça de Remate de Males, ou ao florescente distrito pernambucano de Cabrobó, ou ainda a submersa Nova Iorque do Maranhão.

A paixão com que travaram a batalha da "remessa de lucros" também não vinha apenas do raciocínio polar, que visava interromper, de qualquer modo, a corrente de trocas do progresso, entre o dinheiro e a técnica que entram, e os lucros que podem sair se o quiserem.

O que os movia, muito mais do que a algidez da tática variável executada em função de uma estratégia permanente — o "quanto pior, melhor" — era provavelmente o raciocínio escapista, a justificativa freudiana. Pois, consolavam-se, o "fabuloso" progresso russo não fora obtido assim, com a dureza do sofrimento e do isolamento de cinquenta anos de ditadura?

E então, num passe de mágica de sua verbosa dialética, eles encobriam com o seu masoquismo delirante aquilo que era simplesmente uma ação de puro sadismo: criar, pelas duras consequências do isolamento, as mais cruéis condições de sofrimento para justificar levar a nação à "purificação" pelo bolchevismo...

Se a economia brasileira tiver que se fechar em si mesma e arcar sozinha com os investimentos necessários para dar empregos a cerca de UM MILHÃO de novos brasileiros POR ANO — num país que, GRAÇAS A DEUS, está tendo a mais alta taxa de crescimento do mundo — entraremos num processo de autodevoramento, em que digeriremos as nossas próprias vísceras para termos com que matar a fome.

Desejamos progredir, sim, MAS CONTINUAR NUTRIDOS. Queremos expandir, sim, MAS CONTINUAR VESTIDOS. Ansiamos pelo desenvolvimento, MAS CONTINUANDO A TER ABRIGOS e podendo morar em casas novas que ainda se construam com as poupanças que sobram para tijolos, e que não podem ser desviadas totalmente para investimentos maciços, embora a nação deles precise para seu futuro.

Para que a cada novo ano o Brasil possa dar emprego a esse fabuloso, crescente, ansioso e ambicioso exército de UM MILHÃO de jovens, serão necessários anualmente investimentos concretos de cerca de DEZ TRILHÕES de cruzeiros (de 1966) sonantes, vivos e não escriturais. Pois com os custos que não cessam de aumentar, cada emprego não industrial está exigindo um investimento médio de US$ 1.850, ou seja, mais de quatro milhões de cruzeiros. (Cada emprego industrial no Nordeste demandava em 1966, segundo dados da SUDENE, nada menos que 30 milhões de cruzeiros de investimento! Na região Central, cada emprego industrial exigia milhões de investimento.)

Para que possamos, ao mesmo tempo, encher as despensas e montar fábricas ou ampliar os balcões, é preciso que essas nossas necessidades simultâneas sejam suplementadas por aqueles que, vindos de fora, nelas vejam confiantes oportunidades para produzir livremente e também progredir.

Quando o próprio homem comum, mesmo despido de informações ou orientação econômicas, sente o benefício que há para sua cidade na instalação de mais fábricas, nacionais ou não, estrangeiras ou não, como se explica que só o "nacionalista" e o capitalista "progressista" clamem contra isso?! É que o diabo os juntou no mesmo sonho fascista-comunista de fazer com que seu povo se agache, um à sua ditadura política e o outro ao seu espírito monopolista, ao seu egoísmo do lucro a qualquer preço — mesmo com mercadorias já sem condições de competir.

Foram as ditaduras fascistas e bolchevistas que, precisando manter o enquadramento político global de seus povos, afunilaram os respectivos países na via única dos seus também globais PLANOS DE ENQUADRAMENTO ECONÔMICO. Foram esses sistemas liberticidas que, com suas limitações e desespero, lançavam para os povos por eles encurralados nas décadas de 20 e 30 a trágica alternativa de MANTEIGA OU CANHÕES.

Um país liberto como o Brasil não tem por que se deixar jungir à alternativa de MANTEIGA OU DESENVOLVIMENTO. Pois temos condições geográficas, demográficas e econômicas de obter ambos ao mesmo tempo, um talvez mais do que outro, mas NENHUM ELIMINANDO NECESSARIAMENTE O OUTRO.

A grande, incessante e renovada vitória do homem sobre as distâncias geográficas, reduzindo-as e até quase suprimindo-as, impõe a cada povo o mais leal e intenso diálogo econômico com as outras nações, não apenas para que progrida, mas também para que não retroceda, não se fossilize e não pereça.

A fim de melhor preparar-se para a votação da 1ª lei de "Remessa de Lucros", o Congresso realizou no começo de 1962 um de seus mais sérios e profundos trabalhos, em busca de dados e luzes sobre o então apaixonante problema. Uma Comissão Mista de Senadores e Deputados ouviu financistas e economistas, INCLUSIVE OS MARXISTAS, e compulsou exaustivamente estudos e informações de fontes governamentais e bancárias.

Pondo de lado o que eram "slogans" e perdigotos demagógicos, a Comissão pronunciou-se mais tarde através do lapidar, irrespondível e tão pouco divulgado parecer do lúcido e corajoso senador gaúcho, prof. Mem de Sá.

Depois de acentuar que até antes da chamada "Lei de Remessa" o Brasil estava recebendo ANUALMENTE nada menos que 346 milhões e 600 mil dólares de capitais de risco e empréstimo — ingressos esses praticamente suspensos a partir de 1962, exatamente como planejaram os autores ocultos da lei — o parlamentar rio-grandense focalizou diretamente a questão da remessa de lucros:

"Os dados que a Superintendência da Moeda e do Crédito (Sumoc) fornece — a que já nos referimos e que se encontram pormenorizados nos quadros anexos a este parecer — dizem claramente que não houve sangria de divisas ou da economia nacional em consequência dos investimentos diretos estrangeiros em nosso país. Muito pelo contrário, o movimento de entradas de capitais (de risco) e saídas de lucros, no período de quinze anos de que temos estatísticas (1947/1961), deixou-nos o saldo positivo de 222 milhões de dólares. E ainda que a média anual das remessas de lucros caiu de 46,7 milhões de dólares, registrada no septênio 1947/1953, para 33,6 milhões, verificada de 1954 a 1961. Isso significa, como assinala o prof. Hélio Schlittler Silva, simplesmente *menos de 2% da despesa* cambial do Brasil e *uma fração insignificante* da renda nacional. Em outras palavras: se as remessas de lucros estivessem proibidas radicalmente, em todos esses anos, o alívio daí derivado praticamente não afetaria nem a nossa situação cambial ou o balanço de pagamento, nem, e ainda menos, a renda nacional, tão inexpressiva é a percentagem que ele representa".

A seguir, o senador Mem de Sá relembra a objeção da questão paralela, dos "Royalties" e "Assistência Técnica" e assevera:

"Isto posto, examinemos, na estatística, a significação das remessas de divisas a título de *royalties* e assistência técnica. Ei-los:

"De 1952/1961 — Remessas por "Assistência Técnica": 177 milhões de dólares. Remessas por "*royalties*", patentes e alugueres: 146 milhões de dólares.

"Isso nos dá a média anual de 17,7 milhões de dólares por aquele título e de 14,6 milhões por este. Admitindo, para argumentar, que a terça parte destas transferências ocultasse lucros, fosse de lucros disfarçados, encontraríamos na soma de ambos os títulos (*royalties* e assistência técnica) um aumento médio anual, na remessa de lucros, de 10,7 milhões de dólares. E se, não somente a terça parte, mas até a metade dos envios a título de *royalties* e assistência técnica fosse de lucros clandestinos, o aumento na rubrica da transferência de lucros seria de 16,1 milhões de dólares por ano. Em tal hipótese, no período 1954/1961, teríamos, em média anual:

Remessas de lucros ostensivos	33,6 milhões de dólares
A título de "royalties" e assistência técnica	16,1 milhões de dólares
TOTAL..	49,7 milhões de dólares

"Ora, a média anual de nossas despesas com "Viagens Internacionais", isto é, COM TURISTAS BRASILEIROS NO EXTERIOR, foi de 50,7 milhões de dólares* no quinquênio 1956/1960, o que mostra que, com eles, despendemos mais do que com remessas de ganhos, ainda que acrescidas estas com 50% das efetuadas em pagamento de *royalties* e assistência técnica."

Os levantamentos da Comissão Parlamentar presidida pelo senador Mem de Sá concluíram que, nos períodos em que havia restrições para as remessas ao exterior, o ingresso de capital ERA MUITO MENOR do que a saída de lucros. Nas

---

* Aliás, é oportuno salientar que com apenas uma das dezenas de greves que assolaram o porto de Santos no período 1962-1964, a dos ensacadores, em janeiro de 1964, ocorrida em plena alta acelerada do café nos mercados mundiais e mantida durante três semanas, o Brasil perdeu 50 milhões de dólares! Exatamente, o montante da média anual da remessa de lucros e *royalties*, por causa da qual tão "sinceramente" brigavam os comunistas e seus "nacionalistas".

vezes, porém, em que se estabelecia liberdade de movimentação, AS REMESSAS CAÍAM e ENTRAVAM MUITO MAIS CAPITAIS, principalmente os de RISCO.

Também o "Programa de Ação Econômica do Governo Revolucionário" registra e sublinha demoradamente esse fato ao historiar as consequências de leis de períodos anteriores, que deram liberdade ao capital estrangeiro: "Os capitais estrangeiros passaram a afluir em escala considerável e AO MESMO TEMPO EM QUE CAÍAM AS REMESSAS, já que a liberdade de movimentação contribuiu para estimular os reinvestimentos. Assim é que, no período 1954/1961 recebemos em média 91 milhões de dólares anuais de investimentos DIRETOS*, isto é, seis vezes mais do que no período de 1947 a 1953", no qual foram impostas severas restrições à movimentação do capital estrangeiro.

"E as remessas de lucros, no período de liberdade de movimentação" — continua o Plano — "BAIXARAM para a média anual de 33 milhões de dólares, isto é, aproximadamente dois terços das registradas no período anterior. Em particular no período de 1956 a 1961, a média de entrada de capitais de RISCO se elevou a 112 milhões de dólares anuais, enquanto a remessa de lucros caía a 28 milhões."

Um patriota sincero, um nacionalista sem aspas e sem preconceitos, não terá que perder muito tempo em buscar qual a razão desse aparente paradoxo: é a confiança que o país inspira, quando também demonstra confiar naqueles que nos procuram.

Se a primeira lei de "Remessa de Lucros" não tivesse um sentido geral, camuflado, mas básico, que era, como já acentuamos, fechar de novo os portos do Brasil à cooperação estrangeira — isto é, das nações livres do Ocidente, dir-se-ia, e com razão, que os resultados aparentes por ela visados (impedir a saída anual de 50 milhões de dólares quando estavam entrando 350 milhões) não passavam de inacreditável ato de obtusidade num grosseiro erro de matemática financeira.

Mas ponhamos de lado, superiormente, como "pobres orgulhosos", esses 350 milhões de dólares que entravam quando saíam os 50. Vamos analisar um outro aspecto que tem sido deliberadamente esquecido nessa rumorosa discussão, uma coisa que os inimigos "táticos" da colaboração do capital estrangeiro sempre procuraram obscurecer, este outro ponto sobre o qual sempre desconversaram: a

---

* A aparente discrepância entre os algarismos da média de entrada de capitais entre os citados pela Comissão Mem de Sá e o Plano de Ação Econômica do Governo Revolucionário vem de que a primeira se refere a capitais de **riscos e empréstimos**, ao passo que o segundo se refere só a capitais diretos, de **risco**.

correlação entre o que foi remetido para fora e o QUE FOI INJETADO OU FICOU INCORPORADO À ECONOMIA DO PAÍS em consequência das atividades locais, de produção e vendas das organizações de origem alienígena.

Esses 50 milhões de dólares da média anual remetida representavam uma parte SUBSTANCIAL dos lucros das empresas (a outra parte era aplicada nos imprescindíveis reinvestimentos necessários à sua atualização tecnológica ou à ampliação para fazer face ao crescimento do mercado).

Mas eram uma FRAÇÃO MÍNIMA, menos de 3% na maioria dos casos, do movimento geral de produção ou vendas anuais das empresas. Isto é, eles eram uma parte apenas de uma cifra em cruzeiros, equivalente a quase UM BILHÃO E 700 MILHÕES DE DÓLARES que as empresas estrangeiras movimentavam e injetavam anualmente na economia brasileira — seja através de compras de matérias-primas, ou de artigos de consumo próprio, de suprimentos e serviços em geral, impostos federais, estaduais e municipais, contribuições sociais de toda natureza, salários, aluguéis e todas as demais despesas necessárias à sua operação.

Depois de, com suas atividades criadoras, fabricando ou vendendo, lançar dinamicamente na torrente de nossa economia essa fabulosa soma de US$ 1,7 bilhão, como média ANUAL, as empresas estrangeiras cortavam, então, para os seus acionistas, um quilo de alcatra desse mundão de arrobas carnudas com que ajudam a alimentar o nosso progresso e a enriquecer as ainda trôpegas gâmbias do nosso desenvolvimento.

Mas, agindo sempre numa das pontas do seu trinômio de deslealdade — minimizar para iludir, obscurecer para confundir, ou superestimar para enganar — os inimigos políticos e adversários econômicos do capital estrangeiro JAMAIS saíram do estribilho monocórdio da "remessa de lucro", jamais largaram a pulga que tão gloriosamente descobriram no elefante...

Nas discussões públicas, eles nunca deixaram o auditório perceber o que havia no outro prato da balança: o volume do dinheiro que as atividades das empresas estrangeiras movimentam na economia brasileira, pelas compras e pelos impostos; o número de empregos imediatos e os gerados em consequência; a irradiação catalítica de novos empreendimentos locais; a absorção de novas técnicas e *know-how* vitalmente importantes para nosso progresso.

A questão da colaboração do capital estrangeiro sempre foi distorcida e desfocada para o "ponto fraco" da remessa de lucros porque, para os que vivem politicamente do niilismo, para os que astuciosamente exploram os profissionais do negativismo — não era, nem nunca será interessante computar aquilo que serve, ou que conta ou que vale para o Brasil e seu desenvolvimento.

O que lhes interessa é tisnar qualquer torrente límpida — pois isso é parte de seu secreto ofício. Ou de seus egoísticos proveitos.

Mas acontece que em torno do tema "Remessa de Lucros" existia não só a permanente necessidade agitacionista em que vivem as lideranças bolchevistas, como também nele o comodismo e o absenteísmo do nacionalismo estéril encontravam uma de suas melhores válvulas de escape emocional e espiritual.

Fugindo sempre das desagradáveis consequências da autoanálise, da autocrítica, agindo por via do complexo de inferioridade agressivo (acusar antes que nos acusem), os nacionalistas precisavam evitar ficar face a face com a situação, a desconfortável situação de ter que reconhecer que somos nós próprios os culpados de nossos males, de nossas "sangrias": o empreguismo estatal-eleitoreiro, o protecionismo desenfreado e o nepotismo prolífico, o lambonismo cívico, a irresponsabilidade dilapidadora para com a coisa pública, e todas as amplas e variadas desgraças político-sociais oriundas do dilatado analfabetismo.

Para que nunca se lhes apontasse sua inoperância e sua inércia, e a inocuidade do seu rumoroso amor pátrio feito só de palavras, mas não de gestos concretos de desprendimento, de ações suarentas de sacrifícios, de trabalho e de altruísmo — os nacionalistas, prevenidamente, jamais deixaram vazio o banco dos "réus da pátria", sempre mantendo ali um "criminoso" estranho, algo de mitológico e distante, cuja inculpação nos desobrigue da penitência nacional de, nós mesmos, a duras penas, corrigirmos nossas deficiências e rudemente extirparmos nossos males. Assim fora no tempo do Brasil Colônia quando, com justiça, a coroa portuguesa era a responsável e culpada por tudo que aqui acontecia. Após a Independência, a Inglaterra assumiu, por vezes, esse antipático lugar.

É a mecânica do "bode expiatório", tão velha na vida dos povos que remonta aos tempos bíblicos e atravessa a história de todas as nações. E sempre eram os nacionalistas puros de todos os países que, sensíveis, sem dúvida, quanto aos sofrimentos da pátria, porém medrosos quanto à coragem e falhos quanto à objetividade para análise e dissecação dos males internos a serem curados, saíam para a solução escapista. A solução noturna dos fantasmas e das assombrações, catando nos desvãos da vida nacional as pegadas do invisível monstro estrangeiro tornado responsável por tudo que falta em nossa dispensa, pela paz que não há em nossa casa, pela preguiça que desviriliza nossos filhos, pela escuridão que cerca nossa vida pública, pela antecipação com que morrem nossos próximos, pelas enchentes que destroem nossas vilas, pelas secas que crestam nossas lavouras e matam nosso gado, pelo desvalor com que a maré da inflação afoga nosso dinheiro...

Com que sofreguidão, atormentado pelo vazio da sua inaptidão e da sua incapacidade geradora, o nacionalismo busca encaixar-se na cômoda concha desses furacões emocionais que, ora por um nada, ora por uma mentira, sacodem as nações. Quando baixam, porém, esses doidos ventos, ou quando nos colocamos fora de sua órbita e de seus frenéticos zumbidos, o nacionalismo se apresenta tão sem mensagem, tão vazio e balofo que nos parece apenas uma inchação ridícula e septicêmica do bairrismo. Do exíguo e acanhado bairrismo que nunca saiu de casa.

Era tão espontâneo, mecânico e natural o "vício" de jogar sobre alguém ou alguma coisa a culpa de nossas deficiências e nossos males que, como já observou o prof. Eugênio Gudin, durante algumas décadas o Brasil descansava "tranquilo" quando ainda se mostravam mais parcas as colheitas de nossa agricultura: a culpa era das saúvas...

E o *slogan* (já naquele tempo) se inscrevia de fora a fora sobre os paióis vazios e as lavouras falhadas: "Ou o Brasil acaba com a saúva, ou a saúva acaba com o Brasil!". Não se dizia, não se proclamava, não se demonstrava, não se berrava que o que faltava era técnica, o que faltava era saber como melhor plantar, o que faltava era ajudar o homem do campo com ideias novas, crédito fácil, máquinas eficientes, produtos contra as pragas, motobombas para irrigação e adubos baratos.

Mas tudo isso seria tão complicado para fazer ou obter. Melhor mesmo era apontar logo a culpa que a saúva tinha, quando as colheitas eram escassas e faltavam os gêneros agrícolas...

Depois, nessas últimas décadas, surgiram os "nacionalistas" aspeados e coloridos, que profissionalizaram e tomaram "dirigido" aquilo que era um sentimento cego, mas puro e primitivo, oriundo de uma fraqueza espiritual, mas não de um plano mesquinho e calculista.

O comunismo imaginoso lançou então no cenário o seu estimado e rendoso duende, um fantasma de costas largas e de imensas fauces: o imperialismo espoliador; um morcego sanguessuga, de asas tão imensas que sob elas se acampam e se explicam todas as mazelas, as públicas e até as particulares, a dos "progressistas" que não progrediram na técnica de suas indústrias...

Para os que do lado de cá se deixam comandar pelos antolhos de um nacionalismo xenófobo e irracional, que tantas vezes acaba servindo de massa de manobra do "nacionalismo" aspeado — talvez seja interessante ver como se comporta esse mesmo nacionalismo quando funciona do lado de lá.

Numa reunião realizada em março de 1965, em Washington, entre redatores econômicos de jornais latino-americanos, o brilhante escritor e economista brasileiro Moacir Padilha perguntou ao representante de um diário argentino porque o seu país não trocava trigo por material ferroviário brasileiro.

— Cairia o governo argentino que se atrevesse a tanto! — foi a resposta.

Isso faz recordar a informação transmitida há tempos pelo diretor de uma fábrica nacional de pneus que, ao ser cumprimentado por outros homens de negócios pela efetivação da primeira remessa exportada para aquele país, afirmou: "Mas falem baixo porque meus fregueses argentinos têm que raspar de cada pneu os dizeres "Indústria brasileira".

Ainda recentemente um jornalista carioca salientava que o "nacionalismo" paraguaio, hipócrita e infantil como todo "nacionalismo", esgoelava-se com seu novo estribilho "Sete Quedas é nossa" — que não oferecia nenhuma correlação, nem com a realidade histórica (eles sabem há quase um século que Sete Quedas é geográfica e juridicamente brasileira), nem com a realidade econômica de seu país. Pois, com que dinheiro o Paraguai iria montar uma usina para tirar partido do avassalador potencial daquelas cataratas (cerca de trinta milhões de kilowatts)? E onde, em que indústrias e cidades, aquele país de três milhões de habitantes iria aproveitar tão imensa força energética?

Incapaz de ser produtivamente patriota, o "nacionalismo" paraguaio, como todos os "nacionalismos" em desespero, buscava alento mesmo no irremediável de uma sentença histórica. Pois, tal como para seus similares de outras fronteiras, o importante é gritar. Gritar contra algo de grande, contra algo poderoso.

Aliás, o Brasil que se premuna de búdica paciência: à medida que progredirem suas possibilidades de liderança, crescerão matematicamente seus problemas continentais, atiçados pelos "nacionalistas" que precisam fazer carreira política em seus respectivos países...

Há, de fato, uma caudalosa sangradura financeira que se transformou até no maior desafio político-social do Brasil de nossos dias. São os déficits astronômicos das autarquias ferroviárias, marítimas e portuárias.

Pelo rombo de intermináveis "direitos" e "reivindicações", abriu-se essa hemorragia cujas consequências inflacionárias e sociais atingem não apenas o organismo nacional como um todo, mas a vida mesma de cada um dos cidadãos brasileiros.

Ampliando-se continuamente aos borbotões da demagogia, aquilo que seria um simples talho tornou-se imensa ferida cuja extirpação demanda agora uma coragem ainda absolutamente rara na vida pública brasileira. Será uma extirpação que exigirá algo além da energia comum, pois, ou isto se extingue, graças à titânica ação patriótica de algum homem público de coragem indomável e a isso decidido*, ou o Brasil PERECERÁ DE INANIÇÃO ECONÔMICA POR PARALISIA, INEFICIÊNCIA E COLAPSO TOTAL DO SEU SISTEMA DE TRANSPORTES em plena era da ultravelocidade de comunicações.

O pior dessa situação de "ventre aberto" em que vive o Brasil, com energias esvaindo-se muito além da sua capacidade de reposição, é que essa até agora inestancada sangradura de gastos é simultânea com uma crescente perda de eficiência e de movimentos.

Quanto mais dinheiro demandavam as autarquias de transportes e os portos, quanto mais subsídios, ajudas e favores, e direitos e privilégios, lhes eram concedidos — mais ineficientes, mais desordenados, mais desorganizados, mais desastrosos ficavam —, o que levou o país ao desespero final de ter que transportar pelas rodovias nada menos que 80% das riquezas e mercadorias que ainda conseguem circular pelo seu imenso território.

Essa coincidência dos pontos de sangria ocorreram exatamente numa parte vital do organismo nacional — nas suas veias e artérias decisivas de comunicações — para ainda mais perturbá-lo e exauri-lo, não nasceu de um acaso, mas de planos que se superpunham: o plano de um morcego político que pendurado em palácios de governo jorrava "direitos" e sugava votos, e o plano dos domadores vermelhos, cuja velha tática de atear fogo ao circo sempre visou favorecer o seu esquema final de enjaulamento de todos, inclusive daqueles ingênuos que eles atiçam até o desembestamento.

---

* O deputado federal udenista, Adaucto Lúcio Cardoso, lutador bravio e capaz, teve em mãos essa sugestão e a levou a um candidato que até chegou a ser eleito presidente da República. Mas o cidadão em questão preferiu **desconversar** para o escapismo da proibição de brigas de galo, proibição do uso de biquínis, regulamentação de horários de repartições públicas e para o surrado e fácil truque demagógico do ataque ao "imperialismo americano".

Agindo na mixórdia da confusão, contando com a ignorância de uns e o hermafroditismo político de outros, enquanto muitos não percebiam, outros fingiam e outros não entendiam — a conspiração dos sanguessugas jungiu diretamente às gorjas da nação, para que ela o sustentasse com "privilégios" e "vantagens", o maior rebanho eleitoral já reunido por qualquer cabo ou prócer político brasileiro.

Foi aí também, nesse mesmo acampamento, que os sapadores do "quanto pior, melhor" começavam a montar suas barracas e abrir suas trincheiras — enquanto suas geringonças publicitárias produziam a fumaça diversionista de *slogans* em torno da "sangria" dos lucros que iam para fora.

Enquanto os "nacionalistas" lançavam a sua cortina de fumaça da campanha emocional em torno da "sangria" causada pelos lucros remetidos, habilmente silenciavam sobre um fato que ocorria simultaneamente e que era, além dos déficits astronômicos, apenas mais uma entre tantas consequências da sua política de descarrilamento geral dos sistemas básicos de transportes do Brasil.

Conforme os levantamentos feitos pelo senador Irineu Bornhausen, ex-governador de Santa Catarina, e apresentados perante o Senado Federal em outubro de 1964, dos 102 MILHÕES DE DÓLARES que o Brasil despendeu em 1962 (ano da 1ª lei de "Remessa de Lucros") em fretes para exportação de café, apenas 12 MILHÕES foram pagos a navios nacionais — que então não puderam ser utilizados em maior quantidade devido ao estado de desmantelamento geral de nossa marinha mercante. NOVENTA MILHÕES DE DÓLARES foram, assim, esvaídos num só ano, e num só dos aspectos do comércio de fretes!

Essa incapacidade de transporte internacional da navegação brasileira mostra que estamos diante de outro ângulo da sangradura que ocorre nas áreas dos sistemas básicos de transportes. Pois não se trata mais apenas da sangradura para dentro — a dos superdéficits inflacionários — mas também da sangradura para fora, a sangradura de dólares, de dinheiro-ouro que se vai, ou que o país deixa de ganhar por quase não ter marinha mercante, ou quase nem poder usar o pouco que ainda tem.

Em 1963, por exemplo, do MILHÃO de toneladas de carvão que tivemos de importar, APENAS 100 MIL toneladas renderam fretes para navios nacionais. As 900 mil restantes custaram ao Brasil algumas dezenas de milhões de dólares de fretes, pagos a navios de bandeira estrangeira, pertencentes a companhias estrangeiras, sediadas fora do país e que não rendem nem impostos para os cofres nacionais, nem salários para marujos brasileiros.

O Brasil é também sangrado em outras dezenas de milhões de dólares, anualmente — e igualmente sobre isso se cala a falsa histeria dos "nacionalistas" — quando a nossa marinha mercante, desmontada e desorganizada exatamente pelos *profiteurs* do falso nacionalismo, deixa de concorrer, por incapacidade, no afretamento dos 50% das imensas quantidades de trigo que hoje importamos dos EUA. Os norte-americanos, que reservam 50% dos fretes para seus próprios navios, deixam os outros 50% para a bandeira do país importador, ou para as outras marinhas organizadas que se candidatam a obter esse frete.

Descrevendo, numa pincelada geral, a quanto monta a bilionária rasgadura desse rombo na economia do país — sangria que os "nacionalistas" matreiramente jamais glosaram — o economista Maurício Bacelar afirmava em estudo publicado em janeiro de 1966, na *Revista Econômica do Jornal do Brasil*:

"... Reportando-nos aos Balanços de Pagamentos dos últimos onze anos, observamos que, somente no transporte de mercadorias importadas, O BRASIL PAGOU, exatamente na maior fase de dificuldades cambiais, UM BILHÃO E 213 MILHÕES DE DÓLARES."

Veremos, em outras páginas deste livro, como, no caso dos vitalíssimos transportes básicos, os manipuladores do "quanto pior, melhor" e os demagogos-eleitoreiros, seus inconscientes servidores, disso fizeram não apenas o aprofundado e extenso lanho de inestancada sangradura, como também o ponto de permanente debilitação e infecção do organismo econômico do país, o tétano que tudo enrijece e imobiliza, a necrose que tudo paralisa e apodrece.

3

Por que fracassou a primeira "Reforma de Base" do Brasil: a do Mar

A primeira "reforma de base" do Brasil foi feita nos primórdios da década de 20: a "reforma" do mar, uma espécie de "reforma agrária" líquida, que fazia a "divisão" do *mare nostrum* entre os 100 mil pescadores brasileiros existentes na época. Foi feita pelas mãos do governo e, como sempre, tratando-se de tarefa que exigia de seus executores capacidade administrativa, objetividade, eficiência e continuidade de ação, fracassou.

Historiemos rapidamente o assunto:

Por uma compreensiva, mas perigosa tolerância, originada pela necessidade alimentar do povo, as extensas águas oceânicas que se estendem pelas nossas costas em piscosos, inacabáveis e recortados nove mil quilômetros começavam a se tornar uma espécie de terra de ninguém. A concordância tácita dada a hábeis pescadores amigos, os portugueses, para atuarem nas costas brasileiras, vendendo depois o seu pescado ao mercado interno local, ia dando margem a que pesqueiros de outras nacionalidades, não baseados em portos brasileiros, começassem a entrar por aquilo que lhes parecia fundos de quintal sem dono. Faziam a sua "colheita" e saíam sem cerimônia, sem nada aqui deixar, nem sardinhas nem impostos.

Em boa hora, o governo do presidente Epitácio Pessoa reagiu drasticamente a isso. Declarou os nossos mares como acessíveis só a pescadores brasileiros. E convidou esses profissionais lusos a se naturalizarem para, com isso, poderem continuar em sua faina tão proveitosa. A decisão era firme, sem meios-termos: naturalização, se quisessem assegurar para si o mesmo direito que daí em diante passava a caber só a brasileiros.

Muitos daqueles, porém, que, ao longo de nossa História, recolheram razões de malquerenças e ressentimentos contra os colonizadores de antanho, rapidamente se apoderaram da decisão presidencial, nela encontrando a oportunidade fácil, sempre buscada por certos tipos de indivíduos, para exibir seu cômodo "patriotismo" — sem nada terem que dar de si, nem se sacrificar... E transformaram então uma rígida, mas serena, portaria governamental num agressivo grito de guerra de fundo chauvinista: "Naturalização ou expulsão!!!".

E, rumorosamente, o estribilho foi levado em procissão "cívica" pelo nosso litoral afora: "Naturalização ou expulsão!".

Como sempre acontece, os excessos, os esparramas do xenofobismo conduziriam as coisas aos estreitos da burrice. Os simplórios, mas eficientes, pescadores portugueses viram-se, de um momento para outro, transformados num novo tipo de tentaculares polvos anfíbios — sugadores, "exploradores", "espoliadores" e causadores do insucesso profissional dos nossos desequipados, despreparados e primitivos pescadores — insucesso facilmente visível ainda hoje, na pesagem de seus arrastões, magros e minguados de peixes.

Desabou-se, então, com essa trovoada falsa e artificial uma tempestade que feriu fundo o orgulho nacional dos pescadores lusos. Esses tiveram, contudo, a seu lado, a defesa espontânea de todos aqueles cujo bom senso pressentia o que iria acontecer: "expulsando-se" esses profissionais experimentados e equipados, quem, daí em diante, iria garantir o abastecimento abundante de peixe fresco e barato para todos? Os nossos experimentados, mas paradoxalmente bisonhos, pescadores, com suas canoas e frágeis jangadas?

A intenção de Epitácio Pessoa era justa e indiscutível: os mares, as costas do Brasil não poderiam continuar como "terra de ninguém", com os navios de qualquer bandeira entrando e saindo das enseadas e dos pesqueiros de nossas águas continentais como se não houvesse nenhuma soberania nacional a ser respeitada.

A pureza do nacionalismo e das intenções do presidente Epitácio nada tinham em comum com o "nacionalismo" eleitoreiro, provincial e obtuso de seu futuro sucessor, o presidente Arthur Bernardes. A execução da medida foi, porém, errada. Não era preciso, nem útil, nem prático, nem imprescindível, forçar as PESSOAS a se tornarem brasileiras. Mas sim os NAVIOS e as respectivas EMPRESAS.

Com bandeira brasileira, as embarcações ou continuavam entregando o pescado nos portos nacionais — então ainda não assaltados pelos "príncipes" e "arquiduques" dos cais — ou o vendiam, mas já como PRODUTO BRASILEIRO EXPORTADO, com todas as vantagens fiscais ou cambiais que disso decorre para o país. Neste caso, não seriam mais NAVIOS ESTRANGEIROS colhendo peixes nas costas do Brasil, protegidos por suas bandeiras; mas NAVIOS BRASILEIROS, de empresas nacionais ou estrangeiras sediadas no país, vendendo peixe ou seus derivados para o mercado local e para o exterior, o que é muito diferente.

Foi exatamente dessa forma, sem preconceitos nem submissão aos bolorentos truques do terrorismo intelectual "nacionalista", mas COM INTELIGÊNCIA E OBJETIVIDADE, que o Peru, com apenas dez milhões de habitantes, realizou a mais espetacular proeza econômica da América Latina dessa última década, e que lhe permitiu assumir a liderança mundial da produção de peixe, quando há alguns anos nem sequer figurava nas estatísticas internacionais!

Com portos utilizáveis e não garroteados pelos donos e beneficiários de taxas e privilégios de toda natureza, e sem legislação trabalhista marítima preocupada em afundar a sua marinha por excesso de lotação de tripulantes — o Peru, em poucos anos, abriu velas para o mar alto da pesca em larga escala. Organizaram-se dezenas de empresas particulares peruanas, mistas e estrangeiras sediadas no país. E agora o Peru produz mais farinha de pescado que o próprio Japão, do que a Noruega, do que a Islândia, do que Portugal — países quase secularmente detentores da primazia na indústria da pesca.

Com barcos moderníssimos, empresas organizadas, portos não escorchados pelas taxas de estiva e capatazia, e navios liberados do pesado lastro humano das supertripulações forçadas por lei — o Peru pôde lançar-se seguramente ao oceano para obtenção dessa honrosa e proveitosa prosperidade econômica. E das 47 mil toneladas de pescado que eram sua ínfima "performance" em 1948, o Peru atingia, já em 1963, CERCA DE 6 MILHÕES DE TONELADAS de peixe! Essas montanhas de enchovas são transformadas em farinha de peixe — que tem os usos mais versáteis: fertilizante, alimento de alto valor nutricional para o gado e certas aves, fonte de proteínas e óleo comestível para consumo humano.

Isso quer dizer que, se os armadores peruanos não industrializassem a maior parte da sua produção de peixe cada cidadão do país poderia comer até 600 QUILOS de peixe por ano, ou seja, um pantagruélico banquete DIÁRIO de dois quilos de enchovas, atuns, badejos ou namorados! Isso enquanto os donos das mais extensas áreas piscosas do mundo, os brasileiros, podem comer APENAS DOIS QUILOS POR ANO em consequência da DEMAGOGIA (que ocupou seus navios e suas docas) e da INCAPACIDADE (que aprisiona e esteriliza a mente de seus pescadores).

Além do bródio de atuns e corvinas que se pode dar aos peruanos, cada japonês consome 23 quilos de peixe por ano; cada norueguês e português, dezenove; cada sueco, quinze; cada dinamarquês, doze; todos eles cidadãos de países que não se estendem incomensuravelmente "do Oiapoque ao Chuí", e cujos maiores rios talvez nem fossem citados como "igarapés" no mundo líquido da Amazônia...

Certamente animada pelo maravilhoso êxito do Peru, a Argentina realizou nos anos de 1964-1965 um amplo programa de reformulação, revitalização e expansão de sua indústria pesqueira. O governo facilitou créditos apreciáveis e as empresas privadas se lançaram aceleradamente para equipar-se com os mais modernos meios para obter resultados compensadores das animadoras perspectivas da exploração dos seus mares.

Em menos de doze meses, de agosto de 1964 a março de 1965, apoiadas pelos financiamentos oficiais, essas organizações particulares encomendaram aos estaleiros argentinos nada menos que 23 barcos de pesca de alto-mar, dotados de toda a aparelhagem moderna.

Um total de pesos argentinos equivalentes a cerca de três milhões de dólares foi destinado pelo governo de Buenos Aires para financiamentos que visam desenvolver o transporte frigorificado, construção de câmaras frigoríficas, instalação e equipamento de centros de distribuição de pescado fresco e aquisição de caixas e matérias-primas para industrialização do produto.

Como consequência inicial desse esforço em todos os estágios das atividades de pesca, a Argentina saltou de uma produção de 122 mil toneladas em 1963 para cerca de 200 mil em 1964.

Como se vê, trata-se de um plano bem diferente do senhor Getúlio Vargas, que pensou resolver o problema da pesca mandando dar "magnanimamente" quarenta JANGADAS aos pescadores nordestinos, como citaremos mais adiante.

Em março de 1965, realizava-se no México a XVII Reunião Anual da Comissão Interamericana do Atum Tropical para análise da situação da pesca desse peixe e do desenvolvimento de seus cardumes. Estiveram presentes treze nações americanas (Estados Unidos, México, Canadá, Costa Rica, Panamá, Chile, Peru, Colômbia, Nicarágua, Honduras, Guatemala, El Salvador e Equador). O Japão também participou como país observador.

O Brasil, que tem nove mil quilômetros de costas marítimas e riquíssimos pesqueiros de atum, não compareceu.

Reiteramos: sem dúvida nenhuma, era certa e absolutamente inquestionável a tese sustentada pelo governo Epitácio, resguardando até esse extremo

("Nacionalização ou cessação das atividades") a total soberania brasileira sobre nossas águas territoriais.

Mas foi lamentável que tivesse feito apenas essa parte do "bonito".

O resto, o que tinha de ser realizado daí em diante, para substituir a falta da alta capacidade produtiva dos pescadores portugueses, o que deveria seguir-se a isso, era trabalhoso e oneroso e, pior ainda, exigia um tipo de obsessiva dedicação PATRIÓTICA muito além do fogaça de santelmo dos cômodos e matreiros gritinhos "nacionalistas".

Debandados os portugueses e os outros que se infiltraram nas suas águas, houve um eufórico marulhar verde-amarelo sobre as nossas costas, por aqueles que, já naquela época, pensavam em tirar o seu proveito de notoriedade, na garupa do "coitadismo" — do "coitadinho" do pescador brasileiro nato.

Discursou-se longamente e proclamou-se fortemente que o pescador português era explorador e "espoliador" (pois esta palavra vem sempre à tona, recauchutada periodicamente pelos mais diferentes borracheiros políticos), como se ele tivesse um assovio desleal para atrair às suas redes as langorosas enchovas e corvinas que deveriam ir para as redes dos nossos bronzeados caiçaras e piraquaras...

Vencida a "guerra", o que foi feito, a seguir, para os nossos pescadores, que todos sabiam não haver conseguido igualar ou suplantar profissionalmente os portugueses? Que todos sabiam não terem ainda sua técnica, seus apetrechos, sua base financeira e sua melhor noção da vida e das suas oportunidades? Que é que os estatistas e "nacionalistas" da época lhes deram, além da fugaz solidariedade de mão fofa e das miçangas rebrilhantes, mas ocas, de seu palavrório campanudo?

O "mar é nosso" ficou sendo um dos primeiros gritos da série histórico-botocuda e inconsequente, e de resultados antipopulares, que vem havendo no Brasil.

"Reformado" o mar, declaradas as águas do nosso imenso latifúndio oceânico como "divididas" entre os pescadores brasileiros, dada a eles a propriedade absoluta sobre todas as "fazendas" e "sesmarias" líquidas deste mundo de bolsões e panelões piscosos que são os mares brasileiros — que instrumentos, que meios lhes foram postos nas mãos rudes e primitivas, e que ensinamentos lhes foram transmitidos — para que tirassem, para si e para a população do país, o máximo de colheita em cada lavrar de suas redes?!

Ou será que tudo tinha acontecido como uma subitânea surpresa, um problema instantaneamente novo para esses homens de governo, que fazem tanta questão que em tudo *entre o governo*?!

Ao contrário. O assunto era velho, e até secular, nas cogitações dos que têm passado pelo poder; tão velho que o primeiro a tratar da pesca em nossos mares foi nada menos que o gênio madrugador do Patriarca, José Bonifácio de Andrada e Silva. A sua visão de estadista permitia-lhe ver os verdes mares também com o seu igualmente vivo sentimento de poeta. Ele falou das imensas costas brasileiras em termos proféticos e concretos de "pesca em grande escala". E propugnava que o Brasil tirasse, para a sua população, o máximo de proveito alimentar dos nômades e ricos rebanhos dos seus mares.

Depois, arrastadas décadas depois, em 1846, o Governo de Sua Alteza Imperial "legisla" sobre a matéria — lei, como sempre, com "promessa e planos de assistência" e criação de alguma repartiçãozinha... (Não tivesse o Brasil nascido sob o signo do empreguismo, com o descritivo escrivão Caminha pespegando, logo ao fim do seu colorido relato sobre a terra nova, um pedido ao rei de Portugal de uma sinecura para seu "rico" genro, na grande e futurosa autarquia que deveria vir a ser o Brasil...)

Mas parece que, dada a própria natureza líquida do assunto, este tornava-se inconsistente nas mãos governamentais. E, de tempos em tempos, a solução do problema da pesca mergulhava no esquecimento dos zelosos encarregados, que as leis ensejaram agregar-se às âncoras das novas sinecuras porventura criadas.

Também a própria lenta expansão da população brasileira, naqueles tempos, admitia para a questão a calmaria dos ambientes amanuenses. Até que surgiu a como sempre vigorosa decisão do duro e familiar presidente "Tio Pita"...

Depois daquela rajada de energia governamental, que varreu para longe as velas recalcitrantes — que por granítico orgulho nacional recusaram a proteção da nossa bandeira e a prosperidade em nossos mares — nada se fez de sério para ajudar, amparar, orientar e estimular os pescadores brasileiros. Estes haviam perdido, inclusive, a oportunidade de progredir profissionalmente, ainda que por osmose, sob a influência dos portugueses, considerados com justiça os melhores pescadores do mundo.

Houve, é verdade, logo em seguida ao gesto de Epitácio Pessoa, a ação bem-intencionada, mas débil e solitária, do cruzador "José Bonifácio", da Marinha de Guerra, que andou, missioneiramente, tocando de porto em porto, numa esforçada e elogiável, mas fugaz tentativa de doutrinação e preparação dos pescadores patrícios. Porém, que resultados poderia obter um cruzador, nalgumas viagens, levando a singeleza de algumas toneladas de linhas, chumbadas e anzóis para resolver a complexidade de um problema que exige uma esquadra de medidas, um exército permanente de atenções, estudos e estímulos — que o Estado brasileiro vem prometendo aos pescadores HÁ MAIS DE CEM ANOS?!

Por maiores que tenham sido o entusiasmo e os esforços técnico-pedagógicos despendidos pelos oficiais do "José Bonifácio", o certo é que a sua ação isolada de "universidade" flutuante não poderia, em poucas visitas, levar atualização profissional e transmitir capacidade técnica — e a imprescindível ambição sadia de progredir — a 100 mil "alunos", os pescadores todos que atuavam em centenas de ancoradouros ao longo da costa. A melancólica evidência disso é que a maioria absoluta da população brasileira continua sem a abundância de peixe que seus mares justificariam que tivesse.

Anos mais tarde, a "solução do problema da melhoria da alimentação através da pesca" veio a ser também uma das promessas amarelas com que o "Estado Novo" do senhor Getúlio Vargas procurou justificar-se. Mas, como tudo que fez, as medidas tomadas tiveram o volume e o alcance limitados da risonha e sibarítica mesquinhez mental da ditadura...

E o Brasil aí está, sentado à beira das maiores "jazidas" oceânicas do mundo e agachado às margens das mais piscosas e ricas bacias potamográficas da terra — sem peixe na mesa dos seus pobres, com peixe caro, e quase malcheiroso, nas mesas dos seus remediados, e com algum peixe fresco, pago a ouro, na mesa dos seus ricos.

Continuamos tendo que importar anualmente já mais de duas dezenas de milhões de dólares em bacalhau. No entanto, em fins da década de 1940, a missão Klein & Sales ao estudar panoramicamente a economia brasileira — os seus pontos de estrangulamento e as suas áreas de desperdício — opinava francamente: por que importar bacalhau, e em tanta quantidade, se o Brasil tem o pirarucu que, racionalmente industrializado, lhe é ainda mais rico e mais saboroso?

Ocupamos abaixo do quadragésimo lugar mundial do consumo *per capita* de peixe, inferiores à Suíça, que é país mediterrâneo.

E o peixe e a carne são — se é que se precisa "revelar" isto — os alimentos básicos de qualquer povo desde tempos imemoriais.

Já que o governo não faz, não pode ou não saberá nunca fazer — por que então o atrevido e já comprovadamente capaz empresariado brasileiro não se mete mar adentro buscando nas promissoras profundezas oceânicas mais alimentos para o país? Por que esses profissionais da criação e distribuição de riquezas não saem, com a sua petulância realizadora, a garimpar as inexauríveis e imensas jazidas dos nossos mares?

Por que os homens de ação do Brasil não se dedicam a isto que seria hoje uma verdadeira cruzada patriótica: o trazer do fundo das nossas minas ictiológicas os milhões de toneladas de proteínas que constituem exatamente o grave déficit alimentar das camadas populares do país?

É que hoje não é mais apenas um ou outro rio do nosso *hinterland*, mas todos os mares brasileiros, que estão tomados pelas "piranhas", aí lançadas pela demagogia.

Por isso é que, mesmo diante dessa fabulosa "lavoura" que é a pesca — que dá colheitas sem que se precise plantar — são muito poucos ainda os brasileiros capazes e empreendedores que se arriscam a lançar-se a essas águas. Todos tememos que a empresa que organizarem fique logo em pele e osso, acutilada pelos pontiagudos abrolhos da nossa prolífica LEGISLAÇÃO TRABALHISTA MARÍTIMA que pendura mais gente nos barcos e mais privilégios nos embarcadiços que bandeirolas no cordame dos mastros.

E, depois, que portos usar se os nossos estão ou desequipados, quase todos sem frigoríficos adequados; ou ainda dominados — todos eles — pelos donos das taxas extraordinárias, pelos privilegiados que para exercer suas "atividades" oneram tudo que por ali passa com os astutos "pedágios" criados pelo peleguismo colorido ou irresponsável: a "insalubridade", a "penosidade", o "cheiro", a "nocividade" e qualquer novo ET CETERA que eles vierem a imaginar e para o qual já dispõem até de um previdente encaixe, feito adredemente no texto da lei...

A fúria penduradora dos sinecuristas aquáticos não atinge apenas os vapores de alto-mar, mas tudo que flutuar sobre as águas do oceano, das lagoas e dos rios, sejam saveiros, "motores", alvarengas, "montarias", vigilengas, "regatões", rebocadores, batelões, ubás ou pirogas... Tudo que não afundar tem que levar, POR "LEI", praticamente, quatro descascadores de batata por metro quadrado de embarcação...

Por um paradoxo oriundos da falta de imaginação e de escrúpulos dos "protetores" eleitoreiros dos profissionais do mar, caíram, assim, os pescadores brasileiros, de modo paralisantemente mortal para o seu progresso e sua melhoria de vida, nas próprias malhas da rede de superproteção das superclasses, a que eles ironicamente pertencem como "homens do mar".

A capacidade privada brasileira, a única que pode dar-lhes vigorosamente a mão, receia encalhar-se nesses "currais" de reivindicações e facilidades, armados pelos matreiros latifundiários "trabalhistas", de parceria com a diabólica mão de gato bolchevista.

Por outro lado, ele próprio, o pescador brasileiro, como poderá progredir pessoalmente, trocando a sua casca de noz individual por um barco de alto-mar, se nesse barco ele teria que colocar, além dos ajudantes necessários, mais aqueles outros numerosos balangandãs humanos, como manda a "LEI" que superprotege os trabalhadores do mar?

Como poderá ele sair da eterna meia miséria da sua frágil piroga de ação pessoal e primitiva, para a produtividade promissora dos barcos maiores, se os regulamentos obrigam que eles tenham mais lugar para gente do que para os peixes colhidos?

Desajudado quando sozinho e inerme, ele passa a ser perseguido pelo superprotecionismo legal da ação governamental quando acompanhado.

Em artigo publicado em março de 1965, o prof. Eugênio Gudin citava o caso de uma empresa do Rio Grande do Sul que importou um rebocador da Holanda para colocá-lo em ação no rio Jacuí, em Porto Alegre. O rebocador atravessou o OCEANO, ainda sob bandeira holandesa, com uma tripulação de cinco homens. Ao içar a bandeira brasileira, de sua nova nacionalidade, para operar NUM RIO, passou a ter, obrigatoriamente, 14 TRIPULANTES!

Quem já viu, nas tardes de verão do Rio de Janeiro, de Santos ou de Recife, os nossos pequenos e frágeis barcos de pesca saírem para um mar não muito alto fica espantado com o cardume de gente que ali se aperta — são tantos para fazer tão pouco e produzir quase nada.

São barcos sem grande fôlego para o oceano aberto, que fazem uma pesca quase verdadeiramente de quintal e de superfície. Eles não estão em condições de ir nem ao muito largo nem ao muito profundo dos mares, onde exatamente se acham as volumosas miríades de peixes adultos, que sopesam, com milhares de quilos de cada vez, cada rede lançada.

Um grande armador de pesca inglês, que esteve há tempos no Brasil trazido por um brasileiro patriota que buscava uma solução para o problema alimentar brasileiro (o escritor e médico Fernando Carneiro), ficou completamente surpreso ao saber que nossos pescadores consideravam sessenta metros uma "grande" profundidade para ir buscar o peixe. Os avultados cardumes, aqueles que podem dar resultados compensadores a quem pesca, e ao mesmo tempo tornar o peixe de custo muito mais acessível a todos os cidadãos, estão a profundezas muito maiores, às vezes até a mais de 200 metros.

Na Ilha da Madeira, e no arquipélago japonês, a pesca chega a ser feita a até mil metros de profundidade! Cada linha volta das profundezas do oceano com até cinquenta espécimes adultas do saboroso peixe-espada, que se presta ao mais versátil uso culinário.

E dizer-se que houve um bem-intencionado ministro da agricultura, do breve e desajeitado governo constitucional do senhor Getúlio Vargas, que — no ano da graça de 1953 — tomou a quase irônica, se não fosse de boa-fé, iniciativa de mandar doar quarenta jangadas a pescadores nordestinos, para que eles, com esse cabralino instrumento de trabalho, continuassem catando, um aqui, outro acolá, sobre as escamas das ondas, os peixes solitários desgarrados dos cardumes-mãe, que navegam muito abaixo no pélago dos mares profundos.*

E como é melancólico ver-se que, por secular incapacidade e por infeliz ignorância, todos os dias, ao longo do imenso litoral brasileiro, os nossos pescadores infringem o mais sábio artigo das leis de pesca — o que os proíbe de tirar os arrastões a menos de três milhas da praia — feito exatamente para proteger a tonelagem das futuras "colheitas" desses pescadores. É como a proibição de matar bezerros: pois, junto às praias, nas angras, nas enseadas, nos ancoradouros, nas bibocas e nas pequenas baías, vivem os cardumes novos de peixes pequenos, quase alevinos, que ainda não se podem arriscar ao mar alto e profundo, domínio dos grandes e já nutridos reis do oceano.

Mas nenhuma autoridade lembra aos pescadores a obediência da lei feita em seu próprio benefício. E o ano inteiro, os arrastões são tirados, no focinho dos ministros e autoridades, armados e desarmados nas praias de Copacabana e Ipanema, e nas de Boa Viagem e São Vicente etc. É que o espírito do "coitadismo" não lhes deixa, a essas autoridades, coragem para advertir os ignorantes transgressores. Além disso, o dono do "curral" eleitoral do qual participam esses pescadores poderia gritar em defesa dos "coitadinhos" de seus "protegidos".

Que poderão fazer os pescadores brasileiros — esses enxadeiros do mar a quem deram "terra", mas não meios nem técnica para explorá-la —, que poderão

---

* O governo da Revolução de Março iniciou de modo mais prático e racional a sua ação no setor da pesca. O Superintendente do Desenvolvimento da Pesca, comandante Mário dos Reis Pereira, firmou convênios em novembro de 1964 para a imediata construção de terminais oceânicos, a fim de facilitar o acostamento, desembarque e conserva do pescado em Recife, Maceió, Natal e Fortaleza.

Em junho de 1966 era também assinado importante decreto-lei considerando a pesca como "indústria de base" e libertando-a, entre outras coisas, da superlotação obrigatória de tripulantes e das famosas taxas extraordinárias da beira do cais. Executado com energia, esse decreto da Revolução é o passo mais firme para que o povo brasileiro volte a ter peixe em sua mesa.

colher eles nas vastas e livres lavouras do oceano, ou nas imensidões dos nossos 34 mil quilômetros de rios navegáveis e piscosos, se, das 100 mil embarcações que usam, APENAS 1% (um por cento) É MOTORIZADA!...

Essa é uma informação divulgada em estudo do técnico José Calil, de São Paulo, que a completa com o seguinte: dos 99% restantes das "embarcações", 50% são JANGADAS de pau de pinha, canoas e pequenos botes de escassa capacidade e "desprovidos de quaisquer equipamentos para a realização do trabalho em razoáveis condições técnicas".

Isso numa época em que os modernos navios de pesca se acham equipados de radares capazes de localizar cardumes a até 150 milhas de distância!

O primitivismo dos nossos "barcos" de pesca é de tal ordem, de tal pobreza e fragilidade que, mesmo sendo eles 100 MIL, como informa o técnico Calil, a tonelagem da frota mercante do país, que tem as mais extensas áreas piscosas, interiores e oceânicas, do mundo, não passa de um encolhido e envergonhado 25º lugar, segundo informava o capitão de fragata Luiz Américo dos Reis, em estudo publicado em janeiro de 1965 na "Revista Econômica" do *Jornal do Brasil*.

Com as mãos desprovidas dos instrumentos adequados, e a MENTE VAZIA DE TÉCNICAS NOVAS, os 240 mil pescadores que já existiam no Brasil em 1964 formavam um vasto exército de profissionais sofredores e frustrados, incapazes de dar peixes a seu país, que enxotou os estrangeiros para assegurar-lhes um inútil domínio exclusivo dos nossos nove mil quilômetros de costas e dos 34 mil quilômetros das opulentas bacias fluviais brasileiras.

Enquanto as nossas 206 colônias de pesca têm tanto onde pescar, mas não têm o que vender, o seu povo teve que humildemente importar 16 milhões de dólares de pescados em 1961, e já vinte milhões em 1963 — como informa a *Enciclopédia Barsa*.

Neste país de tão extensas águas piscosas, doces e salgadas, não é de admirar-se que o peixe custe tão caro, embora para sua "produção" não seja preciso nem semeadura, nem capina, nem adubos, nem irrigação, nem vacinas, nem rações. Seu preço tão alto e sua má qualidade são a consequência lógica, direta, indiscutível da BAIXÍSSIMA PRODUTIVIDADE do abandonado e desequipado pescador brasileiro.

Com suas traquitanas primitivas, cada pescador brasileiro só consegue obter 800 quilos POR ANO, enquanto, segundo o técnico José Calil, a produção anual, por pescador, na Islândia é de sessenta mil quilos e, na Noruega, de vinte mil quilos, produzindo também cada profissional português acima de quatro mil quilos.

Bastou que, numa experiência recente, realizada em fevereiro de 1965, fossem dados a alguns rústicos pescadores nordestinos ORIENTAÇÃO TÉCNICA E INSTRUMENTOS ADEQUADOS para eles atingirem admiráveis índices de produção.

Isso ocorreu em um cruzeiro de estudos e pesquisas realizado pelo navio oceanográfico *Almirante Saldanha*. O comandante desse barco, capitão Paulo de Castro Moreira da Silva, informou à imprensa que os cinco pescadores nordestinos nele experimentalmente embarcados, podendo dispor das vantagens técnicas do *Almirante Saldanha* para localização de cardumes e caça dos peixes, conseguiram obter 300 quilos de "pargo" POR DIA. Segundo aquele oficial, esse peixe, de excelente qualidade, alcança nos Estados Unidos o preço de 500 dólares por tonelada, "o que dava mais de 180 dólares por semana, por pescador — mais do que cada um deles ganha na pescaria inadequada O ANO INTEIRO".

No dia 22 de março de 1965, a *Folha de S. Paulo* publicava em 1ª página um telegrama de seu correspondente de Porto Alegre com uma notícia singela, mas que trazia a síntese de todo o drama do pescador brasileiro e do estágio primitivo da pesca no país. A nota era um flagrante ao vivo, narrado, despretensiosamente, pelo jornalista, sem nenhuma preocupação de análise crítica ou comprovação técnica de uma das graves facetas do nosso problema econômico-social da pesca.

Dizia o telegrama:

> Na cidade de Rio Grande, a pesca foi tão abundante que o camarão acabou sendo distribuído gratuitamente aos consumidores. Duzentas toneladas do produto, que era vendido a trinta cruzeiros e depois a dez cruzeiros o quilo, foram entregues sem pagamento. Muitos pescadores devolveram ao mar o pescado e não voltaram à atividade por alguns dias.

Nesse registro de poucas linhas afloram todas as fragilidades congênitas da pesca no Brasil. Quando a generosidade dos céus é tal que os cardumes praticamente invadem por iniciativa própria os barcos cegos que, sem radar nem quase nada, velejam pelos mares — faltam em terra a aparelhagem e as instalações, os depósitos frigoríficos ou as modernas usinas de industrialização, em número suficiente para absorver a grande produção necessária para uma população de 80 milhões.

Toda aquela abundância de pescado não foi útil a milhões de consumidores que, no resto do país, em São Paulo, no Rio de Janeiro, em Brasília ou Belo Horizonte, pagavam naquele mesmo momento mais de Cr$ 2.500 por quilo de camarão. E quase nem foi proveitosa aos próprios pescadores.

É que nessa mesma cidade do Rio Grande, que é, apesar de tudo, a que mais se dedica às atividades da pesca no país, não estava pronto, ainda em 1965, o Entreposto Frigorífico João Mascarenhas, INICIADO HAVIA MAIS DE OITO ANOS, segundo informava em fins de 1965, em estudo, o jornalista gaúcho Kleber Borges de Assis.

Mas não é só a instrumentária material de terra que não existe ou não tem capacidade para suportar uma abundância maior. Também ele, o pescador despreparado mentalmente e sem a menor orientação espiritual, se afoga na demasia das redes bojudas e dos cestos locupletados daqueles bons dias que Deus dá por conta própria E ENTÃO NÃO VOLTA POR SEMANA, ou semanas, A TRABALHAR...

Nos dias em que os cardumes estão mais abundantes, ele repete, assim, monotonamente, modorrando na beira da praia, ante esse convite de Deus, a mesma frase do caboclo mineiro sentado na soleira do casebre, recusando a oferta de um bom dinheiro por um pouco mais de trabalho:

Não vou, não, senhor. Já tenho pra "janta" de hoje!

Apanhados e envolvidos também pelas ondas da agressiva e minuciosa "proteção" das leis do trabalho marítimo, os pescadores brasileiros ainda se debatem praticamente na miséria, paradoxalmente submersos no mar saturado de "privilégios" e direitos, que foram tortuosamente concedidos "ao homem do mar" pelas sereias das urnas e da demagogia.

Sem poder receber a mão colaboradora e orientadora do precatado homem de empresa patrício, os pescadores brasileiros velejam pela vida — alguns deles (40 entre 240 mil) até em jangadas de "chapa branca" — como profissionais ultrapassados, como cidadãos inadaptados ao progresso, que ainda fisgam peixes nos mares quase um a um, como nos desnudos tempos do Descobrimento.

E, por trás deles, 80 milhões de concidadãos aguardam em suas mesas, mais ou menos vazias, pela tão decantada abundância de um mar carregado de frutos que os pescadores não conseguem alcançar com sua técnica primitiva, seus primários instrumentos de trabalho, sua incapacidade de navegar longe, de detectar a riqueza dos cardumes e de mergulhar ainda mais fundo a sua rede.

Sem nenhuma diferença de instrumentos nem de "técnica", esse pescador trabalha ainda como seus bravos bisavós, aqueles heróis que, em 1823, tiveram peito e engenho para desembaraçadamente entrar para a História da Pátria pela porta gloriosa de suas quase inacreditáveis e ágeis vitórias sobre a própria esquadra portuguesa no Recôncavo Baiano. Neto dessas estátuas de nosso passado histórico — vive ele também como um tântalo de bronze: à beira da praia da qual não pode desgarrar-se muito, ele olha, como um pedestre do oceano, os milhões de alqueires, dos milhões de milhas quadradas, para ele inalcançáveis e quase sempre improdutivas, do SEU mar rico, imenso e fabuloso.

Brandindo eleitoreiramente códigos e regulamentos nada menos que superprotecionistas, os governos deram-lhe a sua mão de papel timbrado, que entulhou o mar com artigos e parágrafos e alíneas — instrumentos que, surpreendentemente para os legisladores e assessores oficiais, se revelaram inadequados para a pesca...

De longe também, o empresário brasileiro olhava precavido e desencantado. Ele tem coragem, sim, mas não para atirar-se num mar infestado por um cardume de improdutivos e esterilizantes "privilégios" e "vantagens", ou ancorar em portos sitiados por falsas condições de "insalubridade", "penosidade", "nocividade". Mar e docas sobre os quais os políticos inescrupulosos, os estrategistas maquiavélicos e os tribunais estupendamente teóricos desovaram as piranhas das leis de boca de urna ou as afogadoras decisões e regulamentos pejados de concessões do seu "generoso" coitadismo.

O CAPÍTULO 3 EM 2022

Em essência, o setor de pesca no Brasil não se desenvolveu muito desde a década de 60, comparativamente com outros países. Apesar do nosso potencial para aquicultura — vasto litoral oceânico, abundância de recursos hídricos de água doce, clima favorável, presença de espécies com grande mercado consumidor—, o Brasil apresenta ainda números fracos perto de outros produtores mundiais, como China, Indonésia, Peru e Índia. De acordo com o *Relatório da FAO* (Organização das Nações Unidas para Agricultura e Alimentação) *sobre o Estado Mundial da Pesca e Aquicultura 2020, denominado SOFIA, o Brasil está na 16º posição mundial*[*].

---

[*] Fonte: FAO (2020) - https://www.fao.org/documents/card/en/c/ca9229en

RANKING	PAÍS	PRODUÇÃO EM 2018 (1000 TON) — ÁGUA DOCE E SALGADA
1	China	62207
2	Indonésia	12642
3	Índia	12386
4	Vietnã	7481
5	Peru	7273
6	Rússia	5308
7	Estados Unidos	5213
8	Noruega	3844
9	Japão	3774
10	Chile	3388
11	Filipinas	2876
12	Tailândia	2598
13	México	1939
14	Egito	1935
15	Coréia do Sul	1905
16	**Brasil**	**1319**
17	Nigéria	1169
18	Canadá	1019
19	Argentina	839
20	África do Sul	566
21	Nova Zelândia	511
22	Austrália	281

Fonte: FAO (2020) - https://www.fao.org/documents/card/en/c/ca9229en

Levando em conta apenas a produção marítima, o Brasil não está nem entre os 25 maiores produtores mundiais.

RANKING	PAÍSES	PRODUÇÃO TOTAL 2018	TOTAL DA PRODUÇÃO MUNDIAL 2018
1	China	12,68	15
2	Peru	7,15	8
3	Indonésia	6,71	8
4	Rússia	4,84	6
5	Estados Unidos	4,72	6
6	Índia	3,62	4
7	Vietnã	3,19	4
8	Japão	3,1	4
9	Noruega	2,49	3
10	Chile	2,12	3
11	Filipinas	1,89	2
12	Tailândia	1,51	2
13	México	1,47	2
14	Malásia	1,45	2
15	Marrocos	1,36	2
16	Coreia do Sul	1,33	2
17	Islândia	1,26	1
18	Myanmar	1,14	1
19	Mauritânia	0,95	1
20	Espanha	0,92	1
21	Argentina	0,82	1
22	Taiwan	0,81	1
23	Dinamarca	0,79	1
24	Canadá	0,78	1
25	Irã	0,72	1
	Total 25 maiores produtores	67,82	80

Fonte: FAO (2020) - https://www.fao.org/documents/card/en/c/ca9229en
% do total: valores arredondados.

Por enquanto, nossa produção se destaca mais pela pesca continental (peixes de água doce).

RANKING	PAÍS	PRODUÇÃO TOTAL 2018	TOTAL DA PRODUÇÃO MUNDIAL 2018
1	China	1,96	16
2	Índia	1,7	14
3	Bangladesh	1,22	10
4	Myanmar	0,89	7
5	Camboja	0,54	4
6	Indonésia	0,51	4
7	Uganda	0,44	4
8	Nigéria	0,39	3
9	Tanzânia	0,31	3
10	Rússia	0,27	2
11	Egito	0,27	2
12	República Democrática do Congo	0,23	2
13	**Brasil**	**0,22**	**2**
14	México	0,22	2
15	Malawi	0,22	2
16	Tailândia	0,19	2
17	Filipinas	0,16	1
18	Vietnã	0,16	1
19	Paquistão	0,14	1
20	Chade	0,11	1
21	Irã	0,11	1
22	Quênia	0,1	1
23	Moçambique	0,1	1
24	Mali	0,09	1
25	Gana	0,09	1
	Total 25 maiores produtores	**10,64**	**89**

Fonte: FAO (2020) - https://www.fao.org/documents/card/en/c/ca9229en
% do total: valores arredondados.

O fraco desempenho da produção se reflete também na nossa balança comercial (exportações menos importações). De acordo com o gráfico abaixo, nossa balança comercial é deficitária em 944 milhões de toneladas, ou seja, importamos mais peixes do que exportamos.

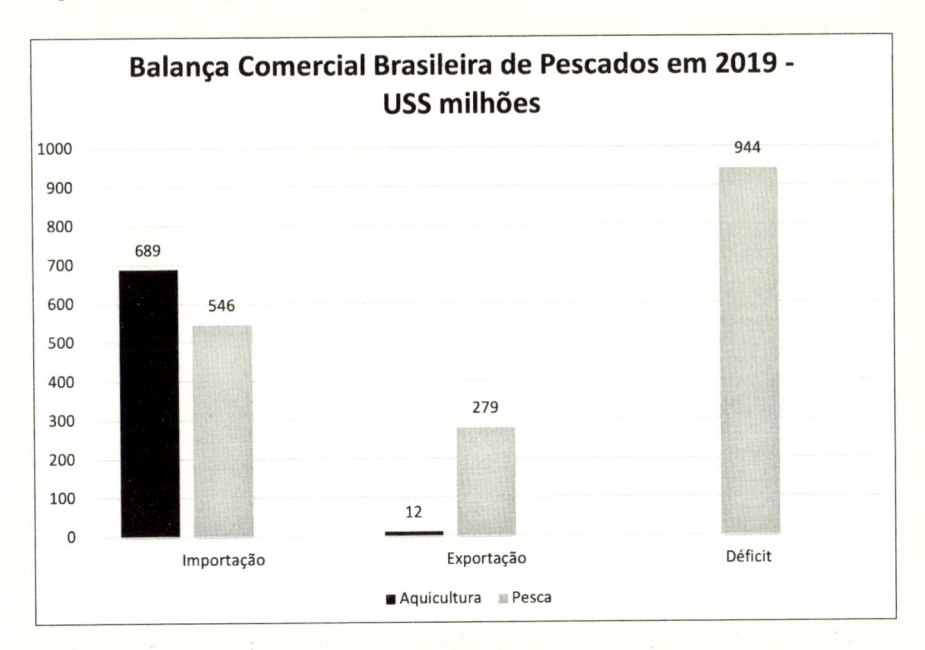

Balança Comercial Brasileira de Pescados em 2019 - US$ milhões

	Aquicultura	Pesca
Importação	689	546
Exportação	12	279
Déficit		944

Fonte: COMEXSTAT/Ministério da Economia (2020)

Embora a relação produção *versus* potencial esteja longe do ideal, o Brasil tem passado por importantes transformações ultimamente no setor de aquicultura. De acordo com alguns estudos *, desde a última década o setor tem crescido com a utilização de tecnologia e aporte de capital para médias e grandes empresas (fundos de investimento, entrada de grandes conglomerados de outros segmentos de proteína e investimentos estrangeiros).

A combinação entre capital financeiro e demanda crescente por pescados tem consolidado a participação da aquicultura no agronegócio brasileiro. Nesse elo entre investidores, produtores e consumidores, os supermercados têm tido um

---

* Pedrosa Filho et al. IMPACTOS SOCIOECONÔMICOS DA AQUICULTURA NO BRASIL: ANÁLISE A PARTIR DA MATRIZ DE CONTABILIDADE SOCIAL. Manoel Xavier Pedroza Filho, Joaquim Bento de Souza Ferreira Filho e Marcos Antonio Gomes Pena Júnior Rev. Econ. NE, Fortaleza, v. 51, n. 4, p. 159-176, out./dez., 2020

papel importante no desenvolvimento da cadeia produtiva do setor, ao exigir padrões de qualidade e regularidade de fornecimento*.

De acordo com dados do IBGE, de 2013 a 2018, a aquicultura brasileira cresceu aproximadamente 21%, numa média de crescimento anual de 4,2%.

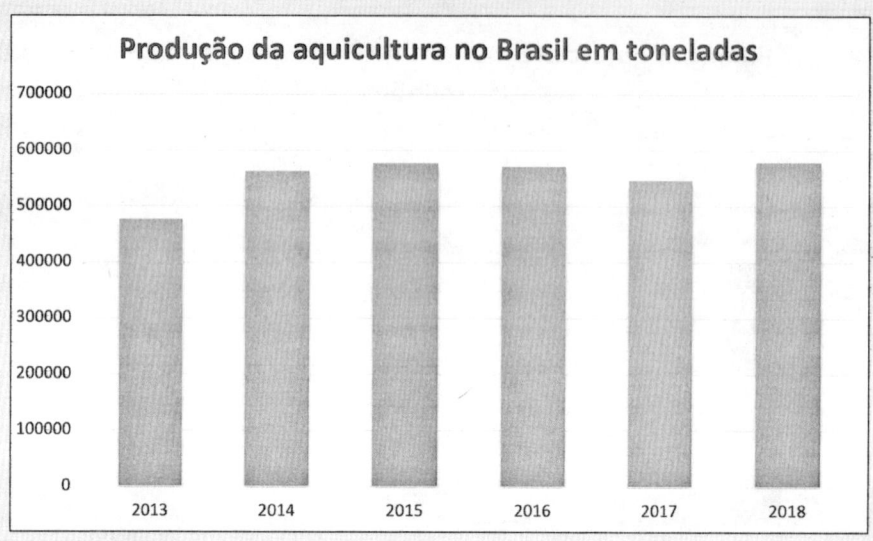

Produção da aquicultura no Brasil em toneladas

Ano	Produção
2013	~470000
2014	~560000
2015	~575000
2016	~565000
2017	~540000
2018	~575000

Fonte: IBGE/PPM

No entanto, apesar da melhora, o setor de aquicultura enfrenta uma série de desafios para um crescimento mais robusto. Alguns estudos** apontam fatores limitantes da nossa produção pesqueira, tais como: elevada burocracia, dificuldade para obtenção de licenças e regularização ambiental, alto custo de produção, assistência técnica limitada, baixa qualificação dos produtores, dificuldade de obtenção de crédito, preços baixos pagos ao piscicultor, limitações tecnológicas, baixo desenvolvimento do mercado regional e elevada mortalidade de peixes por enfermidades.

---

* PEDROZA FILHO, M. X.; BARROSO, R. M.; FLORES, R. M. V. Diagnóstico da Cadeia Produtiva da Piscicultura no Estado do Tocantins. Boletim de Pesquisa e Desenvolvimento. Palmas. EMBRAPA, 2014
   SEBRAE – SERVIÇO BRASILEIRO DE APOIO ÀS MICRO E PEQUENAS EMPRESAS. Aquicultura no Brasil. Série Estudos Mercadológicos. Brasília: Sebrae, 2015.
** Kubitza, F.; Campus, J.L.; Ono, E.A. & Istchuk, P.I (2012). Panorama da Piscicultura no Brasil: Estatísticas, espécies, pólos de produção e fatores limitantes à expansão da atividade. Panorama da Aquicultura, 22(132): 14-25

A própria Secretaria Especial da Aquicultura e da Pesca da Secretaria Geral da Presidência da República reconheceu os problemas do setor*. Para o órgão, os problemas são: condicionantes ambientais (licenciamento) excessivos; grande número de órgãos envolvidos nos processos regulatórios; ausência de prazos para manifestação dos órgãos competentes; morosidade na análise de processos regulatórios entre entidades relacionadas à atividade e ausência de mecanismos de incentivos às boas práticas.

Basicamente os problemas se resumem em três grupos: falta de treinamento e qualificação técnica na cadeia produtiva; problema econômico. (dificuldade de acesso ao crédito para investimento e custeio) e a falta de políticas públicas eficientes**.

Em suma, embora o setor tenha crescido e se desenvolvido nos últimos anos, estamos longe do ideal devido à alta burocracia, instabilidade jurídica, restrição de capital e de tecnologia, baixo nível de qualificação e um Estado ineficiente na criação um ambiente de negócio capaz de atrair o capital privado.

---

* XI SIMPÓSIO INTERNACIONAL DE AQUICULTURA
** OSTRENSKY, A.; BORGHETTI, J. R.; SOTO, D. Aqüicultura no Brasil: o desafio é crescer. Brasília: CNPq, cap.6, p.159-182, 2008.

4

O biombo das Reformas e a câmara de eco "reformista"

De repente, entre os idos de 1961 e 1963, os observadores ocasionais das coisas brasileiras deram-se conta, muito espantados, de que um "sentimento" novo surgira subitamente e parecia ter tomado conta da nação: a necessidade "urgente" de REFORMAS.

— "Reformas"? — indagava-se nos primeiros diálogos.

— Sim, reformas. Mas que reformas?

— Reformas de... estrutura, reformas... de base! — era a solene, catedrática e sibilina resposta dos entes superiores, que pareciam usufruir do privilégio de ver as coisas do cimo de uma gávea que ninguém alcançava. E despejavam então uma doutrinação tão nebulosa e enrodilhada quanto os sargaços misteriosos que, pelo visto, se opunham ao livre singrar da nau brasílica pelo mar da felicidade espiritual e do progresso material...

Os ventos reformistas, oriundos de bem planejados e bem inflados foles, passaram a soprar com um estranho fôlego asmático. Vinham por ondas ou etapas, calculadamente bufados, intercalados por tréguas curtas, o bastante apenas para passar de um ritmo a outro, de um objetivo já avançado para outro mais audaz. Porque, calculavam os recônditos manejadores dos sopros, era urgente transformá-los gradativamente em ventania... em vendaval... em furacão... em tufão ou tornado que tudo varresse, para, sobre a achatada lisura da total varrição, se cavarem então as fossas fundas, os irremovíveis cercos, as estacas da granítica "Nova Ordem" — a mesma que falhara em novembro de 1935. Ou, pelo menos, a que ruíra, dez anos mais tarde, em 29 de outubro de 1945, sob escombros solidários com o nazifascismo.

E o país onde até pouco antes era regra geral o queixar-se da obstaculizante superabundância de leis e regulamentos foi tomado da noite para o dia pelo imenso coaxar do estribilho das "Reformas de Base".

O BIOMBO DAS REFORMAS E A CÂMARA DE ECO "REFORMISTA"

Reformas! Reformas! Gritavam então os sapos de repetição, os bons e os maus, o sapo-boi e o sapo-concho, o sapo-aranzeiro e o sapo-conqueiro, o sapo-deputado e o sapo-governador, o sapo-que-renuncia e o sapo-assessor, o sapo-plenipotenciário, o sapo-carreirista e a débil e indecisa rã-vai-com-as-outras.

Era um coaxar chocante e estranho, principalmente para aqueles analistas da vida pública brasileira que, durante estas últimas décadas, se cansaram de ouvir nas aulas das faculdades, nos tribunais, nos cartórios, nos saguões das repartições públicas, nos salões de conferência, nas discussões de sapiência, nos locais de comprar e vender, de trabalhar e produzir, que "assim não era mais possível trabalhar e viver" — o "assim" se referindo ao cipoal amazônico de leis e decretos-leis que enredavam o progresso, a iniciativa, a eficiência, a velocidade das coisas e dos que faziam as coisas no país.

Quando um presidente da República, o senhor Jânio da Silva Quadros, depois de solertemente armar à nação uma cama de gato, deu a guinada da traição, visando, com uma renúncia que era falsa, atingir os abrolhos de uma ditadura — e o barco da Pátria gingou e zanzou sem rumo, os líderes comunistas julgaram então que chegara a sua hora solar. Pois viram no vice-piloto colocado na proa um personagem primário, sem bússola espiritual e desembaraçado de "escrúpulos burgueses", um moço de convés, que facilmente comandariam. Comandariam, a princípio, dos porões e, mais tarde, desossando-o — como faziam com todos os seus títeres — manuseá-lo-iam a céu aberto. Ou, simplesmente, o descartariam — como sempre o fizeram com todos os kerenskis ilustrados ou suburbanos.

Para colocar na sua rota a nação-continente que vogava à deriva, os ideólogos e psicólogos vermelhos, os importados e os nativos, chegaram rapidamente à conclusão de que era preciso buscar imediatamente uma "motivação" para sensibilizar as massas ingênuas e, igualmente, os líderes ignaros das próprias classes dirigentes.

Vivendo sempre de uma fiel e constante importação de ideias e palavras de ordem, lançaram o tema da "Libertação Nacional", que vinha a ser usado com tanto sucesso na Indochina e na Argélia.

Mas o *slogan* de segunda mão, apesar de repisado durante alguns meses, não conseguia penetrar nem mesmo a própria ingenuidade da massa brasileira, pois chocava-se grosseiramente contra uma secular realidade histórica, inobscurecível, por mais que os teóricos do "Partido" rebolassem "argumentos" ou escamoteassem fatos e torcessem verdades.

Neste entreato da História, surge então um antigo e morigerado professor de Direito que, durante anos, amargurara o encolhido e inóspito ostracismo político de dirigente nacional de um partido cheio de ideias, mas sem eleitores. Foi esse maneiroso mestre que se resolveu ao malabarismo intelectual de "recuperar o tempo perdido", atrelando-se à cauda do novo César do trabalhismo. Foi ele quem emprestou aos comunistas e a seu parceiro presidencial a "oportuníssima" ideia das "Reformas de Base". Com o "genial" ovo das "Reformas" — exultavam os Calombos da nova e promissora aventura ditatorialista — obter-se-ia tudo no mesmo embrulho, inclusive a reforma da Constituição, e principalmente daquele hábito "reacionário" e "retrógrado" de não se admitir a reeleição de certos tipos fronteiriços que, momentaneamente presidente da República, eram e sempre foram candidatos a caudilhos.

Com esse "achado" salvador, o esquema foi então montado: de um lado, levar-se-iam as condições de vida no país o mais aceleradamente possível a uma situação de tal modo infernal e difícil, que todos a sentissem insuportável e, afinal, convencidos e também movidos pela ideia de mudar, acabar com aquilo, e reformar fosse o que fosse.

De outro lado, todos os alto-falantes — os falados e os escritos, as colunas infiltradas dos jornais, os muros, as paredes, os quadros-negros, os volantes, os livros, os livretos e as cartilhas — tudo seria utilizado totalitariamente, na mais gigantesca "lavagem cerebral" a que jamais tinha sido submetido o povo brasileiro, para levá-lo a repetir, até mesmo como um sonâmbulo, que, sim, sim, sim, não havia dúvidas, eram mais do que necessárias as "Reformas de Base".

A partir do último trimestre de 1961, pôs-se em movimento a máquina infernal, que funcionou a contento e no ritmo combinado durante dois frenéticos anos. Decretos-leis terroristas, discursos terroristas, emissões terroristas, ameaças e atentados concretos à Constituição vinham num crescendo bem orquestrado para levar o pânico aos homens de ação, aos capitães de empresa, às classes produtoras, no campo e na cidade, no Brasil e fora dele, afugentando também os que para aqui quisessem vir e produzir.

A algumas classes profissionais deliberadamente escolhidas por sua colocação estratégica na vida econômica do país — marítimos, portuários e ferroviários — foi indicado e imposto um papel trágico e antipatriótico. O de, com suas consecutivas greves mortalmente paralisadoras, e suas reivindicações principescas, pantagruélicas e astronômicas, fazer, inconsciente e inocentemente, corcovear nas ribanceiras do desespero o comboio de uma nação. A esta, em certo instante decisivo, seria então oferecida, num clima de pânico total, a "alternativa" de fugir do abismo e do caos social pelo mergulho no túnel "salvador" — naquilo que seria a segunda ditadura pelego-sindicalista.

Via-se, então, pelo país afora a maratona da insinceridade atrevida e agressiva arrastando empós si a melancólica procissão da ignorância importante, mas despreparada, submissa e adesista. O coaxar pelas "reformas" brotara e se espraiara para muito além dos charcos escusos e imundos, gerados nos socavões da ditadura estado-novista, ou do ansioso, ascendente e frenético ditatorialismo vermelho. Esse coaxar atroava e reboava também pela voz dos homens-eco, dos governadores barata-tonta, e até de bispos-confusos e certos arcebispos-pelego-oportunistas.

Esgotavam-se os aumentativos de todos os substantivos e adjetivos para se conseguir dar "apenas uma ideia pálida" do que eram as "desgraças" nacionais. Estas eram macroampliadas para assim justificar e impor *imediatamente* (antes que o mandato do copiloto chegasse a seu termo) a providencial adoção da cirurgia mais ou menos indolor das reformas divinas e milagreiras.

Enquanto os comunistas faziam — como sempre, em benefício próprio — o seu surrado jogo estratégico e subterrâneo de tentar deslocar o sentimento popular de confiança nas instituições do país, os Van Gogh da demagogia trabalhista carregavam nas tintas juvenis da sua oratória de grêmio acadêmico. O mais atrevido dos "intelectuais" trabalhistas vaselinava o seu bigode mongol, e como um Gengis Khan da tribuna, despejava, ameaçador e tonitruante, a sua fala demostênico-suburbana sobre as "catástrofes" brasileiras.

Era quase circense, embora sórdido, o espetáculo de cinismo e escapismo que, com seu blasfemar desabusado, ofereciam os filhos diretos da ditadura estado-novista, ou os jovens oportunistas-políticos, que se cevavam, em atropelado carreirismo, em seus resíduos e monturos eleitorais. Na verdade, eles haviam recebido a tarefa difícil dos prestidigitadores: fazer a sua "trupe" viciada e viciosa passar de culpados a acusadores; passar de réus e acusados a defensores da coisa e do bem públicos.

Em dezembro de 1962, um dos porta-vozes mais intelectualizados do "populismo" brasileiro fez a sua experiência mais ousada. Era preciso sentir até onde os adversários tinham suas defesas mentais preparadas e como a memória da nação funcionaria diante dos truques, dos sofismas, das distorções e das falsas posturas, que seria necessário usar em larga escala, para apoderar-se do direito de exigir e, mais adiante, IMPOR a "inadiabilidade" das reformas.

E então, numa tarde de plenário calmo, devidamente avisada a imprensa "amiga" (para a posterior cobertura publicitária), o Demóstenes escalado assomou pateticamente à tribuna, sobraçando toda a carniça cívica das suas imprecações, para justificar a "imperiosidade" das reformas; e bufando dramaticamente sob sua mochila dos "horrores pátrios", o orador tentava argumentos pró-reformas, que ora pareciam firmes pontes, ora frágeis pinguelas; mas avançava audacioso, embora agachando-se, às vezes, semiperdido nos meandros negregandos das nossas realidades, até chegar, eufórico, vitorioso, apocalíptico, à bacia dantesca dos males brasileiros, onde fervilhavam tragicamente todas estas "desgraças nacionais":

- Somos — estrebuchou, então, gemebundo — uma nação que tem 60% de analfabetos!
- Que tem doze milhões de crianças sem escolas!
- E milhões de moços a quem não se deu uma profissão definida...
- Uma nação com um déficit de centenas de milhares de leitos nos hospitais e nas maternidades...
- Com 24 milhões de nordestinos "marginalizados" da vida econômica brasileira...
- Com o ensino secundário e superior ainda sendo privilégios de uma minoria...
- Etc. etc.

A Câmara o ouvira irisada por um misto de emoção e culpa. Nenhum aparte interrompera aquela catilinária feita pelo avesso.

Alguém falara em nome de Catilina e os Cíceros todos da liberdade quedaram-se desprevenidamente mudos. Ninguém dissera nada. Cada qual aceitara, cabisbaixo, aquilo que era a "verdade de todos": a comovente e vergonhosa "verdade" de uma nação que, ali, em seu mais alto Areópago político, se humilhava diante da evidente existência de seus "párias" e de tantas fraquezas e misérias.

A experiência fora bem-sucedida. Lá, exatamente naquele campo de gladiadores sempre dispostos, testados e testudos, nenhum adversário dera pela coisa. Com sua oratória de rondó e filigranas, camuflada e colorida, o porta-voz perono-"reformista", misto de pavão e ave-do-paraíso, insinuara-se por aquilo que eram as próprias posições do inimigo, narcotizando os gansos mentais da vigilância adversária. E todos ouviram "aquilo" sem piar, emudecidos pelo silêncio de um imenso *mea-culpa* que, desprevenidamente, ACEITAVAM COMO SEU.

Aquela façanha — penetrar à luz do dia no próprio arsenal do inimigo e, sendo visto pelos seus olhos e ouvido por seus ouvidos, surripiar-lhe rumorosamente as pesadas armas de que esquecidamente dispunha, que eram os graves erros, a inoperante incapacidade e as terríveis omissões do próprio passado getulista

— aquela façanha merecia a condecoração de um ministério. E o atrevido Demóstenes suburbano, audaz e escamoteador, foi feito ministro de Estado.

Ministro porque, no instante daquela audaz pirataria ideológica, não ocorrera a nenhum parlamentar adversário retrucar de pronto, nas bochechas vermelhas do Robespierre "trabalhista":

— Olha aqui, seu... Tudo isso que V. Exa. descreveu confere mais ou menos. Mas agora me responda uma coisa: QUAL É O GRUPO POLÍTICO QUE ESTÁ NO PODER HÁ MAIS DE 30 ANOS, neste país que V. Exa. mesmo aponta como tão devastado e saqueado?!...

Mas, ao contrário, ali onde se passavam em julgado as grandes decisões ou sentenças políticas, ali no Parlamento, nada fora dito. E fora dali ninguém enfatizava na interpelação sobre as culpas daquele passado tão próximo, ninguém insistia em relembrar à nação que essa procissão de horrores — justificativa dada para as "reformas" — saíra exatamente das sacristias do Estado Novo e continuava, já por mais de três décadas, sempre nas mãos da mesma confraria partidária, oriunda do getulismo.

Vendo os adversários e os neutros aceitarem passivamente, ingenuamente, como cidadãos, a culpa pelas maldições que existiam na Pátria, os pelego-comunistas sentiram-se donos da desmemória do povo e rapidamente ajustaram seus coros e orquestras para a repetição neurastenizante da existência de "dantescas mazelas nacionais" que "exigiam e impunham IMEDIATAS reformas de base".

Evidentemente, tão mais "imediatas" e tão mais arrojadas, quanto mais terríveis fossem essas mazelas... E, então, tanto caprichavam nos adjetivos contundentes, como inflacionavam organizadamente os algarismos com que supercomputavam a miséria e os miseráveis.

Seria, porém, perigoso para os herdeiros do estado-novismo a diária, eloquente, constante e agressiva repetição dessa justificativa para as "reformas". Pois o adversário poderia repentinamente dar-se conta das coisas, acordar e, então, em irresponsível contraofensiva, passar a apontar de que único ninho provinham os administradores "incapazes, inoperantes ou desonestos" que haviam largado sobre a pátria toda aquela semeadura de aleijões e horrores sociais nos últimos trinta anos...

Aquele andaime que vieram usando desde a primeira hora da descoberta do tema das "reformas" tornara-se, de um momento para outro, altamente inconveniente e frágil, ameaçando desabar sobre suas próprias cabeças.

Daí os espertos ideólogos do comuno-peronismo começarem uma nova e rápida manobra, para a montagem de outro bode expiatório, cômodo e abstrato, que não apresentasse o inconveniente de, ricocheteando, desembocar de volta no getulismo e nas figuras que o industrializavam politicamente.

Foi aí que toda a culpa pelas "monstruosidades" da vida nacional caiu pesada e irremediavelmente sobre essa coisa amorfa — mas NÃO VAGA — que eles começaram a chamar de "estruturas sociais arcaicas e anti-humanas".

E, então, passaram a borrifar a jato, por toda parte, nas tribunas do Parlamento e das Assembleias, nas mais modestas câmaras de vereadores, nas antecâmaras dos governos, nas sacristias "trabalhadas", a nova linfa da verdade pura e irrespondível: "As reformas de base são necessárias para a eliminação das NOSSAS ESTRUTURAS SOCIAIS ARCAICAS E DESUMANAS".

Posta a questão nesses termos, ninguém seria inconvenientemente provocado a lembrar-se de quem teriam sido os fabricantes dos nossos males e mazelas...

Foram impressionantes o funcionamento e a harmonia com que a orquestra de fundo, do pelego-comunismo, assimilou em poucas semanas, se não dias, o tom dessa outra e nova música. Numa sucessão cascateante e planejada, prontamente bemolizavam-se e correspondiam-se na mesma nota o pistão-deputado, o bombo-agitador, o professor-bombardino, o bispo-clarinete, o estudante-piano-piano, o pelego-reco-reco, o retardado governador-contrabaixo, e todos os demais figurantes que se regem unicamente pelos ouvidos e vivem na "hábil" e monótona capacidade de sempre e só acompanhar os acordes das árias mais cantadas...

"As estruturas sociais arcaicas e desumanas" entraram, assim, rapidamente para os estribilhos de todos os acompanhantes e foram jogadas fulminantemente contra o *paredon* da História.

Mas as orquestrações elaboradas no tumultuado descompasso da pressa carregam sempre o inconveniente dos súbitos desafinamentos ou das inesperadas constatações... Também aquelas "estruturas" não eram tão vagas assim, tão desprotegidas, tão órfãs, tão sem ninguém por elas...

Havia a batuta de um velho maestro a elas longamente associada... E havia a cantilena de um partido, e de "líderes", que sempre viveram, prosperaram e se abasteceram eleitoreiramente da "perfeição", da "modernidade", do "humanitarismo" das leis sociais que emolduravam e sustentavam exatamente essas estruturas.

ARCAICAS E DESUMANAS?! Mas como?! Se eles próprios, os trabalhistas, haviam sempre inflado o peito, como um tumor cívico, para proclamar que "VARGAS DERA AO BRASIL A LEGISLAÇÃO SOCIAL MAIS AVANÇADA DO MUNDO!".

Instantaneamente virara tudo arcaico?! Empoeiraram-se, de repente, aquelas minuciosas e numerosas leis de assistência, de progresso e bem-estar social que o país orgulhosamente ostentava? Então, arquivavam-se sem-cerimônias, como obsoletas, as leis que tanto custara a Vargas fazer a nação saber que provinham dele?

Por que, então, não se deixara, já há muito tempo, correr livremente, sem desmentido, aquelas insistentes alegações dos adversários, de que essas "arcaicas e inadequadas leis sociais" provinham das "débeis convicções reformistas" e do trabalho legislativo dos Constituintes de 1934? Ou, então, dos que, indo mais longe na História contemporânea, apresentavam essas "tímidas" leis como oriundas da ingenuidade e da teimosia dos jovens militares e intelectuais, idealistas e românticos, que comandaram o outrora poderosíssimo e influente "Clube 3 de Outubro" — por eles formado com a intenção de institucionalizar a Revolução de 30, à base das razões de todos os movimentos, desde 1922?

Se aquilo tudo era tão suscetível à mudança, por que então se polemizara tanto, a fim de resguardar para Vargas a paternidade das leis trabalhistas? Elas bem poderiam ter continuado a ser "ridicularizadas", como chegaram a ser, como "as leis dos tenentes".

Muitos dos oponentes de Vargas, ou velhos observadores políticos, asseveram que, se não tivessem se beneficiado com o silêncio de quase dez anos que impôs à nação, "ele não teria se apropriado facilmente" da auréola de criador das leis sociais trabalhistas. Afirmam uns e outros que o ministro do Trabalho da Revolução de 1930, o idealista Lindolfo Collor, acabara exaurindo-se denodadamente na tarefa culinária de tomar as minutas daqueles "loucos e ousados" projetos dos "tenentes" digeríveis pela "reacionária resistência do presidente".

Num editorial publicado em 29 de outubro de 1965, a propósito do 20º aniversário da derrubada do Estado Novo, afirmava o *Diário de Notícias*, do Rio de Janeiro:

"Especulou-se com a legislação trabalhista que lhe é (a Vargas) indevidamente atribuída, fazendo-a meio de sedução e aliciamento de trabalhadores menos esclarecidos. Mas já foi sobejamente demonstrado que essa legislação (cujo espírito, aliás, se deve sobretudo a Lindolfo Collor) foi oriunda quase toda de iniciativa do

Poder Legislativo, sobretudo em cumprimento do disposto na Constituição de 1934, elaborada pelos representantes do povo."

O jornalista Victor do Espírito Santo, um dos profissionais mais probos e de mais intensa vivência política do periodismo brasileiro contemporâneo, e por isso mesmo, confidente de alguns dos mais destacados homens públicos da Revolução de 30 e de todos os movimentos democráticos, conta o que lhe narrou Lindolfo Collor, sobre o modo como o senhor Getúlio Vargas recebeu o projeto do primeiro conjunto de leis trabalhistas brasileiras.

Disse-lhe Collor: "Enquanto eu lia, Getúlio dormia. Ao terminar, levantei-me um tanto rumorosamente. Aí Getúlio despertou e me disse que deixasse tudo ali. Mais tarde, assinou tudo, exatamente como eu lhe havia levado".

Ainda em agosto de 1965, o acadêmico e ex-ministro de Estado, prof. Maurício de Medeiros, testemunhava em artigo publicado n'*O Globo*:

"Ouvi há dias, na Academia Brasileira de Letras, a propósito do mês de agosto, que foi o da morte de Vargas, que foi membro da Academia, fazerem-lhe o panegírico, dizendo-o autor da legislação trabalhista brasileira, que seria a melhor do mundo!

"Ouvi, por cortesia, em silêncio, essas duas afirmações contestáveis. A primeira, porque a legislação trabalhista foi estruturada por Lindolfo Collor. A segunda, porque a tendência demagógica dessa legislação lhe retira o valor como elemento de trabalho produtivo."

Aliás, em pronunciamento feito em agosto de 1965 sobre o golpe de novembro de 1937, o senhor Plínio Salgado afirma também que, nas conversas, o senhor Getúlio Vargas se referia à própria "Constituição" do seu Estado Novo como "aquele papel"...

Mas seja lá como for: montada a ditadura estado-novista, caladas as bocas adversárias, e, aos poucos, informado de como os trabalhadores apreciavam e se valiam das "leis dos tenentes", Vargas, orientado pelos seus assessores, pôs-se a falar cada vez com maior frequência sobre as "avançadas leis sociais" com que contava a nação.

E o fundador e inspirador do trabalhismo o fazia com o maior desembaraço, mesmo que o artigo 139, da "sua" Constituição de 1937, ELIMINASSE DRACONIANAMENTE O DIREITO DE GREVE — pedra de toque das democracias sem aspas, indispensável recurso social e instrumento do progresso econômico das classes assalariadas.

Adversários de Vargas historiam que, não dispondo de legiões próprias como Hitler e Mussolini, o ditador estado-novista precisava justificar-se perante o dispositivo militar que o mantinha. Por isso, servia-se de um corpo de assessores que, para atender sua premente necessidade de afirmação de poder, lhe submetia toneladas de decretos-leis.

E acrescentavam: a quantidade de leis tinha alta importância porque, como a máquina administrativa ditatorial quase nada produzia, era a sua maneira de mostrar como a linha de montagem do poder pessoal funcionava muito mais eficientemente que aquele sistema de manufatura primitiva: o tal do Congresso.

O certo é que, desse momento em diante, usufruindo do poder absoluto, Getúlio começou a "doar" leis num crescendo tal que, quando foi deposto pela 1ª vez, em 29 de outubro de 1945, já havia assinado, até aquele dia, o decreto-lei nº 8148.

Mas os homens que, nos idos de 1962 e 1963, pugnavam por uma nova ditadura de tipo peronista, estavam dispostos a jogar na fornalha até mesmo aqueles resíduos incômodos da História, embora ele fosse, no final das contas, o próprio guarda-roupas ideológico do "trabalhismo", naquele momento, o importante, o "tático", era provar, era fazer com que todos aceitassem que "nada do que aí estava" servia mais para os "tempos novos" e para a "nova sociedade" que eles desprendidamente planejavam para o país...

Naquela hora de vencer as resistências das "obsolescências democráticas" e de varrer com os preconceitos gerados por "velhas instituições" — como a propriedade e a liberdade — valia tudo.

Era preciso proclamar depressa "o obsoletismo das estruturas arcaicas", pois somente assim se justificariam as "salvadoras reformas de base". Era preciso berrar logo a todos os quadrantes, para entupir mentalmente os ingênuos e iludir os tolos. Era preciso acuar ainda mais o adversário, enquanto estava aturdido, enquanto os carreiristas o abandonavam e os omissos se escondiam. E enquanto certos governadores com pose e autossenso de "estadistas", agarrados ao salva-vidas do oportunismo — feito de carvalho por fora e cortiça por dentro — espiavam neutralmente a maré, na espera ansiosa de que saísse daquelas espumas a onda vencedora.

Era preciso a qualquer preço convencer a nação da necessidade mortal, e da atropeladora imperiosidade das "reformas".

Se não, de que maneira o aprendiz de ditador teria chance de repetir o mestre?

Se não, que outra oportunidade tão fabulosamente favorável encontrariam os parceiros comunistas para conseguir tumultuar e fazer retroceder a arrancada — para eles, desesperançosa — desta nação e deste povo, para a prosperidade e o bem-estar?

Dos fins de 1961 ao primeiro trimestre de 1964, a acelerada conspiração contra a ordem econômica que se registrou no país, comandada dos palácios governamentais, visava estrategicamente criar a moldura do desespero e a rendição pelo terror.

Foram metodicamente criadas por um plano de estado maior, duras e universais condições de dificuldades, de modo que nenhuma classe civil ou militar, os ainda deserdados ou os milionários, ficasse imune ao mais intenso desassossego.

Os pobres e os remediados seriam logo acutilados pelas sangrentas consequências da desenfreada, deliberada e orgíaca emissão de dinheiro; ao mesmo tempo, o amedrontamento dos homens de empresa, e das próprias corporações em si, levaria à retração para novos empreendimentos e, matematicamente, a uma drástica redução de empregos, num país que já então necessitava de quase um milhão de empregos novos por ano; as classes abastadas seriam traumatizadas e paralisadas pelo pânico decorrente da contundência e da agressividade crescentes das greves políticas, estimuladas oficialmente, e das ameaças de encampação de seus bens.

Na sua ansiedade diabólica de acelerar a disparada do comboio ribanceira abaixo, os insanos ditatorialistas que se apoderaram do seu comando a partir de agosto de 1961 até abril de 1964 jogavam cada vez mais, na caldeira já por estourar, borbotões e borbotões do combustível mais explosivo na vida de um povo: o papel-dinheiro, o dinheiro desvalorizado, dinheiro desmoralizado, dinheiro dado com a mão do diabo, porque, quanto mais abundante, mais empobrecedor.

Por causa disso, e piorando isso, as despesas com o pessoal do governo federal que em 1961 tinham sido de 91 bilhões de cruzeiros triplicaram em 1962 para 291 bilhões, e já em 1963 atingiam 481 bilhões de cruzeiros! Mais de 500% em dois anos! E os jatos da inflação caíam diariamente sobre uma nação já inundada de papel e quase sufocada de pânico.

O dilúvio de papel era deliberado e visava a um fim sinistro, que o homem comum não compreendia. Em fevereiro de 1964, os ingênuos ferroviários da Leopoldina se viram colhidos pela "agradável" surpresa de novos aumentos de salário, que nem tinham reivindicado, em nenhuma de todas as suas últimas greves anteriores. Inocentemente, eles, como tantos outros, não viam que aquele era o dinheiro para comprar-lhes as almas e devorar-lhes a liberdade.

Ao assumir o poder em 1961, o senhor João Goulart encontrara Cr$ 313.858.000.000 em circulação. Em 31 de dezembro de 1963, já tinha conseguido quase triplicar a circulação, para Cr$ 888.768.000.000! E em 31 de março de 1964, quando fugiu para o Uruguai, a cifra das suas atividades impressoras já estava quase furando uma nova "barreira do som": um TRILHÃO de cruzeiros!

Atarantado com a maré montante do papel pintado, o povo brasileiro não entendia por que ficava mais pobre quanto mais o cercavam de cédulas e cifrões. O desprevenido homem comum movia-se num mar de cifras que o afogava e levava à neurastenia do desespero — exatamente a que visavam os microssatãs que, de cima, manipulavam e antegozavam o espetáculo, e marcavam, já vitoriosos, um rubro *grand finale*.

Nesse quadro de "guerra total" e de "terra arrasada" contra o Brasil e os sentimentos democráticos do seu povo, os terroristas governamentais inseriam uma única alternativa de paz: a total rendição política e a submissão moral e material de todos os brasileiros ao escravagismo de um poder absoluto.

Apertado entre duas tenazes — as crescentes dificuldades econômicas e a apavorante intranquilidade social —, o homem comum cambaleou entre a decisão e o medo, entre a revolta e o terror, a vontade de lutar e a submissão aos "fatos".

E nos momentos de incerteza, tendo de lutar pela sobrevivência ou preparar-se para defender sua liberdade, quantas vezes lançou mão de seus recursos intelectuais para tentar compreender — e então aceitar "tudo" aquilo. A vida, pensava, tornara-se tão difícil, tão complicada para entender, que cabia, sem dúvida, a sua tímida pergunta, que ele se fazia a si, sem nenhuma intenção de fugir à luta ou à definição: "Não seriam mesmo necessárias aquelas 'reformas' para mudar tudo e revirar tudo, como propunham os 'outros'?".

Esse bom cidadão, o brasileiro a pé ou já motorizado de "fubica", intelectualmente desarmado, sempre mais disposto a acreditar do que a desacreditar, quase se esquecera — porque não ficara sabendo bem — que seu país vinha tendo até então, com o regime democrático, e só por causa da segurança oferecida pelo regime democrático, condições de progresso e desenvolvimento iguais ou superiores a todos os países mais avançados da terra.

Antes dos foguistas de Belzebu começarem a toldar os céus brasileiros com a erupção e eructação terrorista das suas ameaças e atos contra a paz do trabalho e da produção; antes de ser forjada artificialmente no ventre da Pandora comuno-continuísta a agitação pelas "reformas", o Brasil mourejava suarento e feliz, a pleno emprego, e contingentes cada vez maiores de sua população mais humilde incorporavam-se continuamente aos grupos sociais válidos economicamente; atingiam nova capacidade aquisitiva e entravam no mercado disputando bens e mercadorias para seu consumo e de sua família. Levas imensas de camponeses iniciavam um SADIO ÊXODO RURAL — fato característico de todos os países cuja agricultura começa a modernizar-se pela mecanização, pela superproteção química das colheitas.

Na região da indústria automobilística, milhares de antigos enxadeiros ou biscateiros, transformados em ferramenteiros, fresadores, modeladores, mandriladores e temperadores — com a soberba habilidade do trabalhador nacional em absorver rapidamente técnicas das mais complexas — venciam salários mensais que antes não ganhavam em 24 meses de trabalho!

Um verdadeiro e sadio leilão de braços livres realizava-se, na guerra surda que se moviam os parques industriais das cidades-chave da vida econômica do país, com empresas de São Paulo buscando especialistas na Guanabara, empresas cariocas pedindo operários qualificados em Porto Alegre e corporações gaúchas oferecendo mais aos veteranos metalúrgicos e capatazes mineiros. O suplemento dominical do jornal *O Estado de S. Paulo*, destinado à convocação de trabalhadores qualificados e técnicos das mais diversas especialidades, chegava a apresentar quase quarenta páginas por semana repletas de "Precisa-se".

Tudo marchava num ritmo que raiava pelo atropelo; a diversificação do parque manufatureiro parecia vir de um mutirão a que a nação inteira se lançava para erguer à moda de Babel, as chaminés e os galpões do seu progresso; pois, sentia-se por toda parte, nas capitais e nas cidades, nas vilas e nos campos, um avanço juvenil nas fatias do imenso bolo da prosperidade nacional que, intumescido por um fermento divino — a confiança dos homens no seu futuro — tanto mais crescia quanto mais a ele os brasileiros se atiravam.

Aumentava vertiginosamente a produção de tudo: de aço, de cimento, de veículos, de eletricidade, de alimentos, de gado e de gente. Um só governo de Estado (o governo Carvalho Pinto em São Paulo) inaugurava no período de um mesmo mês as instalações prefinais ou definitivas de três usinas hidrelétricas de porte médio. As sucessivas "barreiras de som" de todas as previsões eram continuamente rompidas. Em fins de 1961, os 71 milhões de brasileiros de então já tinham tantos automóveis particulares quanto os 220 milhões de cidadãos soviéticos, e 21 vezes mais que os 700 milhões de chineses! Na agricultura, a ação de mais de 60 mil tratores substituía e liberava centenas de milhares de trabalhadores que vinham incorporar-se ao operariado mais bem remunerado das cidades. Anunciava-se o início de operações de cerca de uma dúzia de fábricas de tratores.

Apesar da quase total esterilidade e até da aversão dos Institutos de Aposentadoria, da Fundação da Casa Popular e das Caixas Econômicas para os empréstimos imobiliários, já se construíam anualmente cerca de 300 mil residências novas, das 500 mil que eram necessárias para os 500 mil casais que se formavam por ano (1963) no país. Desses 500 mil, 300 mil começavam em lares para os quais tinham podido adquirir 300 mil refrigeradores e toda a série de utensílios eletrodomésticos que marcam a indisfarçável e satisfeita melhoria daqueles que se vão arranjando ou "remediando" na vida.

Nada havia, pois, tolhendo IRREMEDIAVELMENTE o progresso do Brasil, nem ATRAVANCANDO o processo da rápida elevação do nível de vida dos brasileiros.

Nada.

Até surgir de volta, no cenário nacional, um retardatário grupelho de aprendizes de feiticeiros, ainda obcecados pelas "vantagens" do poder pessoal ditatorialista-continuísta. Ansiosos para dominar sua presa — o povo e as riquezas de seu país — iriam a tudo, até a associação suicida com as comprovadas e insaciadas hienas vermelhas que corvejam e tentam triturar a liberdade em todos os cantos da Terra.

Montados por uma rabanada do destino nos alcantis do poder, os jovens urubus do ditatorialismo reincidente, e as hienas da ditadura profissional, entenderam-se logo: era preciso cortar as asas a esse país assim, que, procurando desesperadamente atrelar-se às bigas da tecnologia moderna, corria confiante e esbaforido atrás da vida e do bem-estar, desejoso de viver hoje mesmo, e não mais a embalar-se com a perspectiva do futuro; esse país cujo povo, por todas as suas classes, estava tomado pela obsessão de viver melhor; que se esforçava por viver melhor, já ganhava para viver melhor, já movimentava e mantinha, como produtor e como comprador, um parque industrial de mais de 170 mil chaminés.

Para deter essa marcha sem freios em que, dopado pela incontinência da liberdade e estimulado pelo prêmio da prosperidade, o Brasil se atirava para o porvir, os ditatorialistas haviam empunhado o chicote do medo e a gazua das "reformas".

Manejando o terror contra os também ainda poderosos, e a mentira para iludir os humildes, o aprendiz de ditador contava chegar até o fim da marcha para o poder absoluto, protegendo-se atrás do biombo da "renovação das estruturas", para assim esconder a sua ataraxia, a sua atonia, a sua afasia, a sua abúlica e paralisante incapacidade administrativa.

É lógico, e NINGUÉM CONTESTA, que todas as coisas em nosso país devam e possam ser melhoradas, aprimoradas, aperfeiçoadas — e só e sempre no sentido da felicidade e do bem-estar DO MAIOR NÚMERO.

Essa melhoria, porém, não vem jamais por "doação", "decreto" ou "outorga" de nenhum taumaturgo liliputiano e pretensioso — para quem a ação política ou a arte de governar era apenas uma série sensaborona de escamoteações e manhas de astúcia e de golpes de "esperteza". A geração que era adulta durante as décadas de 1930 e 1940 sabe disso; sabe o que foi o marasmo, a lerdeza, a lentidão do desenvolvimento econômico-social sob os quinze anos da ditadura e do Estado Novo, apesar dos 8.148 decretos-leis com cuja assinatura o ditador "decretava" um progresso que não vinha e uma prosperidade que o seu papelório estéril não gerava.

É que prosperidade para todos não se fabrica por decreto, e muito menos ainda numa nação ENLATADA, ENSARDINHADA PELA DITADURA.

A melhoria das "estruturas materiais" e das instituições políticas e sociais só acontece por decisão livre e pela inteligência e esforço do próprio povo, e não pela esterilidade ginecológica da mão seca dos ditadores.

Para que a nação brasileira recebesse ou receba novos impulsos para o progresso social no sentido de benefício do maior número, não é preciso alienarmos nossa liberdade. Nem esse progresso jamais seria e será possível sem ela. Pois só a liberdade assegura às nações aquele estado permanente de dinamismo transformador, que dá ensejo e expressão à salutar insatisfação humana e a seu eternamente ansioso perfeccionismo.

"ESTAMOS NUM MUNDO DINÂMICO E EM TRANSFORMAÇÃO", berram os povos ágeis e livres da Terra.

A renovação das fórmulas e das soluções não é "bênção" que só possa vir das mãos de um generoso pajé ou sátrapa. Pois é a condição da sobrevivência dos povos livres e a consequência da liberdade.

Da liberdade que permite discutir, que permite duvidar, que permite insistir. Da liberdade a cuja força nada resiste, nem o fóssil encarapuçamento das cidadelas do egoísmo, nem o suíno animalismo de certas cobiças; liberdade que limita o forte e dá força ao fraco, liberdade que poda os excessos e acrescenta onde há falhas; liberdade que condiciona sem manietar, que orienta sem submeter, que abre caminho sem enquadrar os rebanhos.

Desgraçados dos povos, das nações, das sociedades, das corporações, das empresas, dos empreendimentos humanos, em que, além dos limites naturais da disciplina e da hierarquia, houver os limites filosóficos que vedam a busca de melhores soluções para os seus planos e problemas, ou de correções para seus erros e deficiências.

Desgraçado do agrupamento humano ou da empresa em que os homens capazes nela engajados não puderem, a cada instante, lançar sementes de novos princípios, ou sugerir uma técnica nova para a velha maneira de fazer a mesma coisa.

Foi exatamente por ter sabido, por intuição ou por inteligência, manter-se associado à livre discussão das ideias, que o sistema capitalista — o sistema da maior recompensa pela maior capacidade — sobreviveu àquela previsão fatídica que lhe fez Karl Marx; previsão que mesmo nestas alturas da História tanto satisfaz ao imobilismo mental dos jovens e velhos que ainda se agarram à bolorenta "esperança" do marxismo: "O capitalismo traz em si o gene de sua própria derrocada".

Marx não previra todas as imensas consequências universais e polifórmicas da revolução industrial que ele supunha já ter cessado, ou pelo menos encalhado, quando ela mal ainda se desdobrava e se desenvolvia. Não previra a oceânica transformação que a tecnologia operaria naquele sistema e sociedade "em decadência". Não previra que, associando-se às fórmulas políticas da liberal-democracia, o capitalismo feudal, que ele tanto provocava, iria até o sacrifício — e o bom senso — de despojar-se de suas armaduras, privilégios e vantagens antissociais. Para sobreviver, o capitalismo, inteligentemente, se submeteria à incômoda, mas vital, convivência com as forças políticas da liberdade, que o submeteriam a uma perene disposição para a renovação, a adaptação e a transformação; que o transfigurariam, e até o amputariam em tantos dos seus excessos, sem, porém, matar aquele único princípio capaz de levar o homem ao progresso — o seu direito de obter mais, quando se esforçar por fazer mais.

A transformação da sociedade brasileira será contínua e ascensional, pois isso é uma decorrência da própria matemática político-econômica da vida dos povos livres, dos regimes democráticos, e não das "democracias-populares". É exatamente nisto, nessa capacidade, nessa possibilidade constante para a renovação, que reside a diferença das rotas que se cruzam agora no caminho do homem contemporâneo: a Democracia, com sua caleidoscópica maleabilidade, e o comunismo com a rigidez e o constrangimento mortal do seu ditatorialismo.

O Brasil jamais conseguiria reformular o que não estiver certo, ou corrigir o que não for justo ou humano, se tivesse admitido dar seus punhos às algemas terroristas de um ditador personalista, ou atrelar seu pescoço à canga humilhante de uma ditadura de burocratas.

Mantidas as estimulantes e renovadoras veredas da liberdade, as reformas virão hoje e sempre, quando e como forem realmente, comprovadamente, necessárias e consentidas livremente pela maioria dos brasileiros.

Há, sem dúvida, um campo de imediatas realizações nesse sentido; realizações que jamais foram levadas a sério nos trinta anos de uso e gozo do poder pelo grupo político gerado pelo getulismo: os milhões de casas que precisam ser feitas para substituir favelas, mocambos, choças e casebres; as centenas de milhares de leitos que faltam nos hospitais públicos; as centenas de escolas e centros de estudos tecnológicos e os milhares de ginásios públicos — urgentemente necessários para modernização intelectual e para dar uma profissão definida e melhor aptidão aos filhos do povo; o seguro contra o desemprego, e uma finalidade e eficiência humanizadora a esses mamutes da burocracia, os chupins das classes trabalhadoras que têm sido os Institutos de Aposentadoria — uma das bases de operações preferidas pelo pelego-bolchevismo.

Pois é exatamente na área dos deveres do Estado que, durante estas 3 décadas, não foram cumpridos compromissos vitais com a nação e o povo. No entanto, vinham exatamente da boca tonitruante dos que zurravam em nome do Estado, do Estado caloteiro, do Estado relapso — que quase nada fazia do tudo que tem a fazer no campo assistencial e educacional do Estado que devia e deve cifras astronômicas aos Institutos; era das entranhas desse réu atrevido e escamoteador que vinha o grito por uma falsa "renovação das estruturas", estratagema com o qual se pretendia jogar sobre a iniciativa particular e o sistema da livre empresa a culpa sozinha de todos os males e deficiências da nossa vida econômico-social.

Enquanto pelo eterno entupimento dos "canais burocráticos" ou pelos rombos que lhe causavam a ratoneira pelego-negocista, os Institutos descumpriam a sua imensa tarefa junto aos associados e contribuintes, a livre empresa canalizava continuamente para os cofres de todas as autarquias assistenciais ou beneficentes, bilhões e bilhões de cruzeiros. Mas estes perdiam-se absortos ou evaporados no delta pantanoso e insaciável do superempreguismo — através do qual a mesma velha máquina política buscava a eternização no poder.

Devoradas pelas imensas folhas de pagamento do mais desenfreado filhotismo, podadas pelos impunes assaltos do negocismo, as verbas miliardárias, carreadas pela engrenagem de arrecadação social, evaporavam-se, sumiam, transformavam-se em ridículas gotas d'água para atender a um exército de necessitados, sedentos, desassistidos e famintos.

Diante desse quadro, juntavam-se as carpideiras da ignorância, piedosa, mas desinformada, que, vendo sempre com um só olho, nunca abrangiam ambas as margens do assunto; e a deslealdade caolha dos exploradores do "coitadismo", que deliberadamente não enxergavam todo o caudal de dinheiro vindo dos impostos e taxas pagos pela livre empresa, e que se esvaía pelo intrincado complexo das entidades burocráticas — criadas apenas para dar milhares de empregos a protegidos, enquanto fingiam "assistir" a milhões de necessitados.

Era exatamente da sugada ossatura das "estruturas ultrapassadas", era do seu sistema venoso-linfático "senil e em deterioração" — que fluía em borbotões o sangue do dinheiro, em milhares de bilhões, para todas as chocadeiras, poedeiras, albergues e abrigos sociais instituídos por um cipoal de leis assistenciais. Mas, assim mesmo, os que se incumbiram de simular ignorância ou exibir piedade — desconversavam sobre esse ângulo da verdade, e apostrofavam, e clamavam, e apedrejavam o "iníquo sistema econômico" que permite aos mais capazes ganharem mais que os incapazes...

Nunca jamais qualquer dos bispos da sacristia rosada assumiu o púlpito da sempre buscada popularidade, para admitir ou reconhecer que as classes beneficiadas pelas "estruturas arcaicas" cumpriam religiosamente o seu dever, contribuindo pesadamente para a manutenção desse imenso arcabouço — que parecia ainda sem alma — da Previdência Social e das entidades correlatas.

Enquanto o Estado-forreta e parasita entope os institutos e organizações assistenciais de "recomendados" e protegidos — e não lhes paga um cruzeiro sequer das CENTENAS DE BILHÕES que lhes deve — as empresas particulares canalizavam, só no ano de 1965, segundo o levantamento apresentado à Associação Comercial da Guanabara pelo técnico e estudioso Julio Poetzscher — a quantia de UM TRILHÃO e 173 BILHÕES DE CRUZEIROS, para as dez diferentes contribuições sociais regulares a que estão sujeitas (IAPS, LBA, SENAI OU SENAC, SESI OU SESC, SERVIÇO SOCIAL RURAL, SEGURO CONTRA ACIDENTES, SALÁRIO-FAMÍLIA, FUNDO DE INDENIZAÇÃO TRABALHISTA, BANCO NACIONAL DE HABITAÇÃO, FUNDO DE EDUCAÇÃO)!

Para ilustração dos realmente ingênuos — paisanos e fardados, leigos e religiosos, ascensoristas ou senadores, garis ou jornalistas, sacristães ou governadores — levados na conversa da "reforma das estruturas sociais arcaicas e anti-humanas", enumeramos aqui as diferentes contribuições e obrigações sociais com que — além do Imposto de Renda — a livre empresa no Brasil ajuda aquilo que DEVERIA SER O ASPECTO ASSISTENCIAL MAIS IMEDIATO DA TAREFA DO ESTADO:

IAPC	8% sobre salário pago até o máximo de 5 salários-mínimos;
LBA	0,5% sobre salário pago até o máximo de 5 salários-mínimos;
SESC	2% sobre salário pago até o máximo de 5 salários-mínimos;
Serviço Social Rural	0,3% sobre o total dos salários pagos;
Salário-Família	6% sobre o salário-mínimo por funcionário;
Seguro de Acidentes	2% em média sobre total dos salários;
Salário-Educação	2% sobre salário-mínimo por filho de funcionário em idade escolar;
B. Nac. Habitação	1% sobre o total da folha de salários;
Fundo de Indenização	3% sobre o total da folha de salários;
Maternidade	3 meses de licença-maternidade remunerada à funcionária gestante;
Cota de Previdência	5% sobre o Imposto de Renda Adicional;
SENAC	1% sobre salário pago até o máximo de 5 salários-mínimos.

No caso de indústrias ou bancos, há ainda as seguintes obrigações paralelas, além das acima descritas, e dos respectivos Institutos (estes de taxas ligeiramente diferentes):

- Creche, quando a empresa tem acima de trinta operárias.
- Refeitório, quando tem acima de cem trabalhadores.
- Roupeiro, para acima de vinte operários.
- Taxa de Prevenção de Acidentes.
- SESI.

Num mundo que se caracteriza pela transformação acelerada e dinâmica, que chega a adquirir em plenos instantes de paz a conturbação convulsionária das horas revolucionárias — é lógico não ser possível que uma nação se reja por disposições e leis avoengas, cujas muitas determinações perderam já a forma e as cores da vida.

Mas os ditatorialistas jogavam com um mal-entendido de semântica: enquanto para eles "reformar" ou "reformular" o país significava "criar condições para o poder total" — os outros, os de boa-fé, os ingênuos, tomavam "reforma" como correção de tudo que os ditatorialistas do passado fizeram de mal ao país, ou as coisas realmente velhas como certos dos nossos códigos.

Quanto a esses, o governo da Revolução de Março tomou a peito levar avante um imenso trabalho de revisão e reformulação — para que melhor atendam e sirvam as condições de liberdade e desenvolvimento do país. Assim, a mensagem presidencial de março de 1965 informava que já estavam no Congresso, para sua análise, ou em pleno andamento, os estudos para reforma dos códigos Civil, das Obrigações, do Trabalho, Judiciário Civil, das Normas Gerais de Aplicação das Leis, Penal Militar, de Processo Penal, de Minas, de Navegação e Portos, de Patentes.

É até provável que muitos dos mais renitentes "reformistas" nem soubessem que havia, assim, tantos códigos a reformar.

Mas reformar de verdade, para servir o novo ritmo da vida brasileira. E não à cavalgada dos que tangiam os acontecimentos para transformar o Brasil em sua cavalariça e seu curral de engorda.

Por que será que tantos políticos, tantos intelectuais — tanta gente culta, e normalmente imune ao logro e às fintas, se deixaram envolver pelo estratagema da urgência-urgentíssima das "reformas"?

É que, quando a lepra da democracia, que é a demagogia, se alastra, corrói e decompõe o ambiente de uma nação — como se deu com o Brasil nas últimas décadas — torna-se necessária uma coragem incomum para atuar na vida pública.

Quando a demagogia, a mais desbragada e sem compostura, já inoculou no ambiente inteiro os venenos de suas mentiras, e já pulverizou os ares todos com os perdigotos das suas calúnias — é preciso que os que são marcados para a verdadeira liderança tenham a fibra dos santos, e um espartano desprezo pelas posições, para se colocarem contra a corrente e a avalanche. Pois, nesses momentos, já nem servem ao líder os próprios impulsos e músculos que sustentam sua coragem física de ficar contra uns poucos. O que lhe é exigido por sua consciência é a tessitura de bronze, da coragem moral de ficar contra muitos. Da coragem estoica, épica e heroica de ficar contra o maior número quando estes estão exatamente sendo adulados, besuntados, açulados e atiçados pelos "líderes" leigos ou místicos que vivem, não de orientar ou estimular a mente ou o coração dos cidadãos simples, mas de cutucar o baixo ventre das multidões.

Foi encorajado pela fraqueza de tantos postulantes do fácil favor público e da popularidade que, de audácia em audácia, os chefetes e os teóricos do pelego-sindicalismo se puseram em marcha; avançaram das simples e tragicômicas reivindicações da "taxa da vergonha" e "do cheiro" nas beiras de cais, até às manobras audaciosas da tomada do poder e extinção das liberdades, na ingênua suposição de conseguir isso à base do grito, do ludíbrio, da careta e do medo.

Numa nação em que seus próprios amos e patronos políticos semi-aniquilaram e desorganizaram quase continuamente durante três décadas — foi-lhes fácil montar a tragédia do coitadismo, com a procissão dos deserdados — que eles mesmos pilharam; e dos miseráveis — que eles mesmos empobreceram.

Quando, passado o coaxar dos aterrorizados e o *blá-blá-blá* dos contratados, o Brasil se detiver para um exame inteligente e sereno das suas urgentes "reformas", muitos cidadãos de boa-fé verão que, em alguns casos, "reformar" será até exatamente o contrário do que se fez supor — criar o que não existia.

Porque, por exemplo, a "reforma de base" (vamos dar-lhe essa ênfase) que vai permitir que TODOS OS BRASILEIROS (E NÃO APENAS OS RICOS) POSSAM TER PEIXE EM SUA MESA, e que o Nordeste volte a incorporar-se à unidade econômica da nação — só poderá vir de uma poda corajosa nos excessos criminosos e nos absurdos antinacionais da Legislação Trabalhista Marítima — excessos e absurdos que praticamente PROIBIAM O BRASIL DE USAR OS SEUS PRÓPRIOS MARES.

O que é preciso, portanto, de agora em diante, é que a nação se ponha em alerta, vigie para que seus anseios de progresso e seus planos de aperfeiçoamento político e social não se transformem em gazuas de candidatos a ditadores, nem em estratagemas camuflados dos salteadores da liberdade.

É preciso também que a nação se guarde contra aqueles, às vezes austeros e conservadores *politiquinhos* de província, anêmicos de ideias, mas inchados de vaidade e ansiosos de poder que, no paroxismo da sua ansiedade oportuno-carreirista, aceitam tudo que os possa levar, pelo atalho mais curto, às glórias e às delícias que a curul governamental reserva para a sua mediocridade.

São esses híbridos *espertinhos-bobocas* e *honestos-matreiros*, que, pensando por procuração de assessores vermelhos e filosofando por colorida exsudação alheia, se transformaram na asnática montaria que introduz na cidadela democrática os *slogans*, as senhas e os insultos com que os bolchevistas aterrorizam os medrosos, confundem os ingênuos e tumultuam a cena pública — e solapam e preparam e armam a sua obsedante e incansável conspiração contra as liberdades.

O CAPÍTULO 4 EM 2022

Ainda hoje existem os tributos de aspecto mais assistencialista, que arrecadam a ordem de cinquenta bilhões de reais por ano, equivalente ao valor do Bolsa-Família.

CARGA TRIBUTÁRIA BRUTA TOTAL	2021	
	R$ MILHÕES	% DO PIB
Carga Tributária Bruta Total - Governo Geral	2.942.470	33,90%
Impostos sobre a folha de pagamento e a mão de obra	49.325	0,57%
Contribuição social do salário-educação	23.833	0,27%
Contribuições para o Sistema S	23.103	0,27%
Outros impostos sobre a folha de pagamento e a mão de obra	2.389	0,03%

Fonte: Secretaria Nacional do Tesouro - 2021

  Os tributos discriminados acima seriam equivalentes àqueles mencionados pelo autor na década de 60. Embora haja uma contrapartida social, como cursos profissionalizantes, a existência de tais tributos traz ineficiências políticas e econômicas. Do ponto de vista político, favorece a representação empresarial por meio de associação de classes que se assemelham a sindicatos. Essas associações (SESC, SESI, etc.), por receberem muitos recursos por meio de tributos e terem um caráter assistencialista, acabam tendo um bom trânsito junto a ministros e parlamentares, o que pode colocar o objetivo político (conchavos e lobbies) acima do econômico, não premiando a eficiência e a produtividade na alocação de recursos públicos.

Do ponto de vista econômico, existem formas mais eficientes na alocação de recursos do que passar para um terceiro administrá-los. Um "*voucher*" ou o próprio Bolsa-Família seriam formas mais eficientes de transferência de benefícios sociais do que a solução do Governo cobrar tributos assistencialistas para depois repassar a arrecadação para uma entidade de classe administrá-los. A ideia é que o beneficiado faria escolhas mais adequadas ao seu perfil do que um terceiro poderia fazê-lo, além de evitar o mau uso do dinheiro público que essa intermediação dá margem a ocorrer.

5

O deliberado descarrilamento geral dos nossos sistemas básicos de transporte

> *"... nunca se viu orgia maior com leis de favor para certos grupos de trabalhadores, que chegaram a ser os mais bem pagos do mundo em seus ramos. A loucura chegou a tal ponto que o déficit anual, só com os ferroviários, seria, em 1964, da ordem de 420 bilhões de cruzeiros; em 1965, alcançaria 620 bilhões e em 1966 ultrapassaria um trilhão.*
>
> *E isto só com os ferroviários, só com a Rede Ferroviária Federal, que compreende 21 ferrovias. São todas deficitárias, com despesa cinco, dez, quinze e até trinta vezes maior do que a receita."*
>
> MARECHAL JUAREZ TÁVORA —
> Ministro da Viação em entrevista ao *Jornal O Globo*,
> em 29 de janeiro de 1965.

Num certo momento da vida deste país, encontraram-se nos subterrâneos da conspiração contra a integridade e salubridade da economia brasileira, o bolchevista astuto com suas táticas de terror e desorganização, o pelego sem destino e sem caráter, o leguleio togado, amedrontado e obsequiador e o político inescrupuloso e carreirista.

Cada qual pensando em servir-se dos demais, e todos quase sempre utilizando-se do atarantado "servo da lei" — eles vieram realizando ao longo das décadas de 1940, 1950 e 1960, pela ação inconsciente da maioria, a sinistra tarefa conjunta de liquidação dos nossos sistemas básicos de transporte. Havia um, porém, entre eles, que sabia o que fazia e usava maliciosamente os parceiros, prestativos ou interesseiros, para o seu mutirão da tirania — o marxista frio e "matemático".

Pelos instrumentos que eventualmente detinha em suas mãos, a lei e o poder, foi, porém, o político apressado e imediatista o que mais contribuiu para tornar o Brasil uma nação mutilada — QUE PRODUZ, MAS NÃO TRANSPORTA.

É bem provável que a limitada imaginação de certos políticos não lhes permitisse entrever, quando escancaravam as comportas do favoritismo eleitoreiro, a extensão do movimento estratégico em que se engajavam. Sem dúvida, sua reduzida visão não lhes dava a dimensão do desastroso amanhã que poderia ter o seu país quando, por leis de favor e decretos de favoritismo, foram desovando as condições que conduziriam ao descarrilamento geral dos nossos sistemas básicos de transporte. Sempre preocupados em barganhar, descaradamente, mais "vantagens" por mais votos, esses mercadores da praça pública talvez pensassem, inicialmente, mais em termos de privativos currais eleitorais do que nas consequências de criarem uma nação encurralada.

Faltavam-lhes, sem dúvida, malícia, visão histórica e mirada econômica para entender que sobrecarregar de ônus e atulhar de despesas até ao desatino total, os transportes vitais de um país — é quebrar uma das duas pernas com que também as nações caminham: a produção e a DISTRIBUIÇÃO.

Como não tinham sensibilidade para compreender isto, faziam então o que lhes mandavam seu instinto de sobrevivência e seu primarismo sem escrúpulos. Com sua ajuda irresponsável, o Brasil era, mesmo ainda em 1965, uma nação paralítica e sem movimentos, da qual haviam desmontado as ferrovias, adernado os navios e desmantelado os portos — exatamente o que ansiosa e pacientemente desejavam os que planejam impor-se ditatorialmente a seu povo, os que querem dobrá-lo ou vergá-lo para depois, com essa vitória aniquiladora, subjugá-lo, submetê-lo à rendição incondicional ao seu sistema ou tirania.

Pois, de que adiantam os esforços, planos e estímulos, para ter paióis cheios, colheitas fartas, minérios à flor da terra, matéria-prima abundante, maquinaria eficiente nas fábricas, operários capazes nos parques manufatureiros — se, dos pátios fornidos e dos armazéns atochados, os produtos não podem sair num fluxo normal, suave e econômico para as mãos e as mesas dos que vão usá-los ou consumi-los?!

Essa lei simples da economia de um país, o binômio PRODUÇÃO-DISTRIBUIÇÃO, tão lógico e tão fácil, também tão decisivo, não era visto nem lembrado por todos aqueles que nos plenários das Assembleias políticas, nos gabinetes togados, nas juntas de julgamento, nas antessalas ministeriais sofriam da preocupação do bom-mocismo e se guiavam pelos temores do *concessionismo*. E por isto foram distribuindo e doando, interpretando e ampliando, desdobrando e inovando os favores e sub-favores, os benefícios e as benevolências com que classes que sem dúvida mereciam amparo, acabaram tornando-se grupos que ostentavam e abusavam de privilégios até antinacionais e antissociais — numa nação de ainda tantos milhões de deserdados e desamparados.

Com esse panorama de fim de feira, com essa irresponsável orgia de bacanal cívica, exultavam aqueles que foram para sempre mordidos pela fobia da besta do Apocalipse. Pois, para eles, delineava-se cada vez mais próximo o naufrágio com que sonhavam, resfolegava para o abismo certo o comboio que empurravam — e já se antevia barulhenta, rumorosa, confusa, convulsa e turbilhonaria a sua estação de desembarque — o caos de um país aturdido e ensandecido; quanto mais ensandecido, mais facilmente subjugado.

Para isso, somavam-se atropeladamente em seu favor a cegueira dos ambiciosos e a ambição dos irresponsáveis, o servilismo dos amedrontados e a malignidade dos ressentidos. Todos esses passageiros do comboio do fim do mundo, os fabricantes do desespero e seus beneficiários, se reuniam na beira do cais, nos costados dos navios e na gare das ferrovias, e aí faziam a corretagem eleitoral dos serviços prestados. Pois as classes beneficiadas por sua "generosidade" calculista e calculada situavam-se exatamente nos pontos vitais e estratégicos — os transportes básicos — por onde se pode julgar ou subjugar a economia, o bem-estar e até a independência política de uma nação.

Quando pelas alturas de 1960, a leviandade e a irresponsabilidade ofereciam céu cada vez mais livre para as aves de carniça e campo ainda mais propício ao farejar necrófilo das hienas — despencavam-se sobre as ferrovias mais "recomendados" que passageiros, choviam sobre os navios muito mais "candidatos" do que cargas, e no cais se acostavam mais protegidos e "conferentes" do que mercadorias e minérios.

As ferrovias, as empresas de navegação e os portos pareciam monstruosidades intumescidas, imensos cabides já sem mais ganchos e lugares para pendurar tantos bonés de afilhados — que vinham mensalmente em legiões novas, na mobilização nervosa dos que então já pensavam na sua milícia de foguistas de bordo, no seu exército de *moços-de-convés*, nos seus esquadrões de "*conferentes-pipi*" para a tomada do poder. Pela malícia ou pela violência.

Criou-se a Rede Ferroviária Federal. Estatizou-se a Companhia de Navegação Costeira, que forma hoje, com o Lloyd Brasileiro, o maior conjunto mundial de marítimos sem navios. Quando o país abriu os olhos, cada bigorna tinha quatro ferreiros e cada vagão quatro condutores; em cada navio mercante brasileiro, quatro marinheiros descascavam a mesma batata, e, em cada metro de cais, quatro "especialidades" de conferentes espiavam o mesmo saco carregado por quatro estivadores.

Por isso, quando em setembro de 1963, o novíssimo navio mercante do Patrimônio Nacional "Anna Nery" se chocou com um petroleiro da Petrobrás à entrada da Guanabara, nenhum jornal se deu ao trabalho de comentar ou estranhar este escândalo técnico também de proporções mundiais: fretado para levar 70 (setenta) turistas a Israel, o reluzente "Anna Nery" o fazia graças aos "exaustivos esforços" de 230 (DUZENTOS E TRINTA) tripulantes!

É sabida a história dos seis ou oito navios mistos (cargas e passageiros) que o Lloyd encomendou à Polônia nos últimos anos da década de 1950. Cada navio deveria ter dez camarotes para passageiros. Foram, porém, eliminados os camarotes. Pois os alojamentos destinados aos marujos não davam nem para metade da tripulação que cada navio devia lotar "por lei"!

Anos atrás, um antigo e modesto funcionário do Lloyd que, esforçando-se e estudando, se tornou um dos grandes tribunos da liberdade — o deputado Adaucto Lúcio Cardoso —, postulava votos numa reunião em casa de simpatizantes e prestava este depoimento: "Enquanto um navio carvoeiro inglês ou norueguês ou belga ou liberiano, de aproximadamente cinco mil toneladas tem 29 homens de tripulação, os nossos com a mesma tonelagem e para a mesma finalidade têm cerca de 80!".

Quando o leitor vir, no porto de Belém ou de Manaus, um bojudo "motor", desses que sulcam os igarapés da Amazônia, puxando, como se fora um sobressalente, um pequeno barco em que vão alguns homens, fique desde logo sabendo que aqueles cavalheiros rebocados são os excedentes da tripulação legal e ali vão espiando os outros trabalharem, porque a lei "manda" que haja aquele excesso que o próprio barco-motriz não comporta.

Enquanto se precisa redistribuir o espaço interno dos navios mercantes brasileiros para comportar a quase única carga que podem levar — seus tripulantes —, o mesmo acontece com as ferrovias.

Se fôssemos observar os algarismos das vias férreas de outros países, as nossas deveriam, pelo seu volume de pessoal em 1964, atender quase o triplo da quilometragem existente e transportar uma tonelagem de mercadorias algumas dezenas de vezes maior que a que carregam.

Agravando ainda mais o estado de ineficiência geral das ferrovias brasileiras, piorando o que já é péssimo, existe a *estrangulante* mixórdia das bitolas, seis ao todo, que até parecem ter sido idealizadas para ter uma classificação irracional, desde a bitola-elefante até a bitola-mosquito.

Há quem afirme, com base em fundamentos históricos, que, com receio de uma hipotética invasão pelo Sul, os nossos prevenidos estrategistas de antanho determinaram a máxima variedade de bitolas na região meridional do país: existem aí três ou quatro, diferentes, para dificultar o "inimigo" na guerra e atravancar o progresso na paz.

Enquanto isto, nos EUA, um vagão carregado com qualquer mercadoria pode partir do Estado de Washington, no extremo Noroeste do país, na fronteira com o Canadá, e atingir a Flórida — indo assim de um oceano a outro, em linha oblíqua — por mais de três mil quilômetros, no máximo em cinco dias. Um mesmo vagão atravessa as linhas de várias companhias diferentes, todas particulares e todas com a mesma bitola.

Aliás, convém salientar que, para enfrentar o poderoso sistema de transportes rodoviários do país (lá existem mais de doze milhões de caminhões e as superestradas) — não em termos de fretes, que estes lhes são favoráveis —, as ferrovias criaram *Departamentos de Pesquisa e Desenvolvimento* cuja única tarefa é descobrir meios e modos de o transporte ferroviário, além de mais barato, tornar-se mais rápido que os caminhões!

Alguém poderá dizer que também na França as ferrovias são estatizadas e que são eficientes. Mas são deficitárias, respondemos — e serão eficientes enquanto os "pelegos" de lá não subirem ao poder.

Para se ter uma ideia do mito da "rapidez" com que trabalha a administração estatizada das nossas ferrovias, basta citar o caso de um famoso pontilhão de vão de quatro metros, entre Três Rios (estado do Rio de Janeiro) e Matias Barbosa (Minas Gerais) que, dinamitado pelos revolucionários de 1930, e reconstruído "provisoriamente" em dormentes, só foi refeito em definitivo pela Central do Brasil lá pelas alturas de 1958. Abaixo da estação de Telhas, Zona da Mata de Minas Gerais, uma tromba d'água, em 1940, carregou uma ponte de vão de doze metros aproximadamente. Habilmente reconstruída inteiramente pelos ferroviários locais da Leopoldina, a "ponte" serviu por quase dez anos. Mas, durante todo esse tempo, nenhuma locomotiva pesada, tipo "Mikado", podia passar por lá; e os comboios que por ali trafegavam tinham que fazê-lo com meia dúzia de antieconômicos vagões-caixa-de-fósforo.

A histórica e heroica Madeira-Mamoré ("A estrada dos dormentes de ouro", "Cada dormente é uma vida"), que nada mais valia ou significava economicamente por sua desmoronante ineficiência, arrastava atrás dos seus déficits crônicos um exército de 1.500 funcionários. Bastariam cinquenta destes, com ônibus e caminhões, para transportar o total de carga e de passageiros que "exigia" o "trabalho" daquele milhar e meio.*

(Em maio de 1966, a Rede Ferroviária Federal declarava extinta a Madeira-Mamoré e passava o seu acervo para a Diretoria de Transportes do Ministério da Guerra. Os trilhos seriam arrancados para dar lugar a uma estrada de rodagem. Morria assim, melancolicamente, como simples rodovia, a lendária ferrovia cujo leito tinha sido aberto quase paralelamente à extensa plantação de cruzes dos anônimos pioneiros que a iam construindo contra a selva, o pântano e as iradas bordunas dos indígenas.)

Vinte e quatro horas depois de sair das mãos de particulares, que eram capitalistas nativos, de quatrocentos anos (isto para não deixar dúvidas aos "nacionalistas") — empresários particulares que a tornaram uma das mais perfeitas ferrovias do mundo —, a Companhia Paulista de Estradas de Ferro começou a dar um déficit que, ao fim dos doze primeiros meses, já atingira 600 milhões de cruzeiros! Isto mesmo que dela se tenha encarregado o eficiente governo desse omisso e confuso liberal estatizante que é o professor Carvalho Pinto.

E no segundo ano de "operação estatal", a Paulista — que, no campo do *big business*, era um dos rebrilhantes orgulhos da capacidade de realização e organização dos brasileiros — entrava melancolicamente no rol dos paquidermes estatais, cujos desperdícios financeiros o povo todo vem carregando às costas; seu déficit começou a varar aceleradamente a barreira dos bilhões de cruzeiros!

A propósito da extinção da ferrovia Belém-Bragança, determinada pelo governo revolucionário em julho de 1964, travou-se um curioso diálogo a distância.

---

* Este caso e o do "Anna Nery" lembram as informações divulgadas em julho de 1963 sobre a Universidade de Recife: tinha 4.372 funcionários para "servir", ou "ensinar" a seus 4.300 estudantes. Tinha mais funcionários "cursando" a Universidade que estudantes.

Justificando a medida referendada pelo Ministro da Viação, marechal Juarez Távora, a Rede Ferroviária Federal afirmou que a cessação das atividades daquela ferrovia se devia ao seu estado de déficit permanente, pois o último ano em que ela apresentou um resultado positivo foi o de 1929, quando teve um saldo de 149 contos de réis. De 1952 a 1960, seus déficits acumulados atingiram quase 653 milhões de cruzeiros, com uma receita de, apenas, 47 milhões, isto é, 7% (sete por cento) da despesa. E, de 29 mil toneladas que transportava em 1950, caiu para 18 mil em 1952.

Interpelado a seguir sobre o assunto, o ministro do Planejamento, senhor Roberto Campos, deu cobertura à medida, afirmando que a operação da estrada de ferro Belém-Bragança daria menos prejuízo se os passageiros viajassem de graça, pois não haveria as despesas com a impressão dos bilhetes nem com o pagamento dos funcionários que os vendiam ou recolhiam...

Interveio, então, no Congresso, o senador Catete Pinheiro, do Pará, para afirmar que a alegação de déficit para supressão da ferrovia não poderia ser levada em conta, "uma vez que o déficit ANUAL da estrada de ferro de Bragança é menor que déficit DIÁRIO da estrada de ferro Central do Brasil".

Em 12 de janeiro de 1965, o *Diário Oficial* publicava um edital da Rede Ferroviária Federal oferecendo a estrada de ferro Belém-Bragança a arrendamento privado.

Num país ainda atarantado pelas soluções e pelos duendes do Estatismo, tratava-se, sem dúvida, de iniciativa corajosa e que revelava indiscutível e elogiável intenção de resolver de alguma forma o problema sem mais ônus para a nação. Haveria, porém, a nosso ver, uma alternativa que deveria ter merecido preferência a esta: seria a DOAÇÃO DA ESTRADA AOS FERROVIÁRIOS, dando-lhes o governo um empréstimo financeiro, a longo prazo, que lhes permitisse fazer a ferrovia funcionar nos primeiros dois anos. Nesse período, caberia à diretoria eleita pelos novos PROPRIETÁRIOS ter a coragem de "limpar" a estrada de todos os motivos, todos os tropeços, velharias, obsolescências causadoras do déficit, inclusive os "colegas" que dali eram "empregados" (pela política), mas não trabalhadores verdadeiros.

Em meados de 1965, porém, a imprensa divulgava a notícia derradeira em torno da Belém-Bragança: seu minguado equipamento (seis locomotivas, nove carros metálicos, quarenta vagões, seis automóveis de linha e algumas máquinas operatrizes) era transferido para a *Rede de Viação Cearense*.

Ninguém atendera ao chamamento do edital para adquirir o acervo de monstruosidades administrativas que o desvairado empreguismo e a clássica inoperância estatal fizeram do que fora uma estrada de ferro, que era um começo de entrada do progresso através do jângal.

Como um indesejável montão de sucata, liquidou-se uma ferrovia pioneira, na região do Brasil mortalmente doente exatamente DEVIDO À FALTA DE COMUNICAÇÕES.

Duas lições práticas e rudimentares de economia ressaltam mais que outras das páginas mais conhecidas da própria história pátria. A primeira é a sempre lembrada observação, vazada, aliás, no melhor estilo acaciano, do saboroso e descritivo escrivão da Armada descobridora: "... em se plantando, dá." A outra é a auréola, o reconhecimento por todos os devotados a D. João VI, pela sua lúcida e altamente benéfica decisão de "abertura dos portos" brasileiros ao comércio com as outras nações.

Não pode, pois, nenhum brasileiro que tenha passado pela escola primária ignorar, ainda que para efeitos de recordação vestibular, a importância dos portos na vida de uma nação, particularmente esta nação, a quem Deus deu a generosa longitude de tantos mares e a mais extensa rede de rios navegáveis entre os países da Terra.

O almirante americano Perry entraria para a história do Japão e do mundo, porque rompeu pela insistência e pela força um estagnante bloqueio que o feudalismo das castas privilegiadas impusera durante três séculos ao seu próprio país, para assim melhor manter as condições de atraso que facilitavam seu domínio.

Também aqueles que desejavam entravar o Brasil, reduzir a marcha de seu desenvolvimento, constrangê-lo e reduzi-lo de grande país à morfologia desvitalizada e desconexa de um arquipélago — aqueles que não queriam o livre trânsito da prosperidade, a marcha fácil do progresso, da tecnologia e do bem-estar, a disseminação geral e rápida das riquezas — estes todos se juntaram numa conspiração contemporânea e bem recente para fechar os portos do Brasil ao mundo e a si mesmo.

Esta era uma parte importantíssima do plano de imobilização e estrangulamento desta nação, urdido inconscientemente por primários imediatistas que visavam reduzi-la à escravidão de uma ditadura sindicalista, ou pelos frios ideólogos que tramavam o estabelecimento de uma ditadura científica e esquemática — atrelada à constelação de estrelas mortas chamada de "democracias populares".

Aqueles que para um fim ou para outro — para a ridícula e grotesca ditadura perono-sindicalista, ou para a sangrenta e dramática ditadura bolchevista — jogavam com as cartas marcadas do "quanto pior, melhor", sabiam quão importante era imobilizar a navegação marítima e fazer degringolar os portos, tornando o Brasil prisioneiro de si mesmo, sufocado dentro de seus próprios pulmões, minguando na autofágica "suficiência" dos povos que não comerciam nem consigo mesmos!

A um país que, por culpa da obsessão politiqueira e da acanhada visão de "estadistas" do calibre do "Presidente do Estado de Sítio" e do "magnânimo" ditador do Estado Novo, já faltavam dezenas de quilômetros de cais — acrescentou-se a ação daninha dos que conspiravam para que nem mesmo os exíguos acostamentos existentes fossem utilizados. O Brasil cujas administrações perderam tempo na República Velha politicando em Minas Gerais, cochichando em São Paulo, ou tiroteando nas coxilhas ou nas caatingas — chegara, por isto, à década de 1960 dispondo APENAS DE QUARENTA QUILÔMETROS de cais em todos os seus portos do seu imensíssimo litoral!

Quarenta quilômetros de cais era o que existia ainda em 1964, em um país que, como informa o comandante Fernando Frota, ex-presidente da Comissão de Marinha Mercante, dispunha de nada menos que 262 ancoradouros utilizáveis, e registrados, nas suas costas e às margens de seus grandes rios e lagos. Para se ter uma ideia da ridícula proporção e prestabilidade dessas 4 dezenas de quilômetros de cais em face das necessidades de uma dinâmica nação moderna, basta dizer que:

- somente o porto de Amsterdã tem 28 km de cais;
- somente o porto de Hamburgo tem 30 km de cais;
- o de Liverpool, sozinho, tem 50 km;
- o de Londres tem 80 km;
- o de Nova York tem 170 km de cais acostáveis!

A Cia. Navegação Costeira, que chegou a ser uma brilhante empresa em mãos privadas, baixou aos mais rasteiros índices de eficiência com a estatização, tornando-se uma repartição pública flutuante que já de há muito não soçobrou apenas porque custa o que custa de subsídios à nação.

Assim que foi incorporada ao patrimônio nacional, a Costeira absorveu também os males todos que já então afetavam o Lloyd Brasileiro, empresa estatal das mais antigas. E aquilo que o Lloyd poderia suportar devido a sua maior dimensão e capacidade de resistência levou rapidamente a Costeira ao dilema do "subsídio total ou falência".

Ingurgitada de funcionários (7.300) e, como todas as outras empresas, manietada pelos serviços portuários — a Costeira tinha em 1964 quatro navios da categoria "Princesa", que lhe davam um prejuízo mensal de Cr$ 60 milhões cada um. E, segundo os levantamentos do senador por Santa Catarina, senhor Irineu Bornhausen, em fundamentado estudo que apresentou à Câmara Alta em outubro de 1964, foi a seguinte a expressiva história de um dos cargueiros dessa companhia:

O navio que saíra de Porto Alegre no dia 2 de janeiro de 1963 chegou a Recife em... 6 de junho. A companhia recebera de fretes, líquidos, 36 milhões de cruzeiros, após deduzidas as pesadíssimas despesas portuárias. Nesses seis meses de "navegação" de Porto Alegre a Recife, foram gastos 180 milhões de cruzeiros com as despesas diretas do navio. Ou seja, 144 milhões de cruzeiros de prejuízo.

"Da renda dos fretes — informa o senador catarinense — entre 60 e, às vezes, até 80% vão PARA AS DESPESAS PORTUÁRIAS. Apenas 40% no máximo ficam com o armador (transportador)." E acrescenta: devido à situação dos portos, um navio só pode produzir receita durante seis meses, no máximo. No entanto, paga salários durante treze meses.

E quanto à subversão salarial: "O sistema de ganhos extraordinários e o complicado método de atribuições de tarefas fazem com que um comandante de navio da Costeira ganhe mais do que o superintendente geral da Companhia. Por sua vez, por essas mesmas razões, o comandante pode também ganhar menos que os arrais ou qualquer piloto de seu navio". Aliás, informa ainda o senador Bornhausen: a complicação matemática resultante do aranzel de "vantagens" e "extraordinários", mais o empreguismo, fazem com que o Departamento de Pessoal da Costeira tenha 200 (DUZENTOS) funcionários, em vez de 10 (DEZ). Contando com uma fonte inesgotável de recursos — o dinheiro com que a nação paga os seus inacabáveis déficits — a empresa generosamente concede aos seus empregados: regime de 6 horas de serviço, descanso aos sábados e domingos, trinta dias completos de férias e licença-prêmio de seis meses a cada dez anos de "trabalho".

Ninguém poderia alegar que o Lloyd e a Costeira chegaram a essa situação de ineficiência e desmantelamento por falta de ajuda financeira dos últimos governos. Pelo contrário, esta tem sido abundantíssima e maternalmente generosa.

Que submersas razões faziam então encalhar os dois grandes mastodontes flutuantes se, além de tudo, eles contam com a "orientação técnica" (...) do DASP*?

Que "dificuldades" irremovíveis atravancariam, por exemplo, a vida do Lloyd, a ponto de transformá-lo em paradigma toda vez que alguém desejasse apontar um exemplo de alta ineficiência administrativa?! Seria a operação de linhas difíceis, a falta de ajuda financeira oficial, a falta de navios, a falta de funcionários (...)?

Nada disso.

Um dos melhores técnicos continentais em marinha mercante informa: o Lloyd Brasileiro explora as quatro melhores linhas de navegação do mundo; tem direitos prioritários sobre toda a carga de importação; não tem que pagar os navios que periodicamente recebe do Fundo de Marinha Mercante; praticamente não tem que pagar salários, que são cobertos pelas subvenções que recebe.

Mas, mesmo assim, e com tudo isso, em abril de 1964, o Lloyd — superlotado de funcionários carregados de privilégios, e operando nos portos mais caros do mundo, os do seu próprio país — devia mais de 5 bilhões de cruzeiros no Brasil e mais de 6 milhões de dólares no exterior! Doze dos seus vinte navios de longo curso estavam parados, em "reparos"! E a empresa achava-se sob o mais baixo descrédito dentro e fora do país.

Superlotado de funcionários (mais de vinte mil) carregados de privilégios, e operando em portos assim tão onerosos — os do Brasil — apesar dos esforços de um ou outro bom administrador, o Lloyd jamais navegou de quilha firme. E nos recentes anos de maior histeria demagógica — 1955 a 1964 — singrava francamente à deriva.

Por isso, após a Revolução de 31 de março, o novo presidente da Comissão de Marinha Mercante, comandante Fernando Frota, apresentou uma fundamentada proposição, já em termos de projeto de lei, para liquidação e venda do Lloyd e da Costeira para a iniciativa privada.

Há na justificativa desse projeto uma informação realmente estarrecedora e que desarma qualquer reação daqueles que, raciocinando em nome do bom

---

* Departamento Administrativo do Serviço Público.

senso, pensassem a princípio que a ideia é por demais audaciosa, por inexequível, DEVIDO AO PROBLEMA DO PESSOAL.

— O que fazer com os mais de trinta mil funcionários do Lloyd e da Costeira? — perguntariam muitos.

Mas antes que as carpideiras e os exploradores do "coitadismo" aproveitassem a chance para pôr sua charanga, seus estandartes e seus camelôs na rua, o autor do projeto dá a solução: todos os funcionários de ambas as autarquias, do primeiro ao último, seriam aposentados com tempo integral!

ISTO PORQUE MESMO ASSIM LIBERALMENTE ATENDIDOS, A NAÇÃO AINDA POUPARIA 39 BILHÕES POR ANO, em cruzeiro de 1964! Pois os encargos da aposentadoria geral foram estimados em 9,3 bilhões, quando, em 1964, o Lloyd e a Costeira estavam indicados para receber 48,3 bilhões de subvenção do povo.

Esse projeto, segundo a autoridade proponente, apresentado em agosto de 1964 — quando o governo dava o prazo de um mês ao Congresso para votação de qualquer lei — passou todo o ano de 1965 navegando pelos canais submarinos do Ministério do Trabalho "da Revolução", fazendo parada em todos os portos de resfriamento até cair na baía profunda do esquecimento.

Os estudiosos de geografia e economia brasileira sabem o quanto as nossas grandes vias líquidas interiores significam para imensas e extensas partes do território nacional, por toda a Amazônia, Sul de Mato Grosso até o Rio Grande do Sul, Goiás, Maranhão, Piauí, Minas Gerais e Bahia. Em regiões secularmente desassistidas de qualquer gesto ou obra pública de significação, os rios navegáveis são como a compensação que Deus coloca à disposição daqueles homens e mulheres, anacoretas corajosos, que se decidiram espartanamente a viver naqueles ermos e solidões.

Pois bem. Nem mesmo os parcos e inadequados serviços de navegação que serviam irregularmente a esses rios e àqueles brasileiros, nem mesmo aquelas frágeis "companhias" de gaiolas e pequenos vapores, escaparam à avalanche afogadora e às consequências destruidoras das leis demagógicas.

Segundo acentua o estudo do senador Irineu Bornhausen, foi exatamente sobre as linhas de navegação fluvial que mais arrasadoramente pesaram as cargas e sobrecargas da volumosa e minuciosa legislação marítima, "LIQUIDANDO-AS PRATICAMENTE". Todos os encargos e compromissos com que arcavam as companhias marítimas, e que já faziam adernar até mesmo essas empresas maiores, de possibilidades e mercados muito mais amplos, foram despejados em cheio sobre a fragilidade operacional das empresas que exploravam a nossa infelizmente já tão tênue e esporádica navegação fluvial.

E o relatório que o presidente da Comissão de Marinha Mercante, comandante Fernando Frota, apresentou em abril de 1965 confirmava de modo dramático: "TODAS ESSAS EMPRESAS SE ACHAM EM ESTADO DE DECOMPOSIÇÃO". Assim, com rude franqueza, pronunciava-se aquela autoridade, referindo-se ao "Serviço da Bacia do Prata", ao "Serviço de Navegação da Amazônia e de Administração do Porto do Pará" (SNAPP), à "Companhia do São Francisco" e à "Navegação Baiana".

Só em ler-lhes os nomes, e evocar as bibocas desse mundão de Brasil a que deveriam servir, os corações dos brasileiros patriotas podem sentir o que significa o colapso dessas empresas. O que o seu desastre e descalabro podem aumentar no já curtido desespero daqueles concidadãos que receberam dos pioneiros a herança de enfrentar sozinhos as enormes dificuldades, oriundas do próprio meio.

Que pensarão eles, aqueles homens simplórios e desassistidos, ao se verem ainda mais sitiados, rigorosamente insulados no coração ou nos confins da pátria, por causa das lentilhas dos votos de beira de cais, irresponsavelmente buscadas pelos sibaritas calculistas, ou pelos "bonzinhos" atemorizados, que se sentam nos gabinetes ministeriais?

Como deverão também sofrer, nas convenções do céu, as almas dos seus ascendentes que avançavam sozinhos, sob a inclemência de todas as intempéries, arrostando os perigos totais da solidão ignota, vadeando os chapadões de moitas e corcovas que escondiam inesperadas traições; como deverá ser mortificante o desapontamento dos que marchavam tendo a morte sempre ao lado e também esperando-a sempre pela frente, os que não tiveram a proteção da "periculosidade" para enfrentar os mil perigos, os que não dispunham da "insalubridade" para penetrar nos pantanais malarígenos, como sofrerão ao verem seus descendentes sentenciados à penitência mortal da solidão onde foram plantados, porque a pátria se deixou enlaçar por um artificioso cipoal de privilégios, condições, compensações, vantagens e taxas extraordinárias.

É simplesmente inacreditável, escapa mesmo da órbita dos próprios paradoxos que num país que se está desvitalizando e, em algumas regiões, até fenecendo POR FALTA DE TRANSPORTES MARÍTIMOS, ou fluviais, se registrem fatos como os seguintes:

1. navios vazios abandonando os portos, depois de inutilmente esperar carga;
2. navios ainda utilizáveis sendo desmontados;
3. empresas de navegação fechando as portas.

Com efeito, num elogiável esforço jornalístico, que resultou em impressionante levantamento de informações sobre portos e marinha mercante, realizado em fins de 1963, o redator do *Jornal do Brasil*, José Gonçalves Fontes, descrevia o que a esse respeito se passava em cada um dos mais importantes portos brasileiros desde Belém a Porto Alegre.

"Antigamente, diz o repórter, os navios deixavam os portos com todos os porões carregados. Atualmente, só saem com 50% da carga."

Em outro trecho: "A Netumar, uma das empresas de navegação mais fortes do país, que se dedica ao transporte na rota Rio-Manaus, informa que hoje (1963) já não dispõe de cargas do Rio de Janeiro para qualquer dos portos, até Salvador, inclusive". E mais adiante: "Nos últimos oito meses (1963), o transporte de cabotagem Rio-Manaus-Rio, que já vinha declinando sensivelmente, caiu 70 por cento".

Visitando o porto da capital gaúcha ainda em 1963, o jornalista ficou sabendo dos seguintes fatos: o navio "Aldebaram" levou de 18 de julho até 10 de agosto à espera de carga. Embora pudesse transportar 1.500 toneladas, só conseguiu agenciar OITENTA toneladas. Os navios "Luso-Brasil" e "Maria Ramos", de duas mil toneladas cada um, depois de vários dias de espera no porto, só conseguiram 400 e 340 toneladas, respectivamente. E completava-se um mês, quando o repórter lá estivera, que o navio "Santa Luzia" estava atracado em Porto Alegre à espera de carga.

E mais estes dois fatos que José Gonçalves Fontes registra simultaneamente na mesma série de reportagem:

Desarvorada com a situação do mais importante porto gaúcho, a Comissão de Marinha Mercante informava à Associação Comercial local que em novembro de 1963 só enviaria TRÊS navios a Porto Alegre. E quase ao mesmo tempo, um grande exportador gaúcho teria que enviar cem mil sacas de arroz para o Rio de Janeiro, por rodovia, porque a mesma Comissão de Marinha Mercante informara que só dispunha de navios para transportar cinquenta mil sacas e, assim mesmo, DENTRO DO PRAZO DE SEIS MESES. Aliás, por essa mesma época, o próprio Instituto do Arroz (IRGA) enviava 200 mil sacas para o centro do país, também por rodovia.

Num país cujo comércio internacional e interno demanda que sua marinha mercante disponha de um mínimo de três milhões de toneladas, e que não tem nem meio milhão em condições de navegabilidade econômica, desmontam-se navios ainda utilizáveis por impossibilidade de usá-los!

Foi, segundo Gonçalves Fontes, o que teve de fazer a empresa Araújo, da Bahia, que, em junho de 1963, decidiu desmontar o seu navio "Marajó", que fazia a linha Santa Catarina-Salvador, transportando madeira e retornando com cromo em pó.

Também por falta de cargas, a empresa Navegação Donato-Serafim desarmou dois de seus navios que faziam a rota Rio-Salvador com carga geral e retornando com cromo em pó.

Até mesmo navios frigoríficos, três deles, foram desmontados, informa o jornalista. Transportavam peixe, refrescado e frigorificado do Rio Grande do Sul para Salvador.

Nem mesmo se pode dizer que essas empresas de navegação sofrem as consequências de não oferecerem ruidosamente os seus serviços. Pois DURANTE TRINTA DIAS, diz Gonçalves Fontes, em agosto-setembro de 1963, a empresa Navegação Baiana publicou anúncios pedindo carga para seu navio "Guarujá", que se destinava ao Rio de Janeiro, e não se apresentou qualquer interessado.

A situação chegou a tal ponto no melancolicamente desértico porto de Salvador (UM DOS MELHORES ABRIGOS DOS MARES DO MUNDO) que os navios de cabotagem "que se atrevem a tocá-lo têm que acertar antecipadamente carga de retorno para TRANSPORTÁ-LA DE GRAÇA" — diz a série de reportagens do *Jornal do Brasil*.

Pois do contrário, poderá acontecer o mesmo que se deu com o navio "Saturno": "Por não ter encontrado carga paga de retorno, esse vapor tentou por três vezes regressar ao Rio de Janeiro sendo forçado a voltar a Salvador, ameaçado de naufrágio pela falta de lastro que a carga lhe daria. Para que pudesse retomar ao Rio de Janeiro com o lastro necessário, seus armadores tiveram que ACEITAR CARGA SEM RECEBIMENTO DE FRETE!".

E Gonçalves Fontes continua: como já aconteceu com outras empresas menores do Ceará, a empresa Casemiro Filho está se desfazendo dos seus navios e vai desistir da exploração da cabotagem por falta de cargas. A empresa já desarmou o navio "Alberto Primeiro", e vendeu ao ferro-velho, porque ninguém os queria comprar, o "Regina Coeli", o "Olavo Luiz" e o "Tupã".

Casemiro Filho, esclarece o jornalista, ofereceu os seus navios à tripulação como paga pelas indenizações com que teria de arcar. Embora a proposta fosse vantajosa sob o ponto de vista econômico, os tripulantes recusaram com a seguinte resposta: "O que vamos fazer com esses navios? Não há carga".

A consequência final: o abandono do negócio de transportes marítimos, o fechamento da empresa, ou a sua sobrevivência — como no caso das governamentais, o Lloyd e a Costeira — CUSTANDO DEZENAS DE BILHÕES DE CRUZEIROS ao povo e, ainda assim, ineficientes.

Das empresas sediadas em Porto Alegre, constatava melancolicamente o redator do *Jornal do Brasil*, em fins de 1963, "só resta a Rio-Grandense. As outras abandonaram o negócio. A empresa Navegação e Armazenagem de Vinho foi a última a entrar em liquidação por não ter condições para operar. Seu navio 'Navesul' ficou longo tempo à venda sem aparecer comprador".

E a reportagem completava o quadro: apesar de essa empresa se ter equipado devidamente, e dispor de instalações próprias para armazenagem do vinho a granel em Porto Alegre e em Santos, foi obrigada a abandonar o negócio, porque o vinho transportado por navio "estava chegando MUITO MAIS CARO aos centros consumidores do que transportado por caminhão, e mais caro até que POR AVIÃO", se assim fosse transportado. O que piorava tudo era o assalto das taxas portuárias.

Aliás, uns anos depois, ao deixar a presidência da Comissão de Marinha Mercante para a qual tinha sido nomeado pelo governo da Revolução de Março, o comandante Fernando Frota confirmava em memorial ao ministro da Viação o estado de pandemônio a que chegara a navegação comercial brasileira por culpa da dupla política de terra de ninguém, nos portos, e a de terra arrasada nas empresas estatais.

Registrava aquela autoridade: "Evidentemente, o primeiro efeito dessa anarquia foi o aumento do custo de transporte. Uma tonelada de carga geral que, por exemplo, custava Cr$ 758 em 1957 para ser levada do Rio de Janeiro a Recife (frete e taxas), custa hoje Cr$ 21.300. Isto somente quanto às despesas do armador. As despesas PORTUÁRIAS, de responsabilidade do dono da mercadoria, SUBIRAM AINDA MAIS".

As despesas de fretes e taxas para movimentação dos navios subiram quase 3.000%. E as portuárias SUBIRAM AINDA MAIS.

Num maligno, diabólico e matemático reflexo, a situação da Marinha Mercante mais e mais piorava quanto mais se acentuava a deterioração acelerada dos portos. Esta era agravada seriamente, não apenas pela demagogia, mas também pelas condições de equipamento, pelo abandono, pelo descaso, e outras eventualidades.

Eis uma rápida síntese da SITUAÇÃO OPERACIONAL DOS NOSSOS PRINCIPAIS PORTOS, extraída das reportagens publicadas pelo *Jornal do Brasil* e das informações contidas no estudo que o senador Irineu Bornhausen transformou em discurso perante a Câmara Alta:

- Nos anos de 1963, 1964 e 1965, não havia problema de congestionamento nos cais de PORTO ALEGRE simplesmente porque já quase não era mais frequentado por navios. O problema de dragagem é sério, pois o porto não oferece o calado necessário e os navios que ali atracam NÃO PODEM SER CARREGADOS COMPLETAMENTE sob pena de encalharem na lama.
- O porto do RIO GRANDE oferece melhor calado que o de Porto Alegre, embora vez ou outra ressurja a ameaça do assoreamento da barra que liga a Lagoa dos Patos ao Oceano.
- Ao porto de ITAJAÍ falta dragagem da barra e do canal de acesso.
- O porto de FLORIANÓPOLIS está praticamente abandonado.
- Até hoje não foram executadas as obras que dariam ao porto de IMBITUBA melhores condições. Continua com instalações precárias e provisórias, apesar de ser o maior centro escoador de carvão do Brasil.
- O porto de LAGUNA parece o de mais precária situação entre os cinco com que conta Santa Catarina.
- ANGRA DOS REIS — canal de boa profundidade (oito metros), mas extremamente desaparelhado.
- RIO DE JANEIRO (Guanabara): tem calado. Mas há anos não é dragado e o assoreamento (acúmulo de areia) ameaça navios de encalhe no próprio cais. Dado seu equipamento quase totalmente obsoleto, "É O GRANDE MUSEU PORTUÁRIO DO BRASIL".

Embora o titânico Oswaldo Cruz tenha arrancado do Rio de Janeiro, há mais de meio século, a pecha de "porto maldito", o governo Goulart pelo processo nº 6.659/63 declarou INSALUBRE toda a zona portuária da Guanabara, o que implicava no pagamento de adicional de "insalubridade" sobre o manuseio de TODA E QUALQUER MERCADORIA a TODOS OS PROFISSIONAIS da faixa do cais.

Além disso, já vigoravam as seguintes instruções reguladoras do porto do Rio de Janeiro, que obrigavam ao pagamento de 200, 300 E ATÉ 400% por horas extraordinárias, "chuvas" e complementações. Eis a íntegra dessas instruções:

a. Continuações diversas por 2 horas, com 20% de majoração;
b. Hora de almoço por 1 hora, com 200% de majoração;
c. Hora de jantar por 1 hora, com 200% de majoração;
d. Trabalho à noite por 6 horas, com 25% de majoração;
e. Continuações à noite por 2 horas, com 250% de majoração;
f. Hora da ceia por 1 hora, com 250% de majoração;
g. Hora do café por 1 hora, com 250% de majoração;
h. Domingos por 8 horas, com 25% de majoração;
i. Continuações em domingos por 2 horas, com 80% de majoração;
j. Hora de ceia em noites de domingos por 1 hora, com 300% de majoração;
k. Feriados por 8 horas, com 100% de majoração;
l. Continuações em feriados durante o dia por 2 horas, com 40% de majoração;
m. Hora de almoço em feriados por 1 hora, com 400% de majoração;
n. Noites de feriados por 6 horas, com 50% de majoração;
o. Continuações em noite de feriados por 2 horas, com 30% de majoração;
p. Hora de ceia em noites de feriados por 1 hora, com 200% de majoração;
q. Trabalho com chuva 30% de majoração.

- ILHÉUS. Uma história de mistérios (aliás, já usada por excelente romancista), com um rocambolesco começo de construção que nunca se acaba de iniciar.
- SALVADOR. Um dos melhores abrigos marítimos do mundo. Armazéns insuficientes. Pátios estreitíssimos que a prefeitura não deixa alargar; 40% dos seus 34 guindastes achavam-se obsoletos no final de 1963. Falta de equipamento para embarque de minérios (e a Bahia é um dos mais ricos depósitos do país).
- O porto de RECIFE conta com uma permanente ameaça que é a fuga da areia e lama sobre o que se assentam suas bases de concreto. Dada a importância econômica da cidade, a extensão do cais está muito abaixo das

prováveis e futuras necessidades de acostamento, quando o Brasil puder voltar a usar seus mares. Mas um prefeito de Recife já teria bloqueado ("com finalidades políticas") a possibilidade técnica mais lógica de ampliação do cais, a Bacia de Santo Amaro. A atual bacia de evoluções precisa constantemente de dragagem, mas estas são feitas, ao que parece, só de quatro em quatro anos. O problema de calado chega a forçar os navios a deixarem a carga em Salvador. E é comum navios atolarem na lama vinda dos dois rios livrando-se só após aliviados da carga. Mas, no final de 1963, fazia quinze anos que a draga "Olinda" estava encostada no cais sem utilização e podendo ser recuperada. Seu casco fora já substituído três vezes por apodrecimento. "DOS 5.185 METROS DE CAIS DE RECIFE, APENAS 2.500 PODEM SER CONSIDERADOS OPERACIONAIS."

Existe um verdadeiro ritual de trabalho no porto de Recife, e disso resulta um desperdício de quatro horas por dia. Pois tudo é na base da meia hora. Vejamos:

30 minutos — abertura dos porões para início dos serviços.
30 minutos — fechamento dos porões para almoço.
30 minutos — abertura dos porões para continuação dos serviços.
30 minutos — fechamento dos porões para jantar.
30 minutos — abertura dos porões para continuação dos serviços.
30 minutos — fechamento dos porões para a ceia.
30 minutos — abertura dos porões para continuação dos serviços.
30 minutos — fechamento dos porões para término dos serviços.

- Os "portos" de MACAU e AREIA BRANCA continuam ainda na prancheta dos planificados e nos sonhos dos seus habitantes.

Quanto ao de AREIA BRANCA, devido ao assoreamento do rio Mossoró, os navios "saleiros" têm que ancorar, quando ainda totalmente vazios, a ONZE MILHAS de distância do estuário do rio. Depois que já receberam metade da carga, essas embarcações têm que se afastar até DEZENOVE milhas para então completar o carregamento.

(Mas apesar disso — e por causa de — o Sindicato dos BARCACEIROS de Macau disputa com a poderosa Cia. Comércio e Navegação a glória de ser o maior depositante do Banco do Brasil em Macau. Essa agência, aliás, por causa desses dois fortes depositantes, é a mais importante do Banco do Brasil no estado).

- "A situação topo-hidrográfica do porto de NATAL é esplêndida. Sua posição geográfica, incomparável. Mas há deficiências graves na dragagem da entrada da barra e do canal de acesso, no equipamento do porto que é exíguo e obsoleto, na extensão do cais, onde em 1963 só podiam atracar três navios de cada vez. Em 1965, o capitão dos portos de Natal trabalhava seriamente para ali fazer um terminal salineiro para embarque de boa parte desse mais importante produto do Estado.
- Apesar de estar incluído entre os três principais ancoradouros do Nordeste, MUCURIPE (Ceará) não é um porto organizado. Seus mais graves problemas: assoreamento, abrigo insuficiente, falta d'água para abastecimento dos navios, carência de armazéns, falta de parque de minérios, guindastes precários, falta de um rebocador e de sugadores de trigo. "É O ÚNICO PORTO DO MUNDO QUE NÃO TEM VIA FÉRREA."
- Tal como seu irmão gêmeo, o Piauí — QUE ESPERA POR UM PORTO HÁ QUASE DOIS SÉCULOS — o Maranhão dispõe do "porto de ITAQUI (a 40 km de São Luís), cuja construção foi determinada por Pedro II, em meados do seu império, e até hoje se acha em sua FASE INICIAL.
- Porto de BELÉM. Desde 1906, suas instalações não são nem recuperadas nem melhoradas. Mil e oitocentos metros de cais, mas apenas 1.500 podem ser cautelosamente utilizados. Pois cinco milhões de metros cúbicos de lama e areia entupiam, já em 1963, a bacia de evoluções, impedindo a ancoragem de navios de maior calado — que têm de fazer descarga ao largo, por meio de alvarengas e pontões. Armazéns insuficientes. Treze guindastes elétricos e seis a vapor (no final de 1963, todos funcionando precariamente). Em 1963, havia oito anos que o porto não era dragado.

Esta é uma visão panorâmica do estado das instalações dos nossos principais portos, apresentada para que o leitor possa melhor completar o cenário onde se desenrola o drama de um país que míngua por causa da obstrução de suas vias líquidas. Míngua quando tem até excesso de portos, pois não há nenhum país do mundo com tantos ancoradouros registrados como capazes de servir, e servindo, precariamente uns, e precaríssimamente todos os outros.

Esta nação que não pode usar seus rios, lagos e mares, tem 262 portos e ancoradouros que, no passado, foram registrados na Comissão de Marinha

Mercante como "de vida ativa" e que serviam, embora sempre precariamente, as respectivas regiões e populações.

UM PAÍS COM 262 PORTOS E TENDO QUE TRANSPORTAR QUASE 80% DE SUAS MERCADORIAS E BENS DE CONSUMO POR ESTRADAS DE RODAGEM!

O leitor encontrará mais adiante, uma pequena coleção de "Absurdos" e "Consequências" que extraímos da análise feita dos valiosos e profundos estudos realizados, em oportunidades diferentes, sobre a situação da navegação e dos portos brasileiros pelo jornalista José Gonçalves Fontes, pelo senador Irineu Bornhausen (ex-governador de Santa Catarina) e pelo comandante Fernando Frota, que durante o primeiro ano da Revolução de Março exerceu a presidência da nossa prestigiosa Comissão de Marinha Mercante.

Mas é impossível deixar de ressaltar em separado aquilo que, num mar eriçado de absurdidades ainda é mais contundente que todos os absurdos alinhados.

O primeiro caso que apontaríamos é o dos corretores de navios, que a imprensa considerou como um dos mais audaciosos atos de nepotismo da história republicana, ocorrido ao tempo do governo Goulart.

No memorial que o comandante Fernando Frota dirigiu ao ministro Juarez Távora ao demitir-se, em abril de 1965, da presidência da Comissão de Marinha Mercante, informava que, apesar de todos os seus esforços saneadores decorrentes do cargo que ocupava, mesmo um ano e meio após a vitória da Revolução de Março, os corretores de navios continuavam desfrutando dos polpudos privilégios antinacionais que obtiveram de "presente" do senhor João Goulart com o decreto 52.090 de junho de 1963.

Descrevia então o comandante Frota as benesses ainda então usufruídas por esses cidadãos: "São 2,5% sobre os fretes de exportação (cerca de 200 milhões de dólares); 3% sobre TODAS as operações de compra e venda de embarcações (só a Comissão de Marinha Mercante, que compra dos estaleiros e vende aos armadores, movimenta cerca de 120 bilhões de cruzeiros); 3% sobre TODOS os fretamentos efetuados por brasileiros (só de trigo e carvão são aproximadamente 30 milhões de dólares). De barato, MEIO BILHÃO DE CRUZEIROS POR ANO, PARA CADA CORRETOR DO RIO DE JANEIRO E DE SANTOS. Isto em acréscimo às suas rendas normais dos despachos de navios e serviços conexos, que já fazem deles uma classe *acima*".

Só depois do gesto decidido do ex-presidente da Comissão de Marinha Mercante, deixando o cargo e divulgando fatos dramáticos da navegação e dos portos brasileiros, é que caíram os privilégios acima enumerados, outorgados aos corretores em plena fase de alucinação do governo Goulart.

O segundo caso, de certa forma paralelo ao dos corretores, embora mais modesto em suas cifras e proporções, é o apontado pelo jornalista José Gonçalves Fontes, através da meticulosa e altamente esclarecedora série de reportagens de que o incumbiu o seu jornal, o *Jornal do Brasil*.

Segundo Gonçalves Fontes, "para conferir aquilo que nunca conferem", os 22 conferentes existentes no "porto" de Macau, no Rio Grande do Norte, "ganharam num ano 132 milhões de cruzeiros — cifra maior que a receita total do município, orçada para 115 milhões de cruzeiros".

Não era de admirar, pois, uma das observações seguintes, da mesma reportagem: "O frete marítimo para transporte do sal está custando quase CINCO VEZES o custo de produção".

Finalmente, o terceiro absurdo a ressaltar não é, infelizmente, um apenas, mas uma série deles — contidos ou originados de uma só atitude.

Eles estão descritos no mesmo memorial onde o comandante Frota narra sua infrutífera tentativa de, por delegação da Revolução de Março, procurar desencalhar a Marinha Mercante e desentulhar os nossos portos afogados sob as redes de mil privilégios e algumas dezenas de milhares de privilegiados. O memorial documenta fartamente o rochedo de resistências vitoriosas que a isto opôs o Ministério do Trabalho.

Segundo o demissionário presidente da Comissão de Marinha Mercante, esta não conseguira fazer passar, ou andar, ou caminhar pelos arrecifes da velha fortaleza do "trabalhismo": o projeto, apresentado em JUNHO de 1964, que unificava sob o comando da Comissão de Marinha Mercante os trabalhos dos portos; um decreto apresentado em 18 DE MAIO DE 1964, pelo qual o governo da Revolução revogaria os privilégios e vantagens estabelecidos demagogicamente no governo Goulart para vigias portuários, conferentes e consertadores; dois outros decretos regulando a questão dos conferentes e consertadores, apresentados ao Ministro do Trabalho da Revolução, em 26 de DEZEMBRO DE 1964, e outro apresentado à mesma autoridade em 4 de JANEIRO DE 1965, sobre o problema dos vigias, também se prenderam no lodaçal das conveniências e temores que então ainda "inspiravam", ou freavam, as decisões "revolucionárias" daquela unidade do governo.

Melancolicamente, informava ainda o comandante Frota: "Os portuários, além de intocados, tiveram até um saboroso aumento de 57% em dezembro de 1964 para todo o Brasil". Isso quando nenhuma categoria geral de trabalhadores estava obtendo coisa nenhuma.

Não é de admirar-se que esta seja a atitude do Ministério do Trabalho. Pois está dentro da missão e tradição de "peleguismo" que tantos entendem deva ser função daquele órgão do governo. Há mesmo vivo constrangimento quando alguém, ali, não pensa assim.

Para não contrariar a incorrigível tendência concessionista desse ministério todas as distorções são aceitas. Até mesmo as que atentem contra a sobrevivência da nação ou a integridade e a fidelidade da própria lei.

Existe, por exemplo, um artigo da Consolidação das Leis do Trabalho que, há mais de vinte anos, exibe frontalmente à nação um intocado exemplo de falsidade atrevida e de calculada, fria e desumana discriminação contra uma humilde comunidade de trabalhadores, intocado exemplo esse que acabou transformando-se num ponto de infecção permanente da vitalidade econômica e da tranquilidade social do país.

Esse minúsculo trecho da lei tornou-se o fermento e o germe, o sinal numerológico e a senha da impunidade desagregadora que, a partir da sua manutenção absurda e deliberada, deu começo à longa e premeditada operação do assédio, cerco e sítio que ao fim de duas décadas finalizaria impondo à nação brasileira a mais ridícula e esdrúxula autopunição: a proibição de usar seus próprios rios, lagos e mares.

Na verdade, é daquela falsificação que ficou mantida como lei, e que como lei tem passado sobre os anos e as décadas manhosamente intocada e irremovível — que nasceram e se ampliaram os círculos concêntricos, que foram levando a todos e a toda parte da mesma forma, a mesma força, o mesmo impulso para o mesmo fim. Da intocabilidade do artigo grosseiramente falseado, surgia a audácia para novos cometimentos, que iam pouco a pouco sendo testados, provados e finalmente impostos e consagrados em novas leis e regulamentos.

A impertinente intangibilidade da falsidade exibida vitoriosamente dentro de um código não era desmontada nunca, certamente para mostrar sempre aos pilotos bisonhos para onde o barco estava guinado.

Realmente, desde 1º de maio de 1943, quando foi divulgado o texto final da Consolidação das Leis do Trabalho, apontou-se nele, como um corpo estranho, um erro que parecia inocente e até excêntrico a princípio: o texto do artigo 258, que garantia somente aos estivadores sindicalizados o direito de trabalhar mil horas por mês. E, enquanto essas MIL horas não fossem cumpridas por todos os estivadores sindicalizados, ninguém mais tinha direito de se inscrever no Sindicato...

> ("Verificando-se no decurso de um mês, haver cabido a cada operário estivador uma média superior à de 1.000 (mil) horas de trabalho, o número de operários será aumentado de modo que se restabeleça esta última média e, no caso contrário, a matrícula será fechada até que se atinja esse índice de intensidade de trabalho.")

Mão falsária, enluvada e protegida, provavelmente fina e leve como a de toda a vasta fauna da gatunagem — fizera o milagre de criar MÊS de, pelo menos, MIL horas. Ao realizar-se o trabalho de juntar num só código — a Consolidação das Leis do Trabalho — todas as leis e artigos básicos que beneficiavam o trabalhador, um larápio letrado, que deveria copiar *ipsis litteris* o artigo 6º § único do decreto-lei nº 2.032 de 23/2/1940, fê-lo, porém, trocando "inocentemente" a palavra SEMESTRE por MÊS. A revista *lex*, ano 1940, pág. 83, assim consigna o texto original desse artigo 6º:

> "Verificando-se, no decurso de um semestre, haver cabido a cada operário estivador uma média superior à de 1000 (mil) horas de trabalho, o número de operários será aumentado de modo que se restabeleça esta última média e, no caso contrário, a matrícula será fechada, até que se atinja esse índice de intensidade de trabalho."

Já há mais de vinte anos lá estão no texto da lei as MIL HORAS por MÊS que ficaram como escudo imoral de um privilégio desumano. Esse cínico MÊS de MIL horas visava garantir quase hereditariamente o privilégio da estiva para uns poucos — entre os quais até médicos, advogados e jornalistas, como citado pelas reportagens do *Jornal do Brasil* — que, com a exclusividade que lhes garante a lei viciada e a matrícula no Sindicato, põem a seu serviço os servos de beira de cais, os "bagrinhos", furtados pelo estranho calendário que continua medindo o tempo de trabalho nos portos.

Não há nenhum mês, nenhum relógio do mundo que marque mais de 744 horas por período de 31 dias.

Mesmo que trabalhasse 24 horas por dia sem parar, e 31 dias consecutivos, o mais resistente dos estivadores sindicalizados não atingiria a escandalosa margem do vasto privilégio que, se lhe tivesse sido outorgado por um equívoco tipográfico, foi, porém, mantido pela desfaçatez atrevida.

É provável que algum leguleio "peleguista" procure justificar o seu ousado constituinte, que teve a "engenhosidade" de criar no Brasil um calendário com mil horas mensais. É provável que explique aos ignorantes do assunto que o artigo falsificado era "apenas" um inofensivo "expediente" que seu cliente usava contra os "tubarões", contra os proprietários dos navios.

Mas aqueles a quem o "MÊS" ladino subtraía o direito ao próprio trabalho, aqueles que há vinte anos têm sido furtados pela palavra gazua são exatamente os párias do cais, os "bagrinhos", que ainda hoje rondam e tentam vencer a impenetrabilidade do sindicato dos estivadores — um dos fortins da série de casamatas e trincheiras sindicais, onde se abrigam estes e outros privilegiados da zona portuária.

Aliás, a esse respeito, o jornalista Gonçalves Fontes informava em seu minucioso trabalho: "A exploração do homem pelo homem é lugar-comum nas estivas de quase todos os portos brasileiros. O estivador (sindicalizado) empresta sua carteira ao chamado biscateiro ("bagrinho") que, afinal, é quem vai trabalhar no navio. No final do mês, o estivador recebe uma "bolada" e não dá NEM DEZ POR CENTO ao homem que trabalhou em seu lugar. O biscateiro não tem direito sequer aos benefícios da Previdência Social, pois que o desconto para o IAPETC é feito em nome do estivador que cedeu a ele a carteira".

"Outros estivadores nunca trabalham. Esperam somente que seus filhos cresçam para ceder-lhes o lugar. O mesmo ocorre com os conferentes e "consertadores" de carga e descarga, onde existe a mesma discriminação hereditária, como se estivéssemos em plena Idade Média."

"Reunidos em sindicatos inacessíveis e estanques — finaliza o jornalista — com associados limitados, cujo livre ingresso é proibido, desfrutam de verdadeiro monopólio do mercado de trabalho. Para ser conferente, consertador ou estivador, é preciso ser filho de conferente, consertador ou estivador, ou então usar de um pistolão muito influente ou de propinas vultosas."

Jamais um falsário teve tantos colaboradores por omissão — inclusive as próprias autoridades sob cuja égide vive a lei — pois até 1965 ninguém apagara das Leis do Trabalho aquele rastro de rapina e espoliação, a esdrúxula contração de "semestre" em "mês" que ainda manchava despudoradamente as próprias páginas de um Código brasileiro.

Não houve ensejos — nem a republicação da lei, nem um decreto-lei corretivo, nem uma regulamentação esclarecedora — nada houve EM MAIS DE VINTE ANOS que se movimentasse para podar o apêndice podre, a pequenina palavra fementida. Sua presença foi o início de uma gangrena que de nódulo em nódulo, de privilégio em privilégio, de "vantagem" em "vantagem", de taxa em taxa, faria do Brasil uma nação amputada — que manca nos mares, encalha nos rios e empaca nos lagos — como se Deus nos tivesse dado toda essa imensidão de águas para apenas completar a boa aparência cartográfica de nossos mapas, ou servir à temática de um ou outro grande poeta, como aquele vate vulcânico do "Navio Negreiro".

Mas a audácia, a astúcia ou o cinismo dos que pensavam em fazer das leis o ancoradouro de todas as suas conveniências político-eleitoreiras junto aos homens da beira de cais, não ficou só no "pastel tipográfico" das cem horas por mês.

Eles andaram também por outras partes do nosso Código básico das Leis do Trabalho e lá deixaram os sinais de suas quatro despudoradas pegadas.

O espírito concessionista de Favores & Benefícios por atacado, e não de DIREITOS E DEVERES para o bem da comunidade, atribuído às nossas leis sociais pelo ratonismo político, chegou a tal desfaçatez que põe em ridículo a própria seriedade da Consolidação das Leis do Trabalho tornando-a certamente o único repositório de leis, em todo o mundo, em que há artigos que terminam com a palavra ETC.

Realmente, embora espantoso, é verdadeiro o que, na secção IX (Dos Serviços de Capatazias nos portos), a Consolidação das Leis do Trabalho estampa em seu artigo 285, nº 2 da letra C do item III:

> "2 — Exercer a atividade definida no citado artigo 285, itens I e II e respectivas alíneas, nos portos não organizados e nos armazéns, depósitos, trapiches, veículos de tração animal ou mecânica, vagões etc., em quaisquer locais em que as mercadorias tenham sido recebidas, entregues, arrumadas ou beneficiadas e, bem assim, lingar ou deslingar as que necessitarem de auxílio de guindaste ou de outros aparelhos mecânicos, nas empresas, firmas, sociedades ou companhias particulares."

E na letra D:

> "Consideram-se serviços acessórios da mesma atividade profissional:
> 1 — o beneficiamento das mercadorias que dependam de despejo, escolha, reembarque, costura etc."

Et cetera para o que mais for lembrado, relacionado ou pleiteado. *Et cetera* "em nome da lei", dentro da lei, com a força da lei — convidando a imaginação vagabunda dos que, nada tendo para dar de si, se oferecem impudicamente para dar generosamente o que é dos outros, no desenfreado leilão de facilidades em que cortam os ares as ofertas e as sentenças dos irresponsáveis de todos os escalões.

Os benefícios da lei transformados imediatamente em ETC. Os direitos tornando-se algo de vir em balaios e cestos sanfonados que espicham ou encolhem conforme os apetites incontrolados e as imposições desalojadas.

ETC. O sagrado código das leis do TRABALHO salpicado com a palavra que consagra a imprecisão, a elasticidade do nada, o abstracionismo da preguiça. *Et cetera*, a senha que o desleixado passa ao ocioso, a fim de lembrá-lo que ali, na palavra mágica e versátil, podem enquistar-se quantos outros variados benefícios e vantagens se imaginar ou descobrir.

A regra inelutável e universal da atividade legislativa que limita com dignidade seu poder e sua força — todo texto da lei deve ser claro, conciso, preciso, explícito e íntegro, sem ambiguidades nem elasticidade — é emporcalhada pela amolecada adição do *et cetera*. Com poderes de procuração amplos e universais para representar qualquer palavra, qualquer desejo, qualquer ambição, o *et cetera* caricatura a majestade da lei, sugere-lhe o acréscimo de narizes e apêndices ao gosto daqueles seus manipuladores ou deturpadores do momento — ministro político ou políticos togados — que a quiserem tornar o monstrinho vingador de seus complexos, ou o embonecado e festivo chamariz da sua popularidade.

Et cetera no texto da lei. Nenhum espalhador de alçapões jurídicos em nenhuma parte da terra tivera ainda imaginação tão fértil. Nem tão insensível inconsciência.

Mas vale tudo para cair nas graças dos coitadinhos e usufruir-lhes os aplausos, os votos ETC. ETC.

Aliás, a tão frequente e desenvoltamente exibida impostura do peleguismo jamais foi tão atrevida e cínica como naquela acintosa operação bélico-naval ocorrida em Santos em 1963. Nessa ocasião, para impedir a vigência dos direitos dos "bagrinhos", consagrados em irrefutável e humaníssima sentença judiciária, os "trabalhistas" substitutos, então empoleirados no poder, despacharam uma belonave da Marinha de Guerra para aquele reduto ELEITORAL-portuário, a fim de proteger o sindicato dos estivadores contra a decisão da Justiça que reconhecera os direitos daqueles que ainda são os "párias" da sua classe.

A grande conspiração que se realizava simultaneamente em terra — pela desorganização das ferrovias — e no mar, pela deterioração da Marinha Mercante e paralisação dos portos, forneceria aos analistas da vida brasileira uma impressionante galeria de fatos, alguns revoltantes, outros absurdos e outros até grotescos — como os ocorridos quando, de um momento em diante, os atores se sentiram donos do palco, comandando por sua própria conta o espetáculo dos mais desenfreados apetites antipatrióticos.

Realmente, o que ocorreu nos mares e nos portos brasileiros, particularmente no decênio de 1955 a 1965, não tem similar na história dos povos organizados e cuja missão é levar adiante a sobrevivência da nação que herdaram.

Eis a seguir um resumo dos tremendos absurdos e das terríveis consequências que ressaltam o grau de catastrófica ineficiência a que chegaram, a um só tempo, com desastrosa precisão, a Marinha Mercante e os portos brasileiros.

Os que displicentemente se valem do nacionalismo, essa fórmula marota desenvolvida pelo escapismo para evitar as pesadas responsabilidades do patriotismo, deveriam meditar sobre o que aconteceu, a partir de 1962, à Fosforita de Olinda, organização que explorava e vendia o fosfato de Pernambuco para a agricultura brasileira.

Poucas empresas no Brasil sofreram tão diretamente as consequências do "nacionalismo" que tomou conta da navegação e dos portos brasileiros quanto a nacionalíssima Fosforita de Olinda, que, aliás, vendia o seu produto com propaganda de argumentação nacionalista.

Pouco tempo depois de o seu fosfato começar a ser promissoramente difundido nos mercados do centro e sul do país, a Fosforita teve de suspender seus embarques devido à desastrosa sobrecarga dos fretes e taxas portuárias sobre o custo do produto.

"NEM ENTREGUE DE GRAÇA, afirma o senador Bornhausen em seu estudo, a Fosforita de Olinda poderia concorrer com fosfato estrangeiro (da Argélia, Marrocos e Flórida). Pois SÓ OS FRETES E TAXAS PORTUÁRIAS DE RECIFE A SANTOS JÁ ERAM MAIS ALTOS QUE O CUSTO DO FOSFATO ESTRANGEIRO COLOCADO EM QUALQUER PORTO BRASILEIRO."

UMA PEQUENA COLEÇÃO DOS ABSURDOS emerge eriçada e contundente, da minuciosa análise das autarquias de navegação mercante e dos portos brasileiros feita pelo senador Irineu Bornhausen, ou contida no memorial do comandante Fernando Frota, ou ainda no trabalho jornalístico de Gonçalves Fontes.
Ei-los:

- Para mais de sete bilhões de cruzeiros consumidos em 1964, já sob domínio da Revolução de Março, as oficinas de Mocanguê (Lloyd Brasileiro) não apresentaram obras equivalentes a um bilhão.
- O Lloyd, quando precisa mesmo de navios, manda consertá-los fora.
- Os estaleiros da Costeira têm cerca de três mil operários. Devido ao excesso de gente, não funcionam. Poderiam, porém, ter rendimento com apenas 800 operários.
- Apesar dos bilhões das subvenções com que o Lloyd tem sido amparado, foi preciso que um brasileiro de espírito público depositasse em Nova York um cheque pessoal de 2.800 dólares para que o navio "Lloyd Honduras" não fosse arrestado em abril de 1964.
- Mesmo tendo praticamente o MONOPÓLIO das nossas linhas mercantes para o exterior (as empresas particulares não são admitidas), o Lloyd não conseguia transportar mais do que 7% do café exportado pelo Brasil.
- É tamanha a ineficiência da Costeira que, se uma tragédia marítima fizesse desaparecer os seus navios em tráfego repentinamente, sem tempo de emissão de S.O.S., passar-se-ia muito tempo até alguém dar falta deles. Inclusive os próprios funcionários.
- As empresas de navegação federais flutuavam em 1965 com 35 mil funcionários a bordo. Todos eles protegidos pelo Estatuto dos Funcionários Públicos e milhares deles também pela Legislação Trabalhista.
- No afã de criar mais "oportunidades" para mais amigos e correligionários, o bando político dominante à beira do cais desdobrou as seguintes especializações da especialização de conferente:
conferente-chefe;
conferente de lingada;
conferente de bordo;
conferente de cais;
conferente de balança;
conferente auxiliar;

E o grotesco conferente-rendição, vulgarmente chamado de "conferente-pipi" pelas razões e para as funções que o leitor pode deduzir.

"O número excessivo de conferentes sobrecarrega os custos. Em geral, a conferência fica com 50% DE TODO O GASTO NA ESTIVA."

- Numa separata de artigos sobre legislação trabalhista marítima, publicada em janeiro de 1965, o advogado Joaquim Xavier da Silveira, profundo conhecedor dos assuntos jurídicos relacionados com a navegação e os portos, informava que, quando ainda em vigor as famosas taxas adicionais de "periculosidade", "insalubridade", "agressividade" e "chuva", os portuários é que faziam a "interpretação" das condições de trabalho, de tal modo que tivessem direito a todas ao mesmo tempo.

E registrava uma curiosidade: dado que poderia ser tomada como inadmissível, pelo que restava de bom senso no julgamento dos assuntos do mar, a alegação de "insalubridade" para o trabalho com o sal — pois se trata de um alimento — um jurista-pelego soltara a "deixa" de uma nova taxa para "proteger" seus clientes ao lidarem com esse produto: a taxa da "PENOSIDADE".

E um ministro do Trabalho, de estado também produtor de sal, o Ceará, chegou a encampar essa "engenhosa ideia" que tornaria ainda mais onerosa a comercialização desse produto nordestino.

- "Enquanto os marítimos estiverem submetidos ao Ministério do Trabalho, PREDOMINARÁ SEMPRE A DEMAGOGIA — NUNCA OS INTERESSES DO PAÍS."
- "O PORTO DE NOVA YORK, QUE TEM 170 KM DE CAIS ACOSTÁVEL, É MOVIMENTADO POR 3.500 HOMENS. O PORTO DO RIO DE JANEIRO, COM SETE KM DE CAIS, TEM CERCA DE OITO MIL FUNCIONÁRIOS."
- "Porto é local de trânsito de mercadorias, não de armazenagem. Esta tem que ser providenciada a distância, para o interior. Os nossos portos são muito mais companhias de armazenagem do que local de trânsito de mercadorias. Faz-se armazenagem, barata, na zona mais cara, mais preciosa de que dispõe a cidade. O feijão podre importado em 1959, no governo Juscelino, ainda em 1964 se achava armazenado no porto do Rio!"

- Certa vez, em Santos, os "consertadores" exigiram o pagamento de sua taxa porque assistiram, sem nada fazer, ao desembarque de um elefante.
- Os serviços portuários dos portos do Rio Grande do Sul eram tão altos que criadores gaúchos importavam carneiros da Austrália VIA MONTEVIDÉU. Pois dessa forma saía mais barato, sem a intervenção dos conferentes-pipi e dos "consertadores" dos nossos portos.
- "E até quando se embarcam ou desembarcam pedras de granito ou mármore, ou locomotivas, ou elefantes, a operação tem que contar com um bom número de "consertadores", embora nada haja para COSTURAR OU PREGAR" — que é a sua função.
- "Devido aos privilégios introduzidos pela anarquia salarial, o arrumador de armazéns frequentemente recebe mais do que o próprio armador paga ao porto. Isto acontece, por exemplo, no caso dos gêneros alimentícios, em que, se o armador paga Cr $800, o arrumador recebe Cr$ 1.400, e o porto arca com o prejuízo."
- O cais de minérios do porto do Rio de Janeiro, cuja construção ainda não estava, em 1965, nem pela metade (apesar de iniciada em 1955 para terminar dois anos depois) visa carregar sete milhões de toneladas anuais. Mas a Central do Brasil só tem capacidade para transportar três milhões.
- O cargo de guindasteiro do cais oferecia tal rendimento financeiro — pelas gratificações chovidas de todos os lados para não deixar cair a carga (dos armadores, dos exportadores, dos importadores) — que certo presidente da República, muito afeito ao peleguismo, reservava-se o privilégio de só ele nomear os futuros barões do guindaste.
- Dos cinco guindastes do porto de Mucuripe, três deles eram a vapor e movidos A LENHA. Somente para entrar em funcionamento, cada um consumia UMA TONELADA DE MADEIRA. Isto num estado, o Ceará, florestalmente devastado e onde cada árvore, como na Grécia Antiga, deveria valer pela vida de um homem.
- Com o montante do déficit acusado pelo Lloyd e a Costeira nos anos de 1960, 1961, 1962, 1963 e 1964, 216 BILHÕES no valor de cruzeiros de 1964, o Brasil poderia ter adquirido uma pujante e novíssima frota de 40 NAVIOS DE NOVE MIL toneladas, como o "Júlio Regis" construído pela Verolme no início de 1965 ao custo de cinco bilhões de cruzeiros cada um.

- O comandante Frota, ex-presidente da Comissão de Marinha Mercante, informa que somente os déficits de 1963 do Lloyd e da Costeira dariam para que essas duas empresas comprassem uma tonelagem de navios igual ao total da que ainda tinham em condições de navegabilidade naquele ano.
- "Enquanto empresas competidoras, nacionais e estrangeiras, aos mesmos fretes recebidos pelo Lloyd e pela Costeira, conseguem pagar os seus custos e ainda realizar lucro, nas duas autarquias federais esses fretes cobrem apenas 69% e 21% das duas despesas, respectivamente."
- Em dezembro de 1964, o luxuoso e novo "Rosa da Fonseca" teve sua escada de acesso de bombordo quebrada quando recebia passageiros no porto do Rio de Janeiro. Não a consertaram aí. Tocou em Salvador, onde também não a consertaram, nem a substituíram pela de estibordo. Tocou em Recife, onde idem, idem. Tocou em Fortaleza, onde idem, idem. Idem, idem também em Belém, e depois ainda idem, idem até sua volta ao Rio de Janeiro cerca de quinze dias depois.
- E havia perigo de vida para passageiros e visitantes que subiam e desciam a bordo.
- Esteiras rolantes para aceleramento do embarque de açúcar no porto de Recife tiveram que ser desmontadas e atiradas à intempérie por imposição do pessoal da estiva a fim de que continuassem fazendo o trabalho braçalmente, saco por saco.

QUINZE homens da estiva e QUATRO CONFERENTES foram "necessários" para os "trabalhos" de carregamento de apenas sete toneladas de lagosta no navio inglês Spender, no porto de Natal, em agosto de 1964.

Eis a coleção de CONSEQUÊNCIAS com que arca o país, em decorrência do estado de desarvoramento da nossa Marinha Mercante e do descalabro dos portos brasileiros, de acordo ainda com os notáveis estudos feitos pelo senador Irineu Bornhausen, pelo comandante Fernando Frota, presidente da Comissão de Marinha Mercante no primeiro ano da Revolução de Março, e outras fontes:

- Todos os navios brasileiros, de um modo geral, conseguem navegar apenas um terço do tempo. Os outros dois terços passam parados nos portos esperando vaga ou submetendo-se à "rapidez" das descargas.
- "A manutenção dos aparelhamentos portuários montados pelo governo é tão dispendiosa que fica mais caro mover as mercadorias dos poucos metros que vão dos armazéns aos navios do que o seu transporte por centenas de milhas mar afora."
- Até 1956, havia um crescimento ANUAL de 5 a 10% na tonelagem de carga seca da cabotagem brasileira. Eis os algarismos, daí em diante, isto é, a partir do período dos "desenvolvimentos" e quejandos:

    1957 — 5.346.900 toneladas
    1958 — 5.748.300 toneladas
    1959 — 4.971.100 toneladas
    1960 — 4.502.200 toneladas
    1961 — 4.352.200 toneladas
    1962 — 3.764.100 toneladas
    1963 — 2.703.000 toneladas
    1964 — 2.322.000 toneladas

- Tudo isto veio se agravando desde que começou o garroteamento comuno-petebista. Aumentavam as taxas, diminuía a carga. "Como diminui a carga e o porto não pode despedir ninguém, aumentam-se de novo as taxas. Aumentam as taxas, diminui ainda mais a carga."
- "Por isto, o porto de Pelotas já havia passado de novembro de 1964 a abril de 1965 sem receber um só navio. E o porto de Salvador estava, em abril de 1965, para fechar de vez."
- O porto do Rio de Janeiro teve nada menos que vinte administradores nos últimos quinze anos, e quatro JÁ DEPOIS DA REVOLUÇÃO DE MARÇO. Por isso, não é de admirar-se que ainda não estejam prontos nem 30% de seu cais de minérios e carvão, cuja construção, contratada em 1955, deveria ficar pronta em dois anos.
- Ante a precariedade da sua frota e dos seus serviços, o Lloyd chegava a atingir um grau de descrédito funcional verdadeiramente humilhante. No seu esforço de recuperar para a marinha brasileira a máxima percentagem do transporte de café, o próprio Conselho Coordenador da

Navegação Exterior, ao incumbir a Comissão Nacional de Marinha Mercante da organização e supervisão do transporte de café brasileiro para os Estados Unidos, teve de incluir entre as regras para isso estabelecidas a seguinte:

"Não será permitido ao Lloyd Brasileiro transportar café em navios que tenham MENOS DE 14 MILHAS DE VELOCIDADE ou que, na sua viagem para o norte, escalem em um porto além do último de carregamento de café."

- Não é preciso repetir que o Lloyd e a Costeira não pagam impostos. Isto, porém, não acontece quando se trata de empresas particulares de navegação, quer deem lucros ou PREJUÍZOS.
- As bananas brasileiras, produto de baixo valor a granel, já há algum tempo estão sendo transportadas para o Uruguai por via RODOVIÁRIA, partindo de São Paulo e enfrentando cerca de dois mil km de estradas.
- Somente quando a população do centro do país, particularmente a carioca, foi submetida a um mesquinho e politiqueiro "cerco do arroz" em 1962, no auge da falta desse produto, é que os brasileiros dessa região do país ficaram sabendo da existência de exuberante lavoura desse cereal no Maranhão. Cidadãos adultos jamais tinham provado o gostoso arroz maranhense. E arregalavam os olhos, quando eram informados que, segundo os agrônomos, a região de Caxias, naquele estado, "ponto de encontro" onde se alternam harmoniosamente a pluviosidade da Amazônia e a "secura" do Nordeste — é a única do mundo que pode dar até QUATRO colheitas de arroz por ano!

Por deficiência de transportes — principalmente do desaparelhamento portuário —, jamais o brasileiro do Sul pudera comer o arroz maranhense e jamais o produtor maranhense tivera ensejo de vender seu arroz para o Sul e, assim, aumentar suas colheitas e sua prosperidade.

Têm melhor "sorte" o arroz mineiro e o gaúcho que demandam os grandes mercados do Rio de Janeiro e de São Paulo. Precisam apenas de mil km o primeiro, e de 1.500 a 1.700 km o segundo para chegarem, *por via rodoviária*, àqueles centros consumidores. Por via férrea, que seria o lógico, o arroz mineiro leva, em média, DOIS MESES para chegar ao Rio de Janeiro ou a São Paulo igualando assim uma marcha de lombo de burro de dezesseis km por dia. Acrescente-se a isso o fato de que, sendo estatizadas as ferrovias, muitos sacos "se perdem" sistemática e "inexplicavelmente" na longa caminhada. Por via férrea, por causa dos mesmos motivos e das estratégicas bitolas, o arroz gaúcho chegaria a São Paulo após dois meses e meio de estradas e ao Rio de Janeiro após três meses!

- Ficou famosa na história comercial de Porto Alegre uma remessa de vinhos para o Natal dos paraenses. Mal recebeu, em fins de janeiro de 1960, um telegrama do seu representante em Belém detalhando o pedido que queria, desde já "para o Natal daquele ano", a empresa Dreher, de Bento Gonçalves, pôde responder, três dias depois, que toda a mercadoria já havia sido colocada no cais de Porto Alegre, "à espera de praça" num dos navios do Lloyd ou da Costeira.

    A mercadoria chegou a Belém em fins de janeiro de 1961, exatamente DOZE MESES depois!

- A deliberada deterioração a que foram levados os nossos sistemas de transportes marítimo e ferroviário faz com que o Brasil ofereça, nesse campo, paradoxo inacreditável para o europeu e o norte-americano: toneladas de *carvão vegetal* são transportadas por *caminhão*, isto é, o combustível primário e *pobre* é transportado por veículo que consome combustível *nobre*! Combustível este que o país continua tendo que importar em larga escala (apesar dos "gloriosos 25 anos" da sua descoberta em Lobato.) Esse carvão vegetal, "enriquecido" assim pelas despesas do tipo de transporte que o conduz, é para ser usado, em sua maioria, pela gente pobre dos cortiços, das "cabeças de porco" e das favelas.

- Divulgou-se na época que a descarga emocional que levou o presidente Juscelino Kubitschek a mandar construir "imediatamente" a estrada Acre-Brasília, mesmo sem estar no orçamento, nem em nenhum plano rodoviário preferencial — foi a informação que lhe dera o governador de Rondônia, coronel Paulo Nunes Leal, sobre a odisseia do transporte e dos fretes de dois caminhões que o pobre erário do território permitira-lhe comprar. O governador tinha urgência dos veículos; numa fase em que havia "fila para caminhões", ele os conseguira, e com descontos excepcionais, do fabricante em São Paulo. Mas, apesar de todas as influências que o coronel usou junto à direção das autarquias marítimas, os caminhões levaram QUATRO MESES embarcados ao longo do litoral e, depois, pelos rios interiores da Amazônia, custando os fretes mais do que a quantia total que o expedito governador pagara pelos próprios veículos.

Nos fins de 1954, aconteceram, quase ao mesmo tempo, dois fatos em regiões diversas do país, mas que compõem um só depoimento:

- Chovia torrencial e prolongadamente no Sul e as estradas ligando Porto Alegre a São Paulo, ainda não pavimentadas, tornaram-se inesperadamente intransitáveis, com centenas de caminhões ilhados em diversos trechos. Em consequência, uma fábrica de aveia do Rio Grande ficara repentinamente sem a lataria de que necessitava para embalar o produto, lataria que, por não ser então ali fabricada, era adquirida em São Paulo.
A produção se acumulava perigosamente e o produto não enlatado acabaria estragando. Que fazer para trazer a lataria? O uso da ferrovia foi, de saída, posto de lado, pois demandaria dois meses e meio. Alguém lembrou: que tal mandar embarcar a lataria para Santos e, aí, despachar num navio do Lloyd?
Providenciados os entendimentos com São Paulo, verificou-se ao fim de poucos dias que os custos da estiva e do frete do Lloyd transformariam aquelas modestas latas em embalagem folheada a ouro.
E então, preocupada em não perder o produto e em atender à fidelidade de seus consumidores, a companhia tomou a providência que ninguém tivera coragem de mencionar antes, por parecer completamente absurda: fretou dois aviões de uma linha aérea e a lataria chegou a Porto Alegre mais BARATA do que se fora por navio!
- O outro caso quase simultâneo e parecido se deu quando ainda não tinha sido pavimentada a Rio-Bahia. O centro e o sul do país viviam uma das fases cíclicas de "fome de cimento", já iniciada em termos faraônicos a construção de Brasília, e numerosos grandes empreendimentos oficiais e particulares também demandando centenas de milhares de toneladas do produto.
Mas, paradoxalmente, a fábrica de cimento de Aratu, da Bahia, teve que suspender momentaneamente suas atividades, por *acúmulo de produção*, originada pela falta de transportes para o Sul. No cais de Salvador, empilhavam-se cerca de 180 mil sacas esperando "praça", que nunca conseguiam nos navios do Lloyd.
Alguém poderia pensar que cimento fosse uma carga que não interessasse financeiramente ao Lloyd transportar. Naquela ocasião, o frete

de um saco de cimento baiano para o porto do Rio de Janeiro era de 22 (vinte e dois cruzeiros). Para Santos, ou Porto Alegre, aumentava com os quilômetros. Mas o cimento polonês ou alemão, que o Brasil ainda importava, pagava 8 (oito) cruzeiros de frete do "vizinho" porto de Hamburgo para *qualquer* porto brasileiro.

Desgraçadamente a fuga dos portos não foi causada apenas pela incontrolada ambição de homens simples, comandada pela inconsciência das lideranças malignas que procuravam dopar seus instintos primários, para melhor explorá-los. Infelizmente, não foi apenas o dinheiro exigido de mais pelo trabalho feito cada vez de menos que provocou o êxodo dos portos. Há um registro mais doloroso e que nós fazemos de cabeça baixa, pelo que constitui de vergonha para a nação.

Tanto nos trabalhos divulgados por José Gonçalves Fontes do *Jornal do Brasil* como na documentação enfeixada no livro *De porque não se conserta a Marinha Mercante do Brasil* pelo ex-presidente da Comissão de Marinha Mercante, comandante Fernando Frota, em ambos esses depoimentos surge uma palavra que se tornou como que a peste negra de todos os nossos portos: ROUBO.

Falando do que se passava em Porto Alegre, escreveu o jornalista Gonçalves Fontes em fins de 1963:

"O roubo no porto chegou a atingir cifras impressionantes. Hoje tais cifras baixaram. Baixaram, não porque aumentasse a repressão ao furto, mas somente porque decaiu a movimentação portuária. Agora, há pouca carga para ser roubada."

"Nos poucos embarques de arroz que ainda se realizam pelo porto de Porto Alegre, as lingadas são rebentadas propositadamente para facilitar o roubo."

E mais adiante: "Uma firma de Porto Alegre importou recentemente cinquenta unidades de acessórios especiais para tosquiador de carneiros. Só recebeu QUATRO, porque 46 foram roubadas". "Ainda para evitar o roubo e as avarias, os importadores gaúchos de frutas da Argentina estão utilizando o transporte rodoviário."

Sobre o porto do Rio de Janeiro: "Para fugir ao roubo, os comerciantes estabelecidos no Rio de Janeiro preferem pagar um frete mais alto e despachar por caminhão as suas mercadorias". "Afirmam que o transporte marítimo ocasiona atrasos prejudiciais, impossibilitando previsão correta e resultando em muitas perdas por avarias e roubo."

"Há portos em que o roubo organizado recebe o título de 'faltas' e 'avarias'."

Sobre o porto de Mucuripe (Fortaleza):

"Depois que se criou o Sindicato dos Conferentes, ficando as empresas impedidas de fazer o serviço de conferência, começaram a ser constatadas faltas nas mercadorias. Os roubos em Mucuripe vêm crescendo assustadoramente. Em qualquer carregamento de sacaria faltam sempre no final de dez a vinte sacos, pois a conferência é apenas *pro forma*."

"O Ceará consome duas marcas de cerveja fabricadas no Rio Grande do Sul. A cerveja está sendo transportada em caminhões, embora nesse caso o frete rodoviário ainda esteja um pouco mais caro que o marítimo. Ocorre que a mercadoria, vinda de caminhão não sofre perdas. Os importadores cearenses cansaram-se de ser roubados em numerosas caixas nos armazéns portuários."

Sobre o porto de Belém:

"... não há cuidado na manipulação das cargas, principalmente de sacarias. Centenas de sacos de açúcar, cimento e amêndoas de cacau são arrebentados devido à negligência dos estivadores e arrumadores. As avarias e furtos são grandes e parece não haver solução para esse problema, porque as falhas na legislação vigente dificultam e até mesmo impedem a fixação de responsabilidades. Depois, nenhuma autoridade competente se atreve a responsabilizar criminalmente o estivador, o conferente, o portuário e o arrumador pelas avarias e delitos que praticam, pois poderá provocar a paralisação do porto, acarretando prejuízos ainda maiores.

E mais adiante:

Eles, os estivadores, conferentes e portuários são os intocáveis da orla. Não podem ser molestados ou punidos, nem mesmo quando são surpreendidos roubando. Das grades do porto para dentro, o Código Penal não vigora. O direito trabalhista só é invocado quando os beneficia. Nem mesmo as decisões judiciais são por eles acatadas. E na cobrança de seus serviços, não têm escrúpulos."

E Gonçalves Fontes cita o que aconteceu em Porto Alegre em meados de 1963:

"O então presidente do Centro de Navegação local, senhor Annibal Ferreira Batista, prendeu um estivador que estava roubando rolamentos. O serviço parou em toda a orla e só foi reiniciado depois que o estivador desonesto foi solto."

O ex-presidente da Comissão de Marinha Mercante confirma:

"Não há mercadoria embarcada na cabotagem que se garanta chegar intacta ao seu destino; não há mais "carga fina" (produtos farmacêuticos, tecidos etc.) que possa ser embarcada por mar, dado os roubos de que são vítimas. Mantimentos, quando chegam com apenas 10 ou 15% de faltas, são um motivo de felicidade para o dono".

Num estudo, "Transporte Marítimo no Brasil", publicado na "Revista Econômica" do *Jornal do Brasil* em 30 de janeiro de 1965, o capitão de fragata Luiz Carlos Américo dos Reis também reconhecia, entre as causas da "lenta evolução do sistema de transporte por cabotagem" e da preferência pelo transporte rodoviário:

"Avarias, roubos e faltas na carga transportada pesam também como fenômenos desfavoráveis no sistema de transporte marítimo."

Em julho de 1965, o cronista Rubem Braga, embaixador, pescador e *globe--trotter*, registrava sofridamente quão vazio de navios andava o mar que ele sempre espiava de sua janela para o Leblon. E enumerava as prováveis causas do desprestígio e falência do transporte marítimo. Entre elas, citava constrangido a sua própria experiência: o saque que sua bagagem sofrera, em duas ocasiões diferentes, "pelos ratos de bordo e pelos ratos do porto", nas suas andanças de cabotagem poética pelas costas brasileiras.

Após ler esse conjunto de coisas dantescas que se acumularam em torno da navegação mercante e dos portos brasileiros, talvez ainda sobre ao leitor um pouco de emoção, estranheza e — quem sabe? — um amargurado humor, para ler o que ocorria com as instalações portuárias de um dos mais importantes centros da vida econômica brasileira.

Depois de patentear quão urgentemente o Brasil precisa de mais e mais cais, e o quanto estamos atrasados nesse setor face aos outros povos — TENDO O PAÍS INTEIRO UMA QUILOMETRAGEM DE INSTALAÇÕES PORTUÁRIAS MENOR QUE A DE UM SÓ DE QUALQUER DOS GRANDES PORTOS DA EUROPA OU DOS EUA —, acaba sendo tragicômico o flagrante que o jornalista registrou do porto da capital gaúcha.

Por falta de cargas — dada a fuga dos exportadores pelos motivos já apontados — os armazéns portuários de Porto Alegre vêm servindo sucessivamente para:

Estádios esportivos de emergência, para jogos com representações olímpicas ESTRANGEIRAS, em agosto de 1963;

Em outubro de 1963, serviram de albergue provisório para os flagelados da enchente;

Em novembro do mesmo ano, ali se realizaram as apurações das eleições municipais;

E havia um movimento para utilizar, permanentemente, a também permanente vacância das instalações como: estacionamento para automóveis.

Antes de se ter completado o garroteamento geral da cabotagem e das atividades portuárias com o cordame de privilégios que os demagogos do facilitário "trabalhista" foram dando aos príncipes e arquiduques da beira de cais, ESSES ARMAZÉNS ERAM CONSIDERADOS ABSOLUTAMENTE INSUFICIENTES. Pois eram (e são) imensas as necessidades de transporte e armazenamento da fabulosa encruzilhada mesopotâmica que é Porto Alegre, soberbamente erguida num dos mais vitais nódulos estratégicos das atividades econômicas do país.

Em fins de 1919, um ano após terminada a devastação submarina dos "U-s" do kaiser nas marinhas mercantes aliadas, o abastecimento de sal para consumo humano e do gado entrou em colapso total no Sul do Brasil, ameaçando gravemente a própria sobrevivência dos rebanhos. As salinas do Nordeste, ao contrário, faiscavam com suas cegantes montanhas brancas, empilhadas em meses de produção; eram extensas e imensas dunas de sal, que jaziam ali sem transporte, desfazendo-se ao vento e à chuva, dada a incapacidade de armazenamento.

O então deputado federal José Augusto Bezerra de Medeiros, uma das mais vivas inteligências nordestinas das últimas décadas, levanta-se na Câmara e brada:

"Deem-nos um quilômetro de porto e cinco navios apenas e abarrotaremos o país inteiro de sal!"

Estranhamente, trinta anos depois, em 1949, quatro anos após findar-se uma outra Grande Guerra, nova e grave crise de sal ocorre no Centro e no Sul do país.

Outra vez, na Câmara Federal, levanta-se um deputado — o deputado José Augusto Bezerra de Medeiros — e clama novamente:

"Deem-nos um quilômetro de porto e cinco navios apenas e abarrotaremos o país inteiro de sal!"

É que, durante todos esses anos, nada se fizera de sério para dar ao problema do transporte do sal uma solução definitiva em termos de organização e eficiência. Os navios "saleiros" ficavam ainda a muitos quilômetros de Areia Branca e Macau, porque o "porto" não dava calado e simplesmente não havia "cais".

O sal era colocado em alvarengas e barcaças, rebocadas até os navios ancorados ao largo; feito o acostamento, realizava-se o transbordo de saco por saco, numa lenta operação-formiga tão típica e evocativa das economias primitivas...

Mas em agosto de 1963 aconteceria o fato mais paradoxal e chocante da história do sal na vida econômica brasileira. Naquele mês, os jornais do Rio de Janeiro e São Paulo estamparam um documento inesperado e impressionante sobre o transporte de sal para o sul do país. Quando se mencionava o que estava acontecendo, as pessoas com alguma noção dos problemas econômicos ficavam de tal modo incrédulas que era preciso mostrar-lhes os recortes: uma companhia brasileira particular de navegação abrira concorrência, convocando empresas de caminhões para transportarem do Rio Grande do Norte para o Sul vinte mil toneladas mensais do sal que ela produzia em salinas próprias!*

E tratava-se de uma das mais bem organizadas empresas nacionais do ramo (a Companhia Comércio Navegação, criação de um dos mais atilados homens de negócio que já teve este país, o falecido Mário de Almeida).

Que acontecera?

"Simplesmente" isto: a onerosa operação da estiva local (com seus "príncipes" já então vencendo salários de 400 a 500 mil cruzeiros) e os custos da superlotação "legal" dos navios da própria empresa levaram-na à única solução de caráter mais "econômico" que existia: o transporte do sal por via rodoviária através de 2.500 quilômetros!**

Antes dos potiguares, já os salineiros de Cabo Frio, pelas mesmas razões, haviam deixado de usar os eficientes e poéticos saveiros que partiam com seus

---

* Uma informação para os que melhor quiserem orientar-se sobre o escalonamento, por critério econômico, dos custos dos diferentes tipos de transporte: uma tonelada para ser transportada por via líquida (mar, rios ou canais) exige 0,25 hp de energia. A mesma tonelada por via ferroviária: 2,5 hp. Por via rodoviária: 25 hp! Isto é, o transporte rodoviário, cuja utilidade seria infantil contestar — mas que é o mais usado — diríamos melhor, o mais **esbanjado** neste país, demanda 10.000% (**dez mil por cento**) mais energia que o por via líquida! O que, obviamente, o torna muito mais oneroso para as cargas comuns como cereais, minérios etc.

** Em Macau, não apenas os conferentes (22 deles "arrecadam" mais do que a Prefeitura Municipal) e estivadores obtinham rendimentos entre 400 e 500 mil cruzeiros mensais em 1963, mas também os barcaceiros. Estes são os tripulantes das barcaças primitivas que, carregadas de sal, descem o rio Açu para fazer o transbordo para os navios. Os barcaceiros ganhavam **quinhentos mil cruzeiros por mês** em 1963. O salário mínimo da região era Cr$ 14.700. Enquanto isto, observa o jornalista Gonçalves Fontes, eram os seguintes os vencimentos das mais altas autoridades locais: prefeito, Cr$ 42 mil; juiz de direito, Cr$ 40 mil; promotor, Cr$ 25 mil; professora primária, Cr$ 6.500 por mês.

carregamentos da belíssima Lagoa de Araruama rumo ao Rio de Janeiro. Os obstáculos eram os mesmos: a estiva estrangulante e a superlotação dos barcos de transporte.

Os salineiros nordestinos hesitaram mais tempo em tomar a sua decisão. É que somente o desespero diante do absurdo poderia determinar a conscientes homens de negócios uma medida desta, considerada mais do que estapafúrdia em qualquer país onde a inconsciência e a cupidez, amalgamadas pelo cinismo, não tenham chegado às cúpulas supremas do Poder.

Raras vezes pode acontecer na vida pública de um país, aos olhos de todos e para exemplo até mesmo dos simples, uma montagem tão viva e didática da famosa fábula da galinha dos ovos de ouro — como no caso da estiva e de outras categorias de portuários brasileiros.

Ensandecidos por líderes irresponsáveis que os arrastavam ao desatino do "quanto pior, melhor" e bajulados e lambidos até à repelência por políticos calculistas e ministros concessionistas, os homens do cais foram exagerando por tal modo suas reivindicações, foram arrancando tantos "benefícios" e "vantagens", foram exigindo tantas taxas e sobretaxas, que acabaram fazendo dos pátios de muitos portos brasileiros bruxuleantes antecâmaras de atividades exangues e moribundas.

A peste da ambição desmedida disseminou-se por tal modo pelos portos do Brasil afora que, um a um, vários deles caíram numa interminável quarentena, evitados alguns até quase como etapas malditas onde não se deveria tocar. A irresponsabilidade açulada de ter tudo dando tão pouco, de exigir mais, e mais patacas do bom e melhor ouro quanto menos e pior fosse o serviço prestado — isto que foi a semeadura da inação e da agonia feita pelos demagogos ou permitida pelos "bonzinhos", tornou desértico e abandonado aquilo que, por tão exíguos e minguados, os nossos portos, deveria ser um caldeirão fervilhante de cargas e máquinas, de guindastes e navios, de vozes e almas na sadia e fecunda babel do trabalho da beira de cais.

A pressão excessiva, a imposição desmesurada, além do que é justo e direito, levou a agonia da paralisação às exigentes mãos dos ingênuos que talvez nem soubessem que não se mata a sede quando se destroem as fontes.

Mas, apesar de tudo isto, e insensíveis a tudo isto, superiores e indiferentes a tudo isto, o coitadismo e o concessionismo, funcionando de fogos acesos nos socavões do Ministério do "Trabalho", ainda propunham em pleno janeiro de 1965, através do processo nº 00/33/65, que se criasse um grupo de trabalho para aumentar salários e taxas de produção dos estivadores, conceder-lhes uma APOSENTADORIA ESPECIAL AOS 25 ANOS DE SERVIÇO E ESTENDER A INSALUBRIDADE INDISTINTAMENTE A TODOS OS SERVIÇOS DA ESTIVA.

Era janeiro do ano da graça de 1965.

O espírito de decisão e coragem que marcou caracteristicamente, e historicamente, a Revolução de Março; seu idealismo tantas vezes já manifestado, e que visa exatamente acabar com os privilégios para cima e para baixo, com as discriminações do filhotismo partidário ou do favoritismo grupal, ainda não chegara àquele ministério.

Provavelmente por culpa do correio.

Como é possível uma jovem nação ambiciosa ir além dos imensos aglomerados amorfos e de expressão apenas demográfica se logo à sua porta de entrada, nos seus portos, se erguem os fossos ou as muralhas dos privilegiados que, sem trabalhar, usando de "direitos" e "vantagens", cobram onerosos pedágios ao progresso?

Como poderá um país, mesmo aquinhoado pelas mil bênçãos divinas que se contam por seu território, tomar impulso e celeremente arrancar-se à frente de outros, se é retido e contido dentro ainda mesmo de seus limites, por ônus abusivos que lhe pesam sobre os órgãos de movimento e o fazem o gigante paraplégico do Novo Mundo?

Como é que o Brasil poderá rapidamente atingir o máximo de todas as alturas entre os povos do Universo se os seus pontos de "demarragem", se as catapultas dessa arrancada — os seus portos — são inusáveis, por desmantelamento ou asfixia?

Como pode haver bem-estar e fortuna para seu povo, se o fluxo e refluxo da riqueza se afunila no gargalo de portos exíguos, minguados, onerosíssimos ou desorganizados?

Como pode um país facilmente progredir e ascender a todas as escalas do progresso para as quais deveria ter fôlego, se entre seus portos caríssimos, há um, exatamente, o mais intenso — o de Santos — que é o de taxas portuárias (de capatazia e estiva) mais altas do mundo? (Elas cresceram 24 VEZES — 2.400% — no período de 1955 a 1964!)

Como pode marchar e seguir avante no trem do progresso se os comboios de todas as suas ferrovias ziguezagueiam apinhados pelo festivo excesso de funcionários?

Como pode gerar, acumular e distribuir riquezas construtivas uma nação que desperdiça por todos os poros, arrombada insanamente em todas as suas artérias de comunicações?

Como podemos esperar que sempre nos ajudem em tudo, se nem nos ajudamos com o tudo que Deus nos deu — admitindo que a demagogia feche os nossos mares, entupa os nossos rios e inutilize os nossos lagos?

Quando é que o comboio do Brasil, a sua nau capitânia, reconquistará o direito de correr livre sobre seus trilhos e singrar sem peias por seus rios e mares desembaraçados das teias dos privilégios e do excesso de privilegiados?

Exploradas em sua inocente inconsciência cívica pelos abutres do eleitoralismo, as superclasses que se aninharam nos pátios ferroviários à beira do cais ou no bojo dos navios, vêm sendo engodadas com as sangrias, estas sim borbotoantes e aniquiladoras, causadoras do diluviano déficit das respectivas autarquias que, no ano de 1964, já custava ao resto do povo, às classes médias e a *todas as outras classes trabalhadoras* cerca de 350 BILHÕES de cruzeiros. Ou seja: um bilhão de cruzeiros POR DIA de prejuízo! Ou ainda: QUANTIA MAIOR QUE TODA A ARRECADAÇÃO DO PRÓPRIO IMPOSTO DE RENDA desse ano e sob cujas pesadas taxas (mais altas que a dos EUA) gemem todos os cidadãos capazes do país, seus naturais contribuintes.

Pior, mais astronômica ainda do que essa sangradura das veias rasgadas pelo gume gangrenoso da demagogia concessionista e empreguista, é a outra sangria, paralela e dela consequente, o rombo invisível e impossível sequer de ser avaliado causado à economia brasileira e aos bolsos dos brasileiros, pelas consequências dessa quase total ineficiência dos sistemas de transporte marítimo e ferroviário.

Como eles não funcionam nem o mínimo razoável do que deviam, o país sofre não apenas a caudalosa sangradura daquele déficit fiduciário — que cresce geometricamente, de ano para ano —, mas também as *devastadoras* consequências econômicas de ver suas colheitas e sua produção, suas riquezas e seus alimentos, amontoando-se em paióis, em tulhas, em galpões, em armazéns — e até em sacristias, como já aconteceu em vários anos, com as colheitas de trigo ou arroz no Rio Grande do Sul.

Parados, porteira adentro das fazendas, ou amontoados nos depósitos das fábricas, ou fazendo pilhas e montanhas nos armazéns das gares ferroviárias ou dos desequipados portos marítimos ou fluviais, os alimentos, as matérias-primas, as coisas de comer e de vestir, os materiais de construção, as utilidades todas de que os brasileiros precisam para manter e melhorar urgentemente seu nível de vida, recebem — sobre seus necessários e inevitáveis custos de produção — os tremendos ônus parasitários decorrentes da ruinosa lentidão e ineficiência dos transportes.

Não há planejamento industrial, comercial ou agrícola que possa prever, com sequer razoável margem de segurança, os preços finais de produtos que não se sabe quando podem ser embarcados, nem quando chegam, nem COMO CHEGAM e, às vezes, nem mesmo se chegam.

Não há disposição de trabalho, vontade de produzir, desejo de criar mais riquezas e mais oportunidades de negócios e de empregos — que possam resistir às consequências debilitantes do sítio marítimo-ferroviário imposto às atividades produtoras e ao livre trânsito das mercadorias brasileiras.

Não há custo industrial — e, em consequência, preço mais acessível para o consumidor — que resista à longa estagnação das mercadorias dentro dos vagões que nunca chegam ou nunca saem, e dos navios que nunca desembarcam ou sequer aparecem.

Pacientemente, num trabalho que faz honra ao chinesismo dos seus planos de incorrigível obsessão continuísta, os demagogos do peleguismo, de caudas entrelaçadas aos comunistas, realizaram um eficientíssimo trabalho de desagregação e desmantelamento quase total dos sistemas de transportes básicos, no Brasil. É, ao lado da aprovação da primeira lei de "Remessa de Lucros", a sua mais perfeita e "gloriosa" tarefa, uma das mais vastas e camufladas obras de sabotagem a que já foi submetida a prosperidade de um país.

Jugulados dessa forma total os nossos transportes básicos, que é que aconteceu?

O país já sabe, o país já viu, o país continua sofrendo as consequências: ou são as colheitas que apodrecem empilhadas sem transporte ferroviário ou marítimo, ou são os produtos do campo que só por extensas ou difíceis rodovias podem chegar às cidades. E chegam a preços caríssimos, *várias vezes superiores* aos que foram pagos aos agricultores. Pelas mesmas vias, os produtos industrializados eriçam-se de juros e mais juros e despesas sobre despesas, amontoados durante meses nas estações ferroviárias ou nos pátios dos cais e, quando alcançam o consumidor nas cidades do interior ou do campo, após ter de viajar centenas ou milhares de quilômetros por via rodoviária, chegam ali a preços oneradíssimos.

Os produtos do Norte raramente aguentam o custo de descer para o Sul. E o Norte, por sua vez, recebe a preços quase proibitivos aqueles produtos manufaturados que ainda não são ali fabricados.

O círculo para o insulamento e o nó para o estrangulamento são perfeitos — em volta de tudo, em torno de todos, contra cada qual, lançando sobre uns os outros, a agricultura contra a indústria, o Norte contra o Sul, e os operários, os funcionários e os intelectuais das cidades contra os "vorazes" ou "indolentes" proprietários do campo.

Desorganizada assim, metodicamente, planejadamente, uma das DUAS partes vitais da economia de um país — a DISTRIBUIÇÃO —, é fácil dizer-se para os leigos e para os coiós que é preciso "reformar basicamente" a outra parte, a PRODUÇÃO.

Por isto é que encontramos nas cidades uma porção de bacharéis, de bancários e até de banqueiros, de eternos "estudantes profissionais", de cabeleireiros, sambistas e manicures — desses que pensam que espiga de milho dá embaixo da terra — funcionando como autômatos ventríloquos vermelhos, a berrar com seus pulmões longamente enegrecidos pelo pó do asfalto, das metrópoles de onde nunca saíram:

— Reforma Agrária! Reforma Agrária!

Vencendo provavelmente as "cautelas eleitorais" ou a POUCA CONVICÇÃO de certos ministros, foi somente em novembro de 1965, quase dois anos após a vitória do Movimento de 31 de Março, que o governo revolucionário tomou a iniciativa de propor ao Congresso uma lei que extinguia os privilégios e "direitos especiais" que vinham literalmente impedindo que o Brasil usasse os seus próprios portos, rios e mares.

Essa "cautela" e essa lentidão de um governo que dispunha de poderes extraordinários, políticos e psicológicos, provam que o país correrá o risco do retorno desses e de outros "privilégios", ao primeiro sopro da demagogia, se não se documentar, se não repetir incansavelmente quão danosa será ou seria para a nação a manutenção das leis de benefícios a certas classes privilegiadas, que acabaram tornando o Brasil um país ridícula e perigosamente bloqueado dentro de si mesmo.

Desentulhados os nossos portos dos entraves com que os sitiou a irresponsabilidade dos *pompadours* da demagogia concessionista, resta o problema gravíssimo — e que exige nova DOSE DE CORAGEM MORAL — do restabelecimento da completa eficiência operacional das ferrovias e das empresas de transportes marítimos. Essa eficiência NUNCA, JAMAIS, SERÁ CONSEGUIDA PELAS MÃOS DE GOVERNO NENHUM, por mais milagroso enérgico e austero que seja.

Porque o mal não vem somente da incompetência ou das mazelas deste ou daquele grupo de homens políticos, mas da congênita incapacidade administrativa do Estado para todas aquelas atividades que só se movimentam adequadamente sob o dinamismo e os estímulos que somente a estrutura e a filosofia da empresa privada podem obter e assegurar.

A lei nº 4.860, de dezembro de 1965, que praticamente abriu de novo os portos, os rios e os mares do Brasil ao uso pela nação poderá vir a ser afogada pela ladainha que, em qualquer véspera eleitoral, se levante em favor dos "espoliados" que, coitadinhos, perderam seu direito às taxas "da vergonha", "da poeira", "do cheiro", *et cetera*"...

Os fatos todos que reunimos neste capítulo ficam, pois, como um permanente subsídio histórico para ser lançado à face dos demagogos que desejarem fazer-se ao mar da popularidade através da surrada, mas não extinta, política de concessões generosas, à custa da nação empobrecida.

O CAPÍTULO 5 EM 2022

A falta de infraestrutura, incluindo logística e transportes, continua sendo um dos entraves para o crescimento sustentável brasileiro. Não adianta haver produção, se não tiver como escoá-la. Portanto, a falta de transportes eficientes são fatores limitantes do crescimento econômico sustentável do país.

Desde a década de 60, o transporte rodoviário continua sendo o principal modal no Brasil, conforme dados da Confederação Nacional de Transportes.

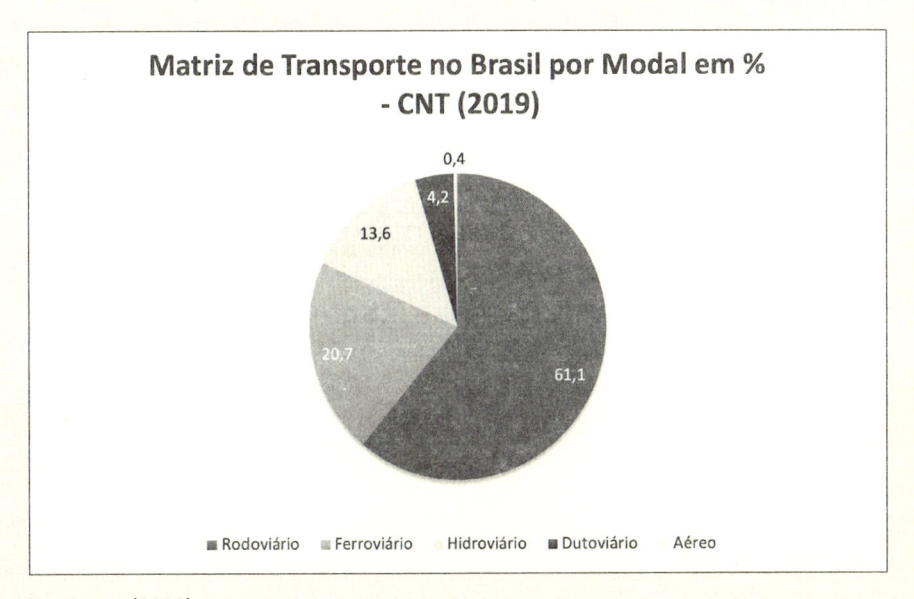

Matriz de Transporte no Brasil por Modal em % - CNT (2019)

- Rodoviário: 61,1
- Ferroviário: 20,7
- Hidroviário: 13,6
- Dutoviário: 4,2
- Aéreo: 0,4

Fonte: CNT (2019)

Em relação a outros países, o Brasil apresenta um desequilíbrio na matriz de transportes, com subutilização do modal ferroviário e aquaviário.

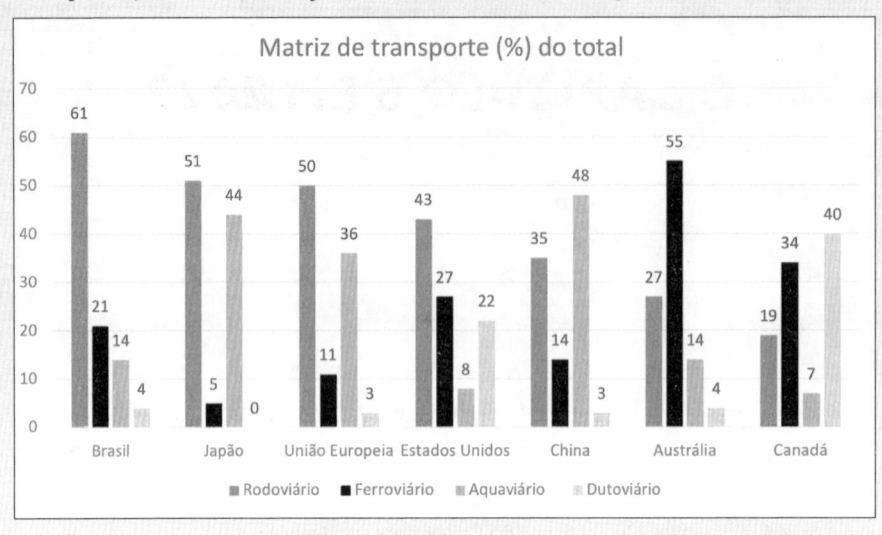

Matriz de transporte (%) do total

País	Rodoviário	Ferroviário	Aquaviário	Dutoviário
Brasil	61	21	14	4
Japão	51	5	44	0
União Europeia	50	11	36	3
Estados Unidos	43	27	8	22
China	35	14	48	3
Austrália	27	55	14	4
Canadá	19	34	7	40

Fontes: ILOS (Brasil); National Bureau of Statistics of China, Bureau of Transportation Statistics (EUA), Eurostat (UE), North American Transportation Statistics (Canadá), Department of Infrastructure, Transport, Cities and Regional Development (Austrália), Statistics Bureau (Japão).

Segundo a Confederação Nacional de Transportes (CNT)*, a malha rodoviária tem 1.720.700 km. Em 2021, o país contava com 110.812.821 de veículos registrados, crescimento de 57,1% em relação a 2011 (70.543.535). Do total da frota, 53,3% é composta por automóveis, 22,2%, motocicletas, 2,6%, caminhões e 0,6% ônibus.

Apesar da ampla utilização, a malha rodoviária apresenta graves problemas. De acordo com a CNT, em 2021, apenas 12,4% da malha era pavimentada e somente 9,1% era planejada; 61,9% apresentava algum tipo de problema e 58,9% mostrava deficiência da sinalização.

De acordo com a entidade, ocorre uma baixa eficiência no setor de cargas rodoviárias, caracterizada pelo baixo valor dos fretes, jornadas de trabalho excessivas, burocracia elevada e falta de segurança (roubo de cargas).

As ferrovias, que representam aproximadamente 20% da matriz de transporte brasileira, seriam uma alternativa interessante para o transporte rodoviário por viabilizar o transporte de larga escala a um baixo custo.

---

* ANUÁRIO CNT DO TRANSPORTE - ESTATÍSTICAS CONSOLIDADAS | 2021.

No ano de 2020, o transporte ferroviário foi responsável por 365,1 bilhões de toneladas de carga por quilômetro útil (TKU) e empregou 40.623 pessoas em 2020. Esses números reforçam a importância de investimentos no setor ferroviário.

O transporte Aquaviário, que engloba hidrovias e cabotagem (navegação entre os portos ao longo da costa brasileira), tem uma representatividade próxima do setor ferroviário na matriz de transportes brasileira (13,6%).

Para o desenvolvimento do transporte aquaviário, os portos têm um papel fundamental. No ano de 2020, 1,15 bilhão de toneladas de cargas foram movimentadas nas instalações portuárias brasileiras em 2020 - aumento de 1,6% em relação a 2019.

Apesar desse crescimento, os portos brasileiros enfrentam problemas, tais como: dificuldades na interligação das cargas com o modelo rodoviário, equipamentos obsoletos e ultrapassados, falta de investimentos em infraestrutura e necessidade de aprimoramento do modelo regulatório*.

Apesar desses problemas, as políticas portuárias estão se desenvolvendo com a abertura para o mercado privado**. Não à toa que, em 2022, os portos entraram na agenda de privatização — inclusive o Porto de Santos, o maior da América Latina.

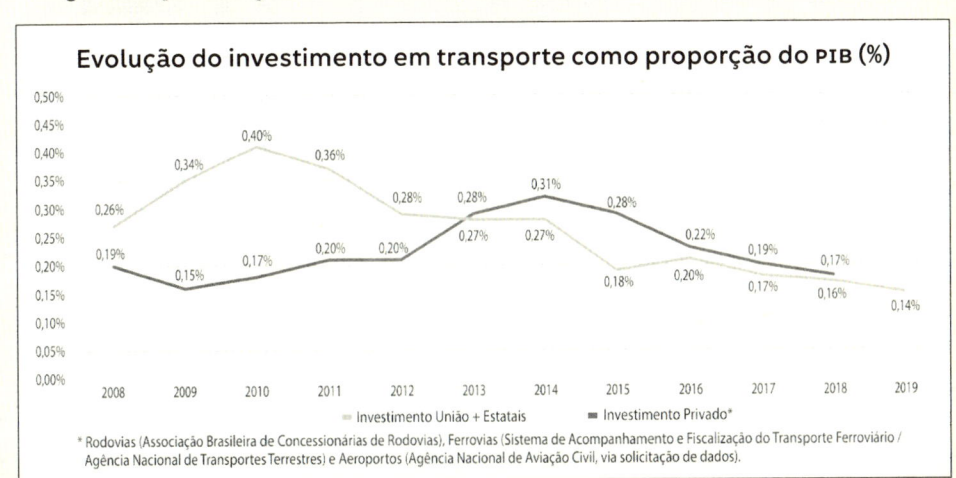

Evolução do investimento em transporte como proporção do PIB (%)

Ano	Investimento União + Estatais	Investimento Privado*
2008	0,19%	0,26%
2009	0,15%	0,34%
2010	0,17%	0,40%
2011	0,20%	0,36%
2012	0,20%	0,28%
2013	0,27%	0,28%
2014	0,31%	0,27%
2015	0,28%	0,18%
2016	0,22%	0,20%
2017	0,19%	0,17%
2018	0,17%	0,16%
2019	—	0,14%

* Rodovias (Associação Brasileira de Concessionárias de Rodovias), Ferrovias (Sistema de Acompanhamento e Fiscalização do Transporte Ferroviário / Agência Nacional de Transportes Terrestres) e Aeroportos (Agência Nacional de Aviação Civil, via solicitação de dados).

Fonte: elaboração CNT com dados do Siga Brasil, ABCR, ANTT, ANAC e IBGE

---

* MORATO, R. A.; ROCHA, C. B. GESTÃO PORTUÁRIA: Análise Comparativa entre Modelos Internacionais e Propostas ao Modelo Atual BrasileiroIn: VII Encontro Nacional da Associação Brasileira de Estudos Regionais e Urbanos (VII Enaber), 2009.

** SOUZA, C. B. D.; AZEVEDO FILHO, E. T.; HORA, H. R. M. DA. A brazilian port system: public policies and productivity performance. Rinterpap - Revista Interdisciplinar de Pesquisas Aplicadas, Cariacica (ES), Brasil, v. 2, n. 1, p. 16-30, 2021. DOI: 10.47682/2675-6552.v2n1p16-30. Disponível em: http://journals.sespted.org/rinterpap/article/view/souza-16-30. Acesso em: 13 maio 2022.

A modernização dos portos é essencial pela interligação com o modal rodoviário e ferroviário. Infelizmente, ainda há muito o que fazer em relação a investimentos em transportes, de acordo com os gráficos abaixo. Os investimentos em transporte caíram na última década.

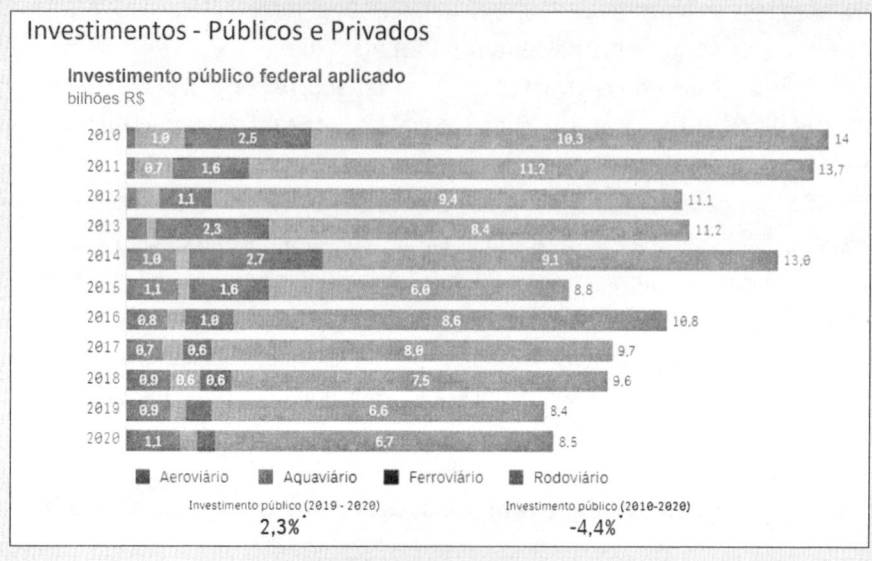

Investimentos - Públicos e Privados

Investimento público federal aplicado
bilhões R$

Ano	Aeroviário	Aquaviário	Ferroviário	Rodoviário	Total
2010	1,0	2,5		10,3	14
2011	0,7	1,6		11,2	13,7
2012		1,1		9,4	11,1
2013		2,3		8,4	11,2
2014	1,0	2,7		9,1	13,0
2015	1,1	1,6	6,0	8,8	
2016	0,8	1,0	8,6	10,8	
2017	0,7	0,6	8,0	9,7	
2018	0,9	0,6	0,6	7,5	9,6
2019	0,9		6,6	8,4	
2020	1,1		6,7	8,5	

■ Aeroviário   ■ Aquaviário   ■ Ferroviário   ■ Rodoviário

Investimento público (2019 - 2020)
2,3%

Investimento público (2010-2020)
-4,4%

Fonte: Anuário Estatístico de Transportes 2010 - 2020

6

O Nordeste brasileiro é uma ilha duas vezes mais distante que a Austrália

Poucos brasileiros de hoje sabem da importância que o Brasil oficial já deu no século passado ao seu problema de comunicações. Poucos sabem que seu país — hoje uma das mais débeis e desaparelhadas nações marítimas do globo — já teve a quinta esquadra mercante do mundo. E que, no fim do século passado, num período de dez anos, se fizeram cerca de dez mil km de ferrovias, enquanto nos quinze anos do "magnânimo" ditador estado-novista, já em plena era do progresso tecnológico, não se fizeram nem dois mil km de ferrovias, mal se pavimentaram escassos 400 km de rodovias, e se iniciou — isto de maneira perfeita — a "cupinização" do Lloyd Brasileiro e de toda a Marinha Mercante do Brasil e o bloqueio geral dos nossos portos.

Poucos sabem que há mais de um século, pelas alturas de 1860, um brasileiro de tutano, de visão e arrojo, o barão de Mauá, fez construir, em Niterói, a Companhia de Fundição e Estaleiros da Ponta da Areia, um dos mais bem equipados estabelecimentos de construção naval do seu tempo, em todo o mundo.

E que a própria navegação fluvial tinha tal intensidade e era tão utilizada que, em 1888, no último ano do Império, ainda se lançava ao Rio das Velhas, então navegável — antes dos maciços e devastadores desflorestamentos daquela região mineira —, um pequeno navio construído no estaleiro que existia em Sabará.

O problema dos transportes internos tinha tamanha importância que, em algumas regiões do país — o *jus consuetudinis*, o direito costumeiro — admitia a impunidade para crimes de morte contra ladrões de cavalo.

Alguns jovens imigrantes sírio-libaneses, aqui chegados nos anos finais da década de 1890, arregalaram os olhos apavorados quando um acolhedor fazendeiro de Santa Helena, na Zona da Mata, em Minas Gerais, lhes exibiu, com orgulhosa simplicidade, uma das mostras da vivacidade da lei na região: a sua coleção de orelhas mumificadas de ladrões de cavalo. "E aqui não tem cabeça repetida. Cada uma foi de um dono."

Anos depois, pelas ruas de outro vilarejo em que se estabeleceram — Maripá, na mesma região —, eles veriam soldados da polícia mineira passarem montados na corcunda de outros indivíduos. É que, por ordem do bravíssimo tenente, mais tarde, o lendário coronel Amaral, os ladrões de cavalo por eles detidos tinham que fazer as vezes dos importantes animais-veículos que roubavam.

É famosa também em Minas Gerais a vida legendária de um "coronel" da mesma região que, por sua integérrima probidade pessoal e famosa valentia, sempre recebia a prebenda de ser o delegado de polícia no seu vasto e desolado município, que era frequentemente preferido para incursões de ladrões de cavalo, devido à sua proximidade com a fronteira do Espírito Santo. Quando, já velho, lhe perguntavam como tinha sido sua experiência de autoridade, em zona tão "brava", durante decênios, respondia modestamente: "Tive que dar uns tiros, sim, junto com os meus praças. Mas sempre foi morte legal, porque era tudo ladrão de cavalo. Uns pelos outros, deve ter chegado a uns quarenta. A gente fazia isso para limpar os pastos".

Aqueles mesmos imigrantes, poucos anos mais tarde também participavam, com a maior naturalidade, das "expedições" que quase anualmente fazendeiros e negociantes das regiões menos policiadas organizavam para a eliminação pura e simples do grande inimigo de todos: o ladrão de cavalos. Inimigo MORTAL, porque simplesmente lhes cortava o meio então único de COMUNICAÇÃO COM O MUNDO!

O ladrão de cavalos representava, nas zonas totalmente desservidas de estradas e sem rios navegáveis, a ameaça contra aquilo que significava a possibilidade mais rápida de sobreviver, de vender, de comprar, de ter alimentos, remédios, assistência médica e qualquer coisa de que se pudesse precisar para a vida ou para a morte. Seu crime lhe era mortal porque ele tirava, às famílias ou aos pequenos agrupamentos humanos isolados nas solidões corajosas, aquilo que lhes assegurava sobreviver e lentamente prosperar, mesmo naquelas ermas e estoicas regiões: a COMUNICAÇÃO, o contato, o acesso a outros núcleos humanos mais desenvolvidos e mais bem servidos.

Se ainda houver algum brasileiro citadino que duvide da importância da facilidade ou da simples existência das comunicações de uma longínqua região com as outras que integram a vida econômica e social do país, bastaria colocar diante de seus olhos e de sua sensibilidade uma história, um fato infelizmente ainda de nossos dias, da vida da Amazônia.

O drama das comunicações físicas, o drama do isolamento atinge ali, naquele imenso mundo primitivo, proporções dantescas. Tão pungentes são essas proporções que, em certo momento, elas conseguem transformar uma imprecação que seria grotesca, se não herética, em invocação ungida até de religiosidade; uma invocação que vem do fundo das almas dos que estão mergulhados em tragédias. É o que ocorre naquele frenético instante em que, após dois, três longos meses de isolamento brutal e ansiosa espera, o habitante das mirradas taperas desprezadas, perdidas e insuladas no mundo intrincado dos igarapés, larga o seu berro de vitória ao ser o primeiro a divisar ao longe um raro vulto sobre as águas:

— Lá vem ele, gente! Lá vem o "São" Vapor! Chegou, gente. Chegou o "São" Vapor!

E o grito de vitória e esperança ecoa eletricamente pelas sobreviventes bocas, nas "ruas" da povoação. Chegou finalmente aquele barco quase frágil, mas que cresce ciclopicamente até a santidade, porque faz a tarefa divina de alçá-los do fundo de seus abismos geográficos para ligá-los com o resto da humanidade, levando-lhes o que do mundo ainda podem obter: víveres, remédios, utensílios, roupas e notícias.

Todos os diagnósticos (ou todas as justificativas) já foram feitos para o problema do pauperismo e do emperramento econômico-social do Nordeste:

> Ora se aponta a seca que o cresta ciclicamente, mais ou menos de sete em sete anos; ora o feudalismo colonial em que se mantém sua estrutura político-econômica; ora a injusta, abominável e desmentida teoria do "material humano", não beneficiado por novas grandes correntes imigratórias; ora o súbito aparecimento de mais modernizada indústria de cana de açúcar no Centro e Sul do país; ora — isto mais recentemente — o rosnar cínico e criminoso, de fundo hidrófobo-comunoide, da afirmativa de "espoliação" pelo sul.

Todas essas razões vieram sendo também levadas à baila numa improvisada reunião realizada em agosto de 1963, em que um grupo de oficiais superiores da Armada mostrava o seu mais elevado interesse em debater os problemas econômicos do país. Cada um tinha sua razão "preferida" para explicar o "drama" do Nordeste, embora algumas das relembradas acima tivessem sido prontamente repelidas por todos.

Quando chegou nossa vez de falar, declaramos inicialmente que nenhuma daquelas "razões", NEM TODAS JUNTAS, tinha a força decisiva e mortal da razão oculta, e até hoje jamais mencionada, nem nas colunas ou livros dos estudiosos, muito menos nos comícios políticos.

Era uma razão que aos recentes analistas dos problemas do Nordeste — quase todos mais ou menos influenciados pelas teses obsoletas, rançosas, pré-fabricadas e dogmáticas do marxismo — nem conviria aflorar, mesmo que a tivessem percebido, porque desvendaria exatamente um dos grandes segredos da intuitiva estratégia comunista para aquela região. Por sua vez, à maioria dos políticos liberais, que porventura nela tivessem pensado, faltava uma condição essencial — a coragem moral de ir contra a corrente — para levantar a bandeira emancipadora contra a força escravizadora daquele dominador motivo que lançara sobre o Nordeste e o Norte a sentença de uma paralisia e de um retrocesso mortais à sua prosperidade e desenvolvimento.

Quando já vinha de todos a pergunta: "Mas que poderosa razão é essa?", antecipamo-nos com outra indagação. Uma indagação deliberadamente atrevida, feita para sacudir o sensível patriotismo daqueles valorosos marujos que, pelos escalões em que se achavam, já haviam palmilhado e medido muitas vezes os milhares de milhas dos nossos mares.

— Sabem os senhores a que distância o Nordeste fica do resto do Brasil?

Houve um repentino silêncio de choque e estupor. E logo um superior e cordial sorriso de expectativa.

Respondemos, obviamente, nós próprios, à pergunta espicaçadora: "O NORDESTE FICA SEPARADO DO RESTO DO BRASIL A UMA DISTÂNCIA, NO TEMPO, DUAS VEZES SUPERIOR À QUE ESTAMOS SEPARADOS DA AUSTRÁLIA OU DO JAPÃO!".

Pois as mercadorias brasileiras colocadas em navios, internacionais de longo curso, nos portos do Rio de Janeiro ou de Santos, atingem Sidney ou Melbourne ou Tóquio em dois meses de viagem. Essas mesmíssimas mercadorias, colocadas nos mesmos portos, levam QUATRO MESES, pelo menos, para atingir os portos do Nordeste, e mais outros dois ou três meses para o extremo Norte!

O "drama" do Nordeste não é, pois, a seca — que somente chega a ser catastrófica nos ápices dos ciclos, isto é, de sete em sete anos. A seca anual, do período normal sem chuvas, de cinco até sete meses, esta também atinge o centro do país.

Há observadores que estendem para período de nove em nove anos o aparecimento da seca mais atroz e prolongada. Em seu livro *Nordeste*, o jornalista Júlio de Mesquita Filho apresenta, a este respeito, um testemunho, bem expressivo, resultante dos estudos e indagações que fez pessoalmente naquela região do país: "Para a opinião pública brasileira em geral, é o Ceará a terra por excelência seca. Aí o flagelo se faria da maneira mais atroz. A imagem, porém, não corresponde à realidade. Esta é muito outra, pois, bem observadas as coisas e analisados os fatos com rigor, se chega à surpreendente conclusão de que a seca — a seca propriamente dita — é um fenômeno esporádico que atinge o Ceará e os demais estados do Nordeste em proporções relativamente insignificantes, JÁ QUE A CADA DEZ ANOS, APENAS UM SE APRESENTA TOTALMENTE FALHO DE CHUVAS; nos outros nove, CHOVE REGULARMENTE".

Já há também a esperteza geometeorológica de alguns políticos da região Central e Sul do país que — provavelmente pensando nos métodos com que certos políticos nordestinos usavam as verbas da Defesa Contra a Seca ou da Companhia do Vale do São Francisco — pretendem afirmar que o Polígono das Secas já atingiu até o Norte do Paraná, usando para essa alegação artificiosa um motivo verdadeiro: o intenso desmatamento de Minas Gerais, São Paulo e daquela zona paranaense.

Colocou-se deliberadamente tão intensa carga de emocionalismo nas discussões sobre o que muitos preferem chamar o drama (e não os problemas) do Nordeste — que até as pessoas aparentemente mais capazes se perturbam quando raciocinam sobre o assunto e emitem opiniões e sugestões desesperadas e mesmo estupefacientes. É o caso da tese defendida pelo geólogo Haroldo Zeferino da Silva na V Semana de Estudos promovida pela Sociedade de Intercâmbio Cultural e Estudos Geológicos da Escola de Minas Gerais de Ouro Preto realizada em setembro de 1964. Tendo chegado à conclusão, segundo divulgado pela imprensa, que procurar água no subsolo do Nordeste é trabalho perdido, porque "80% dos poços só dão mil litros por hora quando são necessários quatro mil", o referido técnico sugere então aquilo que seria uma das mais espantosas e absurdas migrações da História: que o Brasil translade da região, para zonas mais úmidas, os quase trinta milhões de seres que lá vivem.

Além dessa misericordiosa opinião do geólogo brasileiro, surgiram também, em começos de 1965, as primeiras insinuações de elementos burocratas e técnicos dos organismos assistenciais internacionais, querendo aplicar no Nordeste brasileiro o mesmo sinapismo social — o *remédio-clichê* da redução da natalidade — por eles igualmente receitado para resolver um problema completamente diferente, que é o da Índia.

Ora, segundo outros estudiosos das condições ecológicas da região, os índices pluviométricos normais do Nordeste chegam a ser maiores do que os de várias regiões do globo, dentro das quais estão erguidas cidades como Londres, Dublin, Paris, Berlim, Varsóvia e Moscou. E as áreas que circundam essas cidades, longe de serem regiões desérticas, são quase sempre constituídas dos chamados "cinturões verdes", com intensa horticultura e pomicultura.

Nesse particular, técnicos como o coronel George Soares de Moraes, da FAB, e Israel Waissmann, da UNESCO, chegaram recentemente a uma mesma conclusão: o Nordeste tem praticamente toda a água de que precisa. O QUE NÃO HÁ É A EDUCAÇÃO, A ORIENTAÇÃO DE COMO RETÊ-LA (pelo intenso reflorestamento) e como aproveitá-la (pela mais ampliada irrigação). Às vezes, a água está a menos de sessenta metros do solo, afirmam eles, podendo ser bombeada econômica e fartamente por cata-ventos, mas são usadas (quando há dinheiro) bombas a diesel, gastando precioso e caro combustível, além de extensa e onerosa tubulação ou construção de valas.*

Por outro lado, jogar a culpa do que acontece ao Nordeste, e no Nordeste, sobre o homem, por suas atuais condições de atraso cultural, técnico e profissional, ou atribuir o drama nordestino à "ingrata aridez" da terra, ou até mesmo ao "violento contraste do desnível social", ou ainda às geralmente péssimas e desorientadas administrações estaduais ou municipais — é cometer o engano de superestimar razões afluentes, mas secundárias. Algumas dessas razões são quase mais consequências do que motivos básicos; e são afloradas pela ânsia geral de

---

* Enquanto o técnico brasileiro Soares de Moraes registra informação de um engenheiro do DNOCS de que "ninguém, governo ou particulares, plantou sequer dez hectares de árvores nos últimos cinquenta anos em todo o polígono das secas" e divulga a afirmação do botânico dinamarquês Alberto Lofgren de que o desmatamento do Piauí à Bahia, através de todo o Nordeste, atinge devastadoramente 90% da área — o cientista brasileiro-israelense Israel Waissmann informa jubilosamente que buscando água até a quatro mil metros de profundidade, os israelenses fizeram um reflorestamento do qual resultou que passassem a ter chuvas em regiões da Palestina onde não chovia quase desde os tempos bíblicos!

buscar-se a explicação ou a justificação para um fenômeno que se transformou em uma das vigílias cívicas deste país.

Tornado uma ILHA por falta de comunicações, uma ilha SEM PONTES, SEM PORTOS E QUASE SEM NAVIOS, o Nordeste (e, pelas mesmas razões, o Norte inteiro) encolheu-se regressivamente dentro de suas limitações econômicas, geográficas e sociais. Desse encaramujamento forçado começou o caranguejismo de uma marcha à ré econômica, industrial, agrícola e social para o Nordeste e, sempre pela mesma razão, também para o Norte inteiro.

De São Luiz do Maranhão para cima, para Belém e Manaus, a autocrítica mordaz dos seus próprios habitantes chegou a pincelar esse retrocesso regional, essa volta ao quase nada, através da ironia fulminante de algumas frases de espírito que têm fundo de História: aquilo é "a terra do já foi", ou "a capital do já teve".

Ilha separada da terra-mãe pela inadequação ou total inexistência dos portos e chumbada à sentença de QUATRO E ATÉ SEIS MESES de espera NORMAL para realizar suas trocas comerciais — a troca do muito que precisava com o pouco que ainda tinha estímulos para produzir — o Nordeste foi, gradativamente, perdendo aquela velocidade de progredir, de gerar riquezas, de plantar, de diversificar. E fechou-se, assim, num acanhado círculo, cada vez mais restrito àqueles mínimos produtos primários de que necessitava para viver, ou àqueles poucos cujas condições econômicas conseguiam, depois dos exasperantes e desperdiçados quatro meses de porto a porto, ainda ter preços aceitáveis nas praças do Centro e Sul do país.

Assim como o Nordeste foi largado e encurralado, fechado nas suas limitações — e isolado num esterilizante monólogo econômico consigo mesmo, assim, também, se desprovidas de portos e navios eficientes, as próprias Ilhas Britânicas se teriam igualmente transformado em fornecedoras de "flagelados" e "paroaras" louros — que, com todo seu *pedigree* nórdico, também estariam fugindo para outros pontos do mundo, logo que a neve ou a própria seca os fustigasse mais duramente em casa. Pois não há nação que resista viva e progressista à sentença mortal de isolamento, lavrada pela paralisia ou disfunção dos seus sistemas básicos de transporte.

Se as COMUNICAÇÕES, em termos de sistemas de transportes básicos, não fossem A CHAVE DA SOBREVIVÊNCIA e da resistência econômica de uma nação — por que diabo todos os guerreiros dos tempos modernos se esmeram tanto, tanto se empenham e tão impetuosamente se atiram ao seu MAIS VISADO OBJETIVO que é sempre A DESTRUIÇÃO TOTAL DAS LINHAS DE ABASTECIMENTO do inimigo?

Por que tantos bombardeios e tantas bombas sobre pontes e estradas, sobre instalações portuárias e ferroviárias — senão para submeter o adversário a todas as mortais consequências da EXAUSTÃO PELO ISOLAMENTO?

O Brasil inteiro, aliás, ainda não está (em 1966) a salvo de uma gravíssima atonia, que poderá ser causada pela ineficiência quase total de seus sistemas ferroviário e marítimo.

A distonia, a desordem econômica, o retrocesso ou a paralisação, que aconteceram ao Nordeste, são uma antecipação do que poderá ocorrer à nação inteira quando, crescendo rapidamente a população, os meios básicos de COMUNICAÇÃO — sobre que se apoia a DISTRIBUIÇÃO da produção — não corresponderem mais, como já há muito não correspondem, àquilo de que o país vitalmente precisa.

Nenhuma SUDENE, mesmo desbolchevizada, conseguirá fazer da rica zona nordestina mais do que um jardim cultivado, ou um bonito parque industrial de efeitos limitados ou apenas estatísticos, se não puser como prioridade de toda sua tarefa a batalha pelo DESENCURRALAMENTO DO NORDESTE, a sua libertação dos grilhões da ditadura e da desordem marítimo-portuária. O diabólico poderio antibrasileiro e antinordestino dessa ditadura montada pacientemente, em anos de conúbio, pelo pelego-comunismo, completa o desaparelhamento notório de tantos portos, ou a falta de muitos, com as condições criminosas de custos, lerdeza, destruição, desperdício e desonestidade com que "fazem" o transporte das mercadorias que ainda passam pela "sua" zona de operações e assalto.

Que adianta o Nordeste transformar-se, ainda que milagrosamente, da noite para o dia, em uma verdejante lavoura sem fim, cientificamente protegida, adubada e irrigada, se os cereais de sua colheita continuarem amontoando-se durante meses, nos limitados cais que existem, ou apodrecendo nos paióis, onde não há portos?!

Que adianta o Nordeste produzir sal nas suas abundantes e altamente produtivas salinas, se tiver que lançar mão do inacreditável recurso extremo e, no caso, onerosíssimo, do transporte rodoviário, a fim de exportar esse produto para o Centro e Sul do país?!

O potencial de produção das salinas de Macau e Areia Branca chega a vinte milhões de toneladas anuais. Mas a produção está reduzida a cerca de um milhão e meio de toneladas, devido ao encurralamento regional e ao manietamento econômico decorrentes da falta de transportes.

Desde que espera a carga, até atingir o porto de destino, um "navio de sal" transportando exclusivamente essa mercadoria e DIRETAMENTE do produtor ao comprador, leva de sessenta a setenta dias numa viagem de Areia Branca ou Macau a Santos — ou seja, o tempo em que um navio vai de Santos a Melbourne, no outro lado do mundo! E em que um caminhão faria dez viagens nesse mesmo percurso.

Pela abundância de produção que suas salinas podem atingir — facilitadas pelas excepcionais condições climáticas — o sal do Rio Grande do Norte estaria em condições de disputar vantajosamente o próprio mercado mundial. Ironicamente, porém, está ameaçado de perder até mesmo os seus consumidores do Centro e Sul do Brasil, por causa da queda de produção e dificuldades decorrentes das pesadíssimas taxas portuárias. Enquanto, em 1963, a Espanha colocava seu sal em qualquer porto do mundo a US$ 12 por tonelada, o sal potiguar pagava isso SOMENTE EM DESPESAS DE ESTIVA.

Ainda recentemente, em outubro de 1965, a Companhia Nacional de Álcalis justificava seus próprios altos preços com o fato de que "o sal, que custa Cr$ 7.500 a tonelada num aterro do Nordeste chega ao pátio da fábrica da CNA, em Cabo Frio, a Cr$ 55 mil".

Que adianta a multifária riqueza mineralógica do Nordeste, se os minérios brutos e pesados — ainda na ganga impura, como dizia o poeta — não dispuserem de transporte fácil e barato — ferrovia ou via líquida — para transportá-los? Ficarão para sempre enterrados, inaproveitados por falta de transportes econômicos sob os lençóis crestados das caatingas, no Agreste ou no Sertão, aquelas manchas extensas ou veios profundos, que já têm sido ali assinalados, de cobre, ferro, chumbo, urânio, platina, manganês, molibdênio, níquel, amianto, bauxita, zinco, vanádio, bismuto, cromo, prata, xilita, antimônio, volfrânio, apatita, calcário, mármore, linhito, cianita, estrôncio, grafita, magnesita, estanho, fluorita, sal-gema e outros que certamente irão aparecendo à medida que o homem nordestino tiver mais estímulos e mais técnica para pesquisar e lavrar o seu solo fascinante tantas vezes amaldiçoado pelas pragas dos apressados.

Que adianta o Rio Grande do Norte oferecer as melhores condições para o desenvolvimento da avicultura — como salientado num estudo feito em 1962 pela empresa privada CODERN — se tiver que mandar pintos, frangos, galinhas e ovos de avião para o Sul já que nunca esses produtos resistiriam à sentença mortal dos QUATRO MESES para o transporte por via marítima?!

Que adiantaria um milagre de reação e rápida modernização da indústria açucareira nordestina se o seu produto continuar a ter, como DESVANTAGEM ELIMINATÓRIA para competição no Sul, o longo prazo de estada nos cais, o trabalho portuário caríssimo e ainda totalmente braçal, e a lerda viagem, com os custosíssimos fretes do Lloyd e da Costeira?!*

Que adiantou àquele grupo de industriais nordestinos proclamar em sua propaganda, com tanta ênfase nacionalista, que a Fosforita de Olinda surgira para "libertar o Brasil da importação de fosfatos estrangeiros"? Nenhum "nacionalista", dos que então se achavam no poder, acudiu para salvar o produto quando, sobre ele, caíram as crescentes e arrasadoras taxas portuárias e os fretes, estes sim, espoliadores, das empresas do chamado Patrimônio Nacional (Lloyd e Costeira).

Que adianta o Nordeste produzir as mais fabulosas frutas brasileiras, a manga mais doce e perfumada, o caju mais suave e cheiroso, o mamão já de si tão açucarado, os abacaxis mais divinamente saborosos do mundo e as dezenas de suas paradisíacas e inesperadas frutas agrestes, se nunca, jamais, poderão ser exportadas para o Sul e se transformarem, assim, em riqueza para os nordestinos?!

Que adianta ser o homem da terra, ele próprio, o mais duro, tenaz e persistente camponês brasileiro, se o que ele produzir só puder ser embarcado em "montaria" de frete pago com patacas de ouro maciço?!

Há uma página no imortal *Os Sertões*, de Euclides da Cunha, que retrata de maneira soberba e definitiva a força edênica do solo nordestino. É a em que o genial escritor descreve a paisagem da primeira madrugada após a chuva, que caíra sobre o solo crestado pela seca de quase dois anos. Como num milagre de Deus, aquilo tudo que era areia, dunas e desolação se transformara, apenas com uma gorda pancada de chuva, nas curtas horas de uma noite para o dia, numa paisagem verdejante, brotos e olhões de verdura atapetando por inteiro, com a cor fresca e nova da vida, tudo o que antes era o cenário desnudo, esquelético e pedreguento da estiagem maldita.

As experiências que vêm sendo realizadas em vários pontos do Nordeste, principalmente na região do São Francisco por equipes conjugadas da FAO, da ANCAR e da SUDENE mostram que, quando há irrigação e orientação técnica, a terra, antes árida, adusta e aparentemente hostil e agressiva, dá a resposta soberba de todos os solos dos trópicos: colheitas abundantíssimas com índices de produção superiores a 200% em comparação aos de regiões do Centro-Sul do país!

---

* Pela centésima vez, o fato se repetiu: numa momentânea falta de açúcar, que se verificou no centro do país em janeiro de 1964, o presidente do Instituto do Açúcar e do Álcool disse que havia três milhões de sacas disponíveis no Nordeste, mas o produto **não aguentava o frete marítimo** de Cr$ 1.300 por saca(!), para manter-se dentro dos preços então tabelados (pouco mais de Cr$ 100 por quilo).

Em Pernambuco, na região do Cabrobó e Belém do São Francisco, um quilo de boas sementes de cebola responde, com uma diluviana colheita de cinco mil quilos, aos cuidados e esforços de quem dê a ajuda de água farta e adubo certo ao solo antes ressequido e pedrento.

Seguindo os admiráveis estudos pioneiros ali realizados durante anos pelos técnicos do Instituto Agronômico de Campinas, a Companhia Cinzano espraiou pelas margens do São Francisco, no outrora desolado município pernambucano de Floresta do Navio, a paisagem bíblica de um milhão de videiras em miraculosa produção. E produzindo uvas de mesa como as de Benares, na Índia, consideradas as mais saborosas do mundo. E numa produtividade que supera todos os índices de qualquer região da Terra: cinco colheitas a cada dois anos (quando o índice mundial é de uma colheita por ano), e oito quilos por pé (quando o índice geral é de quatro quilos por pé).

Mas que adiantará unir a mais moderna técnica agrícola de irrigação* e adubagem à sublime força euclidiana do solo nordestino, se a dádiva certamente assombrosa das colheitas não puder ser rendosamente repartida entre a cozinha e o balcão — armazenando-se o bastante nas dispensas locais e vendendo-se o muito sobrante para as populações grandes compradoras e consumidoras do Centro-Sul?!

Que adiantaria ao Robinson Crusoé nordestino encher sua "ilha" de hortas e pomares, se não apenas de jerimum e macaxeira, bacuparis, cupuaçu, mangaba, gogoia e trapiá viveria ele?!

Pois ninguém depende mais dos homens do que os outros homens.

O nordestino não pode viver apenas de comer aquilo que produz. Ele precisa logicamente vestir-se melhor e morar bem. Precisa dar à sua família condições e elementos de educação, bem-estar e prazer na vida — e tudo isso se obtém quando o que produzimos pode ser econômica e facilmente trocado com o que outros produzem, seja em que lonjura for, nesse mundo de Deus.

Enquanto — insistimos — não se der ao Nordeste o inadiável e vitalíssimo sistema de transportes marítimos EFICIENTE E ECONÔMICO de que precisa de maneira superurgente, não adianta o plano de AJARDINAMENTO INDUSTRIAL que ali planeja fazer a SUDENE. O Nordeste ficará, sim, muito bonitinho, com suas

---

* Aliás, se irrigação fosse o tema em discussão, poder-se-ia acrescentar: de nada adiantam os próprios açudes, já que a tubulação de alumínio para irrigação custa valores absolutamente inacessíveis aos pequenos e médios agricultores, devido a certos mistérios e privilégios protecionistas que envolviam a produção desse metal-base no país.

fábricas "racionalmente localizadas" e "cientificamente distribuídas", mas fábricas e lavoura trabalhando para um mercado reduzido, praticamente fechado e tamponado, sem o imprescindível e saudável arejamento das trocas intensas e econômicas e precisando sempre de moratórias ou subsídios para sobreviver. O Nordeste será, assim como Israel, um país de estufa, mantido em estado de artificial prosperidade graças ao fluxo incessante de dinheiro para lá enviado pelos patriotas judeus de todo o mundo.

Depois de terem, em décadas de incompetência administrativa e de maldoso concessionismo, transformado o sistema marítimo brasileiro no mais cínico organismo mundial de sinecuras embarcadas — os subNeros do perono-comunismo dedilhavam em suas harpas o réquiem eleitoral do coitadismo sobre o Nordeste e os nordestinos. E os demagogos montavam missa e puxavam novenas de compaixão retórica pelo "deserdado Nordeste" — a própria vítima de um amordaçamento mortal, a falta de comunicações, que eles foram requintadamente executando no decorrer dos anos.

Servindo-se, ora da parvoíce, ora do permanente imediatismo dos chefes nacionais do chamado "trabalhismo" — que só pensa em termos de colheitas eleitorais —, as raposas infiltradas do bolchevismo souberam, paciente e ardilosamente, levar o Norte e o Nordeste à inação, à inanição, à fome quase generalizada, graças a um lento, mas firme, garroteamento, a um quase total impedimento das comunicações econômicas e eficientes com o Centro e o Sul do país.

Os líderes supremos do "trabalhismo" brasileiro não tinham a intenção tão maligna, nem tão sutil e maquiavélica de ilhar o Nordeste, e de, pela falta de comunicações, deliberadamente amputá-lo da vida econômica nacional, para com isso mantê-lo em estado permanente de miséria deprimente, contagiante, crescente e explosiva. Essa insinceridade perversa eles não tinham. Mas também não demonstraram a mínima visão ou capacidade para enxergar onde os infiltrados teóricos do "quanto pior, melhor" estavam conduzindo os seus passos de cegos, sem tato nem olfato. O analfabetismo filosófico e o obsedante oportunismo político dos chefões máximos do "trabalhismo" levavam-nos a assinar de cruz todas as reivindicações, todas as concessões, todas as medidas que, tornando inavegáveis os mares brasileiros e inabordáveis os nossos portos, acabaram por jugular o Nordeste — e o Norte inteiro — fazendo-os como que párias isolados da Federação.

O NORDESTE BRASILEIRO É UMA ILHA DUAS VEZES MAIS DISTANTE QUE A AUSTRÁLIA

Há mais de trinta anos que os bolchevistas trabalham e capricham nos ingredientes com que pretendiam (e pretendem) fazer do Norte e do Nordeste o seu primeiro grande "prato" brasileiro.* Segundo narra Eudocio Ravines, intelectual peruano e ex-membro destacado da Internacional Comunista, já em 1934, Stalin (que sempre foi altamente interessado pela importância estratégica do Brasil) transmitira pessoalmente a Luiz Carlos Prestes a ordem e os planos para ser formada a "República Socialista Popular do Amazonas", que compreenderia todo o Norte e Nordeste brasileiros. (A revolução deveria ter sido desencadeada em 1937. Mas Prestes, por um erro de cálculo, superestimou suas forças e a desencadeou em 1935.)

Não admira, pois, que os comunistas nativos e seus mentores caprichassem tanto na importância do "ingrediente" da DESORGANIZAÇÃO E PAUPERIZAÇÃO DO NORTE E DO NORDESTE, À BASE DA FALTA DE TRANSPORTES EFICIENTES E BARATOS.

Para isso, havia que agitar e paralisar constantemente o cais; havia que destroçar e infiltrar-se no Lloyd, já estatal, e manietar todas as outras empresas de navegação de cabotagem; havia que criar empecilhos e abrolhos de toda ordem, que transformassem o uso comum do mar num convite ao naufrágio para todas as empresas e todos os empreendimentos que dele dependessem.

Os teóricos bolchevistas sabem muito bem que o insulamento de uma região fecha as portas ao progresso e levanta os paredões da estagnação e da miséria. Não há nenhuma região do mundo, e nenhuma zona em nenhum país, que se tenha mantido isolada e haja progredido. Todo o poderio das Ilhas Britânicas é

---

* O *Diário de Notícias*, do Rio de Janeiro, informava, no dia 9 de março de 1965, que 200 parlamentares, encabeçados pelo deputado Edilson Távora, da UDN, do Ceará, haviam tomado medidas para uma comissão de inquérito com o fim de procurar levantar o mistério da omissão, da lentidão, do desinteresse ou do diversionismo com que eram tratadas, "executadas" ou planejadas tantas medidas vitais para o Nordeste.

Segundo o jornal, a Comissão Parlamentar visava apurar, entre outras coisas, as seguintes: "1) As razões pelas quais o Ministério da Agricultura não executou até hoje um plano intensivo de plantio de forrageiras e armazenamento de forragens para garantir a sobrevivência dos rebanhos do Nordeste em épocas de estiagem; 2) as causas que levaram o Banco do Nordeste a conceder financiamentos através de asfixiante burocracia, exigindo, inclusive, a hipoteca da propriedade rural para pequenos empréstimos — o que afugenta o lavrador —, bem como a razão pela qual a SUDENE retardou tanto em passar da fase de planejamento para uma etapa de execução atuante de empreendimentos; e, ainda, averiguar os motivos que levaram o Departamento Nacional de Obras contra as Secas a enfrentar as secas apenas com as obras de emergência".

Essa Comissão já está trabalhando ativamente, sob a presidência do deputado e jornalista João Calmon, profundo conhecedor dos problemas da região.

a epopeia mesma das titânicas atividades de seus milhares de navios mercantes e de seus imensos portos; e o Japão só entrou para a geografia do mundo, e só começou a ser computado entre as potências da Terra, depois que ali aportaram os navios do almirante americano Mathew Perry e ajudaram a fazer daquele arquipélago fechado e primitivo um dos mais prósperos e dinâmicos ancoradouros de todo o planeta.

Por isso é que, em minuciosa manobra de longo prazo, os comunistas ilharam caprichosamente o Nordeste por todos os lados. Pois esta lhes parecia a região brasileira mais rapidamente aproximada dos cânones insurrecionais prescritos por Marx e Lenin em sua receita para forjar e acelerar contrastes e desníveis sociais para alimentar o desespero e as lutas intestinas e espraiar o envenenamento, a desconfiança, o divisionismo entre os indivíduos, as classes, as comunidades e os estados de um país.

Sem ferrovias que a atingissem ou cruzassem economicamente; sem portos adequados e sem navios, aquela região de tantas esperanças transformou-se aos poucos num meio inferno de desesperados, aos quais a desconversa ou a ignara incompetência dos governos centrais começaram a jogar as migalhas de uma assistência intermitente e desorientada, ou gordas esmolas de tontas, burocráticas, esbanjadas, desarticuladas e inacabáveis obras contra as secas.

O Nordeste foi, então, cercado pelos coros nacionais do "coitadismo" e, se seus sofrimentos se transformaram em temas de grandes livros (como os de Rachel de Queiroz, Graciliano Ramos, José Américo, Amando Fontes, José Lins do Rego), também se tornaram em refrão monocórdio da oratória de todos os demagogos. Estes, à medida que se espojavam sem constrangimentos no assunto rendoso, foram alargando os arroubos da sua eloquência irresponsável até entrar no mefistofelismo antinacional de duas teses cheias de miseráveis subentendidos comunoides: a de uma suposta "espoliação" pelo Centro-Sul e o consequente e criminoso separatismo.

Para tirar, ao infinito, efeitos demagógicos de uma conjuntura de miséria CUJA CAUSA REAL NUNCA TIVERAM NENHUMA INTENÇÃO DE ANALISAR NEM COMBATER, os sanguessugas politiqueiros — os comunistas e todos os seus deliberados ou incautos caudatários "trabalhistas" e "nacionalistas" — começaram a produzir uma verdadeira literatura eleitoreira em torno dos trapos e dos ossos dos flagelados; trapos erodidos ou ossos descarnados, não pela seca cíclica, mas pela imobilização faquiriana e pelo petrificado feudalismo a que a economia nordestina foi planejadamente atirada com o isolamento polar em que tem vivido.

O NORDESTE BRASILEIRO É UMA ILHA DUAS VEZES MAIS DISTANTE QUE A AUSTRÁLIA

Encurralado o homem do Nordeste numa ilha murada pelas distâncias e por mil dificuldades deliberadamente inacessíveis, ilha em que não entram senão raros navios e aonde não vão as nossas ferrovias de bitola estreita e fôlego curto — limitados o seu mundo, as suas perspectivas e a sua sociedade os aproveitadores do nada descobriram nisso um fabuloso filão para justificar sua existência na vida pública do país: a exploração temática, nas linhas do "coitadismo", de tudo que diga respeito ao Nordeste.

E então as carpideiras começaram a "chorar", e há algumas décadas que exibicionisticamente choram, expondo na feira livre e literoeleitoral sua "dor" por um imortal moribundo que teima em resistir à morte definitiva e passeia, em migrações desordenadas, pelo território pátrio, a sua espantosa resistência: o homem nordestino.

É paradoxal ver-se hoje em dia como — explorando as consequências de um crime que não têm coragem para atacar — os carcarás demagógicos cruzam os céus da inteligência brasileira, grasnindo e exibindo entre suas presas, como o mais frágil dos coitadinhos, exatamente a figura simbólica daquele que é o mais tenaz e resistente dos tipos humanos brasileiros, esse trabalhador ágil, versátil, e "pai-d'égua" que é o nordestino.

Foi, sem dúvida, pensando nele, ora como recruta bisonho das tropas regulares, ora como astuto guerrilheiro das hostes de Antônio Conselheiro, que Euclides da Cunha cinzelou a sua monolítica definição de *Os Sertões*: "O sertanejo é, antes de tudo, um forte".

Por sua dureza e fibra, por sua capacidade e força de sobrevivência, o homem nordestino não precisa da generosidade exibicionista dos que insistem marotamente em levar à passarela da vida nacional a procissão dos seus andrajos, para expô-lo — e explorá-lo — como vítima das injustiças sociais. Ser-lhe-ia muito mais útil que, em vez dos torcicolos das interpretações ideológicas de um marxismo baboso e retardatário, lhe dessem portos e navios — portos que funcionem e navios que viajem em segurança; navios em que as mercadorias não apodreçam ou não se encareçam pela lentidão, ou não desapareçam pelas mãos rapaces dos que enchem de vergonha a outrora florescente e mundialmente respeitada Marinha Mercante do Brasil.

Foi muito celebrada a frase com que o famoso economista norte-americano Walt W. Rostow, visitando o Nordeste em 1964, saudou o que viu por lá:

"O Nordeste começou a arrancada para o desenvolvimento."

O jornalista José Stacchini, de *O Estado de S. Paulo*, situou essa enfática declaração de Rostow como oriunda das concepções expressas por esse grande estudioso em seu livro *Etapas do Desenvolvimento Econômico*. Nessa obra, existe a seguinte descrição do que Rostow entende constituir os diferentes estágios em que, num dado momento histórico-econômico, pode achar-se um país ou região quanto a seu desenvolvimento:

1º — Sociedade de economia primária;
2º — Sociedade em pré-condições para o arranque;
3º — Em fase de arranque;
4º — Em marcha para a maturidade.

Como se vê, pela frase mencionada, Rostow já situa o Nordeste na terceira fase, ou seja, a DE ARRANQUE.

Realmente, após a Revolução de Março, com a reimplantação da ordem e o ressurgimento das esperanças — o fervilhar, o pipocar e o repercutir de iniciativas públicas e privadas nacionais e estrangeiras dão a rumorosa impressão exterior de que o Nordeste não está apenas em promissor começo de "arrancada", mas até mesmo já disparou.

E tudo seria de fato assim, e a marcha, partindo das condições atuais para as que poderão ser rapidamente atingidas, seria até épica, dados os planos, os imensos preparativos e os gastos ciclópicos — se o novo gigante, agora de tórax tão ampliado, respirando por pulmões novos, vivendo de coração revisado e reanimado, NÃO ESTIVESSE AINDA, neste ano de 1965, MONSTRUOSAMENTE DE PERNAS CURTAS, sem navegação regular e eficiente, sem portos, sem ferrovias, e usando apenas as rebrilhantes e suntuárias muletas das rodovias, muitas delas ainda precárias.

Lamentavelmente, O ARRANQUE que Rostow viu não é uma disparada em linha reta pelas distâncias sem montanhas, pelos prados abertos. SEM NAVIOS, SEM PORTOS E SEM FERROVIAS ligando-o adequadamente ao Centro e ao Sul, o comboio do Nordeste roncará na estrada, espadanará, bufará, levantará pó, mas em resultados socioeconômicos quedará muito aquém do que permitiria tanta lenha colocada na sua fornalha.

Por maior que seja a abundante pressão das cifras e dos cifrões em suas antigas e novas caldeiras de produzir e progredir, o Nordeste não conseguirá remover o paredão de dificuldades socioeconômicas amontoadas à sua frente PELA FALTA DE NAVIOS, DE PORTOS EQUIPADOS E FERROVIAS.

Amparado generosamente, como nunca o foi nenhuma outra região brasileira, socorrido a mancheias como tem sido, o Nordeste poderá não mais cair como presa fácil da conspiração vermelha, mas será sempre a TROIA sitiada do Brasil, cercado pelas grandes muralhas oceânicas do mar que não pode usar e das distâncias interiores ainda não encurtadas pela espontânea força econômica dos trilhos redentores.

SEM NAVIOS, SEM PORTOS E SEM FERROVIAS, o salto do Nordeste para a prosperidade será uma arrancada de freios travados.

Os comovedores e titânicos esforços que estão sendo despendidos por brasileiros e estrangeiros amigos para "a redenção do Nordeste" criarão ali apenas as condições existenciais das estufas, sempre ameaçadas de congelar e morrer quando falharem o calor e a luz regulados ou obtidos pelos episódicos artifícios da imaginação e da fraternidade. Pois, SEM NAVIOS, SEM PORTOS E SEM FERROVIAS, nada do que ali se fizer viverá por si mesmo, no pouco ar deixado em seu ambiente confinado e nas sempre reduzidas condições do meio ainda ilhado.

Como no caso da construção de Brasília — iniciada ainda mesmo sem rodovias e depois continuada também ainda sem ferrovia —, todo o sincero e intenso esforço que o governo da Revolução de Março, as entidades internacionais e as empresas privadas nacionais e estrangeiras fazem em 1965 para recuperação e erguimento do Nordeste desenvolve-se praticamente em termos de emergência militar com a manutenção de uma extensa, cara e contínua linha de abastecimentos de toda natureza.

De acordo com o Plano Nacional de Viação, "só dentro de 25 anos poderá ficar pronta a ligação ferroviária de Brasília com o Nordeste" — afirmou o ministro Juarez Távora, da Viação, perante a Comissão Parlamentar de Inquérito sobre o Nordeste, em novembro de 1965.

Enquanto não houver a coragem que se decida a fazer a REJUNÇÃO MARÍTIMA de todo o Setentrião ao corpo do continente pátrio, a gigantesca operação comandada pela nova SUDENE terá as características de ação "colonizadora", como se se tratasse de ajudar uma região do vasto império brasileiro, situada do outro lado do mundo na geografia das distâncias econômicas — já que o Nordeste é uma ILHA não alcançável por ferrovia, isolada a quatro ou até seis meses de viagem por mar, para as mercadorias que a demandem ou que de lá venham.

Infelizmente, para a tese de Rostow, ilha não anda. Nem mesmo desatraca. Para haver a arrancada definitiva é preciso DESILHAR O NORDESTE.

Na hora em que estiver servido adequadamente de cabotagem, de bons portos e ferrovias eficientes, o Nordeste, com apenas suas próprias forças humanas e geológicas, arrancará por si, como um potro alucinado pelos chamamentos e pelas ofertas da vida, em disparada muito superior à que lhe pode trazer agora a octanagem bem-intencionada, mas de certa forma artificiosa, dos grandes planos de auxílio e investimentos que ali se executam.

Nem mesmo o pitoresco de certos fatos chega a resistir às consequências dramáticas do insulamento do Nordeste. É o caso dos 500 muares mandados buscar do Sul, com muito empenho, a toque de caixa, pelos que comandavam a batalha da produção agrícola, no esforço de guerra do Nordeste, durante a Segunda Guerra Mundial.

A equipe de burocratas americanos e brasileiros, que trabalhava em tarefas diretamente ligadas ao abastecimento de tropas naquela região, optara pela "importação" dos 500 muares, em caráter de urgência e emergência, para com eles resolver problemas locais de transporte de gêneros, sementes e adubos, e aração de terras. Dada a inviabilidade da viagem por via marítima, os animais foram postos em marcha, usando trem quando possível, ou batendo casco estradas afora, para vencer cerca de 3.500 quilômetros (iam do Rio Grande do Sul).

Todos os cuidados, prioridades e ajudas foram solicitados para que os animais pudessem chegar a tempo e hora de apoiar com sua força bruta o esforço de guerra agroeconômico em que o Nordeste, mais do que qualquer outra região brasileira, estava empenhado.

Mas a guerra terminaria, quase um ano depois, sem que os muares, mesmo muito reduzidos quanto a seu número inicial, tivessem chegado a seu destino, a tempo de dar conta da nobre tarefa que lhes havia sido reservada pelos ingênuos amanuenses ianques e nativos.

O fim da guerra dispersou os muares e os burocratas que, pacientemente, os esperavam, sem saber que, mesmo em tempo de paz, o Nordeste é uma ilha situada a vários meses de distância do resto do Brasil.

Muita gente sorri hoje da ideia absurda de um dia o Brasil ter que importar café. Mal sabem que frequentemente os brasileiros do Extremo Norte têm que importar e consumir café colombiano já que não lhes chega o que é produzido NESTE OUTRO LADO DO ARQUIPÉLAGO BRASILEIRO.

O NORDESTE BRASILEIRO É UMA ILHA DUAS VEZES MAIS DISTANTE QUE A AUSTRÁLIA

Não se pense que é uma situação passageira e momentânea. Vem do passado, de quando terminou a fase áurea da borracha — e não havia a abundante legislação trabalhista marítima — e continua no presente. Durante os anos de 1962, 1963 e já no começo de 1964, os jornais do Rio de Janeiro e São Paulo registravam que, POR CAUSA DA DIFICULDADE DE TRANSPORTE, Manaus e grande parte da Amazônia estavam se abastecendo de café colombiano.

E vem de longe, dissemos: segundo o depoimento do general Dr. Arlindo Ramos Brandão, já em 1932, as próprias unidades do nosso Exército movimentadas para a região brasileira vizinha de Letícia (litígio Peru-Colômbia) tinham que se servir de café colombiano, pois "era impossível obter-se café brasileiro, por mais que fosse solicitado". E, naquele mesmo instante, o governo Vargas queimava montanhas e montanhas de café.

Do mesmo modo, vendo recentemente o relacionamento dos piauienses numa lista de ocasionais consumidores de charque do Rio Grande, quem percorreu as molduras de ouro da história econômica do Brasil poderá perguntar intrigado: que teria acontecido à paisagem dos imensos Campos Gerais do Piauí, outrora a mais próspera invernada do Brasil, onde pascentava o melhor e mais numeroso gado desta outra banda de Portugal Imperial?

Dos Campos Gerais, haviam descido as gordas manadas piauienses, sementeira das cifradas pepitas de quatro patas, que fazem hoje a dourada riqueza dos criadores do norte de Minas Gerais, Goiás e até Rio Grande do Sul. Os currais desses estados ainda ostentam parrudos exemplares descendentes dos bois da terra do respeitado Marechal "Vaca Brava".

Mas e o Piauí, o que é hoje o Piauí no mundo da economia brasileira?

À parte as unidades da bacia Amazônica (exceção feita ao Pará), o Piauí é apontado em todas as estatísticas nacionais como o estado de mais frágil vida econômica, o mais pobre, o mais desolado, o mais necessitado de ajuda para tudo. A sua economia é tão débil que seu nível de salário-mínimo é o mais baixo de toda a nação. Depois de madrugar por quase três séculos o seu desenvolvimento agrícola e pastoril, o Piauí retrocedera e paralisara de tal modo que sua capital, Teresina, contava em 1965 com pouco mais de 150 mil habitantes.

Acaso feneceram as pastagens, secaram-se para sempre os rios e, em vez do verde infinito das suas planuras, os Campos Gerais mostram apenas o cinza cemiterial das regiões assoladas e desérticas? Ou simplesmente teria o Piauí inteiro perdido a rota do ouro, o caminho do progresso?

Foi isso exatamente. Com a diferença apenas de algumas décadas, entre um desastre e outro, fecharam-se de modo quase completo as duas artérias vitais de comunicação do Piauí com o mundo: o rio São Francisco e o mar.

Primeiro, a rota minguante do rio São Francisco, por cujas águas cada vez menos caudalosas subiram os últimos "gaiolas" abarrotados de gado piauiense para as fazendas mineiras. Cada vez mais velhos e lentos, esses "gaiolas" rastejavam rio acima ou rio abaixo, adivinhando como cegos num leito pedregoso e areento os canais que ainda lhes sobravam, para uma passagem talvez final, arriscada e difícil.*

E o mar, o Piauí praticamente o perdeu quando os seus nababos fregueses dos seringais amazônicos acordaram tragicamente pobres, naquela semana de 1902, em que a borracha do Ceilão foi lançada nos mercados do mundo por preço onze vezes menor. Já não seria mais possível aos Cresos do meio da selva pagar fosse o que fosse pelos bois em pé e pelas aves que os piauienses e maranhenses lhes mandavam por mar e rios, através de onerosas e difíceis operações de embarque em "portos" sem porto, sem cais, sem guindastes, sem nada, e onde as manobras de acostamento eram tão perigosas quanto as abordagens de guerra.

Em seu livro *Civilização do Couro*, o escritor piauiense Renato Pires Castelo Branco dá conta da ansiedade frustrada com que já há DOIS SÉCULOS o Piauí luta desesperadamente por melhores comunicações e por uma saída para o mar. Primeiro, foram os apelos contínuos, incessantes, e sempre desatendidos, para a construção do porto de Amarração. Depois, a tentativa em 1920 — proibida pela União! — de fazer o seu porto à unha, com seus próprios recursos. O Piauí, a mais pobre das grandes unidades brasileiras — POBRE PORQUE ESTÁ ENCURRALADO, SEM TRANSPORTE —, já fez tudo para romper o bloqueio em que jaz sitiado há mais de duzentos anos: até cedeu, em 1880, ao Ceará, dois de seus melhores municípios, Independência e Príncipe Imperial, para comprar entrada nos mares e participação na comunidade brasileira!

"Mar Trocado" é o nome que hoje tem a metade da orla marítima do Piauí, resultante da inteligente barganha feita no passado. Mas o pitoresco do nome mal disfarçava a tragédia secular do frustrado sonho piauiense.

---

* Lá pelas alturas de 1937, o repórter Carlos Lacerda, com a objetividade e a lucidez características de sua extraordinária inteligência, publicava na revista *Observador Econômico* um amplo estudo sobre o São Francisco e alertava o país para o fato de que estava perdendo a sua grande e histórica "estrada líquida", pois, corcoveando ainda como um novilho, mesmo depois de milênios, o rio destroçava continuamente os seus canais navegáveis, que precisavam urgentemente da correção de dragagens que nunca eram feitas.

Fechado por cima e dificultado por baixo, tamponado como numa perfeita operação militar de cerco, exaustão e aniquilamento, o Piauí passou a viver em torno de si mesmo, numa economia hermética, de trânsito curto, "da mão para a boca", em que o piauiense era o freguês de si mesmo.

Há longas e ansiosas décadas que o Piauí e o Maranhão vivem sob a fantástica perspectiva do dilúvio do ouro que lhes cairá em cima, quando se criarem condições industriais e econômicas da exploração do lendário babaçu.

Numa previsão que reúne visionários e realistas, sonhadores e cientistas, o que irá acontecer ao Maranhão e ao Piauí quando se desencantar o enigma técnico do aproveitamento integral e da fácil industrialização da amêndoa do babaçu — será um estouro de gado humano, que levará às terras daqueles Estados avalanches maiores que as que produtivamente invadiram e ocuparam um dos mais fantásticos eldorados do mundo contemporâneo — o Norte do Paraná.

Pelo que asseguram os cientistas que o têm estudado, o babaçu é um desses milagres divinos da Natureza, tantas as coisas que pode fornecer ao homem para suas necessidades e bem-estar. "É o boi vegetal", já o chamaram, de tal modo se lhe aproveita tudo que tem e tudo que o compõe, desde o topo da árvore até as raízes. Reunindo-se todos os produtos que os cientistas já obtiveram diretamente do babaçu ao analisá-lo nos laboratórios, o babaçu corresponde a um verdadeiro parque de matérias-primas, tal a variedade de utilidades que oferece.

Das folhas do babaçu pode-se extrair celulose para papel. O tronco, como as próprias raízes, tem valor por sua resistência como madeira, e ainda fornece o palmito. Da casca do coco pode-se obter material para pincéis, brochas e fios. Do seu endocarpo rijo, resistente e riquíssimo, resulta um coque de altíssimo poder que movimenta vantajosamente locomóveis e locomotivas. Da polpa pode-se extrair tanino, amido e leite, como o de soja. O coco propriamente dito fornece uma impressionante variedade de lubrificantes* e até um tipo de gasolina. A castanha

---

* Num trabalho divulgado em 1962, na revista *Boletim Cambial*, o cientista Vivacqua Filho, do Instituto de Tecnologia de Belo Horizonte, considerado um dos maiores técnicos mundiais em babaçu, divulga os seguintes e impressionantes algarismos sobre a imensa riqueza que, segundo seus cálculos, os infinitos babaçuais poderão injetar **anualmente** na vida econômica brasileira: os 24 bilhões e 240 milhões de árvores de babaçu (maior parte localizada no Maranhão e no Piauí) produzem 2 bilhões e 422 milhões de toneladas de coco e 363 milhões de toneladas de amêndoas.

Depois de industrializadas, afirma o cientista, as amêndoas e a casca do coco poderão dar o fantástico rendimento de 605 milhões de toneladas de coque tão bom quanto o obtido do carvão de Cardiff; 726 milhões de toneladas de gás combustível; 242 milhões de toneladas de óleos hidrocarbonetos; 121 milhões de toneladas de alcatrões; 96 milhões de toneladas de produtos acéticos e 48 milhões de toneladas de fenóis.

produz óleo vegetal comestível ou para uso em tintas, saponaria e outras aplicações. Finalmente, os resíduos de suas amêndoas fornecem uma torta de alto valor em proteínas para uso humano ou animal.

Que dificuldade mecânico-científica intransponível será essa, a impedir, neste século da mais avançada tecnologia, que sobrevenha e exploda o milagre que derramará sobre esses estados outro rio-mar de ouro líquido, vindo dos seus 24 bilhões e 240 milhões de espécimes da árvore da fortuna — o babaçu?

Que é que tem impedido de repetir-se ali, no pórtico da própria Amazônia, nas planuras piauienses-maranhenses, com as suas dezenas de bilhões de palmeiras de babaçu, o mesmo surto nababesco da fortuna que empolgou o Extremo Norte quando era aquela região a única do mundo a produzir o ouro pastoso da hévea?

Tudo indica, e assegura, que o problema técnico é de complexidade relativa, para a formidável capacidade já atingida pela própria tecnologia brasileira: obter uma máquina que quebre os duríssimos cocos sem ferir a amêndoa. No instante em que o homem se prepara para descer na Lua, parece-nos quase ridícula a "complicação" desse problema de mecânica primária.

O que de verdade vem barrando a arrancada do Piauí e do Maranhão para a fortuna, para a alucinação criadora da busca daquele ouro que está ali mesmo, à flor da terra, pendurado nos cachos abundantes dos bilhões de pés da palmeira bilionária — é, ainda e sempre, A DOENÇA MORTAL DA FALTA DE COMUNICAÇÕES rápidas, acessíveis e baratas.

Se fosse fácil aos pioneiros, aos homens de têmpera, iniciativa e coragem, ir e vir, levar e trazer, construir e ampliar o que quer que necessitassem para montar a sua máquina da fortuna, no meio da imensidão dos babaçuais, o Maranhão e o Piauí já estariam fervilhando de empresas e empreendimentos, buscando febricitantemente a solução ideal do problema da industrialização do babaçu.

Se tentar e falhar não significasse ali — pelas dificuldades de comunicação — a queda sem a possível e fácil recuperação, se não se antevisse, pela precariedade ambiente, que a hipótese da desventura seria fatal a quem lá se arriscasse, há muito que as barracas, os acampamentos, os galpões, os paióis, os armazéns, as fábricas, as chaminés teriam aberto, nas florestas de babaçu, as clareiras que marcam a presença criadora dos homens da aventura e das bandeiras do progresso e da prosperidade.

Mas sem ferrovias eficientes para transportar homens e matérias-primas, sem embarcações adequadas para poder usar a própria ajuda que Deus dá com a estrada andante dos rios — quem se arrisca a meter-se naqueles ermos do mundo, depois de todas as histórias e fatos que se contam e recontam, da época da derrocada da borracha, sobre aquelas centenas de milhares de "paroaras" que a floresta amazônica absorveu sem deixar em seu chão úmido, arenoso e cambiante sequer o vestígio do cálcio duro dos ossos nordestinos?!

Todos esses fatos, todos os episódios, os pequenos e os grandes, os trágicos e os poucos que nem chegam a ser pitorescos, todos os atos desse drama do Norte e do Nordeste nos mostram um permanente pano de fundo: A FALTA DE TRANSPORTES ADEQUADOS E EFICIENTES.

Cada dia, novas lições, novas evidências nos acentuam mais e mais a convicção da suprema influência da inadequação e imprestabilidade, ou da simples e total inexistência, dos transportes básicos — em tudo de esterilizante, paralisante ou retrógrado que tem acontecido na vida do Setentrião e do Nordeste brasileiros.

Por isto, diante disto, e vendo isto, é que também mais e mais nos estarreceremos quando nos lembramos da fria, gélida e polar displicência com que a anemia mental da ditadura getulista propusera resolver o simples "problema" da falta de transportes entre Rio-Niterói quando, pelas alturas de 1943, entrou em colapso o sistema local de barcas. Uma das múmias ministeriais — da coleção quase total de ociosas nulidades com que o ditador procurava cercar-se para que não lhe fizessem sombra — havia chegado à boçalidade de determinar que fossem transferidos para o tráfego entre as duas cidades os quatro navios-gaiola que a Rubber Development mal havia acabado de trazer do Mississípi a fim de acelerar o transporte de gente e matérias-primas na "Batalha da Borracha" da Segunda Grande Guerra.

Aqueles "gaiolas" estavam enchendo de vida nova e juvenil entusiasmo as populações da rota Belém-Manaus, pois venciam em oito dias essa etapa que as velhas embarcações só completavam em 28 dias.

Foi tão chocante e estúpida a "solução" aventada que, mesmo sob o guante da ditadura, a imprensa amordaçada conseguiu insinuar comentários, estranhando a desfaçatez da mente estéril que conseguira — talvez após algumas noites de insônia "administrativa" — arrancar do imenso vazio da sua incapacidade aquela sugestão tão cediça e tão pífia de desvestir um pobre santo para vestir outro até mais bem dotado.

E cortar uma embarcação nas tênues linhas de comunicação da Amazônia é como seccionar uma jugular num organismo já de si exangue e sem forças.

Vinte anos depois desse inconsumado ato "administrativo" — inconsumado por causa dos surdos rugidos da própria imprensa emudecida —, ainda nos sentimos chocados, não tanto por sua lorpice, mas principalmente pela sua insensibilidade.

Que o Brasil concentre toda a sua energia política e administrativa para, dentro do mais breve futuro, vencer a asnice (peleguista) e a conspiração (comunista) que causaram ao Nordeste e ao Norte a tragédia da sua amputação do organismo nacional.

E que a Marinha Mercante brasileira, despojada dos aleijões que hoje a desfiguram, retome a sua tarefa, tão gloriosamente cumprida no passado, de levar a cada porto, cada dia, cada semana, incessantemente, a sua contribuição para o bem-estar e a prosperidade dos brasileiros que ali vivem, fazendo-os sentir-se irmanados, ligados, firmemente ligados, e participantes da eternidade e da grandeza da pátria comum.

Finalmente, atentem todos aqueles que têm ou terão responsabilidades em nossa vida pública: o Norte e o Nordeste serão sempre áreas doentes do organismo nacional, anêmicas de possibilidades e carentes de perspectivas, estarão sempre num atrasado reboque com relação ao progresso geral e à prosperidade do país, ENQUANTO NÃO FOREM DESILHADOS E REINCORPORADOS ao continente econômico brasileiro.

O CAPÍTULO 6 EM 2022

De acordo com uma pesquisa, mostrada abaixo*, o Nordeste continua com menor desenvolvimento em relação à média nacional, demonstrando como livro é bastante atual em seu diagnóstico, conforme tabela abaixo.

CRITÉRIOS	MÉDIA NACIONAL	NORDESTE
Analfabetismo entre jovens e adultos (%)	7,9	16,1
Expectativa de Vida (anos)	75,5	72,8
Gravidez Precoce (% de meninas de 15 a 19 anos que são mães)	12,2	15
Informalidade (% de pessoas empregadas sem carteira de trabalho)	31,3	47,4
Jovens (% que não trabalham, não estudam e não procuram emprego)	14,3	18,4
Mortalidade Infantil (% de mortes de 1 ano de idade, por 1000 nascidos)	12,4	14
Pobreza (% de pessoas abaixo da linha da pobreza)	17,6	33,1
Saneamento Adequado (% de domicílios com saneamento adequado)	64,6	42,2
Taxa de homicídios por 100 mil habitantes	28,9	41,1
Renda Disponível Familiar Per Capita*	R$ 1.077,85	R$ 1.650,78

Fonte: Macroplan. *Dado do IBGE de 2020.

---

* Pesquisa realizada pela Consultoria Macroplan, publicada na *Exame* em 2017. https://exame.com/brasil/os-problemas-que-prejudicam-o-desenvolvimento-do-norte-e-nordeste/

7

Rio Grande do Sul – a nova ilha do arquipélago

Todos os sintomas do mal que tornou caquética, leucêmica e estruturalmente doentia a economia — e a sociedade — do Nordeste começaram há uns dez anos a acentuar-se também quanto ao próprio Rio Grande do Sul, que fora tantas vezes fabulizado, e com razão, como o "celeiro do Brasil".

Abastecedor de 25% do que se consome por aqui, o estado farroupilha era, antes disso, em termos modernos, o sempre fornido e recheado supermercado do país. A imagem que, Brasil afora, se fazia do estado sulino era a de um farto e empanzinado armazém de "secos & molhados", decorado com muitas prateleiras de produtos industriais, de permeio.

Mas, de repente, aquilo que era o retrato mesmo da prosperidade, aquele estado que reunia todos os climas e todas as terras, o altiplano das coxilhas e as infinitas dos pampas, que desde cedo amanhecera na decisão inteligente da policultura — produtor de gado, de arroz, de lã, de feijão, de charque, de cebolas, de banha, de vinho e até de trigo, além de numerosos e significativos artigos industriais — começou a dar sinais de acentuadas e permanentes dificuldades econômicas e financeiras.

Com suas forças produtoras sofrendo as consequências de uma constante, inextinguível e "misteriosa" pressão — os analistas da vida gaúcha chegaram até a tontear-se, em busca de explicações, à cata dos "monstros perseguidores". E a miniatura do nacionalismo, o bairrismo — que, às vezes, chega a ser tão ressentida quanto aquele — logo se firmou e proclamou que o governo central era inimigo do Rio Grande. Isso foi dito em artigos, em livros, em discursos nas assembleias.

Mas nestes trinta anos, quando o chefe do governo federal — ditador ou presidente — não era gaúcho, o vice-presidente ou alguns ministros o eram.

As invisíveis dificuldades não cessavam, apesar de todo o estoico esforço que lavradores, industriais e homens de negócio do Rio Grande punham não apenas na tentativa de recuperação econômica do estado, mas no aceleramento da sua marcha para a manutenção da posição entre os grandes do Brasil.

A "nordestinização" da economia e da sociedade gaúchas acentuava-se a olhos vistos e num crescendo tal que se tornou objeto de um substancioso estudo, *O outro Nordeste*, do escritor Franklin de Oliveira.

Como Nordeste — perguntavam todos os que eram tocados pela preocupação — se não se repetem ali as condições ecológicas, se não há secas excessivas?

Como Nordeste, se as condições demográficas não são as mesmas, pois há mais desenvolvimento cultural e melhores métodos de produção — com a presença tão acentuada dos melhores tipos de colonos europeus vindos para o Brasil, os italianos e os alemães?

Como Nordeste, se também as condições sociais se diferenciam acentuadamente, pois lá não existem as cinquenta usinas que absorveram os cinquenta mil engenhos?

Exatamente apoiada pelas maravilhas de seu clima e de suas terras, e servida pela extraordinária versatilidade das suas classes produtoras, no campo e nas cidades — a economia gaúcha resistia bravamente ao agravamento diário e incessante daquilo que — sem que todos o admitissem, ou sequer pressentissem — era também, ali, COMO NO NORDESTE, A RAZÃO BÁSICA de todas as suas dificuldades, de todo o seu drama!

Eis que, senão em AGOSTO-SETEMBRO de 1965, um fato eclodiria em termos de quase tragédia nacional: enchentes dantescas, cujas consequências levaram até à região, em voo de emergência ajudadora, até o presidente da República, marechal Castelo Branco.

Mas o que colocou o Rio Grande em estado de precisão de tão dramática atenção e ajuda não foram as inundações em si. O que pôs o Rio Grande em pânico e em perigo foi a surpresa e a decepção de se verificar que, POR CAUSA DE UMA PONTE APENAS, o estado ficava, literal e pateticamente, amputado da vida econômica brasileira.

Bastou CAIR UMA PONTE, numa via RODOVIÁRIA, para que uma das mais importantes e mais vitais unidades da Federação brasileira — pela economia e pela geografia, para a paz e para a guerra — ficasse isolada como uma sentinela perdida.

Numa só tarde, na Câmara dos Deputados, em Brasília, vários representantes, mais preocupados com os desbordamentos destruidores das enchentes do que com aquele acidente de uma simples ponte, lamentaram o que acontecera e expressaram "sua calorosa solidariedade ao povo gaúcho". Mas um dos parlamentares procurou mostrar-se mais objetivo: cobrou do governo federal a rápida execução do plano pelo qual aquele estado ficaria ligado POR TRÊS RODOVIAS, e não mais apenas por uma, com o resto do país.

Rodovias! Rodovias! Foi quase só o que se pensou como ajuda concreta e solução, naqueles momentos de emoção e solidariedade.

Em sua magnífica série de artigos sobre a situação do Rio Grande, publicada logo em seguida às inundações, o jornalista porto-alegrense Kléber Borges de Assis analisava demoradamente vários aspectos da situação gaúcha e incluía também a falta de transportes dentro do grupo de fatores administrativos, econômicos e sociais pelos quais responsabilizava o que então acontecia ao Estado.

O articulista clamou veementemente contra a falta de rodovias. Afirmou ele em um de seus artigos: "Diminuir as distâncias, aumentar o potencial econômico, facilitar a ação do estado, inclusive por motivos de segurança nacional, e integrar o país — mediante a construção de boas estradas de rodagem —, eis a simples lição que ainda não pôde ser aprendida por alguns dos chamados administradores do Rio Grande do Sul".

Esse apelo universal para o "milagre das rodovias" vem do fato de o consentimento do DESCARRILAMENTO TOTAL das nossas ferrovias e do DESTRAMBELHAMENTO DAS COMUNICAÇÕES MARÍTIMAS ser tão generalizado e, desgraçadamente, já tão tranquilamente aceito. Por isso é que todos, em qualquer tribuna, na imprensa, nas associações de classe, no Parlamento, exigiam do governo melhores pontes e mais estradas, e não aquilo sem o qual O RIO GRANDE SE TRANSFORMARÁ DEFINITIVAMENTE NUM OUTRO NORDESTE: comunicações ferroviárias e marítimas EFICIENTES E, estas sim, COM URGÊNCIA-URGENTÍSSIMA!

A significação do Rio Grande do Sul na vida brasileira é de tal ordem — SOB TODOS OS ASPECTOS, inclusive o militar — que não se pode admitir NEM POR MESES a continuidade do INSULAMENTO PROGRESSIVO em que o Estado vem caindo quanto mais crescem suas necessidades e quanto mais falham aqueles dois sistemas básicos de transporte que deveriam ligar firmemente sua economia à do resto do país.

A capacidade e as possibilidades de produção do Rio Grande têm tamanha importância no equilíbrio e desenvolvimento das condições econômicas e sociais do Brasil que cabe amplamente o tratamento de MAIS ALTA PRIORIDADE — para que se ponham em estado de funcionamento imediato e eficiente TODOS OS PORTOS GAÚCHOS e se abra caminho, a todo vapor, para finalização do tão procrastinado projeto do famoso TPS — Tronco Principal Sul — que irá unificar em uma só bitola ferroviária o emaranhado delas, através do qual, de baldeação em baldeação, se atinge hoje aquela unidade federativa.

O TPS encurtará em 740 km o percurso completo, de Brasília a Pelotas, que, em 1966, é de 2.967 km. E reduzirá a duração da viagem de passageiros de São Paulo a Porto Alegre, de mais de 70 horas, hoje, para apenas 22 horas!

Parece até ironia, chega mesmo a ser inacreditável que esteja sob ameaça de insulamento, e já sob as consequências do isolamento parcial, mas aprofundado, exatamente o estado brasileiro cuja geografia — fora da Amazônia — é a mais bem aquinhoada pela bênção divina das vias líquidas. Pois basta que sejam construídos cerca de 300 quilômetros de canais de interligação de suas bacias fluviais para que o Rio Grande venha a ter, internamente, nada menos de quatro mil quilômetros de vias navegáveis contínuas!

Mesmo dispondo da amplidão quase oceânica da Lagoa dos Patos e do Guaíba — que podem fazer de Porto Alegre um dos mais movimentados ancoradouros do Brasil, os produtores gaúchos têm que encabuladamente se valer do porto de Montevidéu para a quase totalidade de suas exportações de arroz e carne para o mundo. O estado que poderia dispor de até quatro mil quilômetros de vias internas navegáveis tem de alugar alguns metros de cais, em país estrangeiro, porque a demagogia nativa, e bem doméstica, caseira mesmo, do peleguismo, assoreou, entupiu, encharcou de lama e outras imundícies a majestosa beleza do romântico Porto dos Casais, e todos os outros acostamentos de onde a economia do Rio Grande poderia deslanchar para o grande roteiro de sua prosperidade.

Mas a velha sabedoria francesa — *A quelque chose malheur est bon* — ensina-nos a sempre buscar algo de útil nas coisas piores ou infinitamente desgraçadas.

Se não tivesse havido a perda de uma vida preciosa — a de um dedicado engenheiro que a examinava justamente no instante do acidente — até diríamos: bendita queda da ponte do Passo do Socorro.

Caindo, a ponte deixou à mostra uma verdade chocante, deprimente e carregada de ameaças: as condições de absoluta fragilidade e de perigo de desastre que cercam hoje a outrora magnífica economia do Rio Grande.

A queda mostrou que, exceto por um fio — pela tenuidade de uma ponte —, um dos mais ricos estados do Brasil, uma das regiões mais bem aquinhoadas de toda a América Latina, está completamente sitiada, garroteada SEM QUE NINGUÉM TIVESSE PRESSENTIDO ATÉ QUE PONTO TÃO DEFINITIVO E PERIGOSO CHEGOU ESSE ISOLAMENTO!

A ponte caiu. UMA PONTE APENAS. E isto bastou para que um dos mais florescentes núcleos da economia brasileira em todos os tempos se tornasse repentinamente uma ilha. Uma ilha isolada e já com todas as características do bloqueio total de que sofre também o arquipélago nordestino: ILHA SEM PORTOS, SEM NAVIOS, SEM PONTE, SEM FERROVIA.

Ilha do desespero dos que trabalham e continuam sem condições para prosperar. Ilha do desatino administrativo. Ilha brotada da insânia e da incapacidade. Ilha ilhada pela demagogia, ilha isolada pela quarentena a que a cólera-morbo do peleguismo inconsciente submeteu os portos e os mares de todo o país.

A queda dessa ponte é bendita pelo alerta trazido para as inteligências brasileiras que convivem, em seus lazeres e em suas insônias, com as angústias desta nação que quer viver, trabalhar, progredir e prosperar em termos firmes, sadios e definitivos.

O Rio Grande desfalecia a cada ano, a cada quinquênio, e havia um decênio. E ninguém lhe alcançava no pulso, que buscava forçar exuberâncias de vida, os sintomas da estranha moléstia.

O Rio Grande esvaía-se, perdia vitalidade, entrava em atonia, mas seu organismo educado na ação e no destemor, usando de velhas reservas, não se conformava, não se rendia frouxamente à doença, não desvendava aos olhos dos analistas pacientes ou apressados as razões do depauperamento que se acentuava até a debilidade dos exangues.

Se o Rio Grande do Sul, porém, estivesse, não a mil km, mas — como o Nordeste — a uma distância média de 2.500 km dos outros principais centros consumidores e produtores do país — o eixo São Paulo, Minas Gerais, Rio de Janeiro — já seria muito mais grave ainda o seu estado de decomposição econômica, pois às consequências do isolamento se reuniriam ainda as do maior afastamento geográfico.

Por isso é que, quem quer que faça hoje uma viagem de Porto Alegre a São Paulo, pela nova BR-116, constatará agradavelmente surpreso que ela é um gigantesco e contínuo comboio de caminhões, ônibus, jamantas e carros de passeio. Mas logo o entusiasmo se desfaz em pesar: aquele incomensurável comboio de milhares de veículos nada mais é que o heroico esforço de um dinamismo estroina, que luta por sobreviver mesmo à custa do luxo seguro daqueles caminhões e ônibus e jamantas, e assim age porque não dispõe, não pode contar, nem tem garantias (contra o desleixo e o furto), com aquilo que seria o transporte normal e econômico — o navio ou a ferrovia.

Se a distância Porto Alegre-São Paulo fosse maior, a "nordestinização" do Rio Grande teria sido já muito mais acentuada, e talvez completa. Ela teria ocorrido, mesmo a despeito da privilegiada excelência de suas terras, e mesmo sem as "secas de 1977" ou de qualquer dos anos trágicos das grandes estiagens cíclicas do Nordeste. E seus bandos de retirantes não seriam de origem "paroara", nem teriam cabeça chata; seriam "gringos", e de rosto redondo, sanguíneo, ariano peninsular ou aqueles maragatos beduínos, da famosa revelação etnológica do escritor gaúcho Manoelito de Ornellas.

Pois, agora mais do que nunca, na velocidade e na sucessão de PREMÊNCIAS da sociedade moderna — nenhuma região, nenhum país, aguenta o isolamento sem um rápido processo de retrocesso econômico e um vulcânico aquecimento de suas condições sociais.

Semanas após a queda da ponte, foi criada oficialmente uma "Comissão de Alto Nível" encarregada de estudar a situação do Rio Grande. Esse seleto grupo de cidadãos emitiu um fundamentado parecer para exame e providências por parte do presidente da República. Continha mais de quatro mil palavras e se dava ao capricho de historiar a evolução da economia gaúcha desde o século XVIII.

Não escapou à sensibilidade analítica da "Comissão de Alto Nível" que o processo de anemização da economia gaúcha se acentuou A PARTIR DOS ÚLTIMOS DEZ ANOS, ou seja, de meados da década de cinquenta.

Era então presidente da República o senhor Juscelino Kubitschek, e vice-presidente, e seu associado político, o senhor João Goulart. (Este último, pela "partilha de poderes", tinha domínio total sobre os sindicatos de marítimos, portuários e ferroviários e se achava no pleno exercício de suas funções de vice-rei da orla marítima e das estradas de ferro.)

Esta perfeita observação da Comissão sobre a origem cronológica das dificuldades maiores para o Rio Grande faz lembrar uma temática muito frequente em analistas recentes da vida gaúcha. Segundo eles, a situação aflitiva do Rio Grande tem começo, principalmente, na preterição mais ou menos deliberada de que o Estado fora vítima na distribuição dos quinhões das "Metas do desenvolvimento" do plano administrativo do senhor Kubitschek. (Isso malgrado seu associado político e vice-presidente da República ter sido um gaúcho.)

Essa preterição teria sido o fator primordial que causara ao Rio Grande um retardamento em seu progresso, ao mesmo tempo que o colocava em maior dependência econômica, como comprador e freguês dos estados (ou estado) mais aquinhoados industrialmente. Nascera daí o desequilíbrio que, persistindo, aleijara, e fizera adernar perigosamente a economia gaúcha. Agravava tudo o fato de, simultaneamente, os produtos rio-grandenses, em sua maioria agrícolas, estarem sempre sob injusto tabelamento.

É indiscutível que a grande indústria instalada no país no período Kubitschek, a automobilística — que é a mais ambicionada por todos os estados —, ficou sediada toda em São Paulo. Mas não o foi por decisão ou irrecorrível imposição governamental.

A instalação de indústrias PARTICULARES não pode ser feita à base do olhômetro político ou burocrático, neste ou naquele ponto — a não ser sob o atrativo de excepcionais vantagens fiscais como as estabelecidas pelo artigo 34 da lei que criou a SUDENE.

É conhecido o próprio exemplo de importante indústria automobilística europeia que, provavelmente como atenção ao mineiro Kubitschek, planejara instalar-se num dos parques industriais satélites de Belo Horizonte. Apesar de todos os investimentos iniciais feitos naquela direção, essa empresa acabou estabelecendo-se definitivamente onde encontrara o máximo de condições objetivamente favoráveis para atendimento de seus problemas de produção: o parque de autopeças do cinturão industrial de São Paulo.

Não há a menor dúvida de que, se mais investimentos oficiais tivesse havido no Rio Grande, melhores seriam, em partes, suas perspectivas. SERIAM e em partes. Seriam até certo ponto. Até o ponto em que serão úteis ao Nordeste todos os maciços investimentos que ali vêm sendo feitos. ATÉ UM PONTO DE EFEITOS LIMITADOS.

Pois o mal que começou a afetar mais danosamente, mais concretamente, mais duramente, mais decisivamente a economia gaúcha não foi a desatenção ou a ingratidão contidas nas "metas" do senhor Kubitschek, nem a inaptidão ou o desinteresse do senhor Goulart em influenciá-lo em favor de sua terra natal.

O mal nasceu e cresceu à medida que se agravavam aceleradamente as condições de comunicações básicas — rápidas e econômicas — entre o Rio Grande e o seu tradicional grande mercado: o resto do Brasil.

Muito mais do que qualquer deslocamento industrial ou tabelamento, o mal era, sim, o contínuo e prolongado EMPILHAMENTO, nos pátios dos cais ou nas gares ferroviárias, nos paióis e até em sacristias, das sucessivas colheitas e produções gaúchas, fosse do que fosse — de arroz ou de sapatos, de feijão ou de vinho, de charque ou de fogões, de lã ou de cutelarias, de cebola ou de malhas finas. Esse empilhamento causava não apenas um eliminatório retardamento, mas também um superencarecimento dos produtos gaúchos na competição dos mercados consumidores.

O que começou a exaurir o Rio Grande não foi, pois, o que não lhe deram, mas o que não mais podia fazer: vender em condições favoráveis e entregar rapidamente tudo o que produzia.

Com a ESPOLIAÇÃO DAS TAXAS PORTUÁRIAS, A DESORGANIZAÇÃO E A INOPERÂNCIA PELEGUISTAS ocupando os cais, as lagoas, os rios e os navios, e piorando terrivelmente as consequências de inadequação e obsolescência das ferrovias — o Rio Grande do Sul tornou-se A MAIS NOVA ILHA DO ARQUIPÉLAGO BRASILEIRO e o mais próximo candidato à progressiva e inarredável pauperização.

Em seu relatório, a "Comissão de Alto Nível" aponta o Rio Grande como uma das vítimas dos "desequilíbrios regionais da economia brasileira".

Não há dúvida, porém, de que esses desequilíbrios só se acentuam até os mais díspares e chocantes contrastes por força predominante de um fermento principal que imprime a mais alta expansividade aos fatores negativos locais já porventura existentes: o insulamento da região.

A falta de transportes básicos é que é o caudal fácil por onde descem encachoeirados todas as desgraças e todos os infortúnios que se abatem progressivamente sobre as vilas e cidades e até capitais das regiões afetadas, situadas nos meios extremos ou nos extremos geográficos do país. O isolamento por falta de comunicações BARATAS E EFICIENTES gera uma terrível força regressiva sobre tudo que existe. Nada a ele resiste: nem a antiga prosperidade das indústrias, nem a contínua generosidade dos campos; nem o entusiasmo, nem as esperanças nas mentes e nos corações. À sua devastação não escapa nem o carrascal areento e crestado, nem mesmo o massapê gordo e humoso.

O relatório da "Comissão do Alto Nível" parece apontar também, entre os fatores que mais contribuíram para o retardamento do progresso do Rio Grande, a falta que fez a reforma agrária, que o então capitão-de-todos-os-portos, senhor Goulart, pleiteava. Embora o extemporâneo dessa exumação polêmica, o arrazoado da Comissão afirma em certo trecho:

"O setor primário — gerador de mais de 40% do produto interno bruto da área, e como tal, básico para o desenvolvimento — passava a encontrar limites para seu crescimento extensivo (ocupação de novas terras) dentro das condições institucionais vigentes."

Mesmo não querendo ser muito franco, o redator do relatório pede-nos entendermos que o barco do Rio Grande não navegava bem principalmente por falta do empuxe desse insubstituível combustível — a Reforma Agrária — cujas benesses o seu estado não recebeu, por culpa das malfadadas "condições institucionais vigentes".

Ora, não nos consta que as outras regiões do país, que progrediram enquanto o Rio Grande não o conseguia tanto, usufruíram do privilégio de usar essa chave de milagres para abrir as portas da prosperidade. O miserando e negregando latifúndio continua dominando, por toda parte, Brasil afora. Não é, pois, por causa da "inoperância ou da improdutividade" dos seus "latifúndios e latifundiários" que o Rio Grande se marginalizou economicamente. (O Censo Agrário levantado pelo IBRA em 1966 revelou que as terras gaúchas se dividiam em 432 mil propriedades!)

Na parte final de seu longo relatório, a "Comissão de Alto Nível" aproveitava o excepcional ensejo e apresentava minuciosa lista de "Reivindicações ao Governo Federal" através da qual seus autores batiam às portas dos ministérios da Fazenda, da Coordenação Econômica e Planejamento, da Agricultura, da Indústria e Comércio, da Viação e Obras Públicas e de mais as seguintes autarquias governamentais: Banco Central da República, Banco do Brasil, Banco Nacional de Habitação, Superintendência Nacional do Abastecimento (SUNAB), Coordenação Nacional de Crédito Rural, Fundo Nacional para a Agricultura e Indústria (FUNAGRI) e Instituto Brasileiro de Reforma Agrária (IBRA).

A nosso ver, teria sido muito mais eficiente, e contaria por certo com a possibilidade de leitura total por parte do seu ocupadíssimo destinatário — o presidente da República — se a douta Comissão tivesse usado a sua reconhecida autoridade funcional e intelectual para pedir ao marechal chefe do governo, sem delongas literárias de História ou de Economia, e em lacônica linguagem de Estado-Maior:

"EXCELÊNCIA: MANDE PÔR OS PORTOS A FUNCIONAR IMEDIATAMENTE. ENVIE-NOS NAVIOS BONS E ORDENE PRIORIDADE ABSOLUTA PARA AS OBRAS NOS CANAIS FLUVIAIS E AS DO TRONCO PRINCIPAL SUL."

Porque o resto, tudo aquilo que em seu bem-intencionado e exaustivo trabalho a Comissão pediu a um mundão de repartições mais ou menos interessadas, e também mais ou menos saturadas de outros pedidos semelhantes, o resto será feito pela decisão, pela capacidade, pela inteligência, pela produtividade, pela versatilidade criadora, pelo amor ao trabalho — sempre demonstrados pelo admirável povo gaúcho.

A vitalidade e o polimorfo poder de produção dos gaúchos, e da terra gaúcha, independem, e até dispensam, de grande parte daquelas morosas e duvidosas medidas assistenciais que o dramático ensejo das enchentes permitia NOVAMENTE pleitear de um atarantado e supersolicitado governo central, que herdou inopinadamente um país em situação de "véspera do caos".

Basta que deem ao Rio Grande, de volta, os seus portos funcionando com eficiência, sem os obstáculos do assoreamento e sem o lodaçal da burocracia demagógica. Rasguem-se alguns quilômetros de canais para que o Estado possa usar as suas mil léguas de seus rios navegáveis. Levem-lhe navios novos, lépidos e rápidos, e que não carreguem no seu bojo as mil peias das equipagens supercondecoradas de direitos e privilégios. E estique-se até o lírico e belo Porto dos Casais (Porto Alegre), até Santa Maria da Boca do Monte, até Uruguaiana, até Santana do Livramento, e até Jaguarão, as futuras artérias vitalizadoras e modernas do Tronco Principal Sul.

Uma vez feito isso — a engenhosidade, o dinamismo, o inconformismo, a capacidade e a rapidez de decisão dos gaúchos porão nas mesas do Brasil inteiro o banquete da sua fartura.

Desorientadas pelo insulamento, as lideranças gaúchas não entendiam aquele murchar econômico que está engelhando o seu estado e cujo mistério outros também não decifravam. Felizmente, por todas as razões, mas nunca por orgulho vazio, o Rio Grande não precisa estender a mão senão para a saudação fraternal.

Pois a prosperidade não é um touro que tenha mais fôlego que a gente gaúcha. Se ela tiver caminhos livres, econômicos e trafegáveis — as vias líquidas e as vias férreas —, o Rio Grande disparará na grande vaquejada da fortuna. E o Brasil que abra os armazéns e as despensas, os paióis e as copas, para aguentar a capacidade de produção das terras, das máquinas e das mãos gaúchas.

Ninguém melhor que o Rio Grande, versátil, policultor e polivalente, para dispensar o apadrastado e avassalador paternalismo do Estado — com sua asmática burocracia e seus cínicos desleixos.

Não. O Rio Grande não pode ser outro "Nordeste".

Ao contrário: façamos com que também o Nordeste possa tornar-se aquilo que a terra farroupilha nunca deveria ter deixado de ser: um dos mais florescentes celeiros do país de Canaã.

O "mal" de ambas as regiões se cura com PORTOS, NAVIOS E LOCOMOTIVAS funcionando de verdade.

O resto, repetimos, será feito pelo arrojo dos gaúchos. E pelo tutano dos nordestinos.

REFORMA AGRÁRIA

O capítulo que se vai ler adiante, sobre a Reforma Agrária, já estava escrito, quando foi votado pelo Congresso o projeto de lei que, sobre o assunto, lhe enviou o Governo Revolucionário, em fins de 1964.

O conteúdo do projeto e sua aprovação final em nada alteram o nosso raciocínio, como também não afetarão em quase nada as condições da vida do campo.

Pois, apesar de todo o respeito que nos merece o governo presidido pelo marechal Castelo Branco, com sua equipe de ministros, nem por isso deixamos de dizer: esse projeto de "Reforma Agrária", tal como o da concessão de voto aos analfabetos, foi um pecado de fraqueza, decorrente do medo e do pânico, mas inconsciente, de que ainda se acham tomadas certas classes intelectualizadas — inclusive autoridades — de serem apodadas de "reacionárias".

O projeto foi, pois, um ato, uma "descarga" de fundo freudiano. Não propriamente uma ação de governo, do governo firme e tantas vezes antidemagógico que está comandando o Brasil em nossos dias.

E. F.

8

A semeadura de embustes em torno da reforma agrária

Esta história corre no meio de minha família há cinquenta anos:

> Um amigo que, no começo do século "mascateava" na Zona da Mata, em Minas Gerais, indo de Bicas e Maripá à Serra da Prata, a Aventureiro, Tarumirim, Argirita e Volta Grande, retornava com sua tropa de burros, cansado de quinze dias consecutivos de peregrinação, de freguês em freguês, de fazenda em fazenda. Quase ao chegar a Maripá, lá pelas 11 da manhã, a "madrinha", acossada pelo sol já meio a pino, espraiou-se no chão, ela também esgotada pelas longas, difíceis e consecutivas caminhadas. O animal carregava as canastras com as roupas e coisas usadas do mascate. O lugarejo estava quase à vista, a uns dois quilômetros de distância. Com aquele contratempo sobrepesando ainda mais o seu cansaço, o mascate viu pouco adiante um caboclo sentado no chão, quase deitado contra o portal do casebre, o chapéu de palha caído sobre os olhos, com certeza já na soneca "de depois do almoço".
>
> O mascate abordou-o. Disse-lhe o que se passava, explicou que estava cansadíssimo e ofereceu-lhe cinco mil réis — para o caboclo, o ganho de uma semana — para levar as canastras de roupas ("Não eram pesadas") até Maripá. "Maria, ô Maria!", gritou o homem quase desinteressado, sem desencostar-se do portal. "Vê se ainda tem alguma coisa pra nós, logo pra janta!" Ouviam-se ruídos de latas, talvez de panelas. E a voz de Maria, de volta, informando: "Olha! Tem ainda um bom naco daquele angu, tem também um outro da carne-seca, e tem uma cuia do

feijão!". O caboclo sorriu para o seu interlocutor e selou o diálogo, vitorioso: *"Ah! Moço, então eu não vou, não!".*
Ele tinha o suficiente para a "janta" daquele dia. Bem que os cinco mil réis poderiam dar para comprar até um meio saco de arroz. Mas ele não precisava; "tinha pra hoje".

Entrando com seu solerte mão de gato na ação sistemática da desorganização quase total dos transportes básicos (marítimos e ferroviários) e dominando os respectivos sindicatos, os manipuladores e beneficiários do "quanto pior, melhor" conseguiram sua primeira e real vitória contra a organização econômica do Brasil: tornar impossível uma boa e eficiente DISTRIBUIÇÃO (transporte e entrega) de todos os produtos brasileiros — principalmente os agrícolas — através de todo o país.

Essa é uma vitória realmente significativa e da mais alta valia político-estratégica. Pois, enquanto existir esse planejado insulamento entre produtores e consumidores, os agitadores disporão dos fatos decorrentes do ABASTECIMENTO IRREGULAR, RETARDADO E ONEROSÍSSIMO, para com eles iludir emocionalmente os incautos, os mal-informados ou os ressentidos — a sua clientela de sempre.

Façamos, porém, um parêntese. A vitória não foi conseguida diretamente pelos comunistas; mais corretamente: foi-lhes DADA — parte pelos seus servidores de sempre (os simpatizantes e os atemorizados, encaixados em centenas de nichos administrativos e governamentais) e a outra parte pelos seus sócios no submundo partidário, os demagogos perono-"nacionalistas", os falsários políticos, os bobocas Kerenskis de fronteira e os carreiristas-descuidistas sempre prontos a pilhar uma fatia do poder — e que pensam de forma tola em DEPOIS dar o tombo nos vermelhos, na hora em que ficassem sozinhos na arena, com esses sócios do diabo.

Desorganizada, quase destroçada, tornada praticamente inútil, inusável, difícil ou ultraonerosa a DISTRIBUIÇÃO — o transporte e a entrega de tudo que é produzido —, os bolchevistas ficaram com um versátil pano de boca, para encenar nos palcos das grandes cidades, onde se acha o auditório que eles mais visam impressionar: as classes "neutras", os funcionários civis e militares, os bancários, comerciários, industriários, os pequenos comerciantes e artesãos e as classes liberais. Para os incautos, os ingênuos, os jejunos em economia, os politicamente desprevenidos, eles escamoteiam: "O que falta, o que não existe é PRODUÇÃO — porque o Brasil está cheio de latifúndios totalmente inaproveitados!"

E entram então com os "argumentos" que os desinformados e os vistas curtas realmente veem: "Viu a falta do arroz?" "A do feijão?" "A da carne?" "E tem gente morrendo de fome no Nordeste..." "Tem gente morrendo de fome no Rio?" "Viu o preço da manteiga?" "São os latifúndios, os latifúndios!"

A audiência se impressiona, aceita e, percutida diretamente pelos fatos e automatizada pelos "argumentos", acaba repetindo: "Viu a falta de arroz?" "Também, se não há produção... São os latifúndios!"

E repetem ativamente o que os comunistas lhes dizem — porque os outros não lhes transmitem nada para se orientarem e repetirem.

Quem lhes diz, por exemplo — e REPETE —, que o arroz do Sul ou do Triângulo Mineiro só pode chegar ao Rio de Janeiro e a São Paulo após dois ou três meses de viagem de trem?

Quem lhes repete que, por mais que o Sul e o Centro produzam, suas mercadorias sempre chegarão muito mais caras ao Nordeste ou ao Norte após um MÍNIMO de quatro a seis meses paradas nos cais, ou no bojo dos navios-caranguejo, de nossa cabotagem?

Como os desinformados vão saber que o fertilíssimo Maranhão pode até espantar o mundo com quatro colheitas de arroz por ano, mas que entre os seus arrozais e as cozinhas do Sul estão atravessados "quatro meses de Lloyd ou Costeira"?

Quem tem repetido nessas horas que, no auge da produção do trigo ou do arroz no Rio Grande do Sul, se chega a armazená-los até em sacristias por falta de transportes ou silagem?

Quem sabe que a tonelagem das colheitas de cereais do norte do Paraná demanda mais de quinze vezes a débil e aleatória capacidade de transporte que lhe é oferecida pela única ferrovia que serve a região?

Quem acreditaria — se não tivesse visto e lido — que, no ano da graça de 1963, uma companhia de navegação particular teve que deixar de transportar ela própria o sal que produz e enviá-lo todo por caminhões, através de 2.500 quilômetros, do Nordeste para o Centro do país?

Quem sabe que um trem de carga comum, levando cereais mineiros, gasta doze dias de Belo Horizonte ao Rio de Janeiro, porque a Central (após cem anos de existência) só tem uma linha que dá precedência para os trens de minérios e de passageiros?

Pelo muito que se tem falado em favor da Reforma Agrária, e pelo NADA QUE SE DIZIA DO QUE DEVIA SER, ficava à mostra o rabo dos seus arautos. Ela é pretexto, e não anseio; é "slogan" e não desejo de se fazer alguma coisa real e prática na direção dos homens do campo; é apenas um "passe de mágica" visando uma escamoteação política e não uma real medida de governo.

O país inteiro sabe que alguns viviam despolpando o assunto da Reforma Agrária apenas como insistente pretexto para outras "reformas", principalmente aquelas que os pudessem conduzir a uma colheita de PODERES TOTAIS. Tratava-se de inveterados compradores de fazenda que pensavam no Brasil em termos de a Grande Fazenda a ser incluída em seus domínios.

Ficou, aliás, famosa em meados de 1963 — quando a pressão de CIMA PARA BAIXO, pela Reforma Agrária, atingia a máxima voltagem emocional — aquela história de um assustado latifundiário mato-grossense que, ao saber que passara a ter, como seu colega e vizinho, um homem ultrapoderoso que fazia da Reforma Agrária o seu tema de vida ou morte, de almoço e janta, a sua oração da hora de dormir, o seu bom-dia e a sua saudação de espirro, foi consultá-lo atemorizado:

— Doutor, o senhor, que é o que é, e entende desse negócio, e é agora colega, me oriente. Que é que devo fazer com minhas terras, doutor?

O "vizinho" demorou-se silencioso, com ar de quem retinha um segredo. Mas, aflito, o outro insistiu:

— Só duas palavrinhas, doutor...

A resposta veio então rápida, espontânea, em cima da "deixa":

— Quer vender?

Essa anedota comprova que o espírito inteligente dos brasileiros já pressentira o que havia sob o balaio daquele agressivo "altruísmo" com que alguns dos maiores latifundiários do país clamavam e proclamavam as duas palavras mágicas que transformariam tudo de ruim no melhor de tudo.

E os comunistas, estariam eles berrando pela "Reforma Agrária" para valer? Para dar MESMO terra aos sem-terra? Fazê-los PROPRIETÁRIOS delas?

Os teólogos vermelhos veem no tema "Reforma Agrária" uma formidável alavanca de ação dupla: pela ambição deturpada que atiça no camponês ingênuo e, principalmente, pelo temor e TERROR ECONÔMICO que introduz no campo — estágio importantíssimo para a generalização desse estado de espírito entre as demais classes produtoras do país.

Agindo sempre em função do seu monótono monocórdio tático, "quanto pior, melhor" — os comunistas visam, com a agitação da "Reforma Agrária", unicamente levar o pânico e o caos ao campo, aterrorizando os proprietários, DESORGANIZANDO A PRODUÇÃO e envenenando cívica e socialmente o camponês primário, universalmente desorientado sobre tudo.

Alguns participantes da claque vermelha das cidades fingem crer totalmente que "o Partido está lutando para dar terra aos camponeses". Esses ingênuos-espertos fingem não saber que, em todos os lugares em que subiu ao poder, o "Partido" não deu nem dará títulos de propriedade de terra (e de nada) A NINGUÉM, pelo simples fato de que o princípio básico (e mortal) da política marxista é exatamente a eliminação da propriedade individual e de toda ideia de posse.

Nos países submetidos à eternidade da ditadura comunista, a terra pertence vagamente à coletividade, formalmente ao governo e REALMENTE ao "Partido", isto é, o grupo partidário dominante — DONO E SENHOR ABSOLUTO DE TUDO, das propriedades, das coisas, dos planos, dos sonhos, da liberdade e das vidas.

Se, nos países livres, os ditatorialistas vermelhos falam taticamente em "distribuição de terra aos camponeses" é porque já sabem quanto isso lhes serve para a AGITAÇÃO E DESORGANIZAÇÃO da vida do campo — dois fins fundamentais da sua "política agrária". Eles já conhecem de sobra os resultados de todas as "reformas agrárias" feitas desse jeito: 1) imobilizar pelo terror as atividades produtoras dos que têm terras; 2) dar uns inconsequentes tratos desnudos de campo a quem já vive desnudo na vida.

Eles já sabem, sadicamente, que o simples fato de se entregar um título de propriedade a um enxadeiro não realiza o milagre de torná-lo capaz de dirigir o pequeno e complicado negócio que é o seu sítio, a sua fazendola. Eles já conhecem, calculadamente, os "resultados" que se obtêm quando se joga uma pobre família de campônios sobre terras que eles têm que cultivar com uma orientação profissional de que não dispõem; com instrumentos de trabalho e máquinas que não podem comprar; com adubos cuja existência às vezes nem conhecem. Maquiavelicamente, eles não ignoram que aquele coitado, só com enxada e facão, não pode dar cabo das pragas que ameaçam periodicamente suas plantações e que não poderá, com míseras caçambas ou ridículos regadores, repor sobre o campo, diariamente, a água, a irrigação que Deus não der.

Os líderes comunistas mais estudiosos e observadores devem saber o que houve com os 240 mil pescadores brasileiros, os nossos camponeses do mar: há algumas décadas, foi-lhes "distribuído" o nosso imenso latifúndio oceânico.

Deram-lhes ou restabeleceram-lhes a propriedade dos nossos mares. Mas, impiedosamente, eles foram deixados em condições profissionais, técnicas e mentais primitivas, que os incapacitam para os resultados mínimos com que deveriam retribuir ao seu país e seu povo o direito exclusivo que lhes é assegurado sobre os mares brasileiros.

Mas é isto exatamente o que os ditatorialistas comunistas e seus serviçais querem que aconteça na zona rural: jogar os simplórios camponeses sem terra a navegar despreparadamente sobre os dificultosos e surpreendentes mares das atividades agrícolas, contando com a frágil jangada da sua limitada capacidade profissional, da sua pobreza de meios e métodos de trabalho, da sua desorientação e ignorância do que fazer e como fazer. Pois aos vermelhos não interessam colheitas, fartas colheitas nas lavouras. Muito pelo contrário. O que visam, diabolicamente, com as duas palavras que taticamente tanto papagueiam — Reforma Agrária — é exclusivamente a oportunidade de pulverizar permanentemente o seu veneno também sobre a paz social do campo, nos países livres.

Que milagres fabulosos teriam acontecido na produção agrícola dos países que realizaram a "Reforma Agrária"?

Que índices admiráveis de produção atingiram essas nações "progressistas"?

Em seu fundamentado e impressionante livro, *A Corrida para o Ano 2000*, o professor Fritz Baade, com sua autoridade de deputado pelo Partido SOCIALISTA alemão, informa que são os seguintes os resultados de produtividade dos campos "reformados" nos países onde se fez a Reforma:

> Na Rússia, cada trabalhador ativo produz para seis pessoas na cidade;
> Na China e na Índia, cada trabalhador ativo produz para três pessoas na cidade.

Enquanto isto, o que acontece nos países onde não houve a "bênção salvadora" dos sovkhozes, kolkhozes e SUPRAKhoses?

> Nos Estados Unidos, cada trabalhador ativo produz para 27 pessoas na cidade!
> No Canadá, cada trabalhador ativo produz para 26 citadinos!

Com sua responsabilidade de professor de economia agrária da Universidade de Kiel, Fritz Baade calcula ainda que, lá para o ano 2000, com a evolução da técnica agrícola (novos equipamentos, novas descobertas sobre solos, nova química protetora, novos adubos, nova mentalidade administrativa), cada agricultor americano estará produzindo para alimentar de 70 a 90 pessoas na cidade!

Apesar de todo o hermetismo com que os marxistas cercam suas "tragédias íntimas", a União Soviética não conseguiu esconder em 1963 a sua necessidade de bater à porta dos paióis burgueses para comprar trinta milhões de toneladas de trigo aos seus agricultores não "reformados". Nem pôde omitir também o desespero da busca de um "bode expiatório" nacional (já que não têm "imperialismo" agindo lá dentro), mudando quatro vezes de ministro da Agricultura em três anos.

Num estudo sobre a agricultura russa publicado em 29 de novembro de 1944, o jornal *O Estado de S. Paulo* transcrevia a informação do "Izvestia" de que 70% dos sovkhozes, ou seja, das fazendas estatais, foram deficitários em 1963. Para equilibrar seu orçamento, mais de seis mil dos sovkhozes tiveram de recorrer a subvenções governamentais, que totalizaram três bilhões de rublos.

Citando um estudo publicado pelas Nações Unidas, informa ainda o jornal: "Na Polônia, mesmo nas fazendas coletivas, 67% da produção provêm daquela mínima parcela de terra que os kolkhozianos são autorizados a cultivar INDIVIDUALMENTE. Na própria União Soviética, segundo dados estatísticos oriundos de 1959 — o ano da maior colheita — a METADE da produção da carne e de leite do país inteiro veio daqueles 3% das terras das fazendas coletivas que os kolkhozianos cultivam INDIVIDUALMENTE. Esses pedaços ("livres") de terra forneceram 80% da produção de ovos, 60% da produção da batata e 46% da produção de legumes DE TODO O ENORME IMPÉRIO EURO-ASIÁTICO".

Não é de se estranhar, por isto, que Tito, o mais perspicaz e sem preconceitos dos líderes comunistas, já tenha iniciado, dentro da sua herética "abertura para a livre empresa" — que lhe valeu o ódio e a excomunhão por Stalin — a devolução de terras a camponeses.

Se a União Soviética tem de tudo que pode ser básico para a agricultura operada em termos de grande indústria, se pelo seu "gigantesco progresso", segundo proclamam os seus arautos, também pode dotar seus sovkhozes de:

SUPERMECANIZAÇÃO
SUPERADUBAÇÃO
SUPERPROTEÇÃO QUÍMICA CONTRA PRAGAS
SUPERIRRIGAÇÃO

se pode ter tudo isto de que dispõe a grande agricultura capitalista dos EUA, do Canadá, da Austrália — que falta então a seus camponeses senão essa força magnética, esse fermento divino que movimenta harmoniosamente todos esses fatores e leva os países livres a ter colheitas de abundância oceânica: A LIVRE INICIATIVA?!

É a liberdade para tentar, é a atração do êxito, a esperança do sucesso, a disposição para enfrentar o desafio das oportunidades — e a certeza de poder experimentar de novo — que dão às semeaduras feitas pelo homem livre essa força astronomicamente multiplicadora.

Força tão extraordinária que, como observou Carlos Lacerda, levou um ex--secretário da Agricultura dos EUA, senador Anderson, a exclamar, pitorescamente tomado de pânico diante da preamar de abundância dos seus campos: "O trigo americano cresce mais depressa do que podemos comê-lo; mais depressa do que podemos dá-lo; mais depressa do que podemos armazená-lo".

As irrespondíveis experiências dos EUA, do Canadá e da Austrália provam que a eficiência da agricultura para cumprir o seu papel na alimentação dos respectivos povos independe do tamanhinho ou do TAMANHÃO das propriedades. É lógico que o minifúndio não teria nenhuma apreciável contribuição nessas nações onde há a liberdade de crescer e produzir.

Aí, tudo depende da maior CAPACIDADE TÉCNICA E INTELECTUAL dos que mourejam no campo e dos que planejam e administram as operações de produção em larga escala, seja na fazendola que só produz pintos, mas racionalmente e às dezenas de milhares por mês, seja na imensa propriedade através de cujos infinitos campos se estende o compacto oceano dos milharais ou dos trigais, que arrancam da terra montanhas de pão ou de angu.

Isso porque na agricultura, como de resto em qualquer outra das grandes ou modestas atividades do homem moderno, os elementos multiplicadores e essenciais ao êxito são A LIBERDADE DE PRODUZIR E A MELHOR CAPACIDADE PARA FAZÊ-LO.

A nosso ver, talvez uma das maiores verdades lançadas nesse turbilhão polêmico em torno das atividades agrárias seja a frase que o especialista alemão Wolf Strache registra em seu livro *A Grande Colheita*, como de um não nomeado "perito no domínio da alimentação":

É PRECISO, ANTES DE MAIS NADA, REGAR E ADUBAR O CÉREBRO DAQUELES QUE TRABALHAM O CAMPO.

Que milagre de produção agrícola se pode obter num mundo em que, como ainda observa o mesmo Strache, 2000 anos após inventado o arado de ferro, ainda existem 250 milhões, dos seus 350 milhões de lavradores, revirando a terra com ARADOS DE PAU?!

Nós mesmos vimos pessoalmente índios peruanos, em altiplanos da belíssima região de Cusco, a quase quatro mil metros de altitude, remexendo magníficos tratos de terra com a mão para plantio de batata. E é lembrança, ainda da nossa juventude em Minas Gerais, considerar como altamente progressistas os fazendeiros que usavam arados puxados a bois.

Registra o dr. Wolf Strache que bastou "adubar", com as noções adequadas, a mente do homem do campo de algumas das regiões que trabalhavam segundo métodos agrícolas dos mais primitivos, para se obterem logo resultados apreciáveis: uma zona rizícola da Índia razoavelmente "progressista" aumentou em 150% a sua colheita; em outra, onde os métodos eram totalmente primitivos, as colheitas DECUPLICARAM. Os plantadores de cana da Jamaica, melhor orientados, aumentaram em 130% seus rendimentos. Em fazendas de café da Costa Rica, o aumento foi de 285%. Plantações de algodão do Egito melhoraram em 325% a sua produção.

Enquanto isto, por falta dessa imprescindível "adubação mental" de que fala o prof. Strache, dezenas de milhares de pequenos e médios agricultores brasileiros ainda seguem, de Norte a Sul, o costume avoengo de, na época do plantio, pechinchar nos armazéns das vilas do interior, por ignorância e por "economia", as batatas "restolhadas", encruadas e murchas — refugadas pelos consumidores — para usá-las como "sementes" das suas futuras (e frustradas) colheitas.

E isso acontece quando lavradores australianos, canadenses e americanos já se utilizam do trator-semeadeira, uma nova máquina milagrosa que, com o trabalho de uma só pessoa, injeta as sementes na profundidade certa, cobre-as com terra, lança no local de cada semente um jato de fertilizante líquido e, entre uma cova e outra, esguicha ainda um jato de mata-pragas.

No Brasil, os reformistas agrários que aqui pontificavam nos idos de 1962 e 1963, criaram o órgão executor de seus projetos, a SUPRA, que agitou intensamente, fundou imediatamente 500 sindicatos rurais, mas NENHUMA ESCOLA de ensino agrícola. E nem sequer fez o Censo Rural, pois não interessava aos desígnios da SUPRA constatar, e deixar divulgar, que já existiam no Brasil cerca de 2,7 milhões de propriedades agrícolas como cadastrado pelo próprio IBRA em 1966!

Num país que, segundo o professor Hugo de Almeida Leme, Ministro da Agricultura do governo Castelo Branco, precisa de cinco mil novos agrônomos

POR ANO, para atender às necessidades da sua lavoura, existem só doze escolas de Agricultura.

Elas representam macérrimos 2,5% do total de 480 escolas superiores que em 1964 existiam no país.

A nossa agricultura está assim ainda gravemente desajudada de assistência técnica, numa era em que já se estão usando até COMPUTADORES ELETRÔNICOS para aumentar ainda mais a eficiência dos lavradores americanos!

Segundo informou o vice-presidente da *International Mineral and Chemical Corp.*, senhor A. E. Cascino, em entrevista a'*O Jornal*, do Rio de Janeiro, de 23 de fevereiro de 1965, a administração por computadores eletrônicos foi introduzida em 250 fazendas que, assim, conseguiram aumentar de cinco a seis vezes sua produção. Explicando o funcionamento da administração por computadores eletrônicos, o senhor Cascino afirmou que, através dela, se chega mais rapidamente a uma conclusão sobre o emprego racional de quatro importantes fatores da produção agrícola: tipos de cultivo, maquinaria, capital empregado e custos operacionais.

Além dessas incômodas "observações reacionárias" — necessidade de LIBERDADE DE PRODUZIR E PREPARO TÉCNICO DO CAMPONÊS — é bem provável que o grupo citadino que gritava pela reforma agrária no Largo da Carioca e nas imediações do Viaduto do Chá venha a ficar desapontadamente surpreso ao saber que, para resolver o problema dos sem-terra, também não basta dar a terra àqueles que não a têm. É preciso dar-lhes ainda MUITAS coisas materiais indispensáveis à vida agrícola.

É de se supor que os professores que assessoravam o reformismo perono-comunista tenham pensado em tudo de que os camponeses sem nada precisam para que a reforma agrária dê safras que justifiquem o esforço de suas semeaduras doutrinárias.

Pois, do contrário, seria condenar friamente outra legião de trabalhadores ao suplício de ter, sem aproveitar; de possuir, sem usufruir; como já acontece há tantos anos com os nossos pescadores, paupérrimos e despreparados donos dos mares mais piscosamente ricos do mundo.

Ou será que os "sábios" dessa e de outras ambíguas "reformas" pensam que basta dar aos camponeses bisonhos o papelucho que lhes confere a posse da terra e — pronto! — tudo o mais virá automaticamente: o crédito para fazer a casa, para comprar uns móveis rústicos e primários utensílios de cozinha, para fazer o paiol e galpões para animais e ferramentas, para adquirir os mantimentos para os primeiros seis meses e os mourões e o arame farpado para as cercas?!

Eis, a propósito, o levantamento que foi feito pelo experimentado agrônomo Waldir Costa, fazendeiro militante na região de Poços de Caldas, para instalação de uma família camponesa, de pais e três filhos, numa gleba de cinco alqueires paulistas, preços de dezembro de 1964:

	Cr$
Uma casa de tijolos rejuntada, chão de tijolos, mais ou menos com 60 m² a Cr$ 9.000/metro	540.000
Galpões rústicos para animais, ferramentas, paiol, galinheiros etc.	400.000
Utensílios domésticos primários tais como: cama, armário, mesinhas, bancos, utensílios de cozinha, mesa etc.	130.000
Suprimentos para os primeiros 6 meses	150.000
Sementes: 2 alqueires com batatas, 100 sacos de sementes	400.000
1 alqueire com milho	9.200
Ferramentas:	
1 cultivador	
1 sulcador	
enxadas	
machado	
enxadão	
cavadeira	60.000
2 vacas e 1 burro	250.000
Cercas e tapumes: 10 rolos de arame	99.000
10 dz. de mourões estivadores	55.000
50 dz. de mourões simples	155.000
40 kg de grampos	10.000 319.000
Cerca para 1 alqueire em pastagem (já com dois lados cercados)	61.000

Este é o total relativo apenas às "pequenas" despesas suplementares que se terão de enfrentar para dar terra a CADA UM daqueles que não têm nada: Cr$ 2.319.200. Pois é de se crer que a reforma agrária não visa favorecer ricos compadres e sinecuristas correligionários, como certa divisão de terras da União, que se realizou na raiz da Serra de Petrópolis ao tempo da munificente ditadura estado-novista.

Nas despesas acima citadas, deixamos deliberadamente de fora o próprio preço da terra; também não mencionamos estes outros dispêndios necessários, que têm de forçosamente existir se vamos sair da agricultura primitiva e ronceira, que tem capacidade para fazer hortazinhas, mas não lavouras:

(Para o consumo anual de um sítio de 5 alq. paulistas)
12 mil kg de adubo .... Cr$ 1.440.000
Inseticidas e fungicidas......................... Cr$ 100.000

E apenas para completar o panorama das despesas essenciais: preço de um pulverizador "solo-spray", em 1963, Cr$ 65 mil; em 1964, esse aparelho já custava Cr$ 650 mil; e em 1965: Cr$ 1,25 milhão.

Não entra, também, aí o "luxo" da aparelhagem de irrigação. O nosso camponês "reformado" ficará conformadamente sujeito, como tantos outros, aos azares das secas, plantando duas e três vezes a mesma roça de milho, sem nenhuma delas poder chegar à colheita, esturricadas pela seca, como pode acontecer se tudo for deixado sempre exclusivamente "por conta de Deus".

Mas uma aparelhagem de irrigação (motor e tubulação de alumínio) para esse mesmo tamanho de propriedade não ficaria, em dezembro de 1964, por menos de Cr$ 4 milhões!

É lógico — e quem dera que isto sempre acontecesse — que esse lavrador poderá unir-se a outros na mesma zona e comprar ou usar algo em comum, pelo menos os canos de alumínio.

Mas isso nos leva a um caso concreto recentemente acontecido. Desesperados por terem que pagar nada menos que Cr$ 4.500 por HORA pelo trabalho de uma destocadeira, fazendeiros da região de Aguaí, no nordeste de São Paulo, formaram um grupo para comprar uma destocadeira D-4, cujo preço, em dezembro de 1963, era de Cr$ 22 milhões. O Banco do Brasil poderia emprestar 70% do dinheiro, mas a UM DELES apenas, e este teria de dar garantias e hipotecar seu patrimônio, pois o regulamento não previa empréstimo a GRUPOS. Na mesma região, na época, os fazendeiros estavam pagando a proprietários de tratores Cr$ 30 mil para aração e gradeação de UM ALQUEIRE de terreno, depois de convenientemente destocado.

Aliás, é curioso e importante ressaltar-se o fato de que, exatamente num dos anos (1962) em que certos interesses políticos ditatorialistas mais se aproveitavam da cortina de fumaça do "problema da reforma agrária" tenha acontecido, sob a mais ignorante indiferença de todos os "nacionalistas", um dos maiores desastres para a lavoura do Centro e Sul do país: a cessação do abastecimento de fertilizantes, por parte da Fosforita de Olinda, Pernambuco.

E, nesse fato se apertaram, de uma só vez, as duas tenazes com que a longa e meticulosa conspiração econômica dos teóricos bolchevistas procurava sufocar a livre iniciativa brasileira: foram as altíssimas despesas de transporte (ação de DESMANTELAMENTO DA DISTRIBUIÇÃO de produtos) que passaram a impedir que o fosfato pernambucano atingisse os mercados do Sul e favorecesse O AUMENTO DA PRODUÇÃO da agricultura dessa região.

O frete de uma tonelada de fosfato de Olinda, de Recife para o Rio de Janeiro ou Santos havia passado de Cr$ 2 mil para cerca de Cr$ 20 mil de um ano para outro!

O longo e paciente trabalho de domínio (peleguista) e de desmantelamento (comunista) dos sistemas de transporte básicos do país resultou, no caso do fosfato pernambucano, nesse novo troféu de vitória que os "nacionalistas" devem fincar sobre a sólida muralha chinesa, amalgamada de egoísmo e obtusidade com que procuram cercar o desenvolvimento do país: impedida pelos escorchantes fretes "politizados" de comprar fosfato pernambucano, a agricultura do centro-sul do país teve que passar a despender DÓLARES para comprar fosfato do Marrocos, da Argélia e da Flórida!

Aliás, não é de espantar essa indiferença do governo Goulart também pelo problema dos adubos, já que seu Plano Trienal previa, para o "desenvolvimento" da agricultura, durante TODO O SEU PERÍODO, a "fantástica" cifra de 40 mil toneladas de adubos nitrogenados — quando somente a "gigantesca" Holanda consome mais de MEIO MILHÃO de toneladas de adubos nitrogenados, fosfatados e potássicos POR ANO. Nos EUA, esse consumo já está em cerca de 25 milhões de toneladas anuais!

Todas as despesas que enumeramos — ou apenas parte delas — devem fazer com que as pessoas sinceras que, à distância do problema e da realidade, tanto falam no assunto, meditem um pouco mais e libertem-se do carneirismo "reformista" a que se entregaram sob a ação do terrorismo intelectual comunista.

Não há dúvida que um programa consciente de colonização agrícola TEM DE SER FEITO, atendendo ano a ano um número crescente de lavradores que se queiram tornar proprietários com a ajuda do Estado.

Mas o governo que desejar levar sinceramente adiante essa ideia, deve fazê-lo sem esquecer-se de servir também à nação e não apenas a essa ou àquela classe, por mais simpática que seja sua causa.

E o interesse vital deste país manda que o maior esforço que se fizer em matéria de colonização agrícola deva ser concentrado NAS ÁREAS PERIGOSAMENTE VAZIAS DO TERRITÓRIO NACIONAL. Obviamente, garantindo-se assistência e COMUNICAÇÕES permanentes aos novos e equipados desbravadores.

Admitamos que esse Plano partisse da entrega de terras, no primeiro ano, a um grupo de cinquenta mil camponeses brasileiros — número que seria bastante razoável, pelo menos para ponto de partida de uma ação SINCERA, para resolver DE VERDADE a situação dos contemplados.

Sem levar em conta o custo da terra — pois, como dissemos, seriam de preferência terras devolutas do Estado — as outras despesas ABSOLUTAMENTE NECESSÁRIAS, citadas em página anterior, demandariam um mínimo de Cr$ 115 bilhões anuais* sem computar-se o próprio aparelhamento humano que o Estado deverá criar e ampliar para conceber tudo de que os nossos campônios em estado de quase primitiva ignorância precisam: permanente assistência de agrônomos e veterinários, assistência médica e SOCIAL, esta da maior importância — para fazer com que, não apenas ele, mas também toda sua família, possa participar da vida nova a que serão alçados.

Sem ASSISTÊNCIA SOCIAL adequada e enérgica, o enxadeiro brasileiro e sua família serão, como os nossos pescadores, baratas tontas, que se afogarão pela falta dos mais simples rudimentos de economia agrícola e doméstica no pequeno mar de facilidades e responsabilidades atiradas às suas mãos inexperientes, ao seu cérebro virgem de noções de bem-viver, de saber viver e de administrar o que quer que seja.

Dar-lhes terra e não lhes dar meios, nem amparo, nem orientação de como usufruir tudo da terra, é agir com a má-fé de quem não quer solucionar problema nenhum, de ninguém, mas criar milhões de novos tipos de frustrados e

---

* Esta cifra é mais que o **dobro** da dotação que o Ministério da Agricultura teve, com **todas** as suas despesas, inclusive pessoal, no ano de 1963, sob o governo já presidencialista do senhor João Goulart.

ressentidos — os dois maiores afluentes humanos que formam o pantanoso delta social, onde o extremismo ao mesmo tempo se forma e deságua.

No mesmo instante em que se decidir fazer um esforço verdadeiro no sentido da elevação do nível de vida do homem do campo, será necessário espalharem-se pelo país dezenas e, a seguir, centenas de escolas de monitores e capatazes agrícolas, de elementos capazes de levar rapida e continuamente aos novos e antigos proprietários as lições e sugestões da técnica. NENHUMA REFORMA AGRÁRIA TERÁ SENTIDO E SUCESSO SEM AGRÔNOMOS ORIENTANDO — EM TUDO — OS NOVOS PROPRIETÁRIOS e sem assistentes sociais educando suas famílias para que possam tirar partido e proveito de suas novas condições de vida.

Ou será que alguém está pensando em fazer progresso agrário à base da enxada, do arado de bois, do cacumbu e do deus-dará?! Sem mecanização, sem adubos, sem inseticidas, sem irrigação?!

É provável que assim estejam pensando os descendentes administrativos do primarismo varguista que não se envergonhou — em pleno ano de 1953 — de "sortear" quarenta jangadas entre 180 mil pescadores que precisavam, e continuam precisando, de poderosos barcos de alto-mar.

E como atrair mais jovens para o estudo de agronomia e veterinária, se até bem pouco tempo o teto salarial da carreira estava abaixo do que ganham os ascensoristas dos ministérios e os mordomos dos ministros? Como realizar a reforma agrária sem agrônomos, sem veterinários e quase mesmo sem Ministério da Agricultura, cujas verbas, no ano de 1963, representavam apenas 4,6% das despesas da União?

Enquanto a dotação para TODAS as despesas — inclusive pessoal — e atividades do Ministério da Agricultura não chegava, em número redondo, a 50 bilhões de cruzeiros em 1963, O DÉFICIT das ferrovias e do Lloyd e Costeira — os poleiros políticos por excelência do perono-comunismo — ia à astronômica cifra de 250 bilhões de cruzeiros! Como tantas vezes acentuou a sensibilidade patriótica do prof. Eugênio Gudin: a manutenção do "dispositivo" sindical-partidário de que viviam certos aproveitadores da República custava, pois, em 1963, CINCO VEZES MAIS do que TUDO o que se aplicava com o Ministério através do qual se deveria ORGANIZAR, MODERNIZAR E HUMANIZAR a agricultura brasileira.

No dia em que um governo, como tantos outros infectado pela mania do fachadismo, resolveu fazer algo no setor do ensino agrícola, partiu logo da centimetragem rasteira que tínhamos nesse terreno para o tradicional e irresponsável gigantismo faraônico, característico de todas as atividades estatais: ou 8 ou 800!

Para um país de proporções continentais, onde faltavam (e faltam) centenas de pequenas e dinâmicas escolas agrícolas, disseminadas pela sua imensa zona rural, resolveu-se fazer logo uma hollywoodiana UNIVERSIDADE Rural, que é assim como que o capricho de um marajá indiano que visasse, através do seu monumental conjunto arquitetônico, a consagrar a obsessiva vocação de algum de seus herdeiros pela nobre tarefa do plantio das batatas.

Centenas de pequenas escolas agrícolas?! Não. Isso seria pulverizar a grandeza das coisas que o Estado (leia-se o "Meu governo") deve fazer.

Tinha que ser uma Universidade Rural "como não há nenhuma no mundo". E com uma particularidade *sui generis*: situada a apenas 47 quilômetros dos *campos experimentais* da Avenida Atlântica e das excelentes *invernadas* do Largo da Carioca e da Avenida Rio Branco.

Pois mesmo assim, plantada tão junto da então capital da República e tão longe dos campos onde mais era necessária, só Deus sabe o que custou ao ministro da Agricultura da época de sua inauguração — o grande brasileiro Daniel de Carvalho — convencer a douta congregação da antiga Escola de Agricultura da Praia Vermelha situada no bairro da Urca, dentro do Rio de Janeiro, que milho não dá em asfalto ou paralelepípedo. Apesar dessa acaciana evidência, o ministro, com todo o seu cavalheirismo, acabou tendo de ir comandar, pessoalmente, a mudança, à força, da referida escola para os fabulosos — e até turísticos — estabelecimentos erguidos à margem do quilômetro 47 da antiga rodovia Rio-São Paulo, ao qual aquela esdruxulamente asfáltica Escola de Agricultura fora incorporada.

Não nos cansaremos de afirmar: a mais ampla difusão do ensino e da técnica agrícola-pastoril tem absoluta e capital importância no que quer que se faça com relação a agricultura e pecuária. Sem colar um agrônomo ou monitor agrícola à ilharga do agricultor amparado pelo Estado, tudo que se fizer por ele redundará em desastre, que só será uma decepção para os reformistas do asfalto, para os que não conhecem o estado de primitivismo, embrutecimento e apatia em que tem secularmente vivido essa lendária figura da vida brasileira: o nosso enxadeiro.

Pois é preciso encarar-se a política de Reforma Agrária, ou Revisão Agrária, ou Colonização Agrária — ou que nome ou forma ou espírito tenha —, como uma imensa operação de educação e assistência social com todas as características de uma formidável campanha sanitária que vise à erradicação de uma endemia — a miséria do camponês — de que é culpado tanto o meio como o próprio indivíduo.

É preciso encarar-se de frente, corajosamente — sem as cortininhas e a hipocrisia do coitadismo — os defeitos e as deficiências com que o "doente" — o enxadeiro — contribui para o agravamento, a eternização e a profundidade de seus males.

Nessa vastíssima operação de soerguimento humano será preciso dar PROLONGADAMENTE ao indivíduo elementos para vencer as dificuldades do meio, para resolver os problemas do seu trabalho e para enfrentar as suas crônicas debilidades individuais, que vão da ignorância, da tendência à frouxidão e à inércia e à irresponsabilidade social, até um certo cinismo conformista, transfigurado na mais paralisante, dissolvente e necrosante desambição.

Moço, não vou levar as suas canastras, não; já tenho janta pra hoje.

E é comum ver-se uma tendinha da roça, dessas encravadas nas terras de uma fazenda qualquer, a vender tomates, café em grão, banana ou ovos àqueles que poderiam e deveriam produzir tudo isso em quantidades não apenas "para o gasto", mas "para dar e vender"!

Há algum tempo, ao ser criticado por não aproveitar para horta um imenso terreno que tinha ao fundo de sua pequena venda, um comerciante da vila de Santa Helena (Zona da Mata, de Minas Gerais), retrucou:

— Eu tinha horta, sim. E uma beleza! Cuidei dela durante três anos. Mas todas as dez famílias daqui da localidade, com terrenos iguais ao meu, mandavam diariamente crianças e empregadas buscarem "emprestado" uns molhos de couves, "uma meia dúzia" de chuchus, "alguns" tomates, "uns pés" de alface, "uns dois" pepininhos e outras coisas mais... Tive que desistir da horta porque, ou sustentaria a cínica preguiça dos meus vizinhos, ou brigaria com eles, que são toda a população do lugar!

E aquelas eram famílias de ex-sitiantes e ex-colonos que ali se juntaram atraídos por outras atividades.

Anos depois, esse antigo negociante mudou-se para Juiz de Fora. E, na sua casa, ao pé do morro do Redentor, fez de novo uma bela horta. Os vizinhos — gente trazida também para a cidade pelo êxodo rural — por certo, antigos moradores de outras Santas Helenas — logo que viram aquele "desperdício" de hortaliças, começaram a enviar seus emissários: "Seu Juca, papai mandou pedir uns tomates emprestados; desses que o senhor tem aí na sua horta".

Largado assim, por decênios, sem nenhuma assistência nem orientação, o enxadeiro brasileiro tornou-se isto: um indivíduo que perdeu todas as perspectivas, um mendigo vivendo numa moldura de riquezas, um sedento a afogar-se numa lagoa, um faminto exangue em meio a um banquete. A paralisante atonia espiritual que o envolve e fulmina não lhe fornece imaginação nem para o minuto seguinte de sua vida.

Tem-se a impressão de que os comboios de todos os governos que singraram a vida brasileira, do Império à República, cerravam as suas cortinas ao passar pelos casebres isoladamente heroicos ou pelos fúnebres e paupérrimos lugarejos, onde vegetam esses seres tão iguais a nós. Assim o fizeram os dois Impérios, assim o fizeram todos os quadriênios republicanos, assim o fez a pretensiosa, vazia, fingida e hipócrita ditadura getulista que, poderosa, se eternizou por quinze anos.

Todos entregaram o pobre cego ao seu tracoma; ninguém, nenhum GOVERNO acorreu para levar saúde para seu espírito, luz para os seus olhos e ajuda para seus braços quando tentassem lutar contra o naufrágio.

E ele ficou sem saber o que fazer, o que querer, o que ambicionar. Tornou-se o que é: quase sempre um homem sem amanhã, sem preocupação, sem deveres, sem prazeres, sem rumo e sem atalhos. Raro ele se desvia pelo descaminho do crime ou da impaciência. Mas ficou, mesmo assim, como um destruidor de vidas: da sua, que não se realiza; e da dos filhos que, ou perecem aos montes, ou se amontoam em zeros humanos — que não contam na vida da pátria, porque são analfabetos, porque não sabem produzir, porque não podem consumir, porque não fazem, porque deixam de fazer, porque se encostam à beira da estrada e, ainda assim, parecem entravar a marcha do progresso nacional.

Até aqui, até o ano da graça de 1965, o Estado falhou na tarefa de ir ao seu encontro ou dar-lhe qualquer auxílio. O Estado que faz aço burocrático, que faz aço de ouro em Volta Redonda, que faz alguns caminhões por ano na Baixada Fluminense, que faz soda cáustica a preço de diamantes, que tira petróleo em conta-gotas em Lobato e ensaia há cem anos ter correios que eficientemente entreguem a correspondência; e ferrovias organizadas ou navios que naveguem — não viu, não descobriu os cinco milhões de crianças das regiões rurais e semirrurais que vivem sem escolas, não viu nem pressentiu os três milhões de famílias camponesas que, pior do que não ter terras, não têm perspectivas — porque se formaram de outros milhões de seres que também foram crianças sem livros, jovens sem mestres, homens sem ajuda nem orientação.

O Estado exibicionista faz uma megalômana Universidade Rural, levanta uma cidade babilônica no Planalto Central, empina chaminés e altos-fornos

— porque em todos eles os homens do Poder podem colocar placas inauguratórias e cortar fitas simbólicas sob os holofotes da publicidade pessoal.

Mas para que alfabetizar e dar instrução técnica a filhos de enxadeiro — raciocinam os astutos moleques partidários, velhos exploradores do Estado — se eles não carregarão no peito, pela vida afora, nem sequer uma plaquinha comemorativa da "generosidade" desse presidente, ou da "munificência" do partido tal, dono e usuário do Estado?!

Afinal, que acontecerá no panorama geral do desenvolvimento da agricultura (e pecuária) brasileira, se não tiver consequências práticas a Reforma Agrária votada no governo Castelo Branco?

Repetimos: mesmo reconhecendo a boa intenção e o inegável patriotismo desse governo, prevemos a quase total inocuidade dessa reforma.

E por causa disso, o Brasil morrerá de fome? Vai haver falta de tudo? Os latifúndios continuarão desafiadoramente improdutivos? Ainda se continuará usando arados de pau (em certas áreas do Nordeste) ou arados de ferro puxados a bois (no Centro e no Sul)? Os lavradores mentalmente anquilosados continuarão produzindo apenas "para o gasto"? Os trabalhadores do campo continuarão vivendo sob as mais atrozes condições?

Em primeiro lugar, o Brasil só estará sujeito à ameaça de fome, e sob ela permanecerá, ENQUANTO DURAR O ESTADO DE DESASTROSA INEFICIÊNCIA DE SEUS TRANSPORTES BÁSICOS.

Quanto aos latifúndios, é preciso que se lembre aos observadores mais apressados que, no Brasil, muito antes dos "reformistas agrários", já o progresso vinha dividindo sistemática e incessantemente as terras. E muito mais aceleradamente do que as próprias PARTILHAS DOS INVENTÁRIOS.

Sim, há muitas décadas que o avanço e as tentações do progresso dissolvem e dividem irresistivelmente os latifúndios imobilizados pelo desinteresse, ou improdutivos pela ignorância. Onde estão, por exemplo, as centenas de grandes fazendas de 1.000, 1.500 e 2.000 alqueires geométricos que, no fim do século passado, ainda eram os feudos político-econômicos dos barões rurais da Zona da Mata e do Sul de Minas Gerais, do estado do Rio de Janeiro e do interior paulista?

Os adventícios que chegavam nos trens de ferro, com mochilas ibéricas e itálicas, os baús de mascate, vinham de países acanhados, de chãos estreitos, com fome de terra boa, ampla e fértil, macia e humosa. Suas atrativas ofertas acabavam arrancando gordos nacos de terra à inatividade dos proprietários que tinham imensidades de alqueires, mas pobreza de iniciativa ou curteza de meios.

O vasto latifúndio, cheio de brasões, mas vazio de entusiasmo e de lavouras, deu, assim, safras prolíficas de outras fazendas e fazendolas, de sítios e "situações", onde vidas e sonhos novos se plantavam, com o adubo da dura vontade e da ambição pura, na semeadura fecunda da esperança.

Efetivou-se, então, mais uma vez, o velhíssimo fenômeno social da seleção natural pela lei do mais apto. Ficavam vitoriosamente no campo aqueles que, possuindo largas terras, reuniam também a capacidade de trabalho e iniciativa. Esses serviram-se da tecnologia que lhes chegava aos pedaços, pelos suplementos dos jornais, pelos programas de rádio, pelas revistas especializadas, pelos livros e também pelos doutores em terras e em bichos.

E assim fizeram de suas fazendas apreciáveis indústrias agropecuárias que não ficaram na plantação só "para o gasto" ou nas escassas "quartas de milho", nem apenas criando umas quantas cabeças de gado. Ao contrário, tornaram-se os fazedores das lavradoras que se transformam até em notícias, porque depois de abarrotar tulhas, silos e paióis, às vezes ainda se derramavam por improvisados galpões e sagradas sacristias. São os que se tornam donos de manadas que, de tão grandes, seu aboio já nem mais as alcança no laço de um só grito, mesmo puxado do mais fundo da garganta.

Andando hoje muito mais depressa pelas rodovias do que o foi pelo trem de ferro, desabrindo os sonolentos mundos fechados, o progresso continuará a ser no Brasil a mais poderosa, natural e persistente força reformadora do campo, ora dividindo a imensidão dos latifúndios vazios, ora reunindo a fraqueza dispersa dos minifúndios.

Nas áreas que se vão cortando de estradas, não há latifúndio que resista longamente intocado. Não há antigo dono de terras inaproveitadas que despreze e recuse as inesperadas e imediatas colheitas de cifrões que lhe chegam prontinhas, nas mãos daqueles forasteiros para ele talvez bisonhos, que ali aparecem dispostos a dar um dinheirão por umas nesgas do seu mundo virgem.

E essas barganhas tanto mais se aceleraram quanto o homem outrora abastado, não apenas em terras, mas também em patacas, viu que seu dinheiro guardado em bancos ou apólices do governo, se diluíra na velocidade da inflação.

Dessas "desapropriações" consentidas e repetidas, resulta algo muito mais significativo do que a divisão agitacionista dos tão acusados latifúndios: o aproveitamento e a dinamização de todas as suas glebas. E com uma incontrastável vantagem para a nação, NÃO É PAGA PELO POVO, nem sob a forma de títulos do governo, nem como novas e imensas emissões. Quem a faz e financia é um herdeiro espiritual dos bandeirantes, o homem que vai buscar na experiência da vida agrícola outra oportunidade, outra aventura para pôr à prova a sua capacidade de realizar, de produzir, de criar, de inovar, já confirmadas em outras porfias vitoriosas.

Justamente quando vinha chegando ao campo, tangida pelo convite das estradas, em levas cada vez maiores, essa figura de mente irrigada por contínuos conhecimentos, de mão boa e aberta, mãos para a semeadura — o "fazendeiro da cidade":

- levando tijolos para substituir as "paredes" de sapê e o "assoalho" de barro batido;
- levando tratores para centuplicar o trabalho das enxadas;
- levando adubos e fertilizantes oriundos do bojo das retortas, das entranhas das jazidas e não apenas do baixo ventre dos animais;
- fazendo nuvens químicas para vencer as pragas e até as geadas;
- fazendo as águas dos rios virarem chuvas como as de Deus;
- e levando muito mais alimento e assistência, o médico e o tratamento para seus colonos;

quando esse evangelizador sem Bíblia nem alto-falante, silencioso e sem alarde, começava a fecundar o campo com a sua "revolução", transformando carrascais em lavouras, brejos em arrozais, campos de cupins em pastagens com forragens de verde eterno e fazendo em morros desnudos matas novas empinadas para o céu; quando o brasileiro que ganhava dinheiro na cidade, no consultório, no escritório, na fábrica, no banco, em dezenas de atividades criadoras, começava a levar para investir no campo o ouro do seu suor citadino, os teóricos do "quanto pior, melhor" descobriram o "perigo" dessa invasão renovadora. Descobriram que mais um pretexto rebelionário poderia ser-lhes arrancado rapidamente das mãos pelo poder incontível do progresso e pela ação "diabólica" da força catalítica, imensamente transformadora, vinda da presença desse "fazendeiro da cidade".

E iniciaram freneticamente a sua contrassemeadura de chavões e *slogans* visando poluir a paz e envenenar a esperança dos campos.

Por uma nova coincidência ocasional de objetivos — buscando uns a bolorenta etapa da "ditadura de classe" e os outros ansiando de novo pela ditadura política — encontraram-se outra vez os sócios-no-diabo, os perono-comunistas. E acertaram aquilo que, para eles, era um colorido pretexto, uma esotérica senha, uma fórmula camuflada para chegarem ao mesmo assalto. Concertaram então o estribilho que repetiriam milhões de vezes na praça pública: "Reforma Agrária! Reforma Agrária!" — para amedrontamento, desorganização, paralisação e atemorização dos que se opõem à sua marcha de caranguejos da História.

A aparente histeria e o empostado fanatismo em prol da Reforma Agrária tinham a função de dar teatralidade a uma sinceridade que não existe, e a desmantelar pelo atropelo e pela confusão aquele sereno, mas vigoroso panorama que vinha alargando com a nova aurora dos campos: o Brasil já estava com quase setenta mil tratores nas lavouras e ONZE fábricas já os produziam no país; crescia já a utilização de adubos e inseticidas, e por muitas várzeas e coxilhas os canos de irrigação — ainda que caríssimos devido ao usufruto do monopólio de sua fabricação — começavam a substituir as sumidas chuvas de Deus.

Para os teóricos da subversão, tornara-se mesmo necessário e urgente manobrar para impedir que o progresso melhorasse aquilo que eles precisavam que fosse sempre pior e ainda mais miserável: a vida do campo e a do camponês.

Daí as quatro mãos do demônio carregarem desesperadamente as cores vermelhas do ódio no coro que ingênuos acompanhantes ajuizavam como sendo pura questão de solidariedade humana:

— REFORMA AGRÁRIA! REFORMA AGRÁRIA!

O CAPÍTULO 8 EM 2022

É impressionante como desde aquela época a discussão sobre "Reforma Agrária" vem sendo utilizada para fins ideológicos e políticos. Hoje essa evidência se torna ainda mais escancarada diante da importância do agronegócio no PIB brasileiro, que muitas vezes é chamado de o "celeiro do mundo"

Em 2021, de acordo com dados da Esalq/USP, o agronegócio representou 27,4% do PIB. O agronegócio brasileiro é caracterizado pela forte mecanização, utilização de tecnologia e elevado capital, sendo responsável pela geração de renda e de empregos diretos e indiretos. Essas características mostram como a discussão sobre "Reforma Agrária" perde o sentido perante a locomotiva do PIB brasileiro.

9

A mão seca do Estado industrial e a mão frouxa dos líderes *Madame-de-Pampadour*

> *Há uma miséria maior do que morrer de fome no deserto: é não ter o que comer na terra de Canaã.*
> JOSÉ AMÉRICO DE ALMEIDA,
> prefácio de *A Bagaceira*

Em 1942, um jornalista da brava cidade mineira de Caratinga, filiado ao defunto movimento "pátria-novista", de caráter monarquista, escreveu horrores contra um escritor que, como paraninfo de uma turma do ginásio local, ali pronunciara um discurso-conferência em que, de passagem, condenava o imperialismo.

Sendo a favor do Império e da restituição de poderes à família imperial — justificou-se o briguento monarquista provinciano —, não podia admitir que um forasteiro viesse à sua terra natal para fazer, na sua cara, ataques ao imperialismo.

Por incrível que pareça, atitude semelhante se repete hoje: há muita gente no Brasil que defende a estatização *a outrance* por uma questão de solidariedade semântica — por ser funcionário categorizado do Estado.

Uns o fazem como o encrespado jornalista de Caratinga, por desinformada e jocosa confusão. Outros o fazem, porém, por restrito instinto de defesa familiar: são os que veem no Estatismo a ampliação das oportunidades de emprego fácil (sem trabalho) junto a um patrão pouco ou nada exigente: o Estado. Sem egoísmo, por puro instinto de clã, pensam então na cômoda colocação de seus descendentes e afins, por força de um admitido e confortável direito genealógico.

Faltando-lhes uma visão geral dos problemas econômicos, preocupados principalmente com suas facilidades pessoais, esses cidadãos de boa-fé não alcançam as consequências antinacionais da intromissão do Estado num campo de atividades onde, em toda parte do mundo, ele é bisonho, perdulário e até irresponsável.

Mais danoso, porém, que esse imediatista, intérprete amanuense-familiar dos sistemas econômico-sociais, é o político calculista, cuja atividade principal é produzir "empregos" e sinecuras em massa, para assim poder barganhar oportunidades e favores com seu eleitorado. Para ele, a empresa estatal é a grande invernada onde engorda o seu gado de boca de urna, o curral onde poderá ajeitar o seu rebanho votante, a pastagem sem dono onde apascenta — com despesas pagas pela nação — as reses correligionárias que, docilmente, de tempos em tempos, dão a safra de votos que o mantêm sobrenadando, airoso e vistoso, na vida pública.

Para esse direto descendente de Pilatos, pouco se lhe dá que haja ou não "Receita" para atender às "Despesas"; esse problema não é seu. O que lhe interessa é criar autarquias, criar oportunidades, alargar o remanso, o pântano de "colocações" onde abebera as raízes do seu futuro político. Em seu alucinado empreguismo eleitoreiro, ele não percebe que está grilando o futuro da nação, pendurando-lhe às costas miríades de improdutivos burocratas e toneladas de compromissos. Filho putativo de *Madame de Pompadour*, não preocupa ao seu imediatismo que, depois, possa vir o dilúvio.

Ele não tem compromisso com as novas gerações, porque "criança não vota".

Atrelada à irresponsabilidade desse "líder populista", vem a mão esperta dos comunistas, enluvada de angelical "nacionalismo", incendiando a imaginação dos sinecuristas e adoçando a boca dos políticos superempreguistas com a perspectiva da produção em massa das Cafebras, Ferrobraz, Eletrobras, Petrobras, Bancobrás, Aerobrás...

Os comunistas são, por sua anacrônica doutrina e por imutável tática, logicamente favoráveis ao Estatismo. Em primeiro lugar, porque o Estatismo é a consequência óbvia e imediata da DITADURA DO PARTIDO, que detém todo o poder de modo absoluto e soberano nas chamadas "democracias populares". Como segunda, mas importantíssima razão, o Partido Comunista se bate pelo Estatismo, ainda que parcial, por etapas, nos países livres, porque, ao contrário das empresas privadas, as empresas industriais do Estado se tornam presas facílimas e praticamente inermes dos seus planos e estratagemas de infiltração. E SÃO, POR ISSO, AS SUAS BASES DE AÇÃO PREFERIDAS.

Quando, no período de 1955 a 1964, lhes foi facilitado ascenderem às cúpulas de cada uma das organizações estatais, os comunistas brasileiros demonstraram à sociedade que defendem a estatização, não apenas como um ponto de vista ideológico, mas como UM ESTRATAGEMA DE GUERRA, de ocupação de posições poderosas, quase todas, daí por diante, fortificadas pelo cimento emburrecedor do mito da "intocabilidade".

Levados no ventre de certos candidatos presidenciais, com os quais barganharam o toma-lá-dá-cá dos irmãos-em-oportunismo, os comunistas penetraram nas diferentes cidadelas-industriais do Estado — Petrobras, SUDENE, BNDE, Cia. Siderúrgica Nacional, Leopoldina, Lloyd, Costeira, Correios e Telégrafos, Álcalis etc. E atiraram-se sobre todos os CARGOS ESTRATÉGICOS DE DIREÇÃO E CHEFIA, deslocando pelo terror e pela calúnia os seus antigos e apavorados ocupantes.

Em cada uma dessas empresas, eles atacavam conjugando as manhas aprendidas em decênios de lutas diferentes em ambientes diversos; atacavam como formigas, em sua tática de infiltração por inclusão ou rastejamento, vindos por todos os canais, por baixo e por cima, pelos lados e pelos cantos, insinuando-se em filas indianas ou espalhando-se em aterrorizadora correição. Depois de entrado o formigão-chefe, as outras vinham sempre tentando mascarar aquilo que era a mesma coisa: a formiga-chiadeira, a formiga de rabo, a formiga amazona, a de-bode, a vermelha, a negra, a leão, a doida, a de-defunto. Mas sempre formigas, e sempre servindo à causa do formigueiro.

Vinham pelo mesmo cheiro e para o mesmo fim: encarapitar-se e assenhorear-se daquele despoliciado bolo do Estado, lambê-lo e sugá-lo no antefestim do poder total e montar ali o seu panelão, base de onde retomariam, em seguida, a mesma operação, visando outras posições, visando novas empresas estatais, onde pudessem introduzir-se, ora sob a forma das rebolantes tanajuras das "linhas auxiliares" — as que carregam as ideias camufladas nos seus rebrilhantes traseiros mentais —, ora desinibidamente, como saúvas mesmo, formigas-cabeçudas, mais cabeçudas que saúvas. E que, festivas, antecipadamente confiantes na papagaiada charlatanice da "marcha do mundo para o socialismo", entrevendo já a vitória "próxima", não resistiam ao orgulho de ir logo exibindo afrontosamente os seus chifres vermelhos.

Finalmente, os comunistas são pela criação e proliferação infinita de empresas estatais, mesmo nos regimes políticos a eles ferrenhamente adversos, MESMO

QUE ELAS TEMPORARIAMENTE NÃO LHES CAIAM NAS MÃOS; pois sabem o quanto a estatização de cada setor da economia de um país livre representa para sua sempre sonhada, acalentada e inarredável estratégia da "marcha para o pior", tão necessária ao clima político-social que é mais propício à sua expansão.

O essencial — anseiam eles — é que a gangrena comece em algum ponto do organismo da nação; não importa onde, nem como. Quando o Estado, ainda que por obra de ingênuos políticos ou burocratas idealistas, coloca sua mão seca de empresário inapelavelmente frustrado sobre um setor qualquer da economia nacional, os teoristas vermelhos sabem, de antemão, o que aí acontecerá hoje ou amanhã: o ingurgitamento do empreguismo; a apoplexia do sinecurismo; o dilúvio do papelismo; a maratona de favores entre o "coitadismo", o "concessionismo" e o protecionismo; as gordas enxurradas do desperdício; a ataraxia da inaptidão, da lerdeza, da boa-vida. E, um dia, afinal, o alijamento dos tímidos e matematicamente fracassados idealistas pelos "técnicos" do calculismo vermelho ou pelos serviçais das "linhas auxiliares".

Como bem acentua o economista e sociólogo Roberto Campos, uma das características básicas do Estatismo é a "falta de sanção".

Disso resulta o *habeas corpus* de impunidade absoluta de que se valem todos os "istas" que frequentemente se dão as mãos nos corredores das empresas estatais — para levá-las à total ineficiência ou completa dilapidação. Essa "falta de sanção" (que ocorre também mesmo na ditatorial União Soviética, mas só quando os culpados são destacados valetes e alcaguetes do "Partido"), tem sido o convite ao cinismo desabusado, praticado sob o pálio verde-amarelo da "intocabilidade" e do "nacionalismo".

Obtida pelas táticas do terrorismo vermelho a luva verde da "intocabilidade", os sócios da nação já não se contentam em atribuir-se elevados salários por esforços que jamais empregaram, mas avançam pela terra de ninguém, que lhes é deixada pelo generalizado pavor à crítica e ataque aos empreendimentos estatais.

E então vem a chuva de "adicionais", "extraordinários", "vantagens" e "gratificações" — quase tudo compondo um falso rosário de "justiça social", folheado de douradas "reivindicações trabalhistas" que, na realidade, são apenas as concessões chacoalhadas num coquetel, onde se misturam a inventiva dos beneficiários e as espertezas e a frouxidão moral dos políticos empreguistas, os moldáveis e amalgamáveis líderes *Madame-de-pompadour*, que destroem hoje o Brasil de amanhã.

Segundo relatório que o Sindicato Nacional das Empresas de Navegação Marítima apresentou à Comissão de Marinha Mercante em abril de 1964, as últimas administrações federais e os sucessivos Ministros da Viação do governo Goulart concederam aos marítimos do Lloyd e da Costeira e, por equidade aos portuários, nada menos que 56 vantagens extra-adicionais! Essas novas vantagens ampliavam, inovavam e recheavam ainda mais a mochila de direitos que já lhes asseguravam os capítulos da Consolidação das Leis do Trabalho e do Estatuto dos Servidores Públicos — porque essas superclasses tinham o privilégio monopolístico de se "defenderem" em dois códigos assistenciais ao mesmo tempo.

No caso da Petrobras — segundo informava *O Globo* de 15 de maio de 1964 — havia gratificações de "periculosidade" distribuídas "até para os funcionários instalados no escritório central situado em plena Av. Presidente Vargas no Rio de Janeiro, e no próprio escritório de compras em Nova York!". Essa mesma publicação acrescentava haver empregados da Rede Ferroviária Federal ganhando o "adicional" de "insalubridade" mesmo trabalhando "em plena Cidade Maravilhosa". Aliás, ainda a propósito da Rede, é curioso salientar que aquilo que antigos empresários particulares puniam com advertência ou suspensão — chegar o trem atrasado — tornou-se a rendosa indústria das "horas extraordinárias" de "trabalho", razão por que em todas as ferrovias da Rede "nacionalizada" os comboios já partiam atrasados, desde sua estação inicial.

Na mesma ocasião, na revista *O Cruzeiro* de 30 de maio de 1964, um de seus colunistas revelava que, "em consequência da devassa que se iniciava na Petrobras", apurara-se o seguinte: um datilógrafo da FRONAPE (Frota Nacional de Petroleiros), trabalhando em seus escritórios no Rio de Janeiro, também tinha "direito" ao adicional de 30% sobre seu salário, por "RISCO DE VIDA".

Ninguém nunca pensou em somar ao já cosmogônico déficit das autarquias industriais o que elas DEIXAM DE PAGAR DE IMPOSTO DE RENDA. Se, nessas áreas, em vez dessas perdulárias empresas-manicômios "administradas" pelo Estado, estivessem atuando eficientes empresas particulares, não só o país não sofreria essas sangrias, esses empobrecedores prejuízos como pelo contrário, receberia receitas formidáveis de impostos, principalmente do de renda.

Muitos dos ingênuos defensores da estatização não atentaram para esse duplo aspecto da brutal sangradura com que essas empresas-chupins, as autarquias industriais, *haraquirizam* o corpo da nação: além da dilapidação pelos prejuízos,

NÃO PAGAM IMPOSTO DE RENDA, por causa mesmo desses prejuízos; mas, se não os apresentassem, também não os pagariam, protegidas que são quase todas pelas ISENÇÕES DE IMPOSTOS com que, de antemão, o legislador ou o governo procuraram acobertar a sua matematicamente infalível incapacidade administrativa.

Houve até um deputado federal que, no ano da graça de 1963, levando ao paroxismo o truque da "intocabilidade", apresentou um projeto que estendia a tal ponto a "proteção" à Petrobras que isentaria de impostos e taxas "TODA E QUALQUER transação que fosse realizada" POR ELA OU COM ELA; esse projeto levava os "direitos" dessa empresa até o extremo de ela poder IMPORTAR O QUE QUER QUE FOSSE SEM NENHUMA FISCALIZAÇÃO NEM SATISFAÇÃO À PRÓPRIA ALFÂNDEGA FEDERAL. Era um convite, que o Congresso deveria endossar, ao mesmo perigoso privilégio que gerou o famoso escândalo da também protegida e estatal *Revista do Supremo* que, na década de 1920, encheu dos miasmas da podridão os ares da vida pública brasileira.

Por outro lado, quando havia lucros numa empresa estatal, organizava-se uma distribuição interna deles, como se seus dirigentes e funcionários fossem sócios privilegiados da nação. Assim vinha acontecendo com a Vale do Rio Doce, nos anos em que dava lucro, o Instituto de Resseguros e a Cia. Siderúrgica Nacional de Volta Redonda. Ainda no começo de 1964, era divulgado o balanço de uma dessas companhias, relativo ao ano de 1963, mostrando que de três bilhões de cruzeiros de lucros foi distribuído UM BILHÃO entre os seus diretores e funcionários, sem dúvida nenhuma, sócios privilegiados do povo brasileiro e que, por alta recreação, se tornavam acionistas "sui generis" do patrimônio nacional.

Eles repartiam entre si lucros geralmente consequentes de um sem-número de facilidades e concessões que a lei confere a essas empresas NA INGÊNUA PRESSUPOSIÇÃO DE QUE SEUS RESULTADOS PERTENÇAM POR INTEIRO À NAÇÃO.

Assim, com essa sem-cerimoniosa premiação a que se davam os autodistribuistas autárquicos, cai por terra uma das mais frequentes afirmativas daqueles que, por ingenuidade, defendem o Estatismo como a forma miraculosa de fazer com que os lucros FIQUEM PARA A NAÇÃO.

Não ficam, não. E havia empresas estatais que, mesmo deficitárias, distribuíam gratificações. O que seria mais ou menos como o nordestino em plena seca mandar fazer repuxos mesmo com a água minguada de seus açudes.

Como há também as empresas estatais que "dividem os lucros" e depois vão pedir empréstimos às tão malsinadas entidades financeiras internacionais, para poder aumentar seus altos-fornos e seus lucros; desviando, assim, um dinheiro barato que a nação poderia utilizar para ampliar o sistema educacional secundário, superior ou equipar os portos que há cinquenta anos esperam na fila das nossas frustrações econômicas.

O que leva muitos homens bem-intencionados à ilusão do Estatismo socialista como solução para os problemas sociais é a sordície ainda residual de certos aspectos do capitalismo e a indisfarçável sordidez e egoísmo de certos capitalistas.

Sendo pessoas de sensibilidade e, ao mesmo tempo, maus juízes, esses idealistas, sôfregos e epiteliais, aceitam logo pura e simplesmente a velha e caduca sentença de morte decretada contra o capitalismo por aqueles que, como Marx, o enfrentaram num instante longínquo, cuja distância já se alonga muito além de um século. Por comodidade de raciocínio, e visando se manterem numa posição intelectual de bonito efeito e de aparente altanaria e desinteresse, eles fingem não saber que Marx assim raciocinava diante de um capitalismo que trazia em sua face todos os esgares do feudalismo, e quando o sistema parecia de uma brutalidade que só cederia ante os impactos sangrentos das revoluções vingadoras.

E quando se lhes apontam também os horrores que, em nome de uma falseada "redenção do proletariado", passaram a ser praticados como sistema, como regime e como fundamento essencial pela DITADURA DO PARTIDO, eles apelam para o argumento da transitoriedade (já SEMISSECULAR, no caso da Rússia) dessa ditadura. Ou então dizem que o mal, os erros, não provêm do sistema socialista ou estatal, mas dos homens e dos maus líderes.

O regime é bom, dizem eles. O homem é que, às vezes, não presta e não alcança o seu idealismo, as suas belezas edênicas, e quer açodadamente impô-las pela violência, ou delas servir-se, com seu egoísmo.

Mas as vantagens desse "paraíso" são tão difíceis de descobrir que, sendo por elas "beneficiado" há QUASE CINQUENTA ANOS, o "estúpido" povo russo ainda não se comporta de maneira a que a lei, lá, não tenha que ser a do "crê ou morre". E até hoje, meio século depois dos "morticínios de limpeza" ordenados por Lenin, a pena capital (ou as equivalentes prisões siberianas) ainda é a sentença para as atrevidas bocas que se abrirem e os cérebros que muito indagarem.

Nos países livres, não socialistas, mas onde o Estatismo conseguiu vasto círculo de crentes, os intermináveis fracassos das iniciativas industriais do Estado são jogados consecutivamente à culpa dos homens e dos maus dirigentes — como se apenas corruptos e incapazes subissem ao poder nessas nações. Ou como se só esses maus tipos de cidadãos fossem designados para dirigir tais empresas.

Isso prova que, quer o Estado use de violência com os relapsos, os desleixados e até os corruptos — como nas férreas ditaduras das "democracias-populares" — ou quer use somente as penas "educativas" de leis condescendentes, como nos países livres, os culpados dessa verdade constante — A INEFICIÊNCIA DAS EMPRESAS ESTATAIS — seriam, segundo a caolha persistência dos defensores do Estatismo, apenas a qualidade dos homens que as servem e os seus maus dirigentes.

Esta é uma justificação que os homens de boa-fé, ainda iludidos pelo sonho dos "lucros para a nação", deveriam reexaminar, quando insistem na sua suposição ingênua e frágil de que o mal não é das empresas estatais, mas dos homens que as administram ou das equipes que as compõem.*

Como se explica que essa mesma gente, esses mesmos auxiliares, esse mesmo tipo humano de onde são recrutados dirigentes e dirigidos, se transformem completamente e componham as maravilhosas organizações particulares que, no caso do Brasil, vêm realizando as coisas miraculosas e tão cheias de esperança, do nosso progresso industrial, comercial e agrícola?

Essa mesma gente que se encosta malandramente nos cais, que "empurra o serviço com a barriga" nas refinarias do Estado, que assina o ponto e "cai fora" nas empresas autárquicas, que só aparece no fim do mês para receber o dinheiro nas organizações governamentais, essa mesma gente — que é o cano de esgoto expiatório por onde os teóricos estatizantes tentam justificar e "limpar" todas as mazelas das empresas do Estado — se transforma, num passe de mágica desconcertante para os sonhadores do socialismo, em eficientes, capazes e honrados colaboradores nas empresas particulares, e a elas dão dedicação, esforço e inteligência.

Seriam eles impatriotas, quando funcionários do Estado?

---

* Isto nos leva a lembrar o impressionante depoimento de um jovem engenheiro de uma das ferrovias "nacionalizadas" que servem o centro do Brasil: para ganharem os benefícios das "horas extraordinárias", pagas em dobro ou até em triplo (nos trabalhos noturnos), certas equipes de ferroviários — todos eles homens de bem na sua vida privada — enveredavam os comboios de carga por um ramal fantasma, onde os trens iam e voltavam molemente, numa dança cínica de vaivém, para fazer e "ganhar tempo". E só depois de, assim, fabricadas algumas horas de "trabalho extraordinário", retornavam à linha principal que levava a seu destino verdadeiro.

Haveria no consenso de todos um modo especial, abominável, de "trabalhar" para o Estado?

Encontrariam na empresa estatal um miasma privativo de seus ambientes, que os decompusesse moralmente, transformando-os em preguiçosos, ineptos e desleais?

Com sua habitual lucidez, Roberto Campos aponta quatro fatores essenciais do fracasso das empresas industriais do Estado:

- Descontinuidade administrativa;
- Politização da gerência;
- Paternalismo;
- Falta de sanção.

Aparentemente, males perfeitamente corrigíveis, retrucarão os ainda ingênuos defensores do Estatismo.

E pensarão: "Descontinuidade administrativa?" Que se estabeleça então nas leis ou estatutos criadores de empresas estatais algo como a vitaliciedade da magistratura, que proteja a continuidade do comando administrativo contra as alternâncias partidárias na direção da nação. E está pronto!

Mas a pobre envergonhada Rússia tem a mesma ditadura, do mesmo partido, com a mesma gente (afora, é certo, os que foram liquidados) e a mesma "filosofia", há CINCO DÉCADAS; e as outras ditaduras socialistas também não mudam de donos. O próprio Brasil teve, praticamente, os mesmos donatários políticos nessas últimas décadas, manipulando ininterruptamente o poder de nomear ou desnomear gente só e apenas da sua grei e da sua lei.

E já pensaram no que aconteceria se se concedesse garantia de vitaliciedade no cargo a um diretor de empresa industrial do Estado?

Num "mundo dinâmico e em constante transformação", onde os conhecimentos técnicos e as experiências aperfeiçoadoras se superpõem com uma velocidade sideral, quem poderia obrigar o excelentíssimo senhor diretor vitalício ao desconforto de ter que se atualizar constantemente, de estudar com afinco, de procurar saber acuradamente o que há de novo em sua especialidade, em suas regras administrativas, no complexo campo técnico da empresa que comanda ou ajuda a comandar?

Além disso, sejamos sinceros: esse transformismo, esse dinamismo, essa insatisfação criadora, esse bendito estado de espírito do inconformismo e da sofreguidão inovadora, não é absolutamente a característica espiritual dos que procuram o ambiente das calmas, quietas e plácidas empresas e repartições do Estado.

Quanto à "politização da gerência", este é um mal irremovível, inseparável, inafastável, indescolável e inerente às coisas do Estado — pela mesma razão que essa politização se infiltra como um vírus indesgarrável em todos os setores da vida pública, inclusive e até mesmo naqueles que mais isentos deveriam estar das paixões dos agrupamentos partidários.

Mal característico do velho capitalismo encaramujado nos cueiros de família, e do qual o capitalismo moderno se vem curando pela transferência de poder à gerência (e não aos proprietários acionistas), e pela cada vez mais ampla democratização do capital, o "paternalismo" é um dos pecados do Estado tão antigos quanto qualquer forma de governo. É um pecado que leva a todos os pecados, desde os veniais aos mortais, desde a simples proteção à fragilidade ou à incapacidade de um cidadão despreparado para o cargo, até a sodomia dos conluios de grupos, da corrupção em massa, da compra a granel de consciências pelo aquinhoamento de sinecuras por atacado.

A "falta de sanção". Daí vem o abuso, o desleixo, a impontualidade, a indisciplina, a desonestidade. Mas é fácil, dizem os estatizantes. Crie-se a sanção, firme, dura, inflexível.

Na Rússia e nos países satélites, a sanção chega até a própria morte. Nem por isso, as empresas estatais deixam de ser o que são, lá como em toda parte: ineficientes, desatualizadas, esbanjadoras, irresponsáveis e, tantas vezes, pilhadas e saqueadas.

O erro de muitos idealistas no Brasil — inclusive muitos dos já lendários "tenentes" das arrancadas libertárias dos dois 5 de julho de 1922 e 1924, e da Revolução de Outubro de 1930 —, o erro de tantos que sempre foram admiráveis, admiráveis até quase a juvenilidade, em seu idealismo patriótico, é a lamentável confusão do "Estatismo" com o bem do Estado, com o bem público.

Há também pessoas bem-intencionadas, mas de raciocínio simplista, que pensam que, sendo funcionárias do Estado, devem automaticamente apoiar o Estatismo industrial. São como certos padres que, vivendo para a religião, pensam que devem apoiar todas as expressões do misticismo, até seus excessos, até mesmo a intolerância e a estupidez do fanatismo.

No dia em que essas pessoas ingenuamente favoráveis à estatização desta ou daquela riqueza ou atividade econômica, desta ou daquela fonte de prosperidade, raciocinarem que o ESTADO NÃO É ESSA COISA VAGA, IDEAL, ABSTRATA, COMO APARECE NA IMAGINAÇÃO DE MUITOS, MAS SIM UMA COISA MUITO PALPÁVEL, QUE É O GRUPO POLÍTICO OU PARTIDÁRIO QUE ESTÁ NO PODER, aí então, por certo, iniciarão o seu processo de "revisão ideológica". Revisão que todo homem deve ter a coragem espiritual de fazer periodicamente, para atualizar aquilo que já era seu "sentimento político", com os novos conhecimentos decorrentes das incessantes e velocíssimas experiências humanas e sociais.

Não precisamos transpor os paredões ou os muros da Cortina de Ferro para mostrar que as coisas, as atividades industriais nas mãos do Estado, são essas coisas todas COLOCADAS NAS MÃOS DO PARTIDO que detiver o Poder no Estado. Não é somente lá que isso se verifica.

Para que isso aconteça não é preciso que haja o PARTIDO ÚNICO, o envergonhado ditatorialismo autoapelidado de "democracias populares". Aqui mesmo neste Brasil tão cheio de boa-fé, e também de partido, o Estado de fato é o Partido ou a Combinação Partidária que está no Poder, que usufrui e dispõe do Poder. E com que desinibido perfeccionismo, por exemplo, certo agrupamento político mostrou isso à nação durante mais de três décadas!... Como desovava ninhadas de protegidos e cardumes de correligionários sobre as empresas do Estado! E como dispunha a seu talante das verbas dessas empresas, de sua administração, de seus planos e de seus destinos, e até de seus prejuízos, aumentando-os indefinidamente!

TUDO NAS MÃOS DO ESTADO significa TUDO NAS MÃOS DO PARTIDO, seja ele qual for. Pois o poder do Estado, EM QUALQUER REGIME, é exercido sempre por alguém, vivo, humano, fraco ou forte, idealista ou charlatão, íntegro ou canalha, e que como regra geral SUBMETE TODOS E TUDO A SEUS INTERESSES PESSOAIS, PARTIDÁRIOS OU IDEOLÓGICOS.

É incrível como, no Brasil, políticos e partidos bem-intencionados sempre votaram quase tranquilamente todas as leis que criavam ou ampliavam autarquias industriais do Estado. Amedrontados por palavras e por preconceitos, eles não viam que isso era ampliar ao infinito os poleiros eleitorais de um bandoleirismo partidário que, sem nenhum pejo ou escrúpulo, considerava a nação sua fazenda, e essas empresas os seus currais e galinheiros, onde cevavam seu gado de pelo e pena, para os rega-bofes de boca de urna que os eternizavam no poder.

E quando os tartufos "modestamente" imaginavam mais uma empresa, para dar vazão às suas necessidades de empreguismo correligionário a granel, os ingênuos retrucavam com ainda maior arroubo "progressista", oferecendo logo o galinheiro de inacabáveis poleiros, de um novo monopólio estatal.

Cegamente, os bisonhos políticos liberais não viam que o grupo estatista-empreguista queria apenas assegurar para si e para os seus a facilidade de "dispor" de mais uma empresa "do Estado"; queria a facilidade, que ela sempre assegurava, de seus rebentos e protegidos, correligionários e "peixinhos", nela poderem entrar, MESMO SEM COMPETÊNCIA, e nela poderem subir, MESMO SEM MERECIMENTO.

Aliás, não há mais político-empreguista pelo Brasil afora que ainda não tenha entrevisto a imensa prestimosidade eleitoreira de uma empresa estatal, por mais modesta que seja. Já há muito, certos vivazes assessores palacianos pressentiram existir um inédito e importante "fator de produtividade" a buscar nessas organizações: a sua alta rentabilidade de empregos a serem distribuídos e de cabos eleitorais a serem atendidos.

E, assim, como vigora largamente no Brasil uma lei sociológica de grande dominância nos países de formação cultural incipiente — "O exemplo vem de cima" —, os governos de muitas unidades da Federação, usando, por sua vez, da mesma senha abusada pela União, entraram também a organizar a toque de caixa autarquias-industriais aos cestos e aos montes.*

É o caso, para citar-se um só dos vários exemplos, do Estado de Minas Gerais, onde desde 1960 se vêm formando sucessivas empresas desse tipo. Embora o tesouro mineiro esteja assoberbado por déficits terrivelmente pesados para sua receita, a chocadeira de repartições industriais ali funciona a pleno vapor. E quanto mais autarquias, mais se alargam obviamente os déficits, mais se empobrecem as finanças daquele Estado que, paradoxalmente, tem as riquezas à própria flor da terra...

Se nos seus instantes de solidão com a consciência, nos momentos após computarem mais uma vez os votos-empregos, os políticos-*madame-de-pompadour* se sentissem acutilados pelos zeros de tantos rombos no patrimônio público, talvez entendessem a crueldade da sua indiferença e do seu crime contra o futuro. Pois só haverá um pagador definitivo e certo para essas nacionais ou regionais fábricas de votos e de déficits: AS NOVAS GERAÇÕES. Serão elas que arcarão com todos os ônus e os aleijões largados sobre o país por aqueles que, na vida pública, vivem das muletas do empreguismo ou do simples lenocínio do "coitadismo".

---

* É tamanha a quantidade de siglas de empresas estatais, federais e estaduais, que já alguém teve a prestimosa ideia de coordenar e editar um "Dicionário de Siglas e Abreviaturas".

Enquanto as coisas se passavam num desigual jogo de tabela entre o ingênuo "progressismo" de uns e o eleitoral-empreguismo de outros, só os comunistas agiam em função de um esquema consciente, paciente e sem improvisação. Quando se projetava ou se discutia mais uma nova incursão do Estado como empresário industrial, a única posição tomada com frieza glacial, e matemático raciocínio político, era a dos bolchevistas. Eles apoiavam qualquer projeto que redundasse na criação de mais um monstro burocrático que, ou lhes serviria mais tarde de montaria, ou, por sua lerdeza e esbanjamento, jamais poderia tornar-se numa dinâmica fonte criadora de riquezas para todos — o que, é lógico, se acontecesse, prejudicaria gravemente a sua constante estratégia do "quanto pior, melhor".

Por que essa insistência que, às vezes, atinge as raias do irracional, em ainda tentar fazer da duvidosa capacidade realizadora do Estado um poderoso megapólio industrial?

Até antes da Segunda Grande Guerra, o mundo parecia um laboratório ensandecido, com tantas provetas fervilhando fórmulas político-sociais salvadoras, e a humanidade se quedava basbaque entre o tonitruante "socialismo" de Hitler e o siberiano e misterioso idem-idem de Stalin. Até a hecatombe da guerra varar o ventre de pau, algodão, serragem e *ersatz* dos Grandes e Trágicos Farsantes, podia-se alegar ignorância e ingenuidade por parte dos que, não sendo fascistas nem bolchevistas, apoiavam uma gradual estatização da economia de um país. Mas agora só há nevoeiro na mente dos que se quedam indecisos, por temor da calúnia que contra eles assacarão os comunistas e seus serviçais, caso também digam que "O rei Estado se acha nu".

Enquanto se noticia mais de uma vez que, cultivando 3% do solo agrícola da Rússia, como "iniciativa privada", os camponeses estão conseguindo fornecer 50% de toda a produção hortícola e granjeira das "granjas socializadas" da URSS; enquanto o prof. Stefan Tornas, da Fundação Friedrich Ebert, informa que a produtividade de 36 homens nas fazendas coletivas da Rússia é igual à de apenas 2 (dois) da agricultura privada, nos EUA; enquanto o colosso russo cambaleava, mesmo em 1963, com a discrição de um *gentleman* espartilhado, em seu undécimo colapso de fome desde a implantação do socialismo — e tinha novamente que importar trigo e cereais dos EUA, do Canadá, da Austrália, da Argentina e até da Síria —, que acontecia e que acontece do lado de cá do Muro da Vergonha?

Como se fosse tomado de um poder de titãs e de ciclopes, o povo da Alemanha Ocidental, sob o ímpeto divino da liberdade, sob as regras simples e humanas da Livre Iniciativa, leva de roldão, limpa de seu solo, arranca de sua frente e de seu futuro o pesadelo de quatrocentos milhões de metros cúbicos de escombros largados pela guerra, da sanguinolenta aventura do nacional-socialismo. E, EM DEZ ANOS, ergue a poderosa, pacífica, próspera, cordial, humana e grandiosa Alemanha Livre, milagre dos tempos modernos e honra da espécie humana!

Exemplo isolado, e de que só seria capaz a genial capacidade criadora dos alemães?

Não. Do fundo da Ásia, de sob outros milhões de toneladas de escombros materiais e espirituais, outra nação, de outra raça, TAMBÉM NO ESPAÇO DE UM DECÊNIO, se levanta como honra, grandeza, prosperidade e liberdade — sob o mesmo impulso criador da Livre Empresa, o hoje soberbo Japão, o mesmo Japão que sofrera a hecatombe desagregadora de Hiroshima e Nagasaki.

Poderão dizer que o ressurgimento e o progresso da Alemanha Ocidental e do Japão se deram graças à ajuda norte-americana. Mas então por que a Rússia não fez o mesmo com a Alemanha Oriental e com a Tchecoslováquia, regiões e povos de alta maturidade e, portanto, de alta receptividade e reprodutividade para projetos generosos?!

Porque não é de dar ajuda aos outros?

Ou porque, depois de tantas décadas de "sucesso" socialista, não tem com que ajudar seriamente ninguém?

Que esperança se pode ainda ter da "grande capacidade construtora" do socialismo? Que é que ele pode dar às gerações do futuro, já que, após meio século de planos quinquenais e outros prazos a perder de vista, falharam as edênicas ilusões que acendeu para as gerações sobre as quais imperou, a ferro e fogo?

Que o respondam os jovens da Alemanha Oriental. Que o respondam aqueles meninotes, aqueles homens válidos e mulheres decididas, aqueles velhos e trôpegos que reúnem força e coragem e, todos os dias, enfrentam estoicamente a cartada da morte no jogo pela liberdade, rastejando-se sob fios de alta tensão, saltitando entre rajadas de metralha, passando pelos rombos do muro, pelos perigosos túneis da esperança, em busca daquele outro lado do mundo, onde as tabuletas asseguram: AQUI HÁ LIBERDADE.

Por que é que a tão apregoada "capacidade de realização do socialismo" nada realizou na Alemanha Oriental que contivesse tanta gente de seu povo, para não se arriscar às aventuras suicidas em busca de melhor vida? E eles continuam tentando fugir, os famintos de esperança e de liberdade, mesmo sabendo que, tragicamente, de cada dez apenas um consegue atingir o mundo livre — como informa o jornalista Bernhard Latin, em estudo publicado em maio de 1964.

Que é que o socialismo fez da Polônia, coxim de assento de todos os tiranos e de todas as tiranias da Europa; que fez desse país tão ansioso de vida que, após vinte anos de "sábia" ortodoxia marxista, ainda tem que vir mendigar a ajuda das "pútridas nações capitalistas"? Idem, idem da Iugoslávia, cujo previdente marechal Tito está, de há muito, como um herege do marxismo-leninismo, colocando as estacas da livre iniciativa em muitas das paredes rachadas da "edificação socialista", inclusive dessocializando a própria agricultura?

Quantas vezes, em seus quase dez anos de poder, o ágil e pitoresco Kruschev, nas suas infrutíferas injeções reativadoras para o povo russo, ameaçou "dar poeira" na produção dos países livres, notadamente os EUA, com recordes que estarreceriam o mundo. Parece, porém, que toda a alma criadora da revolução bolchevista se concentra e se esvai na poeira cósmica dos seus foguetes gritantemente publicitários. E que se acendem nos céus como o fogo-fátuo de uma ideologia, que congela os corações e petrifica, no marasmo do conformismo e da desesperança, os povos que caem sob seu férreo domínio.

Às vezes, tão péssimas para uma nação livre como o seu Partido Comunista, tão péssimas quanto esses galos de crista caída, são as galinholas amedrontadas que ciscam em torno dele e que estão sempre tentando chocar um ovo que não é seu: as intelectualmente aterrorizadas "linhas auxiliares".

Elas são responsáveis — no caso do Brasil — não tanto pela quase bolchevização do país, mas principalmente pela sua acelerada pauperização, por meio de uma legislação fiscal punitiva, de uma legislação social absurdamente concessionista (como no caso da legislação trabalhista marítima), e da inflação do número de nossas deficitariamente campeoníssimas empresas estatais.

São exatamente essas prestativas "linhas auxiliares" as mesmas responsáveis pelo superempreguismo que avassalava a França,* e pelo superassistencialismo

---

* Numa população de menos de 50 milhões, a França estava com cerca de quatro milhões de funcionários públicos (a cada cinco franceses adultos, um era amanuense).

que escadeirou o outrora prosperíssimo Uruguai.* E há pouco a Itália,** que navegava de velas enfunadas para um padrão de prosperidade — que parecia vir a ser a mais firme e dinâmica de toda Europa — entrou em maré de enjoos e tonturas, graças ao ovo choco do Estatismo assistencialista do pobre concessionista Amintore Fanfani. Esse ex-premiê italiano é o espécime político mais típico da famosa linha pendular dessa torturada postura não-sabe-se-vai-ou-se-fica que tem sido, quase por toda parte, a indefinida posição do Partido Democrata Cristão.

Quando, como vemos todos os dias, antigos comunistas de alta responsabilidade se viram corajosamente para um longo e tormentoso passado de sonhos e, mesmo sob uma tempestade de ameaças e calúnias, proclamam: "ESTÁ ERRADO! O CERTO É A LIVRE EMPRESA, O NOVO CAPITALISMO" — ficamos com o direito de cobrar também dos "estatistas" sinceros e de boa-fé, dos "estatistas" sonhadores que se engajaram no que supunham ser o comboio das ideias do futuro — e não dos que a ele se atrelaram por carreirismo ou secretos motivos freudianos — que abandonem os preconceitos, os mitos falhados, as ideias congeladas pelo dogmatismo sectário. Abandonem as lentes embaçadas das "ideias firmadas" e das "concepções arraigadas" e analisem imparcialmente o que têm sido as safras de estagnação e pauperismo em todas as nações em que o Estado se tornou o senhor todo-poderoso da economia, ou nas em que ele fez os seus ensaios parciais, de perdulário dos dinheiros públicos, e das esperanças populares.

A esse respeito, atingiu a mais elevada grandeza a atitude de um homem público brasileiro, da categoria do ex-ministro Lucas Lopes que, em outubro de 1962, num admirável gesto de coragem intelectual, fez a espontânea autocrítica de uma posição que, em certa fase da sua vida, tomou, como tantos outros idealistas, em favor da intervenção do Estado em importantes setores da economia. Gesto que mais eleva o ex-ministro porque tomado exatamente quando intelectuais e políticos, e principalmente tantos dos que com ele conviveram nos altos conselhos da República, embarcavam apressadamente com trouxas, ponchos e canastras no comboio de equívocos que então apitava freneticamente, e lhes parecia levar mais depressa à estação do poder, do mando, do gozo e do sibaritismo político.

---

* A aposentadoria aos 25 anos de serviço fez do ardoroso Uruguai uma nação "prematuramente senil e cansada".
** Na Itália, as empresas já não podem aumentar os salários como desejariam, nem ampliar o número de empregos para as novas gerações porque, para cada Cr$ 1.000 de salário, o empresário tem de arcar com quase Cr$ 800 de contribuições sociais.

Centenas de intelectuais, escritores e sociólogos, políticos ou outros fazedores de História, têm igualmente reconsiderado o erro da esperançosa crença que tiveram no socialismo de Estado. Mas nem todos têm tido a oportunidade e a coragem de proclamar esse reencontro da verdade — seja pelo receio de desatrelar-se dos laços de uma matilha que usa descarnar seus ex-adeptos irredentos, seja porque, desvestindo as tão usadas roupagens ideológicas com que cobriram seus primeiros ideais políticos, temam ser colhidos em plena nudez de Pitágoras, se se decidirem a proclamar na praça pública encontro final da fórmula mágica que tanto buscaram para explicar o fenômeno que os apaixonara.

É preciso que se proclame a verdade já de há muito alcançada pelos convencidos ou recém-encontrada pela reconversão, para assim desfazer as nuvens que os profissionais da mistificação ideológica levantam continuamente sobre a ingenuidade da ignorância, explorando a mirífica beleza de "tudo retornar a todos, através do Estado". Como a sucessão de erros da experiência socialista começa nas nações livres geralmente pelas "amostras" das empresas estatais, organizadas para que as vantagens e os lucros de tal ou qual riqueza ou indústria possam supostamente ir "diretamente para as mãos da nação", é preciso decompor analiticamente esse mel de apanhar moscas, e dizer claro e alto que O ESTADO É UM INDUSTRIAL REACIONÁRIO, RETRÓGRADO E FEUDAL. E é isso tudo por causa dos resultados antieconômicos e antissociais da sua produção: cara, malfeita e sempre tendenciosa e malignamente monopolista.

Como industrial, o Estado recorre quase sempre ao expediente da criação de monopólios pela sua própria propensão político-pantagruélica, ou pela prevenida manobra de EVITAR OS CONFRONTOS de eficiência com a iniciativa privada. Pois essas comparações resultam sempre arrasadoras para o prestígio e a "capacidade" administrativa da máquina de produção burocratizada.

Como produz mal e em condições e termos de desleixo e desperdício, o que sai das mãos do Estado industrial torna-se inaproveitável ou inadequado ao uso ou consumo democrático pela maioria dos cidadãos.

O Estado é um industrial egoísta e cínico, porque distribui em régios salários com os seus protegidos, aquilo que deveria ser transformado em melhores equipamentos ou melhores técnicas de PRODUZIR MAIS BARATO PARA O MAIOR NÚMERO DE CONSUMIDORES.

O Estado é um industrial irresponsável porque esbanja com listas infinitas de funcionários — menstruais ou bissextos, a quem dá o direito de comparecer de "mês em mês" ou, mais vagamente ainda, de "tempos em tempos" ao local de "trabalho" — aquilo que poderia ser a larga percentagem a menos, nos custos do que produz sempre a preço de ouro.

Pela irrespondível lição que encerra, pela clareza do exemplo que sintetiza, pela limpidez da definição que oferece nesta encruzilhada das opções humanas, a assombrosa ressurreição da Alemanha Ocidental tornou-se o mais decisivo acontecimento político, econômico e social de após a Revolução Bolchevista.

Muito mais ainda do que o próprio Japão, a Alemanha foi metódica e diariamente atacada durante três anos por formações compactas de cem, depois 200, depois 500, depois mil, depois dois mil superbombardeiros aliados. Milhões de toneladas de explosivos, atirados todos os dias, com precisão científica, reduziram a ossos descarnados das ruínas, ou às insuturáveis feridas das imensas crateras, todo o gigantesco parque industrial alemão.

O que fez a prostrada e arrasada nação vencida levantar-se de sob todos os seus escombros — utilizando genialmente a ajuda do plano Marshall — foi não apenas a força catalítica desse maravilhoso fermento de criação, produção, realização, estímulo e entusiasmo que é a Livre Empresa, mas a CORAGEM MORAL E A CLARIVIDÊNCIA E OBJETIVIDADE de seus líderes, como Ludwig Erhard e Konrad Adenauer.

Eles também eram membros de um povo que durante mais de dez anos só pôde dar ouvidos para as sereias de repetição e os teóricos substitutos do nacional-SOCIALISMO. Os nazistas, como os comunistas, realejavam até a neurose o seu sofisma de que só o Estado (entenda-se, O PARTIDO DELES) era capaz de soluções miraculosas e de dar de tudo para todos. E, em nome desse dogma, pilharam e estatizaram milhares de propriedades dos judeus e dos adversários ricos, e implantaram também outras espetaculares empresas estatais.

Na hora da arrancada para a reconstrução, momento em que Ludwig Erhard alinhou tudo e todos que restavam daquilo que fora a nação alemã, momento em que o financista sem preconceitos e sem temores e o velho chefe indomável Adenauer gritaram o "Larga! Para a frente!" — a velha Alemanha, cujo parque industrial era quase todo um montão de sucata desmantelada, a velha Alemanha rejuvenescida pelas novas regras de viver e lutar, saltou de sob crateras e ruínas e CADA UM POR SI, mas pensando na ressurreição da pátria estraçalhada, fez a sua parte como pôde, como quis, como sabia fazer, como sempre desejara fazer, como aprendera a fazer.

Enquanto isso, o governo praticamente leiloava em hasta pública as prebendas e os "encalhes" industriais, as pomposas e custosas empresas estatais que Adolf Hitler usava como os enfeites de vitrina das "realizações" do seu Estatismo nacional-socialista, ou para seus arrotos domésticos de autossuficiência e gigantismo.

Foi também pelo caminho do estatal-sindicalismo que, do outro lado da nossa fronteira, o conspícuo ditatorialista-portenho, Juan Domingo Péron, executou o seu incêndio à beira do Tigre: o desmantelamento que levou até a imobilização do escadeiramento da economia de um país que, durante décadas fora apontado como dos mais prósperos do mundo e como tendo o mais elevado número de milionários *per capita* entre todas as nações da Terra.

Não é preciso grande esforço de imaginação para se compreender que geralmente a estatização conduz ao monopólio estatal e este sempre desemboca seu delta de mil bocas num ponto só: no mar morto do monopólio político, do monopólio de poder, na DITADURA — de "direita" ou de "esquerda".

O Estado industrial despeja empregos e influência e, pela mesma cornucópia, exerce uma terrível força de sucção dos direitos populares — sucção essa que termina inexoravelmente na absorção das liberdades públicas. Daí em diante, é o silêncio dos cemitérios ditatoriais, pois o próprio Estado se protege atrás do mesmo círculo de chifres agressivos da "intocabilidade", com que se defendem, por antecipação, os monstros autárquicos por ele criados.

Em toda essa imensa e onerosa sucessão de equívocos desencadeados pelo carneirismo da estatização, os que de boa-fé a defendem ou defenderam não se apercebiam de um dramático paradoxo. Enquanto muitos ansiosos idealistas chegavam ao Estatismo pelo caminho emocional da "proteção da nação" contra supostos espoliadores ou exploradores particulares, as empresas estatizadas, com seus déficits supersônicos e supercínicos, conduziam e conduzem o país para a total AUTOFAGIA.

Sob o falso pretexto de não deixar que as oportunidades econômicas oferecidas pelo país "sejam desfrutadas pelo interesse privado", a nação, aterrorizada pelos magarefes do Estatismo, entregava-se em pedaços, deixava-se esquartejar pelos bandos que, por se camuflarem de verde-amarelo, se julgavam com o direito de fazer das empresas do Estado o grande rega-bofe de seu acolchoado sibaritismo e da independência econômica de todos os ramos de suas árvores genealógicas.

De um ponto em diante, para atender à fome de tantos déficits, já não bastava aos bezerros de ouro — as autarquias industriais — o leite todo das tetas do

Estado; e então metiam o focinho agressivo através do rombo cada vez mais largo da inflação, nas próprias entranhas da pátria, de onde pareciam querer arrancar, na fúria dos seus algarismos e das suas reivindicações incontentáveis, até a própria placenta criadora da vida da nação.

O Brasil se esvaía na sangueira mortal a que o submetiam os déficits das autarquias industriais; de ano para ano, eles saltavam em progressão geométrica de CEM para DUZENTOS BILHÕES, para QUINHENTOS BILHÕES de cruzeiros, e até para UM TRILHÃO e QUATROCENTOS BILHÕES (de cruzeiros antigos), como se previa para 1964, se continuasse até o fim o governo de terra arrasada que os assessores comunistas deliberadamente realizavam no país, pela mão do senhor João Goulart.

E quanto mais sangrava o Tesouro e mais se imprimia para tampar os rombos à custa de mais papel, mais se manifestavam as claques estatizantes, em crises e situações deliberadamente provocadas: Ferrobraz!, rangiam uns para os "problemas" do ferro; Cafebras! espocavam outros para as coisas do café! Aerobrás, rufiavam terceiros para o mau tempo nos transportes aéreos. Bancobrás, Taxibrás, Roupabrás, Calçadobrás... Cada "crise" ou greve em cada setor era logo pretexto, senão a senha, para os sempre atentos lobos do "quanto pior, melhor" levarem de roldão a inocente carneirama dos seus simpatizantes, os quais baliam as palavras de ordem que lhes eram passadas, mas já então sob um misto de alegria submissa e pânico diante de algo desconhecido que se aproximava.

Pedia-se a criação de mais autarquias industriais, enquanto o próprio coração econômico-industrial do país entrava em quase colapso de energia elétrica, cuja origem era a longamente planejada estatização desse setor.

A Cia. Nacional de Álcalis, depois de mais de vinte anos de "preparativos" e de bilhões de cruzeiros evaporados em interrupções e desperdícios, ainda entregava seus produtos — soda cáustica e barrilha — em quantidades limitadas, mas a preços ilimitados, o que forçava o encarecimento de tudo que tivesse de ser embalado em vidros ou garrafas. Com sede na Guanabara e fábrica em Cabo Frio, a Companhia chegara a ter, até julho de 1964, nada menos que três diretorias autônomas entre si, e com as mesmas prerrogativas.

A Companhia Cantareira, oficializada, e logo ingurgitada, não conseguiria transportar os seus próprios funcionários, em todas as barcas de que dispunha, se todos tivessem a disciplinada ideia de ir para o trabalho no Rio de Janeiro ou em Niterói na mesma hora.

O porto de Salvador, um dos mais amplos ancoradouros do mundo (e cujas tarifas de estiva e capatazia haviam subido 3.125% entre 1959 e 1964), apresentava, quando o visitamos numa semana de julho de 1963, o melancólico recorde de ter apenas um navio, e nacional, acostado em seu cais. Um branco navio de turistas internos, que nem ao menos dólares deixariam na Boa Terra.

A Costeira, segundo se informava, fazia muito havia encerrado as atividades do seu setor de compras de cereais para as tripulações embarcadas, pois "raciocinava-se" lá dentro, transportando esporadicamente arroz e feijão para os outros, por que diabo precisariam comprá-lo?!

No primeiro trimestre de 1964, a Rede Ferroviária Federal caminhava resfolegadamente para o seu 100º aniversário de criação e, de portões abertos para o empreguismo e o reivindicacionismo, avançava numa velocíssima MARCHA À RÉ contra todas as disposições, artigos, parágrafos e alíneas pacientemente reunidos pelos ingênuos deputados que a imaginaram e votaram sua criação. Como bem lembrava nessa ocasião um editorialista do *Correio da Manhã*, em vez da previsão, estipulada EM LEI, de uma REDUÇÃO ANUAL de 5% na dotação de doze bilhões de cruzeiros com que a nação a sustentaria inicialmente até poder-se manter sozinha nos trilhos — a RFF vinha de serra abaixo, de cremalheira rebentada, freios soltos e vagões superlotados de pessoal, com um déficit que em 1964 atingiria 420 BILHÕES DE CRUZEIROS! Aliás, observava o prof. Eugênio Gudin que, com isso, passaria a caber à Rede Ferroviária Federal o triste recorde de ser "a empresa que apresentava o maior déficit do mundo em relação à sua receita".

O prejuízo estimado para 1964 (420 BILHÕES) ficou, porém, restrito a "apenas" 241 BILHÕES, isso depois de todos os esforços de um ministro queixo-duro, o "tenente" Juarez Távora — e a dedicada equipe de colaboradores que colocou na direção das ferrovias, jovens oficiais à frente dos quais, na presidência da Rede, se achava o coronel Hélio Bento de Oliveira Melo. Em abril de 1965, este oficial-engenheiro e seus companheiros conseguiam melhorar novamente seus resultados, mas ainda tinha que anunciar para 1965 um déficit de nada menos que 195 BILHÕES de cruzeiros. O déficit diário era, assim, de 66,1 milhões, o que daria para o governo federal construir TRÊS ESCOLAS TÉCNICAS POR DIA, pelo país afora, ao custo de 220 milhões cada uma — e, portanto, excelentemente instaladas.

Enquanto notícias dos EUA divulgaram em março de 1965 que a ferrovia (de capitais privados) New York Central já se equipara com um circuito interno de TV, comandado por computadores eletrônicos, e por isso podia localizar, instantaneamente, em que ponto de seus 16 mil km de trilhos estava cada um dos 125 mil vagões de que dispunha, a revista *Direção*, desse mesmo mês e ano, revelava a "velocidade" média dos trens da velha Viação Férrea do Rio Grande do Sul: 15 km por hora. E a informação acrescentava: a VFRGS tem outro tipo, *sui generis*, de superlotação — excesso de pontos de parada: 394 em 3.599 km de extensão, o que obriga seus trens a uma parada de oito em oito quilômetros.

Andando ainda pelo ramal ferroviário: a outrora rebrilhante, próspera e cronométrica Companhia Paulista de Estradas de Ferro, uma das mais bem organizadas do mundo, de propriedade e comando de capitais brasileiros, depois de cerca de sessenta anos de operações solidamente lucrativas, começou a dar prejuízo praticamente cinco minutos após emitir o primeiro apito em mãos do governo.

A Fábrica Nacional de Motores esteve produzindo durante bastante tempo automóveis "JK" que eram generosamente vendidos até a cinquenta por cento menos que seu real custo industrial. Essa diferença não constituía nenhuma suspeitosa concessão, mas uma imperiosa redução face à realidade do mercado. Pois a baixíssima produtividade e os custos operacionais altíssimos daquela autarquia industrial faziam com que cada carro saísse a preços totalmente disparatados com relação aos da concorrência.

Em 12 de dezembro de 1965, o *Diário de Notícias*, do Rio de Janeiro, informava: "Possui a Fáb. Nac. de Motores 86% da maquinaria necessária, mas 48% só podem operar se forem instalados os 14% que faltam para o funcionamento planejado. Dessa forma, só estão operando 38% das máquinas instaladas. Como consequência, a produção diária se limita a dez caminhões e a três ou quatro carros de passeio".

Sob a supervisão do Instituto do Açúcar e do Álcool, o Brasil quase ia caminhando estoicamente para uma nova provação de sua História: ter que provavelmente importar esse alimento em futuro que parecia próximo, após haver sido, durante longo tempo do seu passado, o maior produtor de açúcar do mundo.

Por falar em Instituto do Açúcar e do Álcool: para "aproveitar os excedentes de álcool do Nordeste, o governo pernambucano teimou em montar para 29 mil toneladas a fábrica de borracha sintética da COPERBO, embora todas as grandes indústrias consumidoras advertissem insistentemente que, por longos anos, só necessitariam de um máximo de dez mil toneladas — pois a borracha resultante do álcool, o polibutadieno, tem uso limitado, dadas as restrições técnicas que apresenta. E pior: o "moderno" elefante branco da COPERBO já nasceu obsoleto, pois é o único do mundo que usa álcool e não petróleo como matéria-prima. E foi comprado de segunda mão.

E o Instituto Nacional do Pinho anunciou com grande orgulho cívico-profissional, após seus primeiros quinze anos de atividades, ter plantado um total de nove milhões de árvores, quando somente duas empresas particulares, a Belgo-Mineira e a Companhia de Papel de Monte Alegre (Paraná), estão plantando cerca de QUINZE MILHÕES de árvores por ano, cada uma. Enquanto a Belgo-Mineira anuncia que até 1980 terá plantado 300 milhões de pés de eucaliptos, e a Monte Alegre replica que, nesse mesmo prazo, provavelmente excederá esses números em eucaliptos e araucárias, é admissível que o Instituto do Pinho venha a atingir até lá mais de vinte milhões.

Em abril de 1965, um abnegado delegado regional do Instituto do Pinho no Rio Grande do Sul anunciou que conseguira distribuir, até então, quatro milhões de mudas de *Pinus Elliottii*, oriundas de sementes fornecidas pelo governo norte-americano. Ao esforço admirável dessa isolada andorinha burocrática, a indústria privada correspondia, no mesmo Rio Grande, com o aceleramento do gigantesco plano de plantio de acácias-negras, feito pela Empresa Tanac, que já plantou 120 milhões de espécimes dessa árvore preciosa, que está tornando o Brasil um dos grandes produtores mundiais de tanino.

Qualquer uma dessas empresas particulares citadas planta, sozinha, por ano, muito mais mudas que TODOS OS 288 HORTOS FLORESTAIS QUE TEM O MINISTÉRIO DA AGRICULTURA. Aliás, em estudo publicado em novembro de 1964, o técnico Rubens Rodrigues dos Santos observava que, para cobrir as consequências das derrubadas de CINCO MILHÕES DE HECTARES de florestas, "principalmente pinheirais, o Instituto do Pinho plantava seus irrisórios 4.744 HECTARES de pinho no Paraná". MENOS DE UM DÉCIMO DE UM POR CENTO DA ÁREA DESFLORESTADA. (Os 120 milhões de acácias-negras plantadas pela Tanac ocupam cem mil hectares.)

A demagógica e felizmente já extinta Fundação da Casa Popular, manhosamente concebida e — não fugindo à regra — mal vivida, durante quinze anos, raramente conseguira fazer mais de mil casas por ano, número infantilmente ridículo num país onde se estão formando QUINHENTOS MIL CASAIS novos, anualmente.

Utilizadas durante trinta anos como grandes veículos do tráfico de influência eleitoral, as Caixas Econômicas nada fizeram, até antes da Revolução de Março, para defender o patrimônio dos seus ingênuos depositantes, em maioria absoluta humildes trabalhadores, diaristas, biscateiros e domésticas.

Segundo a "justificativa" do Projeto do Plano Nacional de Habitação, com a desvalorização da moeda não corrigida nem prevenida, ascende a 46 BILHÕES de cruzeiros o prejuízo que os modestos depositantes, somente da Caixa Econômica Federal da Guanabara, tiveram no período de 1959 a 1963!*

A Petrobras informava recentemente à nação que, valendo-se de todas as suas facilidades e das verbas imensas de que dispunha, e ainda de seus TRINTA MIL funcionários, havia atingido a "performance" total de 441 poços perfurados nos anos de 1961 a 1962; isso quando indivíduos e empresas particulares "vulgarmente ambiciosos" perfuravam no mesmo período 1.033 poços na Venezuela, 4.450 no Canadá, e "apenas" noventa mil nos EUA. Na própria Argentina, após haver sido admitida a associação das empresas privadas, foram perfurados nesses mesmos anos 2.906 poços.

Amuada por causa de sucessivos calotes, a Companhia Siderúrgica Nacional de Volta Redonda continuava relutando em produzir maior quantidade de trilhos para as ferrovias nacionais — finalidade que fora uma das JUSTIFICATIVAS BASILARES de sua criação pelo Estado. (Atingia a impressionante cifra de 19 BILHÕES de cruzeiros, o montante dos calotes que "outras organizações oficiais" haviam passado na Companhia Siderúrgica Nacional, segundo o depoimento do presidente dessa empresa, prestado em novembro de 1965 perante a Comissão Parlamentar de Inquérito sobre a Universidade de Brasília.)

Aliás, mais uma prova do não cumprimento de compromissos entre as autarquias do Estado: em junho de 1964, um jovem coronel que se esforçava para pôr nos trilhos a Rede de Viação Paraná — Santa Catarina reclamava "que o IBC não só não estava usando os comboios disponíveis daquela ferrovia — preferindo caminhões particulares — como também não lhe pagava velhas dívidas, superiores a 400 milhões de cruzeiros". E acrescentava: "Havia casos em que o IBC só pagava quase dois anos depois".

---

* Literalmente, eis o que diz esse documento: "Os beneficiários desta transferência (refere-se à transferência de valor entre o dinheiro depositado, 'parado' para seu dono, e o aplicado) foram os devedores de empréstimos concedidos pela Caixa Econômica da Guanabara, em geral, pessoas de classe média. A transferência ocorreu, por conseguinte, em prejuízo das pessoas mais pobres e em benefício daqueles com maior capacidade de renda. Uns poucos privilegiados que, só no Estado da Guanabara, de 1959 a 1963, conseguiram obter empréstimos a longo prazo na Caixa Econômica Federal, aumentaram o seu patrimônio em, no mínimo, 46 bilhões de cruzeiros à custa de depósitos populares."

A esse propósito, o ministro da Viação, marechal Juarez Távora, informava em janeiro de 1965 que, por não ter o Lloyd Brasileiro, desleixadamente, pagado as taxas de seguro do "Ana Nery" a outra autarquia — o Instituto de Resseguros — este se recusara durante meses a pagar o "prêmio" correspondente ao seguro "bigodeado" pelo Lloyd, quando o "Ana Nery" foi quase cortado ao meio num abalroamento.

Ainda em abril de 1964, com sua agudeza característica para todos os sintomas ou movimentos da vida brasileira, Assis Chateaubriand lembrava à nação angustiada por uma deliberada crise de suprimentos agrícolas que o Banco Nacional do Desenvolvimento não tinha até então canalizado nem um cruzeiro sequer — dos bilhões que lhe eram entregues pelo generoso Fundo do Trigo criado pelo governo americano — para aplicar em empreendimentos urgentíssimos e essencialíssimos para a nossa produção agrícola — como fábricas de adubos e de tubos para irrigação. Nada fora feito que favorecesse fundamentalmente a agricultura brasileira, cuja sorte não interessava a certos dirigentes do BNDE na época, senão pelo seu lado negativo.

E a COSIPA, o sonho de aço dos paulistas, perdeu suas linhas de eficiência e dinamismo, caindo no redemoinho da voragem política e da desorganização, assim que o Governo Federal lhe pôs as mãos em 1961. Segundo *O Estado de S. Paulo*, quando sobreveio a Revolução de Março de 1964, a COSIPA já era "um dos mais vastos poleiros do país, com doze mil funcionários pendurados em suas folhas", quando, de acordo com os verdadeiros técnicos, a metade já seria suficiente. "Um pomposo Estado-Maior de cerca de duzentos engenheiros" comandava "racionalmente" a grande concentração burocrática em que parecia ter-se transformado aquele empreendimento que, pela época de sua construção, deveria ser modérníssimo, eficientíssimo, com elevado índice de automação e, portanto, de alta produtividade e rentabilidade para a economia do país. (Em maio de 1965, um ano após a Revolução de Março, o seu delegado à frente da COSIPA, um brilhante administrador público, senhor Ibirê Gilson, enfrentando as persistentes recomendações políticas, só havia conseguido até então reduzir em mil o exército de funcionários e em cem o número de engenheiros — o que já era um milagre.)

Quanto à "eficiência" da mais antiga atividade industrial do Estado, os Correios e Telégrafos, lamentavelmente já nem há mais absurdo que se conte que consiga renovar ou dilatar o espanto, a descrença e a decepção dos cidadãos. Não há careta de revolução ou ditadura que modifique o secular comportamento dos Correios e Telégrafos; nada altera sua soberana lerdeza, desorganização e irresponsabilidade. Não há ninguém neste país que escreva cartas ou telegrafe que não tenha histórias de cartas e telegramas que só chegaram a seu destino, ainda que em estado ou cidade vizinhos, após alguns pares de semanas ou um bom par de meses. Um engenheiro do próprio DCT contou que certa vez se achava em Fortaleza, em viagem de inspeção, quando lá chegaram do Rio de Janeiro malas do correio, carregadas de telegramas que se destinavam a Porto Alegre. O próprio ministro da Viação, marechal Juarez Távora, informava em julho de 1964 que, dos 180 mil quilômetros das linhas telegráficas instaladas pelo DCT, 80%, ou seja, 144 MIL km, ESTAVAM IMPRATICÁVEIS. Aliás, durante a construção da rodovia Brasília-Acre, ordenada a toque de caixa pelo presidente Juscelino, os empreiteiros derrubaram sem a menor cerimônia mil km de linhas telegráficas que ali haviam sido fincadas, mais de meio século antes, em condições lendárias, pelo general Cândido Rondon. E derrubadas ficaram cinco anos, agravando todas as condições de isolamento, e consequente subdesenvolvimento, em que vive a heroica região.

As 80 mil emendas recebidas no Congresso pelo orçamento da União para 1964 (para o de 1966, previa-se 1,5 milhão) dão bem a ideia de como todos querem tirar a sua fatia eleitoral do bolo das verbas que o Estado aplica.

Isso explica também a situação de desatino alucinante sob a qual tinha de viver outra grande autarquia administrativa, o DNER. Sob a pressão de pedidos e conveniências de políticos maiores e políticos mirins, o DNER mantinha em começos de 1964 nada menos que 300 frentes de trabalho, na maioria das quais pequenas equipes de máquinas e engenheiros tinham de fingir que trabalhavam — pois não havia dinheiro o bastante para se atacarem tantas estradas principais ou secundárias ao mesmo tempo. Enquanto ciscava terra por encomenda eleitoral através de todo o território nacional, o DNER ainda não havia pagado doze bilhões de cruzeiros da construção da Rio-Bahia, segundo as próprias declarações do novo Ministro da Viação, marechal Távora.

Que é que a nação pode esperar de eficiente do Estado como "industrial", se até mesmo para COBRAR O DINHEIRO QUE LHE É DEVIDO, se até mesmo para cobrar impostos, ele é desorganizado, desleixado, descansado, acomodado e incapaz?

Nos quase cinco mil municípios brasileiros, funcionam apenas 2.075 coletorias federais. "Funcionam" é maneira de dizer, pois destas, segundo informa o técnico de administração, senhor Afonso Almiro, em estudo divulgado em dezembro de 1964, 358 encontravam-se fechadas por motivos diversos, inclusive ações de despejo por falta de pagamento de aluguéis... Acrescenta ainda aquele especialista: "Isso bem demonstra como a arrecadação no interior está sendo prejudicada. No estado da Bahia, das 177 coletorias existentes, 110 estão fechadas. No Pará, existem 29 em funcionamento e 34 paralisadas. Em Santa Catarina, 45 funcionam, enquanto 50 estão com suas atividades interrompidas".

Outra pálida ideia da "eficiência" do Estado, mesmo no setor de cobrança do que os contribuintes relapsos lhe devem, pode ser dada pela informação divulgada na imprensa da Guanabara em 27 de fevereiro de 1966: a Procuradoria Geral do Estado anunciava enfaticamente que ia iniciar o "ajuizamento de todos os débitos fiscais para com o Estado". E vinha um algarismo estarrecedor: existiam MAIS DE UM MILHÃO DE DOCUMENTOS A AJUIZAR, alguns datados até de 1939! Porém, as ações judiciais não começariam logo naquele dia, mas, sim, em meados do mês de março seguinte.

Em abril de 1965, o tão esperado e necessário Banco Central, com apenas um mês de nascido, desentendia-se com outra entidade estatal, recusando-se a retirar da Alfândega do Rio de Janeiro 800 caixas contendo milhões de cédulas fabricadas para o governo brasileiro pelo *American Bank Note* e por *Thomas de La Rue Co*. "Foram encomendadas pela Caixa de Amortização, que é responsável por elas", dizia o Banco. "Não temos mais nada com isso", retrucava a Caixa.

(Por falar em numerário: a falta deste para pagar as despesas de transmissão de TV do Campeonato Mundial de Futebol de 1966, levou um burocrata paulista a descobrir que seu governo tinha um saldo de 500 mil libras num banco londrino, ali esquecidas desde o tempo de Washington Luís, havia mais de quarenta anos.)

De nada valeram, por exemplo, os "esforços", a "capacidade técnica", o "dinamismo administrativo" e a "orientação protetora" do Instituto do Cacau: o Brasil despencou de sua vigorosa posição de liderança no mercado mundial do cacau, para um quase quarto lugar, abaixo de uma coleção de países africanos. Em menos de dez anos, de 1955 a 1965, perdemos tanto mercado que caímos de uma participação de 20% no mercado mundial para 9%. (Em 1965, produzimos 138 mil toneladas; a Costa do Marfim, 130 mil; a Nigéria, 265 mil; e Gana, MEIO MILHÃO.)

Em 19 de abril de 1966, o *Jornal do Brasil*, diante da "nenhuma providência para dar consequência às sugestões formuladas no relatório do Grupo de Estudos do Cacau", alertava em sua seção "Informe JB" que o nosso país "caminha para ceder à República dos Camarões o quarto lugar que agora ocupa", pois esse outro concorrente africano "produz (e vende) cada vez mais, enquanto o Brasil assiste, inerte, a essa corrida".

E o pior é que o empurrão que tomamos dos países africanos não foi enquanto eles eram colônias, diretamente ajudadas pela orientação de nações europeias, mais experimentadas, mais ágeis e capazes. Estamos perdendo, mas para nações que ainda se organizam, que ainda estão reunindo as tribos para explicar qual é a cor da bandeira do país e o que é independência nacional.

E Brasília, a grande autarquia imobiliária, mesmo sendo o mais dispendioso e espaventoso anúncio do Brasil no mundo, quase dez anos após o início de sua aloprada construção, ainda não era placa de gare ferroviária, e nenhum chefe de trem pronunciara seu nome, anunciando-o entre as estações do percurso do nosso futuro. Só em fins de 1966, os trilhos da antiga estrada de ferro de Goiás, vindos do Sul, a atingiriam. E, segundo o depoimento do ministro da Viação, marechal Juarez Távora, na Comissão Parlamentar de Inquérito sobre o Nordeste, os trilhos vindos do Norte, de Fortaleza, só em 1990 chegariam à nova capital. Em 1966, seis anos após inaugurada, Brasília continuava parecendo uma majestosa cidade babilônica, erguida no inacessível, atingida apenas através das custosas rotas rodoviárias ou pelas inconsistentes estradas celestes, polvilhadas de estrelas e transitadas a peso de ouro.

O ingurgitamento de atividades industriais e comerciais do Estado assumiu tais proporções que, antes da "mudança" da Capital Federal para Brasília, o catálogo telefônico do Rio de Janeiro acusava os nomes de cerca de quarenta entidades autárquicas ou semiautárquicas diretamente submetidas e dependentes da capacidade administrativa do presidente da República.

Ainda em março de 1965, um jornalista elogiava a tremenda capacidade do presidente Castelo Branco, que se utilizara do fim de semana carnavalesco para "despachar mais de dois mil processos". Isso nos leva a lembrar o jocoso fato de o senhor Getúlio Vargas querer atrasar de algumas horas o golpe de implantação do seu Estado Novo, a fim de poder assinar as duas pilhas de processos burocráticos que tinha sobre a mesa.

Nesta altura dos acontecimentos, em pleno 1966, há quase dois anos da corajosa e expurgadora Revolução de Março de 1964, o Ministro da Viação sopra, com muita importância POLÍTICA e grande esforço físico, nos bocais de catorze autarquias ao mesmo tempo — tentando obter sinfonias de uma charanga de velhas entidades, que se viciaram a reger-se sob a mais tumultuária cacofonia administrativa.

Quando as empresas estatais conseguem ter algum lucro, elas o absorvem sem-cerimoniosamente, seja pela sua distribuição "socialista" "intramuros" como se fazia compadrescamente antes da Revolução de Março, seja pela reinversão em planos próprios da autarquia.

Foi o que aconteceu, por exemplo, com os 44 bilhões de cruzeiros que a Companhia Siderúrgica Nacional teve de lucros em 1964. Quando se divulgou que essa poderosa autarquia estatal estava devendo mais de DOIS BILHÕES de cruzeiros de dividendos que não pagava à Universidade de Brasília, o presidente da Siderúrgica declarou perante uma Comissão Parlamentar de Inquérito (sobre aquela universidade) em novembro de 1965, que: *a)* achava INJUSTO ter de pagar, e *b)* que os 44 bilhões "SE PERDERAM, em sua maior parte, na própria empresa, ao serem utilizados em seu capital de giro".

NUNCA SE TEVE NOTÍCIA DE AUTARQUIAS RECOLHEREM SEUS LUCROS AO TESOURO NACIONAL. A ele, porém, recorrerão sempre, e rumorosamente, dentro até da melhor técnica do "coitadismo" ("com milhares de funcionários às portas do desemprego" etc.), quando houver déficits, e faltar dinheiro principalmente para as folhas de pagamento.

Há até o caso, como observa o técnico fazendário, senhor Afonso Almiro, de uma autarquia socorrer-se do munificente Tesouro Nacional, EMBORA UMA DAS SUBSIDIÁRIAS DESSA MESMA EMPRESA ESTEJA FAZENDO BONS LUCROS. Lucros que nunca, jamais, chegam aos cofres da nação para aquele "máximo de utilidade social, que é a razão de ser e o fundamento de todo o serviço público".

Em qualquer setor econômico em que o Estado entre com sua mão desajeitada, ou perdulária, ou estéril — EM QUALQUER PAÍS DO MUNDO —, as coisas se afrouxam, as regras se amolecem, começam os "jeitos", imperam os achegos, junta-se o compadrismo, floresce o filhotismo. Seja qual for a forma sob a qual o Estado participe de uma atividade econômica, seja como industrial-monopolista, ou acionista majoritário, ou minoritário, ou simplesmente como subsidiário — logo se forma a tessitura das adiposidades burocráticas, estendem-se e enroscam-se os filamentos gordurosos de "vantagens" e "percentagens" que se vão generosamente desprendendo, para os que se colocam no caminho de ir e vir, do fácil dinheiro do povo.

Ainda recentemente, explodia um quase escândalo nacional nos próprios EUA — campeões da livre empresa — ao ser revelado, em outubro de 1965, pelo subsecretário de Comércio do governo Johnson, Alan Boyd, que os subsídios pagos pelo governo americano à sua Marinha Mercante já estavam atingindo a fantástica soma de 416 milhões de dólares por ano.

Treze luxuosos navios, que servem à doce vagabundagem turística dos cidadãos que podiam viajar para o estrangeiro, custavam 47 milhões de dólares a todo o povo americano, de subsídios às influentes companhias proprietárias...

E, lá como aqui, os espertos que invocavam sua certidão de nascimento para monopolizar capitanias setoriais em negócios ou indústrias — estavam (e ainda estão) sangrando o tesouro de Tio Sam em mais de 350 milhões de dólares, com o velho subterfúgio de sempre: uma lei "protecionista" obriga o governo a fazer 50% de todos os transportes governamentais somente em companhias americanas. Resultado: protegidas pela lei "nacionalista", as companhias, segundo o Secretário Alan Boyd, faziam "patrioticamente" o transporte custar mais de 350 milhões de dólares a mais do que se usadas companhias concorrentes estrangeiras...

Para aqueles socialistas ingênuos ou os estatistas sonhadores que dizem que as empresas estatais brasileiras só têm fracassado porque "não tínhamos" ou "não temos tido bons governos" nessas últimas três décadas, apresentemos mais um exemplo contemporâneo, e recentíssimo, dos próprios EUA, país onde simultaneamente a iniciativa privada e a administração pública atingiram níveis incomuns de eficiência.

Apesar de tudo, também lá o governo é um péssimo administrador quando se mete a "industrial". E este outro significativo exemplo que apontaremos não poderá ser atribuído a consequências de lideranças políticas visceralmente incapazes, ou corruptas, como tem sido constante desculpa dos nossos persistentes estatistas. Pois isso se passou, isto é, as empresas estatais mal administradas, as empresas estatais malbaratadas, o foram durante os governos de F. D. Roosevelt, H. S. Truman, D. Eisenhower, J. F. Kennedy e L. B. Johnson.

Trata-se do caso das fábricas da *General Anilines*, que pertenciam à Bayer alemã, e que foram expropriadas em 1942 pelo governo americano (F. D. Roosevelt), logo após este declarar guerra à Alemanha hitlerista. Delegados do governo de Washington, escolhidos a dedo, assumiram o controle total daqueles estabelecimentos industriais, que exprimiam o que de mais avançado existia na técnica de fabricação de anilinas àquele tempo.

Quase 25 anos depois, em fins de 1965, o governo americano resolvia dar por encerrada a sua tentativa de ser fabricante de pozinhos de tingir tecidos. Sua passagem pela administração das fábricas, outrora exemplares, tinha sido tão inoperante, tão estéril, tão amorfa, e as fábricas estavam de tal modo obsoletas e inadequadas, que as ações delas tiveram que ser vendidas pelo mesmo preço de 1942, embora, além do mais, se tratasse de um patrimônio formidável em prédios e terrenos estrategicamente situados nas melhores áreas industriais dos EUA!

Em fins de 1965, quando essas ações da antiga e poderosa *General Anilines* eram "liquidadas" pela mesma cotação de 1942, as ações das suas concorrentes, *DuPont* e *Allied Chemical*, atingiam cerca de cinquenta vezes o valor que tinham no início da guerra.

Não foi sem razão que a pomposa Conferência Tricontinental, que reuniu comunistas de todo o mundo na primeira quinzena de janeiro de 1966 em Havana, colocou entre suas seis conclusões básicas: lutar pela ESTATIZAÇÃO CRESCENTE em cada país. Não porque isso fosse o seu fim; mas, sim, porque é O MELHOR MEIO DE DETERIORAR AS CONDIÇÕES ECONÔMICAS DE QUALQUER NAÇÃO e abrir as portas ao caos propício à guerra revolucionária.

Muita gente clama, desorientada por não entender "como é que num país tão extenso e fértil a vida seja tão cara para os pobres?" Foi tangido talvez por esse espanto e pela piedade, que o romancista de *A Bagaceira* abrira o pórtico lapidar de seu livro numa imprecação apocalíptica: "Há uma miséria maior do que morrer de fome no deserto. É não ter o que comer na terra de Canaã".

Como pode haver abundância num país em que o Estado se atira a todos os empreendimentos — e arrasta na voragem das suas aventuras o dinheiro de todos, de ricos e pobres, de remediados e miseráveis, pois ele usa e abusa do capricho estroina de manter abertas, durante décadas, todas as suas fábricas de déficits, todos os sangradouros por onde correm escancaradamente as energias financeiras de uma nação já anêmica?

As empresas estatais somente não são deficitárias quando obturam antecipadamente os seus rombos com a monstruosidade político-econômica dos monopólios estatais — que fazem cessar o diálogo de prosperidade da livre competição, e quase sempre acabam transformando-se nas antecâmaras ou nas usinas centrais do próprio absolutismo político.

Quando a falta do manto protetor do monopólio não lhe enseja a química salvadora dos preços abusivos e tapa-buracos, a empresa estatal racha-se em várias fendas, por onde correm as sangrias que acabam impondo os remendos das emissões — que desvalorizam implacável e incessantemente o dinheiro de quem vive de salários.

Em qualquer parte do mundo, o Estatismo será sempre esbanjador e deficitário porque lhe falta a condição essencial da motivação psicológica. Pois não há força humana, nem a rudeza da violência, nem a maciez da persuasão, que faça imperar a eficiência sob os galpões do Estado.

Uma das falhas básicas e inseparáveis do Estatismo não é apenas a atitude mental, o "clima" de proscrever automaticamente a preocupação dos lucros, mas também A PROSCRIÇÃO DOS PRÓPRIOS PREJUÍZOS. Não é preciso ganhar — porque "o que se faz é para o povo". E "pode-se gastar" — porque também quem paga é o povo.

Daí a monstruosa fisionomia e o desastroso funcionamento das empresas estatais. Monstruosa pela pletora de funcionários e pela elefantíase de sua burocracia. E desastrosa operação porque, como "ninguém manda como dono", prevalece a regra búdico-cínica do "tanto faz, como tanto fez".

As coisas são inacreditavelmente caras para o homem comum, a vida lhe é mais difícil e apertada, mesmo nessa largueza toda de mundo que é o Brasil — porque alguém gasta desmesuradamente por conta dele, em nome dele e com a desculpa de que é para ele. Gasta do seu dinheiro — o dinheiro que ele paga em impostos e o dinheiro, muito maior, que ele perde com a inflação.

Abocanhado assim por dois lados — pelos impostos diretos e indiretos e pelas persistentes dentadas da inflação — o dinheiro do povo se encurta cada vez mais. E ele nunca será bastante e folgado, enquanto a nação mantiver esse estilo doidivanas de vida, sustentando o luxo das autarquias deficitárias e o risco das numerosas aventuras industriais do Estado.

A esse propósito, é impressionante a revelação feita em outubro de 1965 por um dos nossos mais competentes estudiosos de problemas econômicos, e cidadão que tem a mais alta preocupação pela coisa pública: o senhor José Luiz Moreira de Souza, vice-presidente da Associação Comercial do Rio de Janeiro e presidente da Associação de Empresas de Crédito, Investimentos e Financiamentos (ADECIF).

O senhor Moreira de Souza afirmou em estudo divulgado pelo "Boletim Cambial":

"Setenta e sete por cento — notem bem: 77% — DE TODA A DESPESA FEDERAL é para cobrir déficits das autarquias e das empresas estatais, fora os que são cobertos pelas unidades da Federação e os que são absorvidos pelo Instituto de Crédito Oficial (Banco do Brasil). Creio que podemos afirmar sem receio de erro: aí está a causa da inflação no país."

E, conhecedor profundo da máquina estatal brasileira, o senhor Moreira de Souza enumera os "negócios", alguns deles quase cômicos, em que a nau do Estado se acha afogada:

"Além de ser o titular de todos os transportes ferroviários, de praticamente todos os transportes marítimos, de ponderável área de energia elétrica, de quase toda a siderurgia, do petróleo, da barrilha etc., o Estado é também FABRICANTE DE VEÍCULOS, REFINADOR DE AÇÚCAR, PROPRIETÁRIO DE MATADOUROS, COMERCIANTE DE GÊNEROS, CRIADOR DE GADO, PROPRIETÁRIO DE EMISSORAS DE RÁDIO ETC."

E acrescenta ainda o analista:

"Através da intervenção do Banco do Brasil, o Estado é FABRICANTE DE RELÓGIOS, INTERESSADO NO NEGÓCIO DE MADEIRAS, FABRICANTE DE DOCES e mais um sem-número de coisas que seria longo enumerar."

Isso tudo acontecia e acontece no Brasil quando o próprio Partido Trabalhista Inglês já retirara de seu programa o primado da estatização generalizada, substituindo-o por medidas que consagram a livre empresa posta, em seus resultados finais, mais do que nunca a serviço da comunidade. Isso acontecia quando o Partido Social Democrático da Alemanha Livre (outrora a mais poderosa organização socialista alemã), para atualizar-se e sobreviver, arrancava de seu programa as cediças, anacrônicas e desvitalizadas postulações estatizantes do marxismo bolorento, para abrir novas e largas estradas sociais e políticas aos trabalhadores e à classe média do seu país, por uma mais ampla e, ao mesmo tempo, mais policiada Livre Iniciativa.

Por que há de esta nação, que não tem tempo a perder para alcançar o futuro, que não tem riqueza a esbanjar com "experiências" tecnocráticas ou faraônicas, por que há de o Brasil que se queixa de fome em certas áreas populacionais, pechinchar crédito curto com os seus sitiantes e fazendeiros, mas ao mesmo tempo despejar dinheiro bilionário sobre a cabeça atarantada de certas classes citadinas que, como os nossos antepassados, o esbanjam com miçangas e vidrilhos espelhados?

Por que esta nação, tão raquítica ainda em certas áreas de sua economia e de alguns de seus grupos sociais, há de continuar sangrando trezentos ou quatrocentos bilhões de cruzeiros anuais, como em 1964, apenas pelos déficits de algumas das autarquias industriais que, quando não são totalmente desorganizadas, realizam, porém, a heresia econômica de produzir um quilo de aço quase ao custo de um quilo de ouro?

Trinta anos de institutos (em 1965, só no IAPC acumulavam-se, sem andamento, 300 mil processos), empresas autárquicas e Empregobrás já provaram à farta que o Estatismo industrial é uma rósea miragem que levou o país a realidades sombrias, decepcionantes, chocantes, deturpadoras e perigosas para a Democracia e a Liberdade.

Já temos três décadas de provas de que o Estatismo leva o governo à ignomínia anticristã de criar e manter classes de funcionários e sinecuristas superprivilegiados, numa nação que nem sequer pôde ainda resgatar as imensas dívidas que tem com os seus milhões de quase párias, a quem não dá escolas, não dá assistência médica nem social, não dá segurança contra o infortúnio, não dá profissão, não dá transportes, não dá justiça nem diversões ou alegria — tudo isso, sim, DEVER INTRANSFERÍVEL, mas friamente descumprido, dos GOVERNOS.

Que se está esperando, para IMPEDIR QUE ISSO CONTINUE?

Que falta para reconhecer que O REI ESTADO SE ACHA NU?

Com tantos de seus membros ainda acuados pelo pânico de serem chamados de "reacionários", o bem-intencionado governo da Revolução de Março, em vez de usar a imaginação que sobra a muitos de seus integrantes e auxiliares, e corajosamente libertar a nação das sempre mendicantes sanguessugas-monstro, das autarquias-dinossauro que a chupam e esgotam — o que fez foi completar de maneira perfeita a montagem de um sistema meticuloso e rendilhado de impostos, taxas, sobretaxas, adicionais, empréstimos e contribuições "compulsórias" ou "alternativas". Com todos esses superimpostos, a União fazia, em 1965, uma sucção quase total dos resultados obtidos pela iniciativa privada: pelos pobres que tentavam através de economias ou pequenos negócios ascender à classe média, pelos remediados que buscavam "manter-se no barco" e pelos ricos com espírito público, que ainda pensavam em reinvestir em iniciativas fabris ou comerciais, para gerar novas riquezas e novos empregos.

Com o montante desses superimpostos, e mais os auxílios obtidos no estrangeiro, o governo faria em 1965 astronômicos "investimentos" da ordem de DOIS

TRILHÕES 384 BILHÕES de cruzeiros, ou seja, 70% do total dos investimentos nacionais, segundo os cálculos do prof. Eugênio Gudin.

O alarme nos setores mais conscientes quanto aos problemas da mecânica financeira e, portanto, mais sensíveis às consequências da ação dessa superventosa fiscal, chegou a tal ponto que um dos mais serenos e reputados economistas brasileiros não hesitou em proclamar, numa reunião do Conselho Técnico da Confederação Nacional do Comércio, ser lamentável ter de reconhecer que "se não fosse a sonegação" — ocorrida em anos anteriores —, "o país não teria progredido; o que vale dizer que, se todos pagassem tudo, absolutamente tudo que lhes é exigido, não existiriam mais capitais em mãos de particulares!".

Por que é que o povo brasileiro tem de continuar reinvestindo novas e imensas fortunas, e carregar nas costas os ônus, as despesas monstruosas, os afogadores desperdícios e esbanjamentos das "organizações" industriais do Estado que têm servido — E SERVIRÃO SEMPRE — para poleiros ou currais eleitorais de partidos ou políticos inescrupulosos, que os azares do jogo democrático tantas vezes levam ao poder?

Por que admitir que o país se curve sob a postura ignominiosa de ter que amamentar e alimentar as incessantes ninhadas de afilhados e protegidos que os partidos políticos sempre partejarão, e DESPEJARÃO ETERNA E INCORRIGIVELMENTE, sobre esses grandes Berçariobrás que são as autarquias e empresas estatais?

Por que é que esta nação, que, em 1965, ainda tinha quarenta milhões de cidadãos doentes — segundo a corajosa declaração do ministro da Saúde, prof. Raimundo de Brito —, esbanja dinheiro com autarquias arrombadas, arruinadas, desorganizadas, deficitárias e que nunca, jamais deixarão de sê-lo?! Pois seria angelical supor que de agora em diante ninguém mais, por um simples estalo de consciência patriótica, as usaria como poleiros políticos ou currais eleitorais.

Por que é que a pequena, limitada, anêmica e desajeitada capacidade administrativa do Estado há de continuar sendo arrastada e pulverizada no devorador redemoinho das indústrias de alta complexidade? Por que essa teimosia prejudicial e irracional, se ele ainda não conseguiu dar conta nem mesmo dessas coisas simples, facílimas, primárias, mas ESSENCIALÍSSIMAS, que são — entregar cartas pontualmente, dar escolas a todos que delas precisam em todos os estágios e idades, cobrar eficientemente os impostos que lhe são devidos, equipar os portos desmantelados ou fazer aqueles pelos quais há estados para isso, como o Piauí, que clamam já há quase dois séculos?!

Se uma nação já tão culturalmente avançada quanto a Inglaterra se sacode em seus alicerces e, em pleno ano da graça de 1965, se surpreendia ATRASADA devido ao fardo da OBSOLESCÊNCIA, por que é que o Brasil — ainda tão minguado de educação técnica e minguadíssimo de recursos próprios — há de esbanjar pelas janelas e pelos porões, pelas chaminés e pelos altos-fornos, pelas fornalhas e pelas caldeiras das autarquias descontroladas e irresponsáveis, o dinheiro que nem tem?! Dinheiro com o qual daria à sua juventude as condições escolares da técnica e da ciência, das quais ela precisa vitalmente para que não sucumba — e também esta nação — na gigantesca disputa tecnológica do mundo em que vivemos?!

Por que ainda há de ser o governo federal quem teria de atirar a astronômica cifra de DOIS TRILHÕES 384 BILHÕES de cruzeiros antigos nos riscos e nos azares de "novos investimentos em 1965"? Não haveria, dentro da capacitada equipe reunida pela Revolução, inteligência, imaginação e decisão bastantes para fazer com que esse risco fosse corrido por particulares e não pela nação? Que é que está prendendo os homens do presente, fazendo-os planejar o futuro com medo dos fantasmas do passado?

Que superstição, que misteriosos temores, que terror subliminar faz com que, mais de dois anos após a Revolução de Março, homens talentosos e bravos lutadores revolucionários ainda continuem atarantados pelo pavor dos mitos erguidos em torno dessas fossas abissais — as autarquias e os "empreendimentos" industriais do Estado —, onde se despejam todos os dias as últimas forças e as parcas reservas econômicas da nação?

É preciso que os estatistas-por-medo ou os estatistas-por-teimosia, e também os "contabilistas eleitorais", se lembrem de que "apenas" os 300 BILHÕES destacados para obturar os rombos das autarquias somente no ano de 1964, já serviriam para um destino mais humano e muito mais produtivo para a nação: construir, por exemplo, para os filhos do povo, EM UM ANO, 1.500 ginásios e escolas técnicas, excelentemente equipados, mesmo na folgada base de custo, de 200 milhões de cruzeiros cada um!

A Alemanha Ocidental já deu a lição soberba e proveitosa do que fazer com os custosos balangandãs estatais, com que gostam de brincar de gigantismo os governos "nacional-socializantes".

Por que o receio — interesseiro ou freudiano? — de enfrentar o desagrado de cem mil eleitores de hoje em favor das mil gerações do futuro?

O CAPÍTULO 9 EM 2022

Outro aspecto bem atual do livro é sobre a presença do Estado na economia brasileira. Para medir o Estatismo atualmente, foram utilizados dois critérios: gastos do governo em relação ao PIB (dados do FMI) e o índice de liberdade econômica, criado entre o jornal *The Wall Street Journal* e o *think tank* Heritage Foundation, que engloba, entre outros aspectos, intervenção do governo e direito de propriedade.

Quanto aos gastos do governo como proporção do PIB, o Brasil está entre os 30% maiores entre os emergentes (12º lugar). Já em relação à liberdade econômica, ocupamos a 153ª posição no ranking num total de 180 países em 2018.

ECONOMIAS EMERGENTES - GASTO DO GOVERNO EM % DO PIB (FMI)		
		2021
1	Kuwait	52,4
2	Croácia	51,0
3	Hungria	47,0
4	Polônia	44,5
5	Ucrânia	40,6
6	Bulgária	40,4
7	Argentina	38,1
8	Romênia	37,6
9	Omã	37,4
10	Belarus	37,1
11	Rússia	36,3

ECONOMIAS EMERGENTES - GASTO DO GOVERNO EM % DO PIB (FMI)		
12	**Brasil**	**35,9**
13	Equador	35,5
14	Colômbia	34,5
15	Chile	33,4
16	Argélia	33,4
17	Arábia Saudita	33,2
18	África do Sul	33,2
19	China	33,0
20	Marrocos	32,7
21	Turquia	31,5
22	Emirados Árabes	31,4
23	Uruguai	30,9
24	Índia	30,1
25	Catar	29,4
26	Tailândia	28,1
27	Egito	27,3
28	México	27,1
29	Filipinas	26,8
30	Malásia	23,8
31	Peru	23,7
32	Cazaquistão	22,8
33	Sri Lanka	21,5
34	Angola	19,3
35	Paquistão	18,6
36	República Dominicana	18,5
37	Indonésia	18,2
38	Irã	12,7

Fonte: Fiscal Monitor FMI 2021.

10

Os marxistas sebentos e os ricos fedorentos

Se quiséssemos delimitar num campo linear, muito simples e primário, os dois grupos que são a causa da intranquilidade social dos países livres ainda retardados em seu progresso, diríamos que, de um lado, estão os ricos fedorentos e, do outro, os marxistas sebentos.

Os ricos fedorentos são um grupo poderoso, mas cada vez mais reduzido na arejada sociedade moderna; são as últimas perpétuas-fétidas de um buquê de hienas humanas já atirado à vala comum da História. Eles herdaram todos os aleijões do feudalismo; com a boca torta dos vícios do velho capitalismo e a fuça dentuça da sua cupidez egoística, esses malcheirosos amarrados constituem o restolho de horrores de que ainda vivem os saltimbancos comunistas e seus variados amarra-cachorros; são o Belzebu de ouro e azinhavre que os insinuantes doutrinadores vermelhos, em suas cátedras ou livrinhos de bolso, utilizam como burrinhas-de-padre para espantar gerações ingênuas de suaves idealistas, e até para amedrontar curas e outros homens piedosos.

Por causa da existência desses brontossauros remanescentes de um capitalismo retrógrado: — que são contrários à livre concorrência; que querem lucros acima da razoabilidade dos seus investimentos; que consideram os impostos uma violentação da sua oportunidade de amealhar mais proventos; que ludibriam a nação financiando leis e campanhas contra o capital de outras origens que venha ameaçar a sua posse mansa e tranquila de donatários da capitania do mercado brasileiro; que levantam em torno de suas empresas as ameias dos exclusivos interesses familiares; que só fazem empreendimentos que deem dividendos em dinheiro e nenhum em gratidão; por causa deles, é que os comunistas, como Galileus do retrocesso humano, insistem em proclamar a única verdade que lhes resta do que diziam do capitalismo: "Vejam: eles, os monstros, continuam se movendo". — E os usam como justificativa de sua luta contra a liberdade de progredir, contra a liberdade de prosperar, contra a liberdade de produzir, que permitem a cada cidadão capaz ampliar os meios e as condições de seu bem-estar, e também enriquecer a comunidade em que vive.

Agarrados nesses chimpanzés, puxando-os pelo focinho ou pela cauda, os comunistas e seus serviçais passeiam pelo país afora a sua teoria carrapaticida de eliminação total do sistema que dá ensejo à existência também desses engordados chupins do regime capitalista.

Muita gente fica, por isso, sem compreender como em tantas ocasiões se entendem afinadamente, dão-se as mãos, oculta ou até abertamente, os comunistas e os tipos de capitalistas que exatamente eles caricaturam. Como todos os sócios eventuais de qualquer trama diabólica, eles se ajudam, mas se odeiam, porque cada um sempre receia que o outro o atraiçoe — como já é parte da própria História contemporânea.

Não lhes vendo as caudas entrelaçadas por baixo da mesa, muitos bisonhos espectadores da pantomima não entendem a aparente contradição de certos ricaços e riquíssimos mastodontes que deram, e continuarão dando, certamente, ainda, dinheiro grosso aos comunistas e "nacionalistas" para suas campanhas. Ao fazer isso, esses nababos fedorentos estão apenas seguindo uma linha de sua "política econômica" de, desleal e impatrioticamente, fechar a raia para o surgimento de outros empresários ou empresas, mais atilados e modernos, mais bem equipados e decididos, mais ágeis e evoluídos e de avançada compreensão quanto à FUNÇÃO SOCIAL DO LUCRO.

Para não ter que reorganizar, redistribuir e reestudar continuamente seu negócio ou indústria, para não ter de cansar-se na mesma luta de estar sempre batalhando para a conquista ou manutenção do mercado que, por esperto açambarcamento ou "altas conivências", JÁ ERA SEU, o capitalista-feudal ia e vai até benzer-se com os pais de santo comunistas. Estes, em troca de seu apoio e oferendas, lhe dão o jocoso diploma, onde, de cabeça para baixo, vem a palavra favo de mel — PROGRESSISTA. E asseguram, então, ao seu sócio de circunstância, alma e entusiasmo "os mais puros", na luta comum pela "libertação nacional", pela elaboração de mais leis espanta--gringo e pela criação de dificuldades a todos que ameacem a hegemonia daquele donatário de capitania nesse ou naquele ramo de negócio.

No fogo de barragem "nacionalista", que lançam para proteger o seu aparentemente esdrúxulo associado, os comunistas estão mais uma vez e sempre apenas cumprindo novos ângulos da sua inarredável e implacável lei de guerra: "Quanto pior, melhor". Pois eles sabem muito bem o quanto ajuda suas tão acalentadas "condições revolucionárias" que haja só um produtor de alumínio, só um fornecedor nacional de zinco, só um grande comprador-exportador de café, só um produtor de determinada fibra sintética ou tecido, ou só um produtor de vidro plano. Eles sabem muito bem que qualquer monopólio, público ou privado, de qualquer natureza, ainda que de formicida ou pó mata-rato, é prejudicial à economia de um país e à sua salubridade social.

Mas o espantoso não é que no ano da graça de 1965, os comunistas ainda usem esses bodes e essas táticas que certamente continuarão a usar também lá pelas alturas de 1970 ou no ano 2000 — pois até lá, mesmo com o inevitável desaparecimento do sistema, existirão os comunistas por sebastianismo como ainda há os florianistas aqui, e os bonapartistas na França. O espantoso não é que os vermelhos usem essas excrescências do egoísmo pretendendo apontá-las como flores e frutos inerentes e exclusivo das condições do capitalismo.

O espantoso é que homens de inteligência, de idealismo e piedade se postem ridiculamente no papel de seus caudatários, seus afluentes, sacristãos ou filósofos de reboque e insistam, com o automatismo inerme de uma câmara de eco, que a nuvem é mesmo Juno.

Como se não houvesse egoístas, e dos piores, em todas as classes sociais, em todas as condições humanas, entre todos os partidários de qualquer sistema econômico ou filosofia. Não é intransferível privilégio da riqueza gerá-los em seus berços de ouro. Como também o opróbrio da miséria não é partejá-los em suas enxergas. O egoísta é erva daninha que ostenta sua ressequida e contorcida esterilidade em todas as latitudes sociais.

Há, sim, ricos que, por seu egoísmo ou por seu amoralismo, não merecem nem a raspa da cuia de feijão de um mendigo. Mas a existência de meia dúzia desses dromedários amarrados não pode ser justificativa para condenar-se uma nação inteira ao nivelamento pelos padrões rasteiros da miséria e a jungi-la à canga anti-humana de uma ditadura marxista ainda que travestida sob o rótulo engana-bispo de "democracia popular".

O egoísta não é só o rico sovina que ignora a caridade para com Deus e a gratidão ESPIRITUAL E MATERIAL para com a comunidade e a Pátria.

Como o trabalho de cada ser humano TEM UM RESULTADO SOCIAL, egoísta é também todo aquele que não se esforça, nem DÁ NADA DE SI nas tarefas, quaisquer que elas sejam, que aceita ou que lhe são entregues; e pretensiosamente não derrama suor nem aplica nenhum esforço antes que "o mundo reconheça os seus direitos", mesmo sem nada haver feito para merecê-los.

Egoísta é aquele que julga que a sociedade deve apreciar e valorizar suas qualidades, ainda que não se tenha desdobrado em algo que as demonstre; ou os que recebem do dinheiro do povo sem cumprir seus deveres para com ele.

Egoístas são também aqueles que se encostam em sinecuras, onde nada executam, nada fazem, nada produzem senão o tricô de intrigas dos corações vazios, e onde nada deixam senão o exemplo de suas vidas parasitárias.

O egoísmo não tem sua morada apenas nos gordurosos e soturnos corações dos forretas fanatizados pela posse do ouro e do azinhavre. Ele também se acama e se derrama nos canteiros da inércia e da preguiça, onde brotam e florescem todos os úmidos cogumelos do parasitismo, flor típica das bolorentas estufas do Estado.

É preciso que as piedosas marias-vão-com-as-outras, que os comunistas encantaram com a sua bruxaria palavrosa e seus sofismas diabólicos, se lembrem de que, tanto quanto a avareza, A PREGUIÇA É TAMBÉM UM PECADO MORTAL. Por que dar a hóstia da impunidade aos milhares de espertinhos nacional-sinecuristas, que assinam o ponto nos locais de "trabalho" e só voltam para receber no fim do mês e condenar apenas o bode onzenário, cuja pátria é a sua burra e cujo "povo" são apenas os que vivem da sua sala à sua cozinha?

É preciso que esses líderes de um humanismo cambaio acordem. É preciso que essas pessoas de boa-fé percebam que enquanto os comunistas — pela própria estrutura ditatorialista, inseparável do seu regime — não puderam nem poderão jamais mudar o seu realejo e as suas cantilenas, o chamado mundo capitalista, inteligentemente, deu guinadas de noventa graus em seu comportamento e em seu sistema, e arranca em liberdade para um futuro igualitário, numa velocidade que tornou retardatárias e medievais as condições dos povos que vivem emparedados e murados nos "paraísos" das pré-falidas "democracias populares".

Alguns intelectuais sensíveis e medularmente contrários à violência justificam sua inexplicável posição de "simpatizantes", ou condescendentes com o absolutismo comunista, pelo horror físico e espiritual que lhes causam certos tipos da fauna capitalista.

Pelo fato de existir um porco que tenha conseguido ser um riquíssimo comerciante ou fazendeiro, ou um rinoceronte que se tornou um grande industrial, o intelectual que os abomina como porco e rinoceronte, não tem o direito de admitir a destruição da liberdade para que, com essa destruição e por causa dela, o porco e o rinoceronte apatacados sejam destruídos TAMBÉM. Pois, na imensa e trágica injustiça desse TAMBÉM, inclui-se a maioria absoluta do povo: os ricos que compreendem seus deveres sociais e suas limitações materiais, a cada vez mais ampla classe média e os trabalhadores de todas as categorias.

Igualmente, o fato de existirem maus usadores da liberdade não nos dá o direito de nos tornarmos liberticidas e totalitários. A existência de capitalistas egoístas, amorais e cinicamente monopolistas não justifica de nenhum modo a condescendência, a complacência ou a convivência com os movimentos e ações através dos quais os extremistas visam à destruição de todo o sistema da livre empresa.

É preciso que esses homens de inteligência, usando de sua plena consciência, se desvencilhem das justificativas freudianas que os fazem utilizar-se dessas distorções chocantes do egoísmo de certos indivíduos como as inarredáveis monstruosidades que lhes servem de pretexto para condenar o sistema político e econômico do capitalismo. Todos os males, todos os aleijões sociais têm seu corretivo sob a democracia, ainda mesmo quando esses aleijões se fixem sob a aparência de indivíduos tão poderosos quanto seus defeitos. O comunismo, sim, é que nada corrige, nem pode corrigir, pois implanta sobre os males pequenos e transitórios o mal irremediável, liberticida e sangrento da ditadura de um partido.

Muitas vezes a habilidosa máquina de pressão comunista em torno de certos intelectuais casa-se com a generosidade quase inata e romântica desses seres incomuns da espécie humana. O bem do próximo torna-se, então, a justificativa para explicar a sua concordância com os que, pelas aparências de sua doutrina, seriam os propugnadores do bem comum.

As frases literomusicais — "O mundo marcha para o socialismo" — erguidas em andaimes de primitivo conteúdo científico, mas hoje soltas no espaço da irrealidade e do desconforto com as formidáveis verdades do moderno mundo livre, servem ainda como obscurecente pálio vermelho sob o qual esses intelectuais justificam a marcha que, numa confusão de semântica social, os leva a caminhar grotescamente, guiando-se pelos calcanhares.

É preciso acordá-los do entorpecimento do terror, do efeito de choque da repetição pavloviana que os leva a confundir os fins com os meios. O mundo marcha, sim, para a socialização, para a democratização econômico-social como um objetivo; mas não para o socialismo como regime político ou forma de Estado.

O MUNDO MARCHA PARA A SOCIALIZAÇÃO DO CONSUMO porque ela é a finalidade mesma e intrínseca da grande produção em massa. Todos os gigantescos esforços da tecnologia visam produzir cada vez maiores quantidades de tudo, por preços cada vez mais acessíveis a um número cada vez maior de consumidores. Produzir melhor, mais celeremente, mais barato e em maiores quantidades é o lema incandescente que mantém acesas, trabalhando a pleno vapor, todas as fornalhas e todas as inteligências da livre empresa.

Nada disso o socialismo de Estado conseguiu fazer em nenhuma parte do mundo. Tudo o que faz, em toda parte, é à custa de terríveis desperdícios — que saem das costas do povo. O que é feito é demorado — porque o consumidor "pode esperar"; não tem qualidade — porque "qualquer coisa serve";* sai caríssimo — porque o Estado é um industrial que "não visa lucros", pois recebe-os em impostos ou os disfarça com subsídios e emissões... que são A PUNIÇÃO QUE A NAÇÃO INTEIRA RECEBE para manter os vistosos paquidermes estatais — que comem muito, muito mais do que produzem.

Aliás, a violenta divergência que em 1964 se aprofundava cada vez mais entre Moscou e Pequim vinha disto, do fato de que o atilado Nikita Kruschev realizava movimentos táticos no campo interno, político-econômico, que os primários, os infantilistas chineses tomavam como "manobras diversionistas". O diversionismo de Kruschev, a fuga da linha, vinha da razão de que ele, indubitavelmente o mais inteligente e mentalmente mais ágil dos líderes surgidos na cúpula comunista mundial depois de Lenin, já havia compreendido que a imensa caranguejola do Estado Socialista não funciona — nem quando azeitada com o sangue da violência, como no tempo de Stalin, nem quando lubrificada com a saliva da persuasão, como ele vinha tentando fazer, na sua nervosa e peripatética semeadura de discursos, prédicas e catilinárias pelas fábricas, sovkhozes e kolkhozes.

E não funciona simplesmente porque o descomando e o desestímulo — mariscos indesgarráveis das naus estatais — exaurem qualquer máquina burocrática, arrancam-lhe o ímpeto de qualquer entusiasmo, corroem e cupinizam

---

* Quando a notícia da deposição de Kruschev, em meados de outubro de 1964, estarreceu o mundo, entre as primeiras razões concretas com que a nova liderança soviética procurou justificar sua atitude foi apontada a "deficiente administração da indústria, caracterizada pelo fato de os armazéns do Estado estarem abarrotados com bens de consumo, no valor de **dois bilhões de dólares, tão deficientemente fabricados** que a população se recusa a adquiri-los".

Se levarmos em conta o reconhecido e tradicional baixo padrão dos produtos russos em geral, imagine-se que "qualidade" deveriam ter esses produtos para serem refugados por consumidores já, involuntariamente, tão pouco exigentes.

qualquer plano, afrouxam qualquer ritmo e reduzem fábricas pomposas e usinas cheias de nomes a caranguejolas sem vida e a galpões de sucata.

Aliás, foi altamente sintomático o fato de que, num curto período de menos de dois meses, entre agosto e setembro de 1964, tivessem surgido nas páginas sagradas da bíblia cotidiana da URSS — o reduzido, sintético e racionado *Pravda* — nada menos que três artigos de três diferentes economistas soviéticos, preconizando o restabelecimento do "estímulo do lucro" em certas atividades industriais. Esses economistas que, sob as ordens de Kruschev, avançaram o sinal foram: Sergei Afanasyev, presidente do Conselho Econômico Federal da URSS; Vadin Trapeznikov, especialista em automação e membro da Academia de Ciências; o também acadêmico Lev Leontiev, "perito em métodos capitalistas", cujo artigo, publicado no *Pravda* de 7 de setembro, ocupou nada menos que meia página. Contudo, as primeiras surtidas nesse terreno foram permitidas, em 1962, a Yevsei Libermann, professor da Universidade de Karkov.

A partir desse momento, na União Soviética, a ideia do lucro começou a perder as características de "pecado mortal" ou de "imunda excrescência do regime capitalista", e adquiriu os contornos de consequência humana e imperiosidade contábil das atividades econômicas.

Os rugidos e alaridos do vasto jardim da infância comunista — que é a China Vermelha — podem ter contribuído para apenas fazer do irrequieto Kruschev o "bode expiatório", sacrificado às imposições de uma nova conjuntura por ele mesmo delineada e iniciada. Mas não alteraram as conclusões nem as decisões históricas a que os demais e experimentados líderes russos estavam chegando no começo da década de 1960: o marxismo FOI um extraordinário instrumento de análise de uma era humana e econômica; FOI também o fórceps brutal e primitivo de um parto do qual nasceu uma sociedade nova em seu ineditismo, mas teratológica e anti-humana porque, enfaixada ferreamente pela ditadura do partido único, surgiu e pretendeu viver sem os membros deambulatórios vitais para os aglomerados humanos: as instituições democráticas e as liberdades, entre as quais a de produzir e a de vender.

Em 1965, a "nova" concepção da necessidade do lucro abria as portas para uma cautelosa, mas esperançosa "liberdade de produção", desembaraçada do rígido e asfixiante enquadramento dos planejamentos. Em muitas indústrias, já se poderia produzir segundo as necessidades e "o gosto" dos consumidores, e não mais segundo apenas os protótipos delineados por longínquos planificadores amanuenses instalados em suas inatingíveis torres de papel.

A "nova" concepção surgiu como uma descoberta miraculosa que vai abrindo caminho através do beco sem saída — no qual se encurralaram, por cinquenta anos de sacrifícios e decepções, os povos soviéticos.

Depois dessa guinada que custou esses cinquenta anos de esperanças e de final desencanto, e diante da velocidade dos acontecimentos de nossos dias, o comunismo ficará, dentro de algum tempo, apenas como um nome, um agitado e sangrento capítulo da história política do mundo.

Ou, quando muito, restará como uma senha para manter reunidos, como "força" política, sob uma sigla de sonoridade histórica, todos os complexados ou marginais, retardatários e descontentes. Pois, com as medidas que começam a surgir na própria URSS, que segue as já em curso na Iugoslávia e em outros "satélites" europeus — o restabelecimento oficial do sistema de lucro (decisão de setembro de 1965) —, o marxismo recebe a mais concreta negativa de seus dogmas básicos, embora a realidade dessa medida tenha sido compreensivelmente camuflada com truques de semântica e contorcionismos eufemísticos.

O sobe e desce de estátuas de Stalin e o põe e tira de retratos de Kruschev exprimem teatralmente o atarantamento das encruzilhadas que estão vivendo os experientes homens do Soviete Supremo, no esforço de salvar a face e as aparências depois de cinco décadas de tentativas e de meio século de frustrações.

Que é, pois, que desejam esses sonhadores dos mesmos sonhos que também já tiveram todos os que foram moços idealistas nas décadas de 1930, 1940 e 1950? Que se estabeleça um sistema econômico mais justo e mais humano?

Desde que, pelo lado espiritual — como sempre adverte Gustavo Corção —, nada se pode esperar de uma filosofia que é basicamente MATERIALISTA, como o marxismo, vejamos então o que é que esses humanistas — que se supõem os únicos na face da Terra — buscam no campo material para levantar o nível de vida das massas.

Ponhamos, desde logo, de lado, as fórmulas livrescas ou as xaroposas definições das desconversas litúrgicas ou "dialéticas", e concordemos sobre o que seja, ou, pelo menos, sobre O QUE VISA O SOCIALISMO.

A nosso ver, e também à maneira objetiva de ver de todo homem de bom senso, o socialismo, para ter alguma finalidade real E NÃO ONÍRICA, visa proporcionar hoje mesmo, e não no amanhã das utopias, ao MAIOR NÚMERO possível de seres humanos O MÁXIMO DE TUDO, em bens e em condições de vida material.

Se socialismo é, pois, o nome geral e final que se dá a esse sistema universal de eficiência distributista — ATENDER O MÁXIMO DAS NECESSIDADES MATERIAIS DO MAIOR NÚMERO DE CIDADÃOS — então o panorama do mundo contemporâneo prova à farta que a melhor maneira de se chegar lá, a esse distributismo social, é sem nenhuma dúvida ATRAVÉS DA LIVRE EMPRESA, do novo capitalismo, do capitalismo democratizado. Pois, por paradoxal que pareça — e já o vimos exaustivamente no capítulo 9. "A mão seca do Estado industrial" — a socialização, a estatização dos meios de produção, tem provado abundantemente que é o pior dos caminhos para atingir esse ideal dos sonhadores do socialismo. Simplesmente, porque é um caminho que não chega nunca, e que promete níveis de vida a realizarem-se em inacabavelmente longínquos futuros, durante os quais os "guias providenciais", e os partidos únicos, vão permanecendo também indefinidamente no poder...

Haverá algum intelectual comunista bastante cínico para afirmar que o nível de vida do povo russo — depois dos quase cinquenta anos das ditaduras do genial Lenin, do "pai" Stalin e do sábio camarada Kruschev — pode ter a pretensão de sequer ser COMPARADO ao do povo americano? Ou mesmo do povo inglês, do povo francês, dos alemães livres, dos belgas e holandeses, dos dinamarqueses e suíços?

"Isso é porque na URSS se constrói a Pátria do Socialismo e do Futuro" — desculpar-se-ão pela milionésima vez os sempre crentes. Mas, e esses outros povos, não estão eles também construindo, e muito bem, a pátria do novo Capitalismo, e com formidáveis e rápidos resultados JÁ NO PRESENTE?

Quase vinte anos após terminada a guerra, quem ainda está precisando de novos planos Marshall: a reflorescente Inglaterra, a renascida e orgulhosa França, a rumorosa Itália, a surpreendente Alemanha Livre, os recompostos e prósperos Países Baixos, o elétrico e dinâmico Japão? Ou os países emparedados na Cortina de Ferro — que até para que não se debilitem demais vão tendo um tanto reduzidas as doses cavalares de socialismo total que lhes foram aplicadas, permitindo-lhes vitaminas de Livre Iniciativa nos setores mais afetados, como principalmente a agricultura.

Todas as nações livres citadas deveriam, segundo a "matemática" econômico-social dos teóricos comunistas, fechar para balanço e entrar para o rol dos rebotalhos e da sucata da História, quando perdessem seus impérios africanos e asiáticos. Perderam-nos — algumas, como a Inglaterra, com admirável grandeza — mas retiveram consigo essa força criadora e divina que liga o homem à potestade de Deus: a liberdade. Com ela, recompuseram seu mundo, sua casa, seu sistema de vida. Corrigiram os tortuosos abusos e as deficiências do seu capitalismo, renovaram a rota do futuro e colhem todas as vantagens do livre gênio e do engenho criador de seus cidadãos.

É melancólico ver-se como certos intelectuais, professores e escritores não comunistas, insistem em fazer o estudo anatômico da sociedade contemporânea, trazendo nas mãos os pedaços esquartejados de um capitalismo que, de há muito, já está na morgue da História. Que é que os leva a essa macabra preferência de deliberadamente errados analistas: alguma horrenda distorção para a necrofilia espiritual, que os mantém de narinas presas ao cadáver ultrapassado de um sistema? Ou a preguiça mental de remover os andaimes das velhas ideias e das já rebocadas conclusões, de eliminar o que se tornou o entulho da obsolescência, e estudar então o que há, inescondivelmente, de novo, neste buliçoso e, às vezes, inconfortável "mundo dinâmico e em transformação"?

Sabemos muito bem quão incômoda, desenganadora, desconfortável e cansativa é a busca e renovação de conhecimentos — e principalmente como é dolorosa a renegação de certos dogmas políticos, filosóficos, econômicos e sociais que julgávamos inabaláveis e científicos —, isso depois que já nos supúnhamos donos de todo o saber e dominadores de toda a ciência do comportamento das sociedades humanas. Realmente, com seu aparato e a sua carpintaria de matemática econômico-social, o marxismo dá uma digestiva euforia de sábios aos que somente dele se mantêm intelectualmente alimentados desde a juventude.

Depois de ter lido Marx, Proudhon ou Engels, Bukharin ou Lenin, quantos não estacam, maravilhados consigo mesmos, no que supõem ser a colina, o imponente divisor de águas do saber e do não saber, e atiram para longe tudo o mais que lhes venha pedir sua consideração intelectual?

Esses sábios-por-quilômetro-rodado lembram bem aquela inacreditável figura de outro abastecido intelectual, um Mr. Smith qualquer, que era grande figura nos EUA do fim do século XIX, a ponto de ser o diretor-geral do Departamento Nacional de Marcas, Patentes e Invenções.

Era o ano de virada das folhas do século: 1899. Havia a emoção geral de um começo de nova jornada. Procurado por um repórter que, dadas as destacadas funções de Mr. Smith, então lhe pedia uma previsão sobre o século que chegava, o acomodado e presunçoso figurão respondeu enfaticamente que o século XIX fora tão brilhante e tão cheio de invenções e criações em todos os campos do saber humano que, do alto de suas responsabilidades, iria sugerir ao governo de seu país que fechasse a repartição que dirigia — por não haver mais nada de importante a inventar no mundo!

Enquanto por preguiça, narcisismo ou soberba, tantos intelectuais ficaram no que leram, e ainda adoram os pensamentos que pensaram nos anos da sua juventude, a sadia inquietação do progresso incessante leva os reitores das universidades norte-americanas a cogitarem obter leis que obriguem todos os diplomados, em qualquer ramo profissional ou do saber, a voltarem de cinco em cinco anos às suas faculdades, para cursos de atualização de conhecimentos, que corresponderão a uma verdadeira revalidação dos respectivos diplomas...

E o ex-primeiro-ministro Macmillan, ao ascender em fins da década de 1950 ao supremo comando da Inglaterra, mesmo numa hora política difícil e perigosa para a unidade e hegemonia de seu partido, tomou a decisão de renovar de alto a baixo o ministério, à procura, disse ele, de novos pensamentos e novas técnicas, e não apenas de novas caras. Macmillan visava reunir uma equipe de ministros que acreditassem na urgente necessidade de, em todos os setores do governo e da vida do país, promoverem-se estudos e pesquisas para assimilar ou buscar ideias e soluções novas que acelerassem, de modo profundo e ilimitado, o progresso técnico e a recuperação econômico-social da Grã-Bretanha.

"O mundo marcha para o socialismo" — esta é a "guitarra" de bem-sucedidos efeitos psicológicos, que os comunistas mais têm feito funcionar quando lançam a sua tarrafa de colher bichos da toca, incautos e batráquios, principalmente nos portões das escolas e universidades e nos prefácios dos livros-ao-alcance-de-todos. Ali e aí, os jovens ansiosos de tomar o trem do futuro ouvem e leem os camelôs que papagueiam os mesmos *slogans* táticos que seus avós já tinham usado nas primeiras missas da catequese vermelha, aqui ensaiadas nos idos de 1920 pelos marxistas históricos, "maximalistas", espartaquistas, bukharinistas, trotskistas, stalinistas...

A frase sonora, com uma forçada "montagem" de poesia, tinha a seu favor, além do misticismo que cerca as supostas profecias, a própria moldura daqueles momentos do mundo contemporâneo — quando tudo era confiante e ansiosa esperança, sobre o que se passava no vasto campo experimental da pomposa União das Repúblicas Socialistas Soviéticas, então transformada em imensa e misteriosa redoma sob a qual viviam, como que no silêncio de uma prece interminável, os seus povos-cobaia.

Depois, quando forçados pelos irreprimíveis movimentos telúricos da História, surgiram as primeiras frinchas e rachaduras nos paredões daquele mundo murado e encoberto — o que se viu foi um cenário de horrores montado pela ditadura sob comando de um arquicriminoso, Joseph Stalin — assim acusado e confirmado pelos seus próprios e mais chegados discípulos. Porém, mesmo depois do histórico relatório de Kruschev ao 20º Congresso do Partido Comunista da URSS — apontando os assassínios inúteis e em massa — os crentes imutáveis e megalíticos continuam cantando as mesmas ladainhas, recitando o mesmo credo político, o mesmo credo de um honor perpétuo, de um idealismo que apodreceu nas masmorras de uma ditadura inacabável. E que repetem, repetem nervosa e intranquilamente a mesma litania, para assim fugirem aos próprios pensamentos e ao dilema das novas opções diante da vida e da História.

Se não é isso, que se passa então no espírito de certos homens talentosos que os faz permanecerem de inteligência imóvel e vidrada, frente à serpente moribunda e já sem fascínio do socialismo? Talvez seja porque se acostumaram a passear através dos problemas do mundo num deambular freudiano, sempre sob a proteção de uma "doutrina", de uma "fé" que tudo resolvia e tudo lhes explicava. Agora, imobiliza-os o pavor da orfandade, da perda do "ventre materno", ao qual se recolherem toda vez que tempestades de dúvida e angústia lhes sacudirem de novo o espírito.

Esses intelectuais contemplativos, acomodados, inertes ou comprometidos, para quem "não interessam os homens com seus erros e imperfeições" — chamem-se esses homens Lenin, Stalin ou Kruschev — mas sim as doutrinas, com sua "eternidade", com seus esquemas matemáticos e suas "sentenças irrecorríveis", esses não perceberam nem o ridículo nem o perigo da sua postura, do seu hermetismo.

Não perceberam o ridículo de se manterem plantados há tantas décadas na mesma estação de embarque, buscando ainda o mesmo ponto de destino, tal como quando chegaram ingênuos para a vida. Não perceberam o perigo da abulia, do fenecimento do espírito, encurralado há tão longos anos por uma mesma velha, desbotada e desmentida esperança. Abeberando-se apenas, e obsessivamente, nas linfas das mesmas ideias que os fascinaram na distante juventude — condicionados pelo rígido enquadramento ideológico ao horror fanático às alternativas — eles se murcham pelo embotamento, ressecam-se pela exaustão e monotonia das velhas fontes, e se petrificam pelo imobilismo masoquista de ansiar por tragédias e aflições dos povos — que a História já desmentiu — e por problemas humanos, que a tecnologia já ultrapassou.

Por isso é que os manifestos e proclamações dos bolchevistas, por mais imaginativos que sejam os seus signatários, repetem monotonamente as mesmas posições e remoem as mesmas frases, levantam as mesmas imprecações, fazem as mesmas ameaças, preveem as mesmas desgraças — como os primeiros, que foram feitos há mais de um século, e como os outros que vieram depois, os de 1917, os de 1935, os de 1965, os de todas as semanas...

Se os fanáticos do marxismo, como todos os ensimesmados e pretensiosos, não tivessem dado por encerrado o seu aprendizado diante da ciência e da vida, se admitissem a humildade intelectual das reformulações, veriam que o adversário, o capitalismo, teve a ousadia de ignorar a sentença de morte que lhe lavrou Karl Marx e que de há muito se pôs a recondicionar continuamente sua estrutura. E, por causa disso, desenvolveu, em seus países ou conjuntos nacionais decisivos — como os EUA e o Mercado Comum Europeu — um sistema de segurança econômico-social, à prova de crises, de *cracks*, de depressões.

Os estudos que se realizam e os debates que se travam nos mais fecundos laboratórios da inteligência mundial deixam a certeza de que os governos e as economias livres estão de posse de um vasto instrumental intelectual e material que lhes permite conjurar com precisão e presteza absolutas todas as graves ameaças de desastre financeiro, global ou localizado.

Dir-se-ia que foi desenvolvida uma verdadeira aparelhagem de radar e de detecção, para registrar com uma sensibilidade milimétrica os primeiros sinais de formação de furacões. E a ação combinada dos órgãos de governo e da iniciativa privada — que não atuam sob a constrangedora limitação das "verdades indiscutíveis" nem de "princípios ortodoxos" — deu-lhes a mesma mobilidade dos relâmpagos ameaçadores, o que lhes permite dissolver em esparsos chuviscos, antes que se tornem borrasca, todas as nuvens que conduziriam às tempestades.

Aliás, num fundamentado e substancioso estudo, "Recente evolução do sistema capitalista", divulgado em novembro de 1963, o prof. Eugênio Gudin joga todo o peso de sua incontestável autoridade técnica nesta afirmativa: "Uma grande depressão", da gravidade da que se verificou no ano de 1930 e seguintes, "não deverá jamais se reproduzir".

Não há hoje sobre todo o planeta grupo de homens de alta responsabilidade mais atormentado e mais gravemente angustiado do que o pugilo de velhos militantes que agora se acha no comando supremo da URSS.

Com efeito, depois da morte de Stalin, fora possível aos melhores cérebros do Kremlin voltar a raciocinar já sem o pavor dos assassínios periódicos, sumários e em massa. Eles tinham testemunhado durante três décadas todos os horrores da versão sanguinária do socialismo revolucionário, e só por milagre muitos deles sobreviveram. Conheciam, portanto, de sobra os medíocres, se não desanimadores, resultados que a aplicação dos métodos implacavelmente primitivos havia apresentado na movimentação e eficiência da máquina do Estado, ou na obtenção do bem-estar para o povo.

Eles tiveram longas décadas, vividas e sentidas, para concluir que a agressividade e a violência não renderam dividendos construtivos nem para dentro nem para fora da União Soviética. Dentro da União das Repúblicas Socialistas, o que havia eram multidões imbecilizadas pelo terror e totalmente desestimuladas de qualquer ambição ou interesse para as realizações que justificam a vida de cada indivíduo.

Do lado de fora, o poderoso mundo capitalista se erguia das destruições da Segunda Grande Guerra surpreendentemente rejuvenescido, ágil, extraordinariamente criativo, inacreditavelmente livre, depois da aventura desumana e estúpida do nazifascismo — último estertor histórico da fórmula feudal do capitalismo sobre a Terra.

E esse adversário levantava-se poderoso, irritantemente cônscio da sua força e maturidade, e disposto a responder murro por murro, agressão por agressão, ataque por ataque, a qualquer nova aventura da expansão comunista sob a forma de violência externa ou interna, em qualquer parte do mundo.

Quando os inenarráveis horrores inúteis e o amadurecimento de experiências e responsabilidades indicaram aos homens de mais senso e vivência da suprema direção da URSS o caminho de mais "liberalização" interna, e a "convivência pacífica" como a fórmula externa — foram colhidos à sua retaguarda por uma perigosa rebeldia de pupileira.

Aquilo que eles tomavam por um dócil berçário de imberbes do bolchevismo, aquele satélite que eles amassavam para ser enquadrado entre os rotineiros repetidores de "amém" ao seu absolutismo — a China de Mao Tsé-Tung —, desandou-se no cometimento de todos os desatinos característicos da mais irresponsável delinquência juvenil, na vida política mundial.

Quando as conclusões acumuladas em meio século de "novos planos" e "revisões" já os haviam levado maduramente até a eufemística política interna do "restabelecimento do estímulo" à capacidade de produção de cada um, e os acontecimentos mundiais cada vez mais os convencem do luminoso achado que lhes é a norma de "coexistência pacífica" — o inconformismo, a imaturidade totalmente irresponsável da versão amarela do bolchevismo lança os dirigentes do Kremlin num dilema hamletiano.

Eles se acham agora, em 1966, apertados entre dois mundos e duas opções dramaticamente antagônicas, ou sob a inacreditável e terrível alternativa — que destruiu Hitler — de lutar em duas frentes.

Diante da agressividade hidrófoba dos seus antigos pupilos chineses, tornam-se absolutamente inviáveis as condições para a "coexistência pacífica" — uma vez que o "tigre de papel" capitalista está rijamente disposto a todas as consequências em defesa do seu "porco estilo" de vida.

Atrelar-se à histeria dos cristãos novos do bolchevismo, da China de Mao Tsé-Tung, é voltar de marcha à ré a um dantesco pesadelo de sangue e primitivismo que se pretendeu encerrar com o maldito e proscrito Stalin em sua tumba.

E, além disso, quem conterá depois as reivindicações do alucinado expansionismo político, material, ideológico e geográfico do novo Gengis Khan?

Quantas décadas de aprendizado consumirão ainda os Mao Tsé-Tung, quantas tragédias e horrores necessitarão eles ainda desencadear ou testemunhar para atingir as duas conclusões básicas e iniludíveis que eles, soviéticos, já detêm preciosamente em suas mãos, filtradas em tantos anos de erros, frustrações e sofrimentos: "restabelecimento do estímulo" e a "coexistência pacífica"?

Como diz David Nasser: "Na igreja vermelha, a Rússia esperava ficar com o sino e a torre, e a China com a campainha e o turíbulo do incenso. Mas os tataranetos de Gengis Khan ainda pensam que o que vale, mesmo em nossos dias, não é a capacidade de produção, mas, sim, a sua, de REPRODUÇÃO".

Ninguém tem explorado com mais sucesso do que os comunistas a indústria do museu de cera. Com as mesmas figuras, as mesmas cores, eles montaram há longos anos a carpintaria de horrores do velho capitalismo feudal — e a passeiam pelo mundo, para perplexidade curiosa das novas plateias e também para velhos e sempre mentalmente juvenis *habitués*. Com entrada baratíssima ou grátis, na base de milhões de exemplares, eles procuram neutralizar todas as luzes circundantes e atiram aboiadamente para dentro de seu picadeiro, as levas de espectadores que lhes representam o melhor "material" — a curiosidade e a ingenuidade das novas gerações. E com seus jogos de luzes mortiças escamoteiam as realidades do mundo moderno, e fazem os seus convivas suporem que aqueles dinossauros todos, todas aquelas monstruosidades do capitalismo feudal ainda passeiam VIVINHOS pelo mundo.

Mas não apenas a plateia comum e os moços desinformados continuam supondo que o que já é cadáver ainda está vivo. Também muitos intelectuais e políticos brasileiros se deixaram impressionar de tal maneira pela técnica comunista de rodar sempre ao contrário o filme da História, que continuam receando timidamente até mesmo o contato pessoal com os atuais e arejados homens de empresa... Esse "bloqueio mental" é, sem dúvida, a base da grande "frente" que os comunistas obtiveram nesses setores da vida do país, criando aliados que, não comungando de sua fé, comungam, entretanto, ingenuamente de seus deliberados preconceitos, de suas meditadas idiossincrasias, de seus ódios estudados e dos seus frios embustes.

Os recintos e antecâmaras políticas estão cheios de prestigiosas figuras que IGNORAM TUDO a respeito do cambiante e revolucionário mundo da economia e dos negócios. Até hoje, eles ainda pensam que as empresas ou os industriais são organizações ou indivíduos que começam a fabricar uma coisa muito boa, mas, visando maiores lucros, logo pioram a qualidade do produto, assim que esse obtém mais aceitação. Exatamente o contrário da filosofia geral das grandes e portentosas organizações industriais que influem proveitosamente no bem-estar e na melhoria de vida do povo e do país.

Políticos da mais alta expressão, com os fundilhos ainda reluzentes do atrito dos bancos universitários, continuam pensando que toda grande indústria ou toda empresa poderosa é assim grande ou poderosa porque baseia sua grandeza ou prosperidade em lucros da cifra de 100 a 200%... Ignoram esses ingênuos a própria função altamente social e corretiva do Imposto de Renda, que, se tal fosse a taxa desses lucros, os transformaria em sua quase totalidade em dividendos para o sócio-Estado.

Para várias das grandes figuras do cenário político do país, comerciar ainda é um ato espúrio de comprar gato e tentar vender "lebre"... quando exatamente as empresas responsáveis, as de maior porte, as de maior capacidade — que são, por isso mesmo, os alvos maiores dos ataques — são também, pela mesma razão, as mais cautelosas e as mais responsáveis e proclamam e obedecem a um código de rigidez, fidelidade e lealdade para com seus clientes, inclusive por uma inteligente prevenção, visando a própria sobrevivência.

Por sua vez, os homens de empresa, em sua quase totalidade, evitam apavorados as coisas do espírito e da política. E ainda mantêm um amedrontado escrúpulo de participação ou presença em movimentos ou entidades onde possam ser contagiados de qualquer compromisso, qualquer decisão, qualquer opinião sobre os fatos da vida pública.

Desencontradas assim, por um forjado muro de equívocos e mal-entendidos, as duas grandes máquinas condutoras da vida do país — os políticos de boa-fé e os homens de empresa — têm tido, por vezes, o receio de estarem juntos, até quando buscam a mesma direção e os mesmos objetivos.

A política no Brasil sempre foi de tal modo um campo invadido e quase sempre disputado pela mediocridade petulante, pela incapacidade estéril, mas agressiva, pelos espertos seguidores de Pilatos ou pelos filhos de Judas, pelos netos de todas as taras da leviandade ou pelos herdeiros da mais total falta de escrúpulos — que os homens de negócio criadores, os verdadeiros capitães de empresa, se espantam que possa haver governos íntegros, não apenas honestos, mas também dinamicamente realizadores, executados por qualquer político originária e visceralmente político — e, ainda mais, "doublé" de intelectual — como o caso, por exemplo, do senhor Carlos Lacerda. E não é absurdo dizer-se que, apesar de o conjunto global de sua obra governamental ter tido todas as características racionais e lógicas de um plano de administração de empresa, esse político e escritor não era "aceito nem reconhecido" por muitos homens de negócios que o temiam duplamente, porque temem a convivência com a permanente ebulição do espírito e o compromisso ou a solidariedade com as inconfortáveis inconveniências da política.

Por outro lado, em 1960, uma das mais ricas inteligências deste país e um dos mais nobres caracteres da política brasileira — até ex-governador de grande Estado — perguntava-nos, cavalheirescamente perplexo, após um longo debate em que procurávamos desmontar os seus velhos mitos e preconceitos anticapitalistas:

"Mas, então, que é que se deve fazer?"

Aquele gesto de cortesia e humildade intelectual, vindo de um homem que era dono de uma das mais extensas bagagens humanísticas da vida pública brasileira, nada mais era do que o fruto das prevenções que lhe foram inoculadas nas suas andanças literárias e filosóficas, e que a sua preconceituosa desconvivência com modernos homens de negócios e com a nova face e o espírito do capitalismo agravara continuamente.

Um homem, cuja inteligência e cuja conduta poderiam marcar caminhos para as gerações, quedava-se estatelado entre o que fora levado a crer e o que naquele momento lhe provávamos que não era. Espantava-se de saber ou ouvir que o seu "monstro", o monstro que ele temia pela comunidade e cuja existência ele até certo ponto cultivava confortavelmente para justificar sua cômoda conduta neutralista — o "monstro" capitalista trazia agora consigo apenas a sombra do espantalho que fora, e buscava convívio ativo com as outras forças do bem, participando com sua elevada cota nos esforços e nas tarefas para uma vida sempre melhor.

"O que se deve fazer?" Respondemos, então, "em termos" ao também grande jurista: dar LIBERDADE VIGIADA ao ex-monstro, pois ele desprezou seus vícios e crimes do passado remoto e está cumprindo, vitoriosamente, por toda parte, de modo dinâmico e acima de toda expectativa, os votos de intensa colaboração na melhoria das condições humanas.

Deixar que o capitalismo faça o que for capaz de fazer, DENTRO DOS LIMITES DO BEM COMUM. Vigiá-lo, aplicando um implacável poder de polícia quando houver CRIMES ANTISSOCIAIS. E exigir a participação a que a nação e a comunidade TÊM DIREITO, DO PROGRESSO E DA PROSPERIDADE DAS EMPRESAS.

"É simples demais", retrucou o grande brasileiro. Mas repassando conosco o panorama do mundo livre, concordou que onde isso estava sendo feito eram — não por coincidência — exatamente as mais felizes nações da Terra: as nações do mundo democrático e da livre empresa.

As empresas fechadas, de família, desaparecem continuamente das grandes nações livres da Terra. Isso acontece, ora por decisão inteligente de seus chefes fundadores, ora pela própria imposição da sobrevivência num mundo de acirrada concorrência, quando se verifica que nem sempre o talento que melhor sabe administrar, decidir ou criar, continua dentro das próprias famílias pioneiras do empreendimento.

Por toda a parte, nos países livres, a democratização do capital, tornando "públicas", através da venda de ações, as organizações privadas, realiza o que já se chama de "capitalismo do povo". Milhares de empresas dos EUA, da Inglaterra, França, Itália, Japão, Países Baixos, Suíça, pertencem hoje a dezenas de milhões de acionistas, em sua maioria, obviamente, homens de classe média e trabalhadores.

Os comunistas já sentiram o que isso significa de "empate" psicológico e bloqueador material de seus planos pelo mundo afora e através dos tempos. E aqui mesmo, no Brasil, sempre pela mão colaboracionista dos disfarçados "inocentes úteis", levantam os seus mundéus e as suas armadilhas, em sua guerra sem quartel para evitar a democratização do capital e o acesso do homem do povo à participação nos interesses e resultados das empresas.

Eles se arregimentam continuamente contra toda e qualquer medida que não apenas possa garantir tranquilidade e sobrevivência à livre empresa, mas principalmente contra aquelas que permitam criar mais "atrações" capitalísticas para tornar o homem comum acionista de empresas privadas e, portanto, solidário com seu destino.

Foi por isso que eles se bateram com tanta fúria e empenho para manter altas as taxas de reavaliação do ativo das empresas — pois, baixando os ônus fiscais da reavaliação, as empresas encontrariam o caminho mais fácil para tornar o público participante de seus capitais e resultados. Foi também por isso que a "ação ao portador" — instrumento típico de mobilidade e rapidez de desenvolvimento e enriquecimento de um país — se tornou, pela legislação fazendária vigorante em 1965 (85% de Imposto de Renda sobre seus lucros), um "crime" que só faltava ser qualificado e descrito no Código Penal.

Enquanto arejados empresários brasileiros já compreenderam que a democratização do capital representará para a consolidação da livre empresa uma verdadeira "abertura dos portos" — o desenvolvimento, o desembaraço para obtenção de mais fundos, a soltura das velas e das amarras para os ventos novos — um matreiro zelo fazendário, vindo exatamente dos contumazes arrombadores dos cofres públicos — os estatistas — tentava colocar sucessivos obstáculos, inventando taxas, descobrindo pretextos para retardar o instante, mortal para os marxistas, da penetração do homem do povo pelos portões de propriedade da livre empresa.

Enquanto certos "técnicos fazendários" e políticos "populistas" procuram fazer dos impostos uma oportunidade freudiana para punir os que, não fazendo caso da sentença gorada da "marcha para o socialismo", insistem em progredir e esforçar-se para sua própria prosperidade e a do país — o governo americano, reconhecendo a necessidade de dar maior estímulo aos seus homens de iniciativa, propôs ao Congresso em 1963 a redução das taxas do Imposto de Renda, de modo que a inicial baixasse de 20% para 14% e A MAIS ALTA, de 91% para 70%.

O raciocínio é que as taxas demasiadamente pesadas faziam com que, por uma reação humana e natural, fossem desistindo de tentar novos esforços ou empreendimentos justamente aqueles cidadãos que tinham maior capacidade para atingir as últimas cumeadas profissionais e técnicas.

Que vantagem havia para a nação, argumentaram os dirigentes executivos do país, se os cidadãos mais bem dotados para gerar riqueza continuassem desencorajados, pela penalidade dos ônus excessivamente pesados, a procurar produzir ainda mais e mais ganhar? Pelo contrário, se lhes fossem mantidas condições de estímulo, esses dínamos humanos, essas usinas de alta capacidade manteriam a plena força criadora das suas realizações, que redundam em mais rendas para a nação, mais iniciativas, mais empregos e oportunidades para outros milhares de cidadãos.

O Imposto de Renda é o mais inteligente, sábio e justo dos impostos. Nem devemos classificá-lo como um simples imposto, mas um dever social, o DEVER DA PROSPERIDADE. Mas os legisladores de boa-fé, os políticos de largueza mental, os governantes não acuados pelo terrorismo comunista devem precaver-se contra as pequenezas dos medíocres, cuja só obsessão na vida pública é a satisfação de seus ressentimentos e complexos. Devem precaver-se contra servir de instrumento às expedições punitivas, armadas pelos que se sentem humilhados diante da prosperidade ou da capacidade alheias.

Por que penalizar, com deliberadamente esmagadoras taxas de Imposto de Renda, exatamente aqueles que, dentre o nosso gado humano ainda um tanto despreparado e incerto para as jornadas, são os potros treinados e destemidos e os touros queixudos e tenazes que arrostam as dificuldades e as incertezas, para criar ou impulsionar novos fatores de enriquecimento e bem-estar para a comunidade?

Um estudo publicado em julho de 1965, no boletim da Câmara Americana de Comércio de São Paulo, mostrava com algarismos que A CLASSE MÉDIA BRASILEIRA ESTÁ PAGANDO IMPOSTO DE RENDA MUITO MAIS ELEVADO DO QUE A CLASSE MÉDIA AMERICANA. Um profissional brasileiro que em 1965 ganhasse Cr$ 18,5 milhões anuais (equivalentes então a dez mil dólares) pagava de imposto Cr$ 4.552.560, enquanto por salário igual só se pagariam nos EUA 963 dólares, ou seja, Cr$ 1.779.700.

Um rendimento anual de Cr$ 37 milhões (ou vinte mil dólares) era tributado no Brasil em Cr$ 14.464.760, enquanto nos EUA era em 3.210 dólares, ou Cr$ 5.938.500.

Uma renda anual no Brasil de Cr$ 74 milhões (40 mil dólares) pagava Cr$ 38.514.760; nos EUA era de Cr$ 18.793.600, ou 10.256 dólares.

O Imposto de Renda é uma medida de tal grandeza e importância na mecânica do equilíbrio social que tem uma função DECISIVA — juntamente com a democracia política e as liberdades econômicas — no encaminhamento final dos problemas humanos. Pode ser que, daqui a trinta ou cinquenta anos, além do ano 2000, o homem, em sua busca constante, na marcha para novas fórmulas e soluções, encontre algum outro fator na geometria social que corrija de modo ainda mais perfeito as consequências das IMUTÁVEIS DESIGUALDADES DE CAPACIDADE entre os seres humanos, sem anular a força criativa dos mais bem dotados, nem abandonar sem amparo aqueles que, com justiça e direito, dele necessitam.

É por meio do Imposto de Renda que o governo exerce a sua função sagrada de recolher, das colheitas mais fartas dos que plantam melhor, aquelas porções justas e indiscutíveis, com as quais atende a sua ação de redistribuir oportunidades através de todo tipo de assistência que lhe incumbe e da prestação dos serviços que a longa experiência da sociedade humana lhe aponta como de sua primordial responsabilidade: educação, segurança, justiça, estradas, correios, portos, hospitais.

Um deputado do tipo quem-quer-mais, desses que vivem de oferecer cestinhas de favores ou caminhões de privilégios para seus eleitores; um desses "líderes" que pululam em nossos subúrbios políticos, desses cujo caça-voto estica ao infinito o seu desfibramento "concessionista", ficaria estarrecido ao ler — se lesse alguma coisa — que o dirigente e economista SOCIALISTA sueco, Gunnar Myrdall, uma das mais expressivas figuras intelectuais de seu país e da Europa, fazendo uma projeção do desenvolvimento dos Estados Unidos, advertiu os americanos CONTRA A INFLAÇÃO SALARIAL naquele país.

Ora, o que o realmente corajoso socialista sueco fez ou recomendou foi que todos, nos Estados Unidos, lembrando-se da velha lição de prudência fabulizada por La Fontaine, se poupassem de querer ir até as entranhas da galinha dos ovos de ouro. Aliás, Gunnar Myrdall, ao proferir aquilo que é uma "heresia" para os nossos petebo-nacional-brasileiro-renovadores, sabia que não se estava dirigindo a uma audiência de surdos, pois, em numerosos casos, os operários americanos têm aceitado sacrifício de salários para ajudarem a salvar esta ou aquela indústria em que trabalham.

Sem dúvida, participar, obtendo cada vez melhores salários, da prosperidade da sua empresa, é o primeiro DIREITO de um trabalhador. Mas contribuir zelosa e lealmente para sua sobrevivência e progresso é também seu primeiro DEVER. E é isso que os que se intitulam de líderes "trabalhistas" neste país jamais tiveram a coragem de observar aos trabalhadores, mesmo nos instantes dos mais terríveis desassossegos sociais pelos quais já temos passado.

Muitos desses políticos apressados, que se lançam desatinadamente em busca da fita azul na vida pública, e a transformam numa corrida rústica em que servem todos os atalhos no vale-tudo do oportunismo, muitos deles levam consigo apenas uma pífia mochila de velhos e desatualizados conhecimentos escolares. E então, por não se atualizarem em economia política ou em tecnologia, nem em conhecimentos gerais, nem se informarem continuamente sobre o que ocorre na dinâmica social das nações livres e mais progressistas, servem-se até hoje do raciocínio vegetal que, em sua imatura juventude intelectual, lhes forneceram os teóricos comunistas contra "os males e perigos da grande empresa". E tocando de ouvido a ária e os estribilhos que os exegetas vermelhos remoem em seus velhos e desfocados realejos, engrossam a fileira dos perplexos que, sendo inegavelmente a favor da melhoria de vida para o homem do povo, combatem, entretanto, exatamente a única mecânica econômico-social que provou ter real eficiência para atingir imediatamente esse elevado objetivo, e sem o sacrifício das liberdades humanas: o sistema da livre empresa.

Entregando-se sofregamente aos contorcionismos de "uma tática para cada momento", acaba faltando a esses políticos a linha geral de uma firme estratégia. Sua cultura "por-ouvir-dizer" leva-os a "estudar" com os ouvidos, prontos a registrarem os tamponados cochichos de assessores desequipados ou desleais, que os empurram sempre pelos caminhos do mais fácil, do popularesco, do inautêntico, do vai-com-as-outras, do aproveita-a-maré. E então colocam-se sistematicamente contra tudo que é grande, na suposição de que esta é a melhor maneira de ser agradável aos pequenos.

Se a organização da sociedade humana fosse uma questão de botânica, então eles seriam contra todas as árvores frondosas, perenes e frutíferas, e pelas gramíneas rastejantes e estéreis. Parece que os apavoram a altura e a grandeza. Para eles, em seus sucessivos memoriais, manifestos e pastorais, é preciso que tudo de humano seja pequeno e baixo, ao chão das inteligências comuns, do fôlego curto, da imaginação apoucada.

Para alguns deles, que até usam o nome de Cristo em seu partido, é interessante lembrar que a Igreja sobrevive e sobreviverá eternamente exatamente porque está organizada, ela própria, em termos de grande empresa — onde há hierarquia, disciplina, direitos e deveres, promoções ou punições para os seus servidores bons ou relapsos. A perenidade e a grandeza da Igreja Católica Romana não se assentam apenas na santidade dos seus princípios, mas também na rígida estrutura político-administrativa que a torna, segundo estudos técnicos e oficiais, a mais perfeita corporação da Terra, superior em sua complexa mecânica às mais famosas empresas industriais do mundo. E a Igreja assim se organizou, em termos de grande corporação, porque reconheceram seus elevados dirigentes ser este o melhor meio, o mecanismo adequado para atender à divina tarefa de levar O MÁXIMO DE CONFORTO ESPIRITUAL e de ensinamentos de Deus AO MÁXIMO DE SERES HUMANOS sobre a Terra.

A finalidade dos grandes empreendimentos da livre empresa não é a mesma, obviamente, da sagrada e divina função da organização de São Pedro. Mas a livre empresa tem hoje princípios, objetivos e métodos fundamentalmente diversos daquele capitalismo exclusivamente egoísta e retrógrado, e até brutal, que foi o afortunado tema de Karl Marx. Pois, tal como a Igreja o faz em seus concílios, o novo capitalismo reviu e revê continuamente sua estrutura, suas peças básicas e seus fins, à luz das novas conjunturas político-sociais e das novas possibilidades da ciência e da técnica.

Com a democratização do capital, a penetração de massas imensas de acionistas nas empresas de todo o tipo transformou aquilo que era antes apenas um cenáculo de família em instituição popular, pública, já que, qualquer um — o operário que poupa ou o remediado prevenido — pode adquirir o direito de participar de sua prosperidade e julgar as coisas que ali se fazem.

O aparente pitoresco daquela frase — "O que é bom para a General Motors é bom para os Estados Unidos" — pode servir de piada para os comunistas da ilha de Marajó, como também sempre lhes serviram para esse fim as verdades da Bíblia e os dogmas da Igreja. Entretanto, essa frase adquire até mesmo um extraordinário e sintético poder didático se constatarmos que da prosperidade daquele gigante industrial dependem na realidade milhões de americanos — como acionistas, como funcionários, como operários ou fornecedores — e ainda outros milhões, muito mais numerosos, que se beneficiam no país inteiro das obras educacionais, assistenciais e públicas em geral, que o governo dos EUA pode fazer com os fabulosos impostos que a empresa — por saber operar sempre com lucros — paga diretamente, e os que decorrem da movimentação de vendas geradas pelas suas imensas necessidades de compra dentro da economia do país.

Há gente que pensa — ou por ignorante inocência ou por intencionalmente malévola suposição — que todo o lucro das grandes e médias empresas vai diretamente para o bolso e para os gozos de seus donos ou acionistas. Talvez fosse a única coisa que essas pessoas saberiam fazer com esse dinheiro, se donas fossem dessas empresas. (*Honni soit qui mal y pense.*) Mas desgraçada da organização, desastrado empreendimento será aquele que, hoje em dia, for conduzido por essa mentalidade curta e totalmente obtusa no seu imediatismo. Pois, ou as empresas reservam uma boa parte do seu sucesso de cada ano para aperfeiçoar, renovar, atualizar seu equipamento, sua técnica e reinvestir na ampliação de novos empreendimentos e na aquisição ou treinamento de novos talentos humanos, ou então se tornam um desses velhos "negócios", que se vão apagando como uma vela que bruxuleia num ambiente onde o oxigênio lhe começa a rarear.

"Mas eles fazem tudo isso porque querem ganhar mais!"

E que mal há que desejem coisa tão sadia? Pois se ganhar, ter lucros é um DEVER do empresário, dever esse que ATÉ NA RÚSSIA tem, agora, que ser buscado pelos gerentes das fábricas e empresas.

Obter lucros é UMA OBRIGAÇÃO do homem de empresa, como parte da sua responsabilidade de manter o barco navegando em segurança, porque dele dependem tripulantes e passageiros, tripulantes — os funcionários — que lhe entregam o seu futuro e o de suas famílias, e passageiros — os consumidores ou os beneficiários de impostos — que contam com aqueles produtos para seu consumo, ou com o dinheiro dos impostos para as obras públicas e assistenciais.

Mas admitamos, para não pensar mal de ninguém, que essas criaturas que querem consertar o mundo sem nada ter aprendido com seu próprio suor ou pelas próprias mãos, não ficassem egoisticamente com todo o lucro para si, mas, ao contrário, o dessem todinho para os outros. De onde viriam, de que dinheiro COM FORÇA DE COMPRA viriam as centenas de novas fábricas, os milhares de novos estabelecimentos comerciais, financeiros e agrícolas de que o país precisa para atender à sua imperiosidade de progredir e DAR TRABALHO E OPORTUNIDADES ÀS NOVAS GERAÇÕES, ao MILHÃO de moços brasileiros que, a cada ano, estão chegando para a sagrada e salutar luta pela vida?

Somente os cidadãos que nada têm por que responder — nem um pequeno, médio ou grande empreendimento; somente aqueles de quem nada e ninguém dependem, é que acham que uma empresa não precisa de lucros para sobreviver.

Não há nada que faça um idealista sincero entender tão bem a mecânica de pesos e medidas do equilíbrio social quanto ser posto diante da responsabilidade de responder pelo progresso e sobrevivência de um empreendimento qualquer, não subvencionado pelo Estado. Então, ele compreenderá como os seres são diferentes em sua capacidade e, sobretudo, em sua dedicação e desejo de participar, de fazer e produzir.

Então ele entenderá por que, desde os bancos escolares, as criaturas são classificadas e recebem notas diferentes, segundo as diferenças de talento ou de esforços na aplicação desse talento, segundo aquilo que aprende do meio e com que contribui para o meio. Nem *Incitatus* feito homem de Estado baixaria lei exigindo que nas escolas, em nome de uma suposta proteção aos menos dotados, se eliminasse dos mais bem-dotados e esforçados o direito a ter notas melhores, e auferir as consequências melhores desse resultado melhor.

Muitas das conclusões emocionais ou socializantes, que comandam o raciocínio de certos idealistas, foram extraídas de abstração em abstração no vasto espaço cósmico dos gabinetes de leitura, enquanto suas inteligências se empanturravam de páginas e páginas, e suas mãos permaneciam macias e virgens do exercício de qualquer comando ou responsabilidade.

Se tivessem um dia que RESPONDER PROFISSIONALMENTE POR UMA FOLHA DE PAGAMENTOS de uma empresa que tenha de sobreviver, que tenha de manter um padrão de produtividade, que tenha de pagar impostos e QUE NÃO CONTA COM SUBSÍDIOS DO TESOURO NACIONAL, essas pessoas, com sua sensibilidade sincera e sua capacidade de apreensão e análise para tudo que se relacione com os problemas humanos, facilmente mudariam a tão amada hipótese de igualdade de recompensas pela da igualdade de oportunidades.

Há umas santas criaturas — como alguns de nossos bispos — que ainda se deixam levar por frases montadas para efeito sobre as plateias desprevenidas, ingênuas ou despreparadas. E proclamam ou insinuam constantes e constrangidas condenações aos lucros e à propriedade, "iluminados" certamente pelas luzes de um filósofo materialista — Proudhon — que acendeu uma chama de santelmo sem calor e sem significação.

Uma frase de Proudhon — "A propriedade é um roubo" — tem sido a luz fria, o mortiço gás neon, o *slogan* "acende e apaga" a iluminar o trajeto das inteligências noturnas que se comprazem em deambular o espírito por onde só há trevas, negrumes, queixas, revolta, desesperança e negativismo anti-humano. Se alguma conexão existisse entre o pensamento desse filósofo e a própria natureza humana, se não exprimisse mais do que um inconsequente niilismo e uma freudiana reação contra toda capacidade de possuir — se o pensamento de Proudhon contivesse o toque de "justiça divina" que lhe insinuam certos bisonhos párocos leigos e, em consequência, tivesse comandado o comportamento social do homem sobre a terra, este jamais teria deixado o "estágio evolutivo" da idade paleolítica.

"A propriedade é um roubo." Sim, Proudhon, filósofo materialista, disse isso para confundir os confusos. E os marxistas coevos, para completar o efeito, bisaram uma variação: "O lucro é um roubo". Mas não foi também outro filósofo materialista que vomitou "A religião é o ópio do povo"?

E quantas vezes, em sua irrenovável tática de caluniar para amedrontar ou desacreditar, os comunistas não têm dito que a Igreja "está vendida ao capitalismo" — só porque ela, como todas as forças espirituais e liberais do mundo, se opõe espontânea, consciente e energicamente ao domínio do despotismo sangrento, primário e materialista dos vermelhos?!

A vida não se comanda por frases que sejam contra a natureza mesma do homem e sua origem e necessidades divinas — ainda que brilhem com toda a fosforescência que, às vezes, conseguem ter certas fatuidades e bazófias do espírito humano.

Assim como não é o impotente minifúndio agrário, também não é o dispendioso e artesanal minifúndio industrial quem dá à grande massa de consumidores a possibilidade de ter produtos a preços acessíveis.

A capacidade de produzir muito mais e a preços mais baratos, para servir a novos milhões de seres humanos que exigem seu ingresso numa sociedade digna, só pode ser atendida COM EFICIÊNCIA, PRECISÃO E RAPIDEZ pela livre iniciativa, através de suas médias e grandes empresas.

Entretanto, para se ater a comunidade ao que pensa e "planeja" o romantismo primitivista de certos militantes sociais não comunistas, para se corresponder ao confuso pensamento que têm do modo de se acertarem as coisas no mundo, dever-se-ia fazer uma poda geral em tudo que os homens tivessem de grande: audácia, capacidade, engenho, poder de iniciativa, persistência. Obtida essa impotência igualitária, não haveria mais o panorama desigual que fere seus olhos sensíveis. E, então, todos os empreendimentos do homem, todas as suas criações materiais, todos os seus monumentos de ação e produção, de criação e coragem seriam nivelados pela pequenez e altura do que podem "fazer" os pigmeus, os indiferentes, os preguiçosos, os incapazes e os pobres de espírito.

Imagine-se o marasmo ou retrocesso que teria acontecido na vida americana — e, em consequência, na do mundo — se, por medo do gigantismo industrial, em vez dos oito ou dez grandes fabricantes de veículos, o país continuasse a ter as 22 mil fabriquetas de automóveis com que, no começo de 1900, cada indivíduo de espírito pioneiro quis iniciar "o maior negócio do século". As caranguejolas, fubicas, "banheiras", "guarda-louças" e *frejolets* ambulantes que cada "fabricante" conseguia fazer, depois de longos meses de trabalho febricitante, saíam por vários milhares de dólares, três a quatro vezes o que custam as fascinantes máquinas de hoje — produzidas por tal preço pelas indústrias poderosas e organizadas que nada menos que 64 MILHÕES de cidadãos americanos ricos, remediados, pobres e até quase paupérrimos puderam adquiri-las e delas servirem-se.

Em 1958, depois de ausente do Brasil por dez anos, o homem de negócios brasileiro, Henry Clark, salientava entre as coisas simples e cotidianas que lhe apresentava o progresso brasileiro o fato de "não ter encontrado mais ninguém de tamancos nos subúrbios populares do Rio de Janeiro e de São Paulo". Isso não teria sido possível se, em vez das cada vez maiores e mais bem equipadas fábricas de calçados que se instalam ou se ampliam no Brasil, estivéssemos apenas com as mais de trinta mil fabriquetas (de quatro a oito operários) com que o país contava ainda pelas alturas de 1940.

A ansiedade de perfeição, justiça e fraternidade com que as novas gerações chegam para a vida leva-as frequentemente a serem vítimas das errôneas ou maliciosas interpretações que lhes são destiladas do alto de certas cátedras, onde se aninham velhos ressentimentos ou de onde se filtram toxinas de certas desilusões profissionais ou frustrações puramente personalistas.

Ingenuamente desejosos de que o mundo seja como o "paraíso" do catecismo de sua iniciação religiosa, ou como o "berço esplêndido" de sua superficial educação cívica, ou como a imensa "família grande" das tertúlias e serões domésticos — os jovens planificam uma sociedade igualitária onde tudo é provido e abastecido nos inesgotáveis depósitos, paióis, almoxarifados e armazéns do seu angelical idealismo. Aí, com isso tudo feito de imaginação e boa vontade, de sonhos e suposições, de hipóteses e desejos, plantam a sua República, a Grande Quimera, a utopia dos seus corações puros e de suas mentes de querubins. Tudo é para ser dado para todos — mesmo que ninguém faça nada ou nada produza para que exista ou se renove o abastecimento desse tudo.

Por isso, no instante em que os jovens começam a se demonstrar chocados que assim não seja — os partidários e os profissionais de um igualitarismo beócio e rudimentar lançam-nos contra a "força contrária" e explicam a sua própria incapacidade de vencê-la, alegando uma incomensurável capacidade de corrupção do adversário.

Como o instrumento mais usual da corrupção é o dinheiro, é fácil aos pregoeiros da falsificação ideológica da juventude dizer-lhes que a corrupção é inerente ao capitalismo. Quando ela é inerente, sim, A QUALQUER DAS FORMAS DE ABSOLUTISMO. Tanto ao absolutismo burroide que o próprio capitalismo gerou numa fase histórica de desorientação e desespero: o nazifascismo; quanto ao absolutismo marxista, o "maximalismo" dos bolcheviques.

Abusando dessa impaciência fisiológica dos moços, e explorando-lhes a ingenuidade e a ignorância em assuntos econômicos, os ativistas das cátedras marxistas enredam-nos com seus velhos sofismas, e ministram-lhes a sua teoria mais do que secular, com a maquiagem de uma suposta "bossa-nova" político-sociológica. Assim, conseguem que muitos tolos, em vez de melhor se equiparem para as mil oportunidades da vida nos países do mundo livre, comprem entrada em sua clínica rábico-ideológica, e sentem praça no cemitério dos retardatários da História, entre as inconsoláveis carpideiras que há 120 anos "choram" e anteveem o "fim próximo" do capitalismo. (A propósito: de 329 "extremistas" detidos em Buenos Aires, durante a segunda metade de 1965, ainda no governo Illia, apenas treze contavam mais de trinta anos.)

Foi exatamente no ventre de uma ditadura, a ditadura estado-novista, que nasceram e proliferaram os germes todos, individuais e institucionais, que infiltraram a gangrena da mais atrevida corrupção na vida pública brasileira, nos anos finais da década de 1930 até 1964.

Por seu lado, os comunistas sempre tentaram fazer crer que, graças às "penitências" de seu regime "purificador", todos viviam nas "democracias" populares em estado de santidade vestal e ascética pureza quanto às tentações do dinheiro — vírus corruptor, exclusivamente típico do capitalismo.

É preciso, então, que os moços idealistas fiquem sabendo que a matriz da corrupção não é o sistema que adota o capitalismo, mas aqueles todos que extingam a liberdade, em todas as suas formas e expressões.

A corrupção é a flor podre do silêncio forçado a que o ditatorialismo, sob qualquer pretexto, atira uma nação. Ela resulta geralmente do estado de incapacidade de usar o direito e a lei — a que são lançados os cidadãos nos regimes-masmorra, pelos carcereiros que colocam algemas no presente sob o pretexto de dar o paraíso no futuro.

Para se ter uma ideia do desespero a que a asfixia liberticida leva os indivíduos e os povos dominados por ditaduras, basta dizer que, entre cerca de 200 cidadãos CONDENADOS À MORTE por corrupção na União Soviética de 1960 a 1965, dois o foram porque fabricavam batom (...) ilegalmente na cidade de Riga, com matéria-prima desviada de uma fábrica oficial; onze outros receberam a mesma sentença por terem montado uma fábrica clandestina de seda, em Tashkent; houve dez sentenças de morte, quando se verificou que certos cidadãos haviam montado uma fábrica de suéteres em dependências de um asilo para doentes mentais na própria Moscou. E na Polônia, na Tchecoslováquia, na Romênia, os ares não são mais "puros" que na sacrossanta URSS.

A corrupção tem muito mais possibilidades de existir e prosperar, de infiltrar-se e alastrar-se como peste social e epidemia nacional nos países ditatorialistas — onde não se pode gritar contra nada, nem contra ela — do que nos regimes liberais, onde qualquer um pode "estragar a festa" do ladrão público ou privado — revelando e clamando contra o assalto em qualquer escalão que se verifique.

Não se iludam os moços: o silêncio que há nos países dominados pelo PARTIDO ÚNICO não é o silêncio dos anjos; mas o dos parceiros — que dividem e saboreiam o butim.

Acreditamos ter feito até agora neste capítulo uma modesta explanação do nosso ponto de vista totalmente favorável à livre empresa, ao novo capitalismo, ao capitalismo do povo.

Mas fique claro que, de nossa parte, não consideramos que basta que o cidadão seja um bom e eficiente empresário para dar como cumpridos os seus deveres para com a sociedade. Ganhar dinheiro e dar de ganhar É REALMENTE MUITO, MAS NÃO É TUDO. É preciso ajudar os que não podem ou ainda não sabem ganhar.

Com aquela capacidade de liderança que Deus lhe deu para o triunfo econômico na vida, cada homem rico deve em seu meio e em sua comunidade TOMAR A INICIATIVA de criar, ajudar a criar ou amparar aquelas entidades ou organizações que atendem os que ainda precisam ou que ainda não estão preparados. É preciso continuamente suplementar a ação do governo que, dada a contínua ascensão das gerações, nunca, jamais terá capacidade bastante para atender a todos em tudo de que necessitem.

Que nenhum brasileiro abastado pense que suas responsabilidades com a sociedade terminam às 17, 18 ou 19 horas, quando sai o último freguês, ou quando fecha o seu escritório ou a fábrica apita, ou todos os bois já estão no curral. Nem suponha que, porque todos os credores estejam pagos e os operários e trabalhadores satisfeitos, nada mais haja para fazer.

Há e muito. Muito, não no sentido de mais trabalho para quem já trabalha e se preocupa tanto. Mas no sentido DO NÚMERO DE SERES E COISAS que podem receber o milagre da ressurreição ou da criação, se tocados ou ajudados por alguma coisa vinda das mãos a quem Deus deu a felicidade de saber fazer, saber conduzir, saber orientar e progredir.

É possível mesmo que o surpreendente e desconcertante número de religiosos e religiosas que se veem agora por aí, aparentemente deslumbrados com o "igualitarismo" comunista — tenha chegado até essa "solução" muito mais forçados pelo fato concreto da decepcionante coleta dominical das sacolas de suas paróquias, do que por conclusões científicas e filosóficas favoráveis ao marxismo, frontal e visceralmente contrário ao seu Deus e à sua religião. Foi talvez por se desesperarem com a imensidade da sua tarefa — tantos necessitados a socorrer, tantos problemas a resolver, com tão poucos meios com que contar — que simplórios padres e freiras, oportuna e taticamente enteados pelos doutrinadores vermelhos, começaram a admitir essa alternativa do desespero.

Para alguns desses piedosos, o inferno do comunismo se torna assim como que a sentença a que se devem condenar os ricos reincidentemente sem solidariedade, os endinheirados que calculam e faturam milhões e bilhões em suas atividades profissionais e, ao comparecerem dominicalmente à igreja, se esquecem então totalmente do ingurgitamento que a inflação deu ao dinheiro e, piedosamente, sem nenhum constrangimento, depositam nas bandejas do sacristão dez ou vinte cruzeiros neste ano da graça de 1965.

Desprevenidamente, esses ricos e remediados entendem estar dando os mesmos dez ou vinte MIL RÉIS que viam seus avós depositarem nas sacolas coletoras, nos idos de 1920. Não se lembram os tontos de, nesse instante, nesse ato, nessa "transação" com Deus, usar também os índices da correção monetária que fariam com que sua esmola dominical subisse para mais de mil ou dois mil cruzeiros.

Certos homens ricos pensam que essa esmola pingada na sacola de pano e seu comparecimento dominical à igreja são a única maneira de agradecer a Deus as bênçãos que lhes dá e às suas famílias. Podem ficar seguros de que Deus se compraz também de que ajudem as obras educacionais e sociais de sua cidade; Deus conta as salas, os equipamentos, os tijolos dados para a construção de escolas, ginásios e hospitais. Com seu fabuloso computador eletrônico, ele soma tudo que alguém faça em benefício de outros alguéns, que geralmente são centenas ou milhares, e que devem ser ajudados nem sempre individualmente, mas preferivelmente através de entidades de utilidade coletiva: creches, maternidades, escolas profissionais, ginásios esportivos para a juventude, piscinas públicas, faculdades, fundações científicas e centros de pesquisas técnicas.

Há um brasileiro maníaco, a quem Deus deu inteligência ciclópica, coragem titânica e fortuna imensa — Assis Chateaubriand —, que tem a obsessão das obras públicas, das iniciativas nacionais pioneiras, da assistência dinamizadora e criadora. Não é o único. Mas por que deixar que sejam relativamente tão poucos?

Ser bom cidadão, no sentido romano da palavra, não é apenas estar presente nos dias cívicos, não fazer mal nem não dever nada a seus concidadãos. Isso é muito pouco dever para os homens de grande capacidade de ser. Essas acanhadas e prosaicas fronteiras do bem-viver reduzem os limites daquelas vidas que, por uma misteriosa decisão do destino, receberam um sopro maior, divino, no instante da sua afirmação e carregam, então, a flama dos seres vitoriosos e bem-sucedidos.

Mesmo sendo bons pagadores de nossos compromissos financeiros, somos todos grandemente DEVEDORES UNS DOS OUTROS. Ou será que algum estulto pensa que, por pagar corretamente seus impostos, está quite com o guarda que enfrenta o marginal e lhe protege a vida e a de sua família? Quem será suficientemente pretensioso para supor que as suas frágeis moedas encaminhadas ao Tesouro da nação pagarão o heroísmo, a dedicação e o civismo daqueles idealistas fardados que, tantas vezes, têm salvado este país dos assaltantes encapuzados e do caos pré-fabricado?

Quem é tão presunçoso que pensa ter pagado, na conta da farmácia, a dedicação das imensas equipes de cientistas que trabalham e trabalham, apaixonadamente, além e acima de salários, para debelar as doenças que ainda ameaçam ceifar vidas preciosas em todas as famílias?

Quem é esse vazio e dourado orgulhoso que supõe ter pagado, pelos milhões de cruzeiros dados por seu automóvel, a soma portentosa de conhecimentos científicos e técnicos que se acumularam através dos séculos até chegar a essas reluzentes bigas modernas, que fazem de cada homem simples um modesto rei pelo conforto que desfruta?

Quem é esse estúpido Midas dos tempos modernos que pensa obtusamente ser o simples toque de seu dinheiro que lhe dá tudo? Que é que ele teria de confortável e digno em sua casa ou palácio, de eficiente e produtivo em sua fábrica, de atraente e convincente em sua loja, de moderno e seguro em sua fazenda que, muito antes dos seus milhões de cruzeiros, não custou a monástica dedicação daqueles, às vezes, anônimos criadores, pesquisadores, inventores? Daqueles que, com a chispa divina do gênio inventivo, vieram aplicando-a através dos tempos, passando de mão em mão, de laboratório em laboratório, de oficina em oficina, de gabinete em gabinete, de aula em aula, de geração em geração, os conhecimentos que culminaram no fulgurante panorama das nações livres de hoje, feiras fabulosas de criatividade, engenho e força realizadora.

Não. Ninguém pagou tudo que tem. Todos os homens mais felizes, mais bem-sucedidos, mais prósperos TÊM DÍVIDAS A PAGAR. Com Deus, que acende a inspiração dos gênios; e com a pátria, que nos assegura a moldura de uma vida com honra e liberdade.

11

As "crises nacionais" e a indecisão pendular das lideranças

No dia 10 de novembro de 1937, às 15 horas, poucos momentos após o senhor Getúlio Vargas ter desfechado o golpe que o tornaria ditador-fascista do Brasil por quase dez anos, o senhor José Américo de Almeida, candidato praticamente eleito no pleito que deveria travar-se logo em seguida, com plena noção de suas responsabilidades perante a nação, tentou penetrar de arma em punho, no Palácio do Catete, para justiçar pelas próprias mãos responsáveis o seu antigo correligionário, cujo ato de traição reduzia o Brasil a uma cubata africana.

Heroica e conscientemente, José Américo caiu, ali, em consequência das balas dos sequazes protetores do usurpador que naquele momento se apossara das liberdades públicas do país. O grande idealista e escritor cumprira, dessa forma, com esse exemplo para a História, o compromisso que assumira, várias vezes nos comícios e nas convenções que o apoiavam, de conduzir o país para um destino de maior dignidade, maior progresso e de grandeza moral na vida pública.

Com o desenvolvimento da ciência política e econômica, não há povos sem rumo. Há líderes políticos e partidos atacados de indecisão pendular. O mal não é de uma suposta fragilidade das naus que ziguezagueiam diante da ameaça de borrasca, da qual chegaram apenas os ventos. Mas dos seus pilotos de barra, sem capacidade para velejar em oceano aberto e que, por isso, se deixam enrodilhar pelos redemoinhos que giram nas profundezas dos mares e assopram nos altos céus.

O que colhe desprevenidos a esses navegantes de enseadas é que, para enfrentar os sempre cambiantes mares do mundo, dispõem apenas de parco tirocínio, obtido em velhas cartas ultrapassadas, deficientes ou unilaterais em suas informações. Eles não sentiram nem compreenderam a incessante mutabilidade das paisagens humanas, e, por faltar-lhes conhecimentos e firmeza, caem sob os alvoroços e a perplexidade da indecisão.

Moços de fornalha com ambição de timoneiros, querem sempre a glória e as iluminuras da proa. E quando aí chegam, põem-se açodadamente a navegar entre os altos vagalhões; inspiram-se, então, num oportunismo municipal para estreitos panoramas e angusturas, e facilmente tomam a rota do imediatismo, que encalha as nações nos bancos de areia do marasmo ou as deixa paralisadas, de fogos apagados, presas no mar de sargaços das ditaduras.

Que havia de complicado ou ininteligível no Brasil dessas últimas décadas, senão a incapacidade mental e espiritual dos homens das gáveas e dos mastros políticos para entender o meandro das rotas que se descortinavam à sua frente?

Raros, raríssimos os timoneiros com a noção e a razão da marcha que deveriam, eles próprios e o país, tomar. O que sempre houve foi o cardume dos batráquios que se supunham cetáceos e, mal se atiravam às ondas, vomitavam salsugem ou sobrenadavam fofos e balofos, sem direção, sobre as corcovas de espumas de todas as vagas e correntes, quaisquer que elas fossem.

De visada curta, caía-lhes o horizonte bem pouco adiante das ventas. E tudo o mais era o ignoto, o desconhecido, que suas mentes anêmicas e sua imaginação sem asas não alcançavam, nem compreendiam ou sabiam interpretar.

Desinformados ou desatualizados, noviços ou preguiçosos, o que acontecia é que esses líderes ambiciosos, mas desequipados, estavam sempre à procura de um só objetivo: o mágico roteiro que os levasse mais depressa, bem depressa, às minas da popularidade, de onde esperavam tornar-se ricos de poder e mando.

O seu ilegítimo desejo enchia-os ao mesmo tempo de fáceis ousadias e de temerosas cautelas; não trazendo, porém, a bússola de um norte puro, confundiam-se frequentemente e, açodados para chegar, marchavam como mariposas oportunistas em busca sempre do lugar de onde vinham as luzes do sol daquele dia...

E tornavam-se atarantados, incompreensíveis e contraditórios; atarantados líderes cristãos que espargiam em seus turíbulos o enxofre do tinhoso; incompreensíveis homens de bem que se assentavam no banquete ministerial de imundos salteadores da lei e do dinheiro público; contraditórios democratas que marchavam nas hostes sinistras que só tinham um plano e uma obsessão: extinguir a democracia e a liberdade.

Acrobatas do escapismo ou da improvisação, cada um camuflava a seu modo a sua pobreza de conhecimentos, ou de sinceridade. Bissextos radiouvintes da História, não percebiam que a *inteligentzia* comunista, com a mão nos microfones, repunha velhos fascículos — com personagens que já estavam mortos e enterrados — e os encaixava nos novos episódios que se travavam mundo afora.

Fascinados pelos *slogans* de fácil digestão, tinham preguiça de assimilar as novas verdades; garimpeiros de emergência, em vez de buscar os diamantes das catas profundas, contentavam-se com os "xibius" de aluvião. Por isso, nos momentos de crise nacional, vinham como charlatães sem ciência nem consciência, ostentando os papeluchos com receitas impressas que lhes eram fornecidas por pomposos assistentes e "assessores", que os abasteciam de filosofia de ocasião, para aqueles inconvenientes instantes que estivessem a exigir descortino e decisão.

Porém, o que mais os perseguia era o pavor da opção. Era a prova dos nove diante da matemática do futuro; o sim e o não, na caminhada dos povos e do próprio povo. Para safar-se, criavam um malabarismo de espertezas e, para desobrigar-se de compromissos, encampavam os próprios estratagemas dos comunistas — apontando como "direitismo" e "fascismo" a mais legítima e destemida defesa das liberdades — ou então esgueiravam-se por trás do biombo furta-cor da desconversa de "evitar a radicalização", e "esquivar-se dos extremos".

Por isso, toda vez que a situação do Brasil exigia uma definição clara de seus homens públicos, aqueles que se escondiam sob a redoma de vidro plástico da "reserva nacional", o honrado professor-governador ou o poderoso banqueiro-governante, o mudo grande escritor ou o sorridente ex-presidente, apelavam para a ignorância do auditório, com o truque sem imaginação e sem grandeza, da posição "contra a radicalização", isto é, da posição contra a tomada de posição, da posição contra a atitude pra valer, contra a forma sincera e gloriosamente imprudente de dar os nomes aos bois da conjura antidemocrática.

Nos momentos cruciais — quando se tinha que decidir entre o Estatismo e a livre empresa, entre os atalhos camuflados que levavam ao bolchevismo e às rotas abertas que davam na liberdade — o ambíguo "selecionado-de-fora-de-campo" que se colocava habilidosamente à margem da luta contra o perono-comunismo, enganchava-se sobre o muro dos espia-maré, agarrava-se ao limbo indefinido que lhe desenharam os seus "assessores", os seus espíritos-santos-de-orelha e fingiam que optavam; optavam pela sabedoria marota e pela prudência apavorada, e asnática, do "neutralismo".

O Brasil veio sofrendo, ao longo das décadas de 30, 40, 50 e 60, da falta de densidade, ora mental, ora moral, da maioria de seus pretensos líderes partidários. Preocupados com a tática miúda para o dia a dia, com a luta de rua pela projeção ou pela ascensão, com as barricadas para defesa ou conquista dos redutos eleitorais, esqueciam-se do principal, da linha geral e alta, dos objetivos além e acima da mísera e efêmera gloríola pessoal.

À falta destes sóis que o homem cívico levanta em seus próprios horizontes — os ideais do bem comum — caíam esses chefes e chefetes em frequentes estados de nevoeiro e abulia e, em dadas circunstâncias, pareciam seres de outros mundos, incapazes de entender o que se passava em sua pátria e ajudá-la a marcar seus rumos.

A mais frequente confusão desses carroceiros de partidos vinha da inconsistência filosófica de suas próprias agremiações, sempre desorientadas, elas mesmas, na hora da ação. Frequentemente, suas escapadas táticas iam até o desfiguramento de graves linhas da estratégia, do plano geral, do programa de ação partidário. Isso lhes tirava o mais importante elemento identificador de um partido, e até mesmo de um político — a sua autenticidade, a fidelidade clara aos princípios ou ideais por causa dos quais se fez seguido ou admirado.

Muito mais do que o número elevado de legendas partidárias — que existia antes do Ato Institucional nº 2, de 27 de outubro de 1965 — o que mais provava a inconsistência dos partidos era a fluidez ideológica, o estado pastoso, senão gasoso, em que deixavam flutuar os seus princípios no ambiente político nacional.

O amoleirado espírito de apaziguamento com os trânsfugas internos e um doentio oportunismo diante das perspectivas ou conjunturas político-eleitorais — desfiguravam a fisionomia espiritual dos partidos, os recheavam de estranhos corpos e anticorpos, de vírus e antivírus, numa teratológica convivência de contrários e inimigos íntimos.

Assim, o que principalmente deteriorava o respeito e a autoridade dos partidos, e de seus líderes, era, paradoxalmente, o que eles próprios NÃO eram. Era a sua juvenil preocupação de (para evitar os ataques do adversário, ou para morderem de suas mesmas fatias) acobertarem-se sob a égide dos mesmos princípios que ele defendia — embora não fossem primitivamente os seus.

E então via-se, por exemplo, o extraordinariamente ilustrado grêmio político que chegara a ser o Partido Socialista Brasileiro, vivendo exclusivamente em função da obsessão "do que poderia pensar ou dizer o Partido Comunista".

Todos os pronunciamentos, todas as decisões naquele que fora o partido intelectualmente mais bem equipado do país se faziam à base de uma geral e subconsciente preocupação: "Que dirão a isto os comunistas?" Daí vinha o desfiguramento: as decisões eram tomadas com uma tão obsedante preocupação de evitar as calúnias comunistas, que terminavam sempre no ultrapassamento das linhas de comportamento ideológico do próprio p.c. E o Partido Socialista Brasileiro, arremetendo-se inconscientemente além do leito de suas ideias próprias, jamais encontrava o sentimento do povo, das massas, que, por sua vez, nunca o achavam no lugar em que devia estar.

E o esperançoso Partido Trabalhista Brasileiro que, mesmo brotando do lodo de uma ditadura, chegara a florir em figuras do idealismo e da exemplar dignidade de Alberto Pasqualini, de Salgado Filho, de Lúcio Bittencourt e Fernando Ferrari — recaiu dessas altitudes humanas a um ajuntamento onde se acotovelavam principalmente os que dele fizeram o coito de suas obsessivas conjuras contra as liberdades.

Por seu lado, a União Democrática Nacional ziguezagueou muitas vezes, bailando com a música de seu mais ferrenho, embora não mais importante, adversário: o desfigurado Partido Trabalhista Brasileiro. E quantos dos líderes udenistas se desconjuntavam em torcicolos para fazer o seu partido parecer também "trabalhista"! Ficarão, por exemplo, marcadas por muitos anos na vida brasileira, entre os seus desvios de retrocesso, as consequências da famosa resolução tática dos udenistas, de ultrapassar o "progressismo" do próprio presidente trabalhista — senhor Getúlio Vargas — e audaciosamente propor o monopólio estatal do petróleo, que Getúlio mesmo não tivera a "coragem" de sugerir em seu projeto, de que resultou a lei 2004...

Com esta "agressividade" freudiana, a UDN pretendera lavar-se do "pecado" de ser um partido "burguês e reacionário" como, dentro de um intencional sadismo psicológico, a apontavam os adversários "populistas". Mas caíra na rouquidão de falsete dos que não usam a própria voz. E tentaria pavonear-se de um "triunfo", que não lhe seria jamais atribuído, por todos que, depois, nos rega-bofes caolhos do "nacionalismo", se consideravam donos da "grande decisão" de deixar soterrado, no subsolo da inaptidão e do desleixo amanuenses, o petróleo brasileiro.

Envergonhada de ser ela mesma, a liderança da UDN não soubera usar em favor de seu partido essa circunstância histórica de alto valor pedagógico e documental: o fato de, em toda sua existência, essa agremiação ter tido a enfrentá-la, sempre com fúria e obsessão, exatamente o troço político que vive da existência do "quanto pior, melhor". Jamais, nesses quase vinte anos de lutas políticas pela dignidade na vida pública, pelas liberdades ou pela consolidação da democracia, jamais a UDN tivera a seu lado o Partido Comunista Brasileiro, malgrado o desconforto espiritual que isso causava a alguns dos líderes do udenismo pendular, esses pobres subchefes atarantados ante o desencontro de luzes dos fanais que se acendem no mundo. Autocontrolado pelo cordame de calúnias, de "reacionarismo" e "direitismo" com que os bolchevistas enrodilham seus opositores néscios e mais tímidos, alguns dirigentes udenistas se repunham continuamente a máscara de um populismo inautêntico e falso, que os tornava caricaturas desajeitadas de perucas bandeadas para a esquerda, com parte da calva à mostra.

Constrangida pela timidez de ser autêntica e puramente aquilo que de fato era, por instinto e consentimento — O PARTIDO DA CLASSE MÉDIA BRASILEIRA —, a UDN não desfraldara de fora a fora, em toda sua extensão, a única bandeira que a tornaria realmente definida, poderosa e invencível: a de caracterizar-se como o agrupamento partidário que aglutinava a mais capaz, a mais consciente, a mais bem equipada, a mais pugnaz e a mais idealista das classes sociais em todos os países livres: a classe média.

Por um impulso vindo muito mais do espontâneo sentimento de suas bases do que da visão de muitos de seus líderes, nenhuma organização partidária trazia tão grandes possibilidades de identificar-se com o espírito e o ímpeto dos grandes heróis da nossa vida pública, como esse temeroso partido que, por indecisão pendular de alguns de seus dirigentes, não chegara a abrir todas as velas da sua rota. O espírito do udenismo, tal como brotava das bases municipais e distritais, tinha fontes nos altos olimpos do civilismo de Rui Barbosa; e mais: grimpava pela História e ia abeberar-se na própria linfa e nos puros olhões d'água de que se formou a alma cívica deste país — aquele grupo heterogêneo de heróis românticos e líderes pragmáticos que se assentavam em torno de uma tosca mesa conspiratória, do sopé da serra do Itabirito, em Vila Rica de Ouro Preto.

O retrato espiritual do cidadão anônimo da classe média brasileira — principal abastecedora da massa do udenismo — é aquele imortal civil, gritantemente paisano e formalista, aquele engenheiro gaúcho que, de chapéu na cabeça, gravata e paletó rigidamente abotoado, de fuzil na mão e peito empinado, se engajou triunfalmente para a morte e para a História, na arrancada épica dos 18 do Forte de Copacabana.

Mas esta espontaneidade, esta singeleza e autenticidade, esta cristalinidade de sol a pino do mais puro idealismo, não fora reconhecida nem assimilada por certos cartolas do oportunismo, encaixados nas altas cúpulas do udenismo. Incapacitados para os gestos claros e perigosos, esses maquiavélicos suburbanos tentavam fazer seu partido ziguezaguear em manobras matreiras, de fundo lodoso de baía, para pescar aí, nesses sítios esconsos, os camarões de lixo do lumpemproletariado de que tanto falavam os marxistas históricos. Dessa preocupação primária de pescaria em águas turvas vinham atitudes concessionistas do tipo do voto ao analfabeto; "solução" que não chega a ser uma ideia ou um princípio partidário, mas apenas um resto de seborreia caspenta, esvoaçando do casaco surrado de um falsificado romantismo populista.

Juntando num mesmo samburá a influência comunista e a pieguice do coitadismo, alguns líderes do pendulismo levantam esse "direito" espúrio do voto-penitência, justificando que através dele a nação deve resgatar-se do crime de não ter dado aos iletrados de hoje as suas escolas de ontem. É a tola compensação moral de empanturrar com comida sólida a boca de quem não tem dentes, de presentear com óculos de aros de platina os cegos sem nenhuma visão. Conceder voto ao analfabeto é dar ouro em pó a uma criança para que dele se utilize na algazarra tumultuária e espertalhona do mercado persa eleitoral.

Ou será que os males todos que aconteceram à nação nesses últimos trinta anos, e esse tão explorado "envelhecimento de estruturas", ocorreram porque os seus desequipados governantes não puderam contar com as luzes dos analfabetos para orientá-los?

De que modo essa tardia "compensação" será útil aos próprios cidadãos que não sabem ler? Pela chance rasteira, pela sugestão pecaminosa que lhes dá, de se "fazerem valer" perante os políticos regionais e os cabos eleitorais?

Esse é um gesto típico de um quixotismo faz de conta, que briga de longe, com os punhos de uns e a coragem de outrem. O que acontece é que, mais uma vez, estamos diante de uma ação política do escapismo mais nu, para fugir à testada com as durezas de certas realidades.

Por meio dessa panóplia de pau bichado do voto ao analfabeto se esconde, em mais um de seus disfarces, a falta de bravura moral para proclamar que a nação deveria ser enérgica, drástica e imediatamente libertada da sangradura das autarquias industriais eleitorais e lançar-se, então, sim, até a semi-inanição, se necessário, para levantar, no país inteiro, urgentemente, agora mesmo, o formidável complexo educacional que mortalmente lhe está faltando, nesta hora em que o mundo arranca para a tecnologia absoluta e vitoriosa — tecnologia que é capaz de transformar algas submarinas em comida, ar em adubo e bagaços de qualquer coisa em alimentos para qualquer povo.*

Atrás da "ideia" do voto ao analfabeto, encobre-se a solércia agitacionista do "quanto pior, melhor" e também a "fuga" psicanalítica de mais uma desconversa, originária da eterna indecisão pendular dos que temem reconhecer e dizer que o Estado está criminosamente errado quando avança pelo infinito complexo de atividades industriais — nas quais sempre será bisonho, retardado e perdulário. Avanço de caranguejo monstruoso, pois vai deixando empós si, pelas margens sociais, a sua espantosa safra de cinco milhões de crianças condenadas ao analfabetismo,** por falta das escolas que o deus-Estado não lhes dá, na mais secular, vergonhosa, gritante e antipatriótica prova de incapacidade realizadora e administrativa, e de falta de discernimento quanto ao que é definitivamente útil e inquestionavelmente decisivo para o progresso e o bem-estar do povo e do país.

Consequência também dessa indecisão pendular, certos partidos arrastavam-se no panorama da vida pública brasileira como touros escadeirados pelo excesso de complacência ou concessionismo; desmontados em alas, e até em róseas "bossas" infantojuvenis, eles se tornavam manquitolas, e mancavam à esquerda, onde a comuna lhes encravara os corpos estranhos dos seus agentes infiltrados para, com as próprias hostes, os instrumentos e as armas da liberdade, forjar as condições e as algemas da escravidão.

---

* Na Faculdade Nacional de Direito da Universidade do Brasil, em 1935, alguns professores defendiam, rubros de entusiasmo e cólera reivindicadora, a tese do voto aos analfabetos, e argumentavam achando ser irrespondível: "É assim nas mais avançadas democracias, na Inglaterra, na França, na Suécia, na Suíça". Deixavam, porém, de lembrar aos alunos que lá, naquelas democracias, os analfabetos eram ficção humana, de 0,5 a 1%, se tanto, da população; ao contrário dos nossos trágicos algarismos. O realismo desses mestres quanto à humanidade brasileira estava ligado pelo mesmo cordão umbilical à "inteligência" e à "sagacidade" do inacreditável *slogan* que, às vésperas da insurreição comunista de 1935, fora pichado, em letras de um metro de altura, numa das ruas do bairro do Catete, no Rio de Janeiro, próximo ao local onde era então a Faculdade: "**Índios, levantai-vos**".

** Ainda em julho de 1964, o Ministro da Educação, prof. Flávio Suplicy de Lacerda, informava, em seu primeiro relatório à nação, que havia municípios no Nordeste — e citava o de São Raimundo Nonato, no Piauí — no qual 95% das crianças em idade escolar não recebiam nenhuma instrução, por absoluta falta de escolas. **Noventa e cinco por cento**, isso no ano da graça de 1964 — quando alguns ingênuos estatizantes continuavam a falar na utilização do "desvelo", da "capacidade" e da "eficiência" administrativas do Estado na exploração das linhas aéreas, da petroquímica e outras coisas.

Uma das vítimas preferidas desse drama hamletiano do ser e não ser político-social era esse eternamente indefinível Partido Democrata Cristão, que quase por toda parte jamais consegue desfolhar a última pétala do seu malmequer, bem-me-quer filosófico, e se tortura no vaivém de defender Deus, as coisas do espírito e as liberdades — e não se deixar chamar de "reacionário" pelos comunistas.*

Os democratas-cristãos têm-se colocado, com frequência, no limbo do purgatório onde jazem as "linhas auxiliares", do comuno-disfarcismo; aturdidos pela velocidade dos acontecimentos humanos, esses grupos político-filosóficos, dos quais os bolchevistas tanto se têm servido, quedam-se apalermados nas encruzilhadas do econômico e do espiritual, e confundem assistência social e caridade cristã com o quimérico "distributismo" socialista. E ficam zanzando na arena política como excrescentes formigas de doce da caridade e atarantadas abelhas da piedade que, desprevenidas, entraram nesse agitado coliseu onde passam a confundir os tartufos da pantomima vermelha com os verdadeiros gladiadores do progresso e da dignidade humana.

Eles sofrem o mesmo fenômeno de refração da história e da inteligência que acontece a todos os seguidores retardatários de qualquer ideia ou filosofia. Enquanto os que madrugaram na crença marxista, e por ela avançaram, retornam desiludidos com a trágica colheita final dessa aberração do Estatismo — ditadura e miséria socializada — os cristãos-novos, tomando os velhos caminhos, fitam os que voltam e, com superioridade, prosseguem — na santa suposição de que eles é que marcham para o futuro.

E caminhando com o mapa ao contrário, não sentem que realizam o grotesco daquele avanço com o calcanhar para a frente, de que fala a irônica sabedoria popular. Quando alguns dos países dos próprios eremitas tentam renegar a aridez dos desertos em que se transformaram suas nações, e retomam o que podem e como podem, lá se vão eles, os que não acordaram com o crepúsculo da madrugada, tonteados pelas meias-luzes do crepúsculo poente que os engana, e os leva retardatariamente à noite polar das ditaduras marxistas.

---

* Ainda em junho de 1964, telegramas de Santiago do Chile davam conta da indecisão pendular que dominava a disputa presidencial que lá se travava: uma revista caricaturava a posição ideológica do candidato democrata-cristão e apresentava-o empunhando a bandeira da foice e do martelo, enquanto o candidato dos socialistas e comunistas — pertinaz e pugnaz militante marxista — vestia trajes eclesiásticos decorados com a Cruz de Cristo.

O paradoxal dessa atitude é que, com todo seu cristianismo pomposamente exibido no rótulo com que se nomeiam, falta a esses cristãos a humildade de suportar os apodos e as diatribes comunistas. E é ao simples impulso da ameaça da blasfêmia pelos hereges que eles logo lhes abrem as portas do templo. É somente para que não sejam chamados de "reacionários", "vendidos", "macartistas", que eles se colocam contra o sistema econômico que, além de proporcionar uma crescente dignidade a massas humanas cada vez maiores, NÃO EXIGE DELAS A BARGANHA SINISTRA DA EXTINÇÃO DA LIBERDADE NEM DA DESCONFIANÇA OU DO DESAMOR A DEUS.

O maior exemplo de estupidez política da década de 1960, no mundo livre, foi dado exatamente por um mamífero dessa espécie partidária ambígua, o democrata-cristão Amintore Fanfani, então primeiro-ministro da Itália. Essa esvoaçante margarida política começou a soltar aos ventos as suas pétalas de, ora livre empresa, ora Estatismo e, com sua tétrica *apertura a sinistra* (abertura para a esquerda), conseguiu o "milagre" de conter, paralisar e dar contramarcha naquilo que estava sendo o mais rápido e surpreendente reerguimento econômico-social de toda a Europa Livre, superior em velocidade ao da própria Alemanha Ocidental!

O que o corajoso, definido, claro, translúcido Alcide De Gasperi, sem concessões nem "aberturas" — sempre democrata e nunca deixando de ser cristão — ainda sob o pó e a fumaça da guerra, fizera pela Itália, arrancando-a dos escombros morais e materiais da destroçada ópera-bufa do fascismo, e tornando-a a mais resplandecente "nova nação" da Europa, foi destruído em meses de indecisão pelo ambíguo atarantado Fanfani, ora abelha, ora zangão, que orava por Cristo e acenava para Kruschev.

Entre uma constrangida visita ao papa e um rápido padre-nosso na Igreja de São Pedro, o "dirigente" democrata-cristão, para não ficar mal com a *inteligentzia* comunista infiltrada como vírus no vídeo, nas ondas hertzianas, nas rotativas da imprensa e até nas sacristias; entre um beija-mão e uma oração, o estadista chove-não-molha anunciava um novo plano de "nacionalização". E assim começou a chuviscar sobre a Itália o granizo da desorientação e do terrorismo econômicos: "nacionalização" do petróleo, "nacionalização" da energia elétrica e já anunciava — às vésperas da campanha eleitoral em 1963 — outras "nacionalizações", entre as quais, por certo, a das "visitas ao Vesúvio", ou a das visitas ao "setor pornográfico" de Pompeia, ou talvez a do serviço de barcas para a ilha de Capri, quando se esborrachou sobre seus quatro membros deambulatórios, com as eleições que se travaram.

Seus sócios comunistas e socialistas-comunistas tinham achado que era hora de avançar no pão de ló de macieza especial que lhes preparara aquele padeiro cuja figura de *condotiere* se esfarinhava como um quebra-quebra nos choques político-sociais, oriundos da desordem econômico-espiritual a que lançara a até então flamejante restauração material e moral do país.

De uma só vez, numa só eleição, o poderoso partido que De Gasperi levara às alturas de um poderio límpido e incontestável, perdeu cerca de cem cadeiras no Parlamento, muitas delas para os comunistas e os socialistas-comunistas (de Nenni). É que o pobre *uomo-qualunque*, o modesto homem da rua, que se acostumara a tomar o seu rumo pelas prédicas e pelas ações dos líderes democrata-cristãos, raciocinara. "Se o senhor Fanfani sugere coisas parecidas com comunismo, então votemos nos comunistas que, para fazer isso, são, sem dúvida, mais autênticos." Outros interpretavam: "Se o que o senhor Fanfani recomenda e faz é a socialização, então votemos nos socialistas do senhor Nenni, que há tanto tempo gritam por isso."

Encruado como uma rosca sem fermento, o Partido Democrata Cristão encolheu-se das colinas olímpicas a que o alçara De Gasperi, agarrando-se sobre o modesto murundu de votos que ainda lhe sobraram da experiência bifronte de Fanfani.

Mas nessas mesmas eleições de 1963 na Itália, houve um fato simultâneo e paralelo, que nos leva a mais uma prova da verdade política dos nossos tempos que não tem sido percebida senão por poucos chefes mentalmente bem equipados: O DECISIVO PODER DA CLASSE MÉDIA NO MUNDO LIVRE. O pequeno Partido Liberal italiano que, em plena saturnal comuna-democrata-cristã, saíra decisivamente às ruas com suas reduzidas, mas definidas, falanges, lutando pelas liberdades, pela livre iniciativa e contra o desastroso e descarrilante Estatismo, saltou de doze para 72 cadeiras no Parlamento, obtendo 600% mais de votos que em eleição anterior! E mais teria feito, se suas hostes fossem bastante extensas para passar de boca em boca, de coração em coração, a todo o país, a senha de defesa das liberdades e do progresso da Itália.

No Brasil, existem, e quase até pululam, os Fanfani, um pouco mais minúsculos e bem mais provincianos, como aquele professor-governador de um grande Estado central que, após uma administração relativamente brilhante, viu seu candidato a substituí-lo fragorosamente derrotado em eleições que de antemão estavam ganhas. Desajeitados e surpresos, seus oráculos e assessores, seus "técnicos-sociais", após consultas aos computadores eletrônicos de respostas duplas, interpretaram "sociologicamente" que aquilo fora o inesperado resultado de um suposto vaivém da História, da "inevitável" marcha e contramarcha dos povos, de uma suposta e "matemática" alternância dos bons pelos maus, na vida das comunidades.

E que eles, os monos, não olharam para as próprias caudas... Senão, teriam visto como é errada, e sujeita a ricochetes, a linha do espertismo fanfanista da vela a Deus e outra ao diabo, da omissão boboca que cheira a peraltice de criança em brinquedo de pique, querendo enganar a velha sensibilidade do seu povo com o esconde-esconde das oclusões e ausências, na "barra-manteiga" da neutralidade e do mutismo para engazopar os tolos.

Assim "orientado", o pobre governador não se deu por achado. Não viu que aquela derrota era a resposta que o povo — conduzido pela classe média — lhe dava, como dará sempre, àqueles que FALHAM ÀS SUAS ESPERANÇAS, aos que, por malabarismo coió ou frouxa covardia, FOGEM ÀS DECISÕES, nas horas em que tudo tem de ser arrostado pelos líderes com firmeza e clareza, em defesa dos que neles acreditam ou acreditaram.

O que aconteceu foi que, pelos idos de 1962, quando o perono-comunismo rugia suas ameaças e trovejava as imprecações de sua guerra de cornes, guampas, sirenes e matracas, e intranquilizava e atordoava a nação, o homem que tinha o comando do estado mais poderoso, estado que era a cidadela mesma da classe média no país, "aconselhado" pelos seus assessores-de-bolso agachou-se numa atitude vulgar e liliputiana: "ficou na moita". Enquanto espadanavam pelos céus do Brasil, por todos aqueles meses angustiosos, os aboios e berros dos que pretendiam "ganhar no grito" a sua vaquejada contra as liberdades, o guardião da mais importante cidadela fingia-se de morto, surdo, cego e inteligente ele largou o seu rebanho, a vasta humanidade que nele confiava, sob a angústia e o quase desespero de todas as consequências psicológicas da guerra que já estava em curso — e só ele não "via" — contra as instituições, o modo de vida, os sentimentos do seu povo.

A regra da "atilada" surdo-mudez que lhe foi sugerida era levada a tal extremo que parecia haver um "psiu" enorme, silenciando toda a sabedoria de que provavelmente o governador amanuense fosse dotado. Era tão comprido o dedo do mutismo impondo-lhe caluda que, já quando nem mais se tratava da nossa guerrinha interna, mas de uma tragédia próxima a abater-se sobre toda a humanidade — quando o denodado e lúcido John F. Kennedy assomou diante do mundo com sua decisão histórica sobre a presença de armamentos nucleares russos em Cuba, e um a um, o francês De Gaulle, o inglês Macmillan e o alemão Adenauer, mesmo debaixo das ameaças do guarda-chuva de aço da aviação russa, exclamaram "Estamos com os Estados Unidos!" — o prudente governador, inquirido pela imprensa, sentenciou gravebundo: "Não posso opinar. Ainda não li o discurso do senhor Kennedy".

Naquele instante era, sem dúvida, a única pessoa em todo o universo nessa condição. Tanta "astúcia" assim acabaria sendo percebida até pelos eleitores de Nossa Senhora do Vaivém, na barranca oeste do rio Paraná.

Foi para servir a "líderes" desse tipo que assessores de outro também "sagaz" governador lançaram a teoria da "não radicalização" das atitudes. Com essa capa-biombo os "toureiros" do oportunismo passaram a bailar na arena política brasileira o balé do escapismo, da desconversa e da simulação, para fugir às inconfortáveis situações que se sucediam avassaladoramente, quanto mais se agravavam as ameaças dos perono-comunistas; e quanto mais resistiam e teimavam os incandescentes democratas de queixo duro e língua solta.

Uma grande dose da descrença popular na integridade dos partidos, e na do próprio Congresso, vinha da complacência com o bifrontismo e com a duplicidade, e da falta de sanção e penalidade para o vira-folhismo. Um deputado ou pseudolíder fracionista interpretava como lhe convinha, à sua circunstância pessoal-eleitoreira, os pontos de vista filosóficos do seu partido, formava alas ideológicas, divisionistas, desmoralizantes, agressivamente contrárias aos sentimentos da agremiação e nada lhe acontecia.

Nas bases municipais, o eleitor comum se perdia atarantado, vendo a impune infiltração dos cavalos de troia, das alas pública e frontalmente discordantes dos próprios princípios básicos em torno dos quais o partido se agregou e coexistia.

É exatamente pela ação sub-reptícia dessas alas e "bossas" que o Partido Comunista tem tido entrada fácil nos outros partidos.

Foi pelo processo das alas consentidas que o Partido Comunista italiano rachou ao meio o Partido Socialista da Itália, através do "bossa-nova" Pietro Nenni.

Com a hábil tática das ALAS IDEOLÓGICAS, o Partido Comunista tem sido o único que instala confortavelmente "filiais" dentro dos outros partidos. E "filiais" que fintam, trapaceiam, falsificam e fornecem o seu *ersatz* filosófico ao cidadão ingênuo que, sob o rótulo e a legenda de um partido democrático, acaba recebendo pelo reembolso clandestino das alas a carga de vírus mortos da rubéola materialista e leninista. Os grupelhos divisionistas começam com a encenação da comichão "reformista"; depois a comichão se torna sarna, micose, perebas abertas que destilam as toxinas da duplicidade, do bifrontismo e acabam postulando traição.

Essas alas de encapuzados não visam uma reformulação ou atualização dos programas dos respectivos partidos — o que se obtém através das discussões francas e sinceras das convenções partidárias, e só dentro delas — mas a colocar seus desprevenidos correligionários a serviço das ideias que escondem sob seu partidarismo postiço.

Se tivesse acontecido a notícia que abre este capítulo, o burlesco e inconsistente "Estado Novo" não teria durado três anos sequer. Nem seria preciso que o senhor José Américo de Almeida ousasse tanto quanto imaginado naquela nota. Para que a contrafação de fascismo, feita de sebo e farinha d'água, que se instalou no Brasil, caísse alguns meses depois, não seria necessário o exemplo de um revólver nas mãos do jagunço José Américo. Teriam bastado a palavra, na boca do escritor soberbo que ele é, e a flama da sua alma que sempre foi bravia.

Ninguém compreendeu — e toda uma geração caiu estupidificada de joelhos ante aquela misteriosa verdade do destino — porque o líder escolhido, porque exatamente o homem de qualidades que pareciam metálicas e refulgentes nada usou, naquele momento supremo, do que Deus lhe deu em abundância — destemor, inteligência, visão profética.

Poucas horas antes, seus discursos traziam fulgores bíblicos e as suas frases reboavam como o bronze dos sinos nas convocações da História. Havia quase um carimbo de Deus no que ele dizia. O Brasil vibrava com aquela antecipação apostolar: um homem de bem, enérgico, dinâmico e de grandeza intelectual, assumiria, por certo e por fim, a curul suprema de seus destinos. Era o líder autêntico que viria após os sete anos de engodos, tortuosidades, meneios, deslealdades e sibaritismo; sete anos em que a vida pública parecia um estagnado varejo de miudezas e quinquilharias, e onde o pouco que se fazia vinha com a medida mental de polegada e meia da mediocridade entronizada.

O "Estado Novo" acabou durando tão longamente porque duas tragédias morais traumatizaram a geração que o poderia ter derrubado com pouco mais do que um sopro ou safanão.

Duas tragédias que, por muitos anos, vergaram a cerviz dos moços idealistas, quebraram-lhes o impulso da luta, arrancaram-lhes os argumentos para a catequese e minaram-lhes a disposição para os azares da incerteza. Aos poucos que, nos conciliábulos das conjuras, ainda se juntavam para lutar, aparecia sempre o espectro daquelas duas atitudes; depois "daquilo", ninguém seguiria ninguém.

Como uma desgraça não vem só, os dois atos se sucederam quase sem espaço de tempo para que, entre um afogamento e outro, a nação respirasse um pouco mais de esperança. Primeiro, fora aquele chefe executivo da campanha, o jovem político que detinha em suas mãos todos os planos de ação da arrancada cívica e a quem tudo estava confiado para a batalha das urnas; ele, o judas almofadinha, o calabar engomado aceitara a missão de estafeta da traição contra a própria causa que comandava, contra sua própria grei, contra seu próprio candidato.

Aquele que deveria ser o articulador da vitória aceitara a tarefa de joaquim-silvério-ambulante, na urdidura da trama contra o seu candidato, contra a liberdade que defendiam, contra a ressurreição democrática que pregavam e cujos esquemas estavam confiados às suas próprias mãos; e como uma imensa ave negra, sombriamente negra, tragicamente negra, voara de capital em capital, desovando em cada cidade a imundície estarrecedora da "missão" que recebera. Diabolicamente executada por aquele que a honra e os compromissos mandavam que fosse seu maior opositor, a trama dos traidores fulminava de estupor e estupefação quem quer que pensasse na possibilidade da resistência.

Felizmente, a História — ao que parece, por higiene — não guardou o nome desse mensageiro do opróbrio. Apenas ficou o curto e ácido retrato que, anos mais tarde, dele e de sua missão fizera o bravo e valoroso jornalista Osório Borba.

A segunda tragédia viria poucas semanas depois, quando já a nação sem mais a possibilidade de ver todas as luzes em torno dos fatos, apenas pôde entrever, no lusco-fusco que a ditadura imediatamente estabelecera sobre a imprensa, um vulto esgueirar-se e tomar assento num dos mais altos cargos administrativos, no Tribunal de Contas da União — participando dessa forma, pela contiguidade das funções, do novo "governo" ou regime que a assaltara.

Foi isso, repetimos, o que a nação inteira, desinformada, pôde ver à distância, na meia-luz de sombras e trevas com que a ditadura rapidamente amortalhara o país: o candidato José Américo de Almeida aconchegara-se num dos nichos pomposos e importantes mais próximos do covil do ditador!

O que FOI VISTO E SABIDO desse gesto de indecisão e retirada resfriou até o congelamento a ebulição de todas as rebeldias que ferviam Brasil afora; imobilizou os braços que se levantavam e os punhos que reagiriam; fulminou as esperanças, estancou as torrentes subterrâneas; desorientou as vozes que liderariam nas reuniões secretas ou articulariam nas conspirações.

A juventude brasileira, civil e militar, que, através das incandescentes pregações do líder valoroso, já se havia aquecido até o paroxismo do mais vibrante entusiasmo e disposição para a grande arrancada recuperadora e regeneradora, sentiu-se tomada de um verdadeiro complexo de castração cívica, como se com aquilo e diante daquilo terminassem os seus dias viris e a sua exuberância humana — e isolada em desorientação e desespero, começou até a descrer que houvesse heróis em nossa História, ou até mesmo a própria História.

Um erro tático — surdo, e que ficara desconhecido de todos — de certos conselheiros impusera a José Américo que assumisse o cargo de Ministro do Tribunal de Contas da União. Eles confundiram sua própria posição — eram alguns inconformados militares que pretenderiam mais adiante conspirar — com a do próprio líder civil do movimento traído. E ameaçaram abandonar os postos que detinham, se José Américo não assumisse aquele posto meramente burocrático.

Foi palmar e desastroso esse erro de confundir a vantagem tática de, fosse como fosse, manter funções de valor militar imediato, com o grau das responsabilidades puramente espirituais que pesavam sobre o homem que, aparentemente degradado, significaria a degradação dos próprios ideais democráticos e libertários. Eles estavam certos, absolutamente certos, em não abandonar seus postos na caserna, sua posição junto à tropa, retendo-os para o dia em que fosse oportuno utilizá-los. Se os abandonassem, isto sim, seria deserção e estupidez, porque largariam aquilo que só dentro da caserna poderiam conseguir — as armas e os companheiros equipados para a batalha própria, no momento propício.

Aconteceu então que, empurrado pelo confucionismo de amigos fardados — talvez muito mais tocados de sentimentos de piedade do que por cálculos táticos — José Américo, afogando-se numa poltrona burocrática, pareceu à nação inteira, já mergulhada na semiescuridão da ditadura, um boneco sem alma nem crença, sem firmeza nem senso, sem moral nem grandeza. Exatamente o oposto de tudo aquilo que sempre fora, e que precisaria TER MOSTRADO QUE CONTINUAVA SENDO.

Os conselheiros confundiram a caneta-tinteiro e o mata-borrão da pachorrenta repartição paisana com a retranca das metralhadoras que, estas sim, taticamente eles não deveriam largar. Eles se esqueceram da grande regra da vida pública: não basta evitar o mal; é preciso evitarem-se também as próprias aparências do mal.

De longe, os jovens estudantes, os trabalhadores, os negociantes, fazendeiros e industriais, os profissionais liberais e os outros distantes escalões militares e civis — aquele povo inteiro que ainda não encontrara seu líder, vira desaparecer melancolicamente, prosaicamente, conformadamente, sob a pilha de papéis burocráticos, o homem que deveria ter ido, de "peixeira" entre os dentes, para os subterrâneos e as cavernas do *underground*, para cavar as trincheiras da liberdade e a catacumba da ditadura.

Com uma imprensa que não podia falar nem transmitir — como aqueles milhões de concidadãos poderiam concluir por outra certeza que não a que seus olhos lhes mostravam ao longe: o MINISTRO José Américo participava, com aquele cargo, do "governo" e do regime que usurparam de modo tão torpe as liberdades e as esperanças de todos.

A nação caiu, então, sob uma prostração moral de frustração e desesperança; confiara numa onça das caatingas e... era um bichano. Ouvira e seguia os passos de um profeta, mas era apenas um santo de pau oco.

Foi assim que, durante quase uma década de mutismo, de cessação forçada do diálogo com o povo, José Américo de Almeida, mal aconselhado e bem assentado num posto de governo, deixou que os milhões de concidadãos que nele confiaram se amargurassem e sofressem por causa do que a aparência de um gesto distorcia da sua dura e pétrea personalidade.

Aqueles quase dez anos palustres, abafadiços, rasteiros e irrespiráveis do "Estado Novo", em que o Brasil se tornou uma nação vegetal, uma charneca humana, onde só os cogumelos alteavam a cabeça oca, fofa e pastosa, criaram para os náufragos da liberdade um negrume total de naufrágio noturno: não havia luzes guiadoras nem firmes esperanças a que se agarrar. Prostrado, o povo civil não reagia; vendo isso, os militares se conformaram. E ele próprio, José Américo, pelo seu contínuo silêncio disciplinar, sem tentativas, sem gestos, nem rebeldias, deixava sem motivação e sem vida aqueles fantasmas cívicos dos que outrora o seguiram.

Foi por isso que o "Estado Novo"* — a farsa do vazio e do nada, visando à mesmice — ocupou por tanto tempo o palco da vida brasileira.

Quase dez anos depois, quando o senhor José Américo resolveu falar, numa histórica entrevista ao repórter Carlos Lacerda do *Correio da Manhã*, o seu ímpeto de elefante enfurecido rompeu de uma só vez, em muitos pontos, a barragem de terra podre que sustentava o pantanal da ditadura.

A indecisão pendular da maioria dos nossos políticos e das antigas agremiações partidárias é, sem dúvida, oriunda não apenas da anemia intelectual e filosófica dos que, ambicionando ir muito alto na vida pública, se detiveram, porém, satisfeitos nas primeiras colinas da cordilheira cultural, pararam em seus diplomas secundários ou superiores, ou limitaram suas atividades e realizações na vida a tirar e repor os velhos livros, os mesmos livros, nas velhas bibliotecas.

Durante anos, falou-se intensamente no Brasil sobre os males do chamado "bacharelismo". Com isso, pretendia-se simbolizar a inexperiência, o artificialismo, a contemplatividade, a inação, a falta de objetividade e de capacidade executiva da maioria dos homens elevados aos comandos políticos ou governamentais no país, muitos deles nem sempre bacharéis, mas engenheiros, médicos ou militares.

Esse mal, essa postura búdica, ou essa falta de vontade realizadora, não deixava a esses homens públicos a coragem de abrir caminho; mantinha-os prisioneiros daquilo que já era ou existia. Para não se perderem nos tormentosos meandros da complexidade, nem nos abismos do fracasso, preferiam o deliberado comodismo de quedar-se encurralados pelos mesmos horizontes das mesmas circunstâncias que lhes permitiram ascender tão alto no ambiente da sua comunidade.

Para não ousar perigosamente, para não ter que decidir ou optar, enrodilhavam-se em razões, leis, regulamentos, obrigações, consensos; embarafustavam pelo dédalo de mil opiniões contraditórias e esticavam ao infinito os motivos para a indecisão, para a procrastinação de qualquer solução corajosa dos problemas.

---

* "Democracia orgânica", era com essa desconversa que dois bobos conscientes, o embaixador Jefferson Caffery e o jornalista do *New York Times*, Frank Garcia, que se alimentavam de informações no D.I.P., "explicaram" durante anos para o governo e o povo dos Estados Unidos, em guerra com o fascismo mundial, o que era o fascismo imediatista, burlesco e municipal do "Estado Novo".

(No período do "Estado Novo", o seu Ministro da Educação vitalício "estudou" durante QUASE DEZ ANOS o projeto da construção da Universidade do Brasil e decidiu-se, afinal, por um que, por sua absurdidade antieconômica, vinte anos depois, ainda está em começo. Em vez de usar os milhões de sólidos metros quadrados dos imensos terrenos que a União tem na Guanabara, o ministro "bacharelesco" optou pelas despesas astronômicas do aterro de dezenove ilhas e ilhotas no fundo da baía.)

A obstinada e exclusiva preocupação da sobrevivência tem sido a principal força que comanda o vaivém pendular dos políticos sem bagagem nem coragem. Prisioneiros do seu meio, escravos da multidão, obcecados pela aritmética das urnas e pela contagem dos aplausos, eles se tornam presas fáceis das flutuações da opinião pública, espontâneas ou forjadas. E, diante dos nevoeiros, não tendo luzes próprias, caminham desarvorados como fantasmas, tentando apalpar o pulso do povaréu em busca da rota que todos estiverem seguindo.

Tem essa origem, por exemplo, uma das atitudes mais obtusas já tomadas contra o progresso de todo o país, a "douta" decisão de não se deixar explorar o ferro de Minas Gerais.

Pelo receio de enfrentar as crendices de um suposto "complexo mineiro do buraco vazio", e também para evitar que se esgotassem as reservas ferríferas de Minas Gerais*, e, ainda, para que "não fossem prejudicados" os que ali

---

* Ainda em fins de 1963, os comunistas foram assustar a ignorância do homem comum em Minas Gerais com o velho espantalho do buraco vazio. Fizeram um "Congresso de Minérios", sob o *slogan* pisca-pisca, montado em neon vermelho: "Minério não dá duas colheitas". Mas por essa mesma época, a "mãe" Rússia estava no mercado mundial, exportando nada menos que catorze milhões de toneladas anuais.

Do que se conclui, sem esforço, que o "Congresso de Minérios" visava duas coisas: evitar que a exportação do nosso abundantíssimo ferro ajudasse a melhorar as condições internas do Brasil (que eles sempre planejaram para serem o mais deterioradas possível) e afastar mais esse poderoso concorrente da Rússia. Em outros países exportadores, na Venezuela e em nações da África, o mesmo *slogan* das "duas colheitas" estava igualmente funcionando para emocionar os ingênuos de toda parte e os tolos de todas as esquinas.

As reservas **conhecidas** do chamado Quadrilátero Ferrífero de Minas Gerais, situado mais ou menos a sudeste de Belo Horizonte, atingem **36 bilhões** de toneladas, quase tudo a céu aberto, à flor da terra. No ritmo de exportação anual de 6 milhões de toneladas, poderemos correr o "risco" de ver essas reservas esgotadas dentro de seis mil anos.

Aliás, ainda em fins de 1963, o geólogo Othon Leonardos, após novos estudos que fizera, afirmou que as reservas ferríferas de Minas Gerais atingem a cifra dos **cem bilhões** de toneladas!

produziam ferro gusa em condições artesanais e para que a industrialização acelerada não rompesse a hegemonia agrícola no quadro partidário regional — por todas essas miudezas tomadas "razões de Estado" — Minas Gerais deixou de madrugar como o Ruhr brasileiro, desde o começo da década de 1920.

Os mineiros que, durante anos, amargavam a vingança de Édipo, com a qual a sua criatura política — Getúlio Vargas — decidira, contra todos os estudos, instalar altos-fornos em Volta Redonda e não no Quadrilátero Ferrífero da região belo-horizontina, esqueceram-se de que, exatamente um seu coestaduano, vinte anos antes, também fechara as portas do aceleramento do progresso do seu estado, e do Brasil, batendo-as na cara do pioneiro audaz, capaz e teimoso que insistia em implantar em Minas Gerais, em 1920, uma usina siderúrgica para começar produzindo 200 mil toneladas de aço!

Segundo conta o mais enciclopédico dos conhecedores de problemas brasileiros, Assis Chateaubriand, o atrevimento da proposta — 200 MIL TONELADAS DE AÇO POR ANO, IMEDIATAMENTE! — feita por quem tinha capacidade financeira e técnica para concretizá-la, agitou o limitado campo mental do então presidente de Minas Gerais, o honrado mas medíocre Senhor Arthur Bernardes. Para manter o equilíbrio agrícola-eleitoral; para que não falissem os tranquilos e pré-históricos produtores de ferro gusa (que haviam conseguido preservar-se da fúria da rainha Maria, a Louca) para que, enfim, e panteisticamente, as montanhas de Minas Gerais não se tornassem buracos vazios — pelo medo da desconhecida opinião da multidão, pelo medo da quebra do *status quo* da mesmice, pelo receio de um salto tão grande para o futuro — o essencialmente bacharel Arthur Bernardes não arriscaria a sua futurosa carreira.*

E, assim, o dinâmico e turrão Percival Farquhar, mesmo tendo o beneplácito do nordestino Epitácio Pessoa, então presidente da República, não pôde começar a produzir em Minas Gerais aquelas espantosas duzentas mil toneladas anuais de aço, que teriam antecipado em trinta anos todas as saudáveis e ansiadas consequências do progresso do Brasil. E também teriam feito com que nosso país enfrentasse equipado e poderoso os duros azares e as formidáveis oportunidades econômicas da Segunda Grande Guerra — já então com um arsenal industrial de razoável grandeza.

---

* Vinte e cinco anos mais tarde, o já então venerado ex-presidente Arthur Bernardes mostrava uma fidelíssima e estreitíssima coerência com seus acanhados pontos de vista de 1920, comandando pelas ruas do Rio de Janeiro, com toda sua dignidade e respeitabilidade, os troços de ventríloquos comunoides que grunhiam a versão brasileira de "O petróleo é russo" — e, por isso, deve ser deixado debaixo da terra.

Admitamos, porém, que fosse economicamente "danoso" ao país aquele particular projeto do impetuoso Farquhar. A insistência apaixonada e pertinácia desse "gringo" fanatizado pelo Brasil, e o posterior sacudimento nacional do problema em termos emocionais e equações eleitoreiras, deveriam, ao menos, ter feito acender alguma luz na mente de "líder" tão ambicioso e pretensioso como o senhor Bernardes — com quem a fortuna política desperdiçou duas gigantescas oportunidades: a de presidente de Minas Gerais e, depois, presidente do Brasil.

Por que o mineiro Bernardes, presidente de Minas Gerais e a seguir presidente do Brasil, não usou da força e da autoridade supremas dessas posições CONSECUTIVAMENTE OCUPADAS, para dar à sua terra e ao país, por mãos particulares menos "incontentáveis" que as de Farquhar, ou pelas próprias mãos "pioneiras" do Estado e da União, a usina de aço poderosa — que teria desatado o progresso, e antecipado de quase meio século uma nova era de prosperidade nacional?!

Chumbado, a princípio, às suas cultivadas conveniências provincianas, preso à inércia agressiva e dominado pelo esterilismo balofo e inconsistente do seu nacionalismo exibicionista, o Senhor Bernardes, como todos que sucumbem ao vírus fácil da hidrofobia xenófoba, NEM FEZ O QUE ERA PRECISO, como era preciso e quando era preciso — NEM DEIXOU FAZER. Não deixou o "gringo" montar em seu Estado aquela que seria a primeira usina siderúrgica de grande porte de toda a América Latina. Não deixou Farquhar construí-la, nem estimulou nenhum outro, ou outros melhores do que ele, a fazê-lo — nem o fez com suas mãos curtas e sua mente acanhada, mesmo dispondo dos poderes supremos que exerceu com tanta arrogância e orgulho.

Hoje, os mineiros mais bem informados, lembrando-se do passado e sonhando com o futuro, comprazem-se em contar os milhares de fábricas que agora estariam fincadas em Minas Gerais, fumegando trabalho, charutando prosperidade, dando nova expressão e vida ao bucolismo virgiliano do "coração de ouro, num peito de ferro".

A incapacidade do chamado "bacharelismo" para a visualização das coisas concretas, e sobretudo o seu permanente temor em quebrar o equilíbrio de forças e ferir a imutabilidade da paisagem humana e social, se entremostram repetidos melancolicamente ao longo de nossa História. Somente a enfadonha sucessão desses búdicos e cautelosos cultores do imobilismo é que explica em nossa vida pública a prolongada sobrevivência de males, erros ou situações intoleráveis — como, por exemplo, a escravatura — só resolvidos praticamente pela incontível violência das crises ou pelo apodrecimento dos grupamentos ou reações a ela contrários.

O primeiro "bacharel" que abre pomposamente a galeria desses nossos heróis do vazio é D. Pedro II que, após cinquenta anos de reinado — e com todas as consequências da Revolução Industrial continuando a desencadear-se aceleradamente às suas barbas —, deixaria seu país com quase NOVENTA POR CENTO de analfabetos, e totalmente desequipado para as lutas do futuro!

Um homem tão cheio de grandeza e tão poderoso em seu tempo — a ponto de influir decisivamente na polêmica mundial causada pela abertura do canal de Suez, e ser a voz que deu sucesso e glória a Graham Bell, e aconselhou atitudes políticas a Victor Hugo — esse homem tão admirado não usou essa incontrastada influência dentro mesmo de casa, para evitar que o Brasil perdesse tantas lideranças mundiais ou continentais que chegara a deter, nem para que aqui não morressem — por sua indecisão pendular quanto à extinção da escravatura — tantas atividades florescentes como a fabulosa agricultura da Baixada Fluminense, ou o poderio da nossa outrora majestosa Marinha Mercante.

Dois colégios secundários, apenas, lembram o meio século do imperador-poeta: o colégio Pedro II e o Liceu de Artes e Ofícios, no Rio de Janeiro; muito pouco, miseravelmente pouco, para quem teve tanta respeitabilidade em sua Pátria, tantas décadas de poder e tanto renome pelo mundo. Dir-se-ia que o decantado imperador pessoalmente rebrilhava, mas não retransmitia nada de suas luzes ao seu país que, exatamente por falta delas, começava a perder a disputada batalha da tecnologia e da ciência aplicada, que já se acelerava dentro das nações, e entre elas, nos mercados do mundo.

Foi também ao longo do fastigioso império do aureolado Bragança que o Brasil perdeu para os EUA a hegemonia continental que detinha em suas mãos no começo do século XIX, como a mais próspera e poderosa colônia europeia nestas bandas do mundo. Em 1822, no ano da Independência, a balança de exportação comercial do Brasil era simplesmente três vezes maior que a dos EUA. E nas duas primeiras décadas de 1800, era o Brasil que abastecia de trigo o Uruguai e a Argentina — cujos trigais são de sementeiras brasileiras — e ainda o exportava para Portugal e EUA.

Depois, sob a mole batuta do respeitado imperador, a "ferrugem" comeu impunemente os trigais; e os homens sem medo nem cuidados que comandavam a América do Norte abriram os portos, suas cidades, sua sociedade e seus braços para a avalanche de quarenta milhões de imigrantes e os portões de milhares de *high schools* e faculdades, SEM RECEIO DE QUE ISSO QUEBRASSE A HEGEMONIA NEM DESTRUÍSSE OS PRIVILÉGIOS de nenhuma classe ou casta dos antigos donatários, cujos avós houvessem chegado primeiro.

Esta nação parece assim ter sido longa e pacientemente treinada a aceitar, sem reações rápidas nem violentas, as tragédias que tudo destroem ou as situações de lerdeza e inação que tudo retardam e repuxam para os estados de retrocesso social, intelectual ou econômico.

Quem quiser buscar a origem da indecisão pendular que hoje aprisiona num círculo de giz os "líderes" sem capacidade de liderança, vai colocá-la na tradição do vazio, largada na vida pública brasileira pelos homens formais, pelos estadistas do nada, pelos cuidadosos "dirigentes" que, para não cometer erros nem imprudências, se protegiam entre os algodões do imobilismo.

Foi, por certo, por causa desses "líderes" cautelosos e contemplativos que se cunharam popularmente aquelas duas sentenças que acabaram sendo por muitas décadas o próprio epitáfio do progresso brasileiro: "Não há pressa no Brasil". "Deixa como está, para ver como fica."

Sua indecisão, sua preocupação de só agir com resultado político seguro e certo, para não arriscar as posições já alcançadas nem as carreiras, mesmo que os problemas se acumulassem e o Brasil fosse tragado — levaram o país a inacreditáveis ataraxias que lhe valeram graves retrocessos em sua história econômica e social.

Voltando os olhos ao começo do século XX, estarrece-nos a frouxidão da reação que os governos brasileiros opuseram às consequências dantescas da "tragédia da borracha". Tudo foi aceito como se tudo que aconteceu fosse consequência de um irremovível fatalismo.

Ao ato de frontal e traiçoeira guerra econômica por parte dos ingleses, lançando baratíssima no mercado a borracha produzida pelas sementes que roubaram da própria Amazônia, o Brasil pareceu reagir, unicamente por meio da missão especial que o ministro Miguel Calmon, embora já de forma atrasada, enviou ao Ceilão para "espionar" quais eram as razões do milagre que permitia aos usurpadores de nossa hévea colocá-la no mercado por preço onze vezes mais baixo que a brasileira!

A missão seguiu enquanto nos altos círculos da nação se esperava quase tranquilamente os seus resultados. Pela falta de nervos, parecia que nada acontecera de grave. No entanto, o país perdera — para sempre — mais uma hegemonia mundial, absolutamente sua — e cerca de um milhão de brasileiros haviam sido colhidos nas selvas da Amazônia, sem nada mais para servirem-se do que facões e tigelas, como instrumentos de trabalho. Pois tudo, tudo de que necessitavam para comer ou vestir era "importado" dos outros estados ou de fora. (Chegou a haver uma companhia de navegação que só transportava aves e ovos do Maranhão e Piauí para os fregueses seringueiros. Havia rapazolas nas aldeias e "cidades" à margem dos igarapés e das selvas que jamais tinham visto um boi vivo, embora comessem sempre de sua carne.)

Quando os ingleses lançaram no mercado mundial, por dois mil réis o quilo, a sua borracha "artificialmente" cultivada, em seringais plantados à mão pelo homem, e não nos semeados por Deus na maravilhosa desordem da Criação, o nosso látex estava sendo vendido a 22 mil réis, então o valor de um alqueire de terra em torno da nova capital que se construíra para Minas Gerais.

Da noite para o dia, com a instantaneidade de um terremoto, tudo se transformou no mundo amazônico. E as cédulas de 500 mil réis, que pouco antes acendiam charutos nos bares de Manaus e Belém, pareciam uma afronta antecipada à tragédia que se seguiria. Centenas de milhares de homens, mulheres e crianças que, levados pela coragem e pela aventura, haviam avançado pelos meandros da floresta como mineiros em busca dos veiões subterrâneos das galerias auríferas, foram por lá esquecidos e largados, pois o que traziam nas mãos valia agora como o ouro da alquimia.

O Brasil tremeu em seus alicerces econômicos e sociais, pois a borracha era então a riqueza que o progresso do mundo mais lhe pedia, e regiamente lhe pagava. Os navios que se puseram de retorno do jângal amazônico não comportavam os milhares e milhares de náufragos que pediam socorro no imenso mundo do inferno verde. O drama era pungente e seus mil ângulos, facetas e episódios ecoavam nas Assembleias, nos jornais, nos debates. Mas o governo esperava um relatório para agir.

Quando a missão "espiã" retornou do Oriente longínquo, trazia uma constatação surpreendente, mas não desanimadora: a borracha era de "plantações feitas à mão"; e, entre as seringueiras, havia também cultura de cacaueiros.

O ministro Calmon agiu: mandou fazer uma plantação experimental de oito mil pés de seringueira, no município de Una, no sul da Bahia, zona cacaueira.

Mas havia que esperar os sete anos, após os quais a hévea pode ser sangrada. Depois desses sete anos, tudo saindo certo, o Brasil empreenderia o plantio em larga escala e daria aos "gringos" rapaces a sua resposta, atirando-os fora do mercado de uma só cotovelada, com a primeira colheita que aqui se fizesse.

Mas o governo do qual Miguel Calmon era ministro chegou ao fim de seu quadriênio. Veio outro ministério e outro ministro da Agricultura. Depois, outro governo e outros ministros. E outros também...

Ninguém mais falou daquelas oito mil árvores de seringueira; elas ficaram como imensas cruzes verdes transplantadas para o Sul, em memória e intenção das centenas de milhares de brasileiros que se embrenharam nas selvas amazônicas para nunca mais voltar.

Assim foi, até que, em 1952, a própria pátria geológica da *hevea brasiliensis* se viu diante da desajeitada e desconcertante conjuntura de ter que importar borracha para atender às crescentes necessidades do seu progresso.

Foi então que um velho burocrata do ministério da Agricultura, de boa memória, bateu na testa como se se lembrasse de algo e, pateticamente, revelou a todos que, se o ajudassem a procurar nos arquivos, descobririam em que lugar foi que o senhor ministro doutor Calmon mandou fazer uma plantação de seringueiras, para experiência, havia bem uns cinquenta anos.

(Só meio século mais tarde, no fim da década de 1950, é que um homem público de espírito altamente objetivo, Juraci Magalhães, viria tirar partido dessa experiência. Realmente, quando exerceu pela segunda vez o governo da Bahia, o ex-tenente da Revolução de 30 iniciou e estimulou o plantio de mais de dez milhões de árvores da *hevea* — o que provavelmente colocará aquele estado como o maior produtor de borracha natural do país.)

A iniciativa, a reação de Miguel Calmon, só fora sucedida por quadriênios consecutivos de imobilismo, de conformismo abúlico diante da tragédia cujos ecos nunca se apagaram completamente. Pois ainda hoje a Amazônia se mantém imersa no mesmo naufrágio do isolamento em que caiu desde que perdeu o fascínio multimilionário da borracha — quedando-se à espera de que surja alguém com a coragem nacional de enfrentar a ditadura eleitoreira marítimo-portuária, que a mantém ilhada como um arquipélago, a seis e até oito meses de distância do resto do Brasil.

Além do drama dos milhões de brasileirinhos condenados à morte cívica e ao marginalismo econômico pelo analfabetismo, drama que se prolonga de um século para outro, que se transfere de uma década a outra, e que cada governo empurra para o seguinte — sem mover nem comover, sem chocar nem envergonhar os numerosos presidentes e seus ministérios — outro há que, durante decênios, foi objeto de preocupações e planos intermitentes, planos que, ou ficavam no papelório taticamente procrastinador do imobilismo, ou entravam pelo desvio das tortuosidades para evitar os choques da quebra o *status quo* regional: o drama das secas do Nordeste.

Quem primeiro procurou uma solução mais sistematizada do problema foi o grande homem público que se chamou Epitácio Pessoa. O governo Epitácio concentrou o que parecia ser o melhor de suas forças administrativas na construção de numerosos pequenos açudes. Mas um deles, o de Orós, era gigantesco e, não tendo sido completado no período do presidente que o iniciou (1922), caiu também sob as consequências da falta de continuidade administrativa, tão característica das coisas governamentais, e só veio a ser terminado quarenta anos depois, em 1960, com um espetacular rompimento de sua barragem, que estava em vias de conclusão. Houve, ao que parece, muito pouco fôlego estatal para lidar com tanta água.

Ainda aí, infiltrada nessa boa vontade que tentava resolver em ritmo de cágado o problema das secas, aparece também a indecisão pendular, o receio de enfrentar frontalmente em consequência mais imediata da açudagem: os problemas político-sociais DO SEU APROVEITAMENTO POR TODA A COMUNIDADE. Nunca se decidiu de que maneira — ou nunca se executou a decisão do modo pelo qual — as populações regionais, e não apenas os proprietários das terras ribeirinhas, tirariam proveito das massas d'água acumuladas mediante aqueles imensos gastos públicos. Ficaram adiadas indefinidamente as redes de canais que poderiam levar as águas dominadas a ter a utilidade primacial que delas se buscava: a irrigação das centenas de milhares de propriedades que esperavam o seu benefício.

Em entrevista concedida a vários jornais, e publicada no *Diário de Notícias,* do Rio de Janeiro, em julho de 1964, o ministro Marechal Juarez Távora confirmava e lamentava: "Orós tem 2,3 bilhões de metros cúbicos represados, mas sem qualquer vantagem para a região. Pois até hoje não há um palmo verde de irrigação, nem 1 kw de instalação e nada se produz lá".

Essa maneira de fazer a meio, de adiar a solução final dos problemas, de continuamente contornar as conveniências do *status quo*, tornou os açudes nordestinos muito mais um embelezamento da paisagem do que uma correção da economia; dir-se-ia uma açudagem literária, feita para atender às vigorosas e emocionantes mensagens dos escritores da região que, com a maravilhosa carpintaria das suas páginas candentes, conseguiram pôr diante dos olhos e do coração do

Brasil, num palco único, o drama da terra comburida pelas secas e o das almas ressequidas pela miséria e pela secular desassistência.

Os sintomas mais característicos do "bacharelismo" — a falta de objetividade e o imobilismo búdico — depois de tantas décadas, vindos das estufas veludosas do Império e cultivados nas prateleiras da República, contagiaram o corpo administrativo do Brasil, dando uma "fisionomia profissional" única aos homens de governo em todos os escalões do poder: presidentes, ministros, governadores, prefeitos. Todos tinham a mesma inerte postura, a mesma prudência de "não fazer onda", não tocar na caixa de marimbondos da cobrança EFICIENTE dos impostos, não brincar com o fogo das inovações incômodas e revolucionárias, ou cuidar apenas das fachadas sem remexer nas velharias, aleijões, imundícies ou escombros do fundo do quintal.

Por falta de objetividade, o ditador estado-novista enchia as horas ociosas do seu sibaritismo fingindo atividade administrativa, assinando decretos de transferência de um taifeiro do porto de Belém para o de Manaus, ou de um contínuo da Divisão do Imposto de Renda para a Divisão de Rendas Aduaneiras, no mesmo Ministério da Fazenda, embora houvesse ministro e diretores de seção com abundância de autoridade para isso.

Esse exemplo de "dinamismo administrativo" descia a outros degraus hierárquicos. Ficou famoso o caso daquele general, hoje anônimo, mas que foi um rumoroso ferrabrás da ditadura estado-novista, que se ocupava, mesmo general, mesmo comandante da Região Militar, em permanecer horas a fio sentado numa cadeira, sob o sol escaldante a fazer o que um anspeçada poderia fazer, e com autoridade: fiscalizar os recrutas que capinavam os campos esportivos da guarnição militar de Socorro, nas proximidades de Recife.

O senhor Getúlio Vargas, empolgado pela febre da fabricação desses palitos que enchiam o seu ócio administrativo, forneceu outro instante de pitoresco e ridículo para a História no momento em que, no dia 10 de novembro de 1937, o ministro Francisco Campos chegava ao Palácio do Catete e, agitado e nervoso, insistira com ele que precisava ir já e já, falar pela cadeia de rádio que seria formada imediatamente, a fim de dar o golpe de Estado. Era preciso evitar, esclareceu o ministro, que os deputados Antônio Carlos de Andrada e Pedro Aleixo tivessem tempo de convocar os demais congressistas para a resistência dentro da Câmara. "Tem que ser agora", fechou Campos.

— Mas e isto? — perguntou Getúlio, lamentoso, com a caneta em suspenso. — Tenho que assinar isto.

Eram duas vistosas pilhas de processos de transferências, promoções, licenciamentos, que qualquer oficial administrativo poderia ele próprio autorizadamente despachar.

Na simplória visão que o senhor Getúlio Vargas tinha do que era "governar", "aquele isto" do papelório à sua frente assumia tanta importância quanto o discurso com que iria fazer baixar o "Estado Novo", a sua fossa mata-burros que atravancaria prolongadamente a marcha da nossa História — encurralando o Brasil dentro das linhas de horizonte curto e ares mefíticos daquele fascismo de circunstância.

A falta de objetividade nos mais elevados pontos da vida pública brasileira deixava sem orientação nem exemplo os pobres administradores municipais do interior que, então, seguiam a fatuidade dos gestos e ações dos "líderes" grimpados nas alturas do poder.

É digna de menção, pelo que encerra de miudeza típica desse clima "administrativo", a decisão do prefeito municipal de uma pequena cidade da Zona da Mata de Minas Gerais, que, havendo obtido do Estado um empréstimo de 180 contos de réis lá pelas alturas de 1930 ou 1931 e não tendo nenhuma melhor ideia para aplicar uma quantia tão substancial para a época, fez um Teatro Municipal. Um Teatro Municipal que se abriria uma vez por ano, numa cidadezinha onde não havia um ginásio, nem escola normal, nem hospital, nem nenhum parque infantil, nem jardim de infância, nem praça de esportes — pois para qualquer dessas iniciativas, até mesmo no plural, era bastante, naquele tempo, o dinheiro que fora conseguido.

Foi ainda essa ausência de objetividade que levou o interventor estado-novista — que "governou" Minas Gerais durante catorze anos — a gastar, na construção do babilônico Grande Hotel de Araxá, tudo o que durante cinco anos sobrava da renda do Estado, após pagar mal e mal o funcionalismo. Tal como outros monumentos faraônicos da mesma linhagem de "estadistas" fachadistas, o imenso hotel foi terminado pelas alturas de 1945, mas até 1965 continuavam difíceis e quase intransitáveis as vias de acesso à cidade em que fora construído.

Foi também pela mesma falta de senso do que possa ser prioritário em administração pública, que um governo paranaense, de boa-fé, mas de mau juízo executivo, começou a fazer um portentoso Centro Cívico na capital, reunindo majestosamente numa só praça todos os palácios das secretarias de Estado. Optou também pela magnificência publicitária das fachadas que se levantariam, em lugar de tomar o outro lado da sua alternativa de realizações — que seria construir e pavimentar a mais do que necessária estrada, tão pedida e exigida pelos pioneiros que construíam o fabuloso e lendário Norte do Paraná, para levar suas abundantes colheitas até Curitiba e Paranaguá.

"Evitar a radicalização" tem sido a linha bamba dos equilibristas que querem manter-se flutuando sobre o caudal humano, a igual distância da margem onde estadeiam os barcaceiros da liberdade e onde pisam os corifeus da escravidão em nome do socialismo. Com um "hábil" jogo de palavras, eles capciosamente classificam no extremo "fascista" tudo o que for bravura, energia, clarividência, clareza, coragem no modo de combater o comunismo e as suas melosas e insinuantes variações.

O maneiroso "horror à radicalização" é o subterfúgio do ambíguo, a manobra do maroto, a jigajoga do bifronte, a escusa do medroso, o caradurismo do carreirista, o escapismo intelectualoide dos "não comprometidos". Eles não sabem, esses "líderes" sabidos, que, no tipo de guerra "intramuros" que se trava agora na vida dos povos livres, os únicos que morrem por inanição espiritual e abulia são exatamente os neutros, os que fogem de definir-se ou bater-se por um ou outro dos campos em disputa.

O erro desses neutralistas é viver em estado de falsidade, flutuando sem pouso nas arenas de luta; com a mente obscurecida, não veem que a batalha se trava em tribunais livres, sob uma cruel e insistente luminosidade que põe a nu todos os truques e táticas de todos os que fogem, se escondem, ziguezagueiam, simulam, fingem, desconversam e se omitem sob a camuflagem já rota de uma opção deliberadamente falsa e ultrapassada: "Nem comunismo, nem fascismo".

Sacudindo no ar esse binômio da desconversa, jogando a parda mortalha de um defunto — o nazifascismo — contra o lenço vermelho de um quase moribundo — o marxismo-leninismo —, eles pensam que criam um biombo protetor atrás do qual se possam agachar e rastejar a sua mediocridade e esperteza. E supõem que o lencinho branco de sua neutralidade termina a guerra épica, em que os líderes de verdade enfrentam a violência das agressões e das ameaças e o lamaçal das calúnias pré-fabricadas pelos ventríloquos do bolchevismo.

Entre os jogos olímpicos, há um que, mais do que todos, traz o simbolismo da sobrevivência das luzes e sentimentos comuns que interligam as gerações e eternizam uma nação. É a corrida de revezamento em que os atletas se sucedem em sua carreira e em seus esforços, e levam de um a outro o mesmo bastão que todos, em comum, têm a tarefa de conduzir à vitória.

Há um facho de luz de uma mesma inspiração e conspiração que, com as mesmas características — a probidade, a humildade, o puro idealismo, a bravura cívica — vem passando há quase duzentos anos entre as gerações brasileiras; vem de coração em coração, de mente em mente, de boca em boca; trazido das ruelas em corcovas da cidade que se marcou pelo destino para ponto de encontro e partida da rebeldia mais consciente da nação que surgia: Vila Rica de Ouro Preto.

A primeira mensagem surgiu dos gritos de horror e revolta que se ocultaram no peito dos que em 1720 testemunharam aquele requinte de barbárie do despotismo: o corpo decapitado daquele duro homem até então quase anônimo, Felipe dos Santos, amarrado ao quarto traseiro de um potro bravio, como um cavaleiro clownescamente desmontado pela fúria vencedora da besta e, dali em diante, grotesca e rumorosamente exibido por ela, em dantesca e destroçante disparada ruas acima e ruas abaixo, sobre o tosco calçamento da cidade sagrada do Brasil. Do tropel do animal a quem a própria cena tornara uma fera, e que relinchava e corria e escoiceava sua carga humana em destroços, se foi largando em cada pedrouço mais pontiagudo uma semente de vísceras e sangue daquele cuja primeira insubmissão seria também a primeira clarinada, madrugando os outros heróis que, dali em diante, se poriam em marcha.

Anos mais tarde, em 21 de abril de 1792, outros membros esquartejados argamassariam com o sangue de outro "duro" as poderosas ideias de homens românticos, que deram o definitivo perfil de eternidade a uma conspiração que vem vindo pelos séculos, através das mãos e dos corações idealistas, alternando-se com o ostracismo, o exílio, a morte ou o fracasso, e tênues instantes de esperança e poder.

Como as torrentes que se afundam, mergulham no subsolo, se tornam subterrâneas, mas não morrem; e afloram mais adiante filtradas e límpidas, com o ímpeto dos borbotões contidos sob as camadas do sofrimento purificador, assim renascem, sob novos tempos e novas molduras, os mesmos puros anseios dos primeiros que desejaram probidade, dignidade, idealismo e bravura moral na vida cívica.

Morre no cadafalso em 1792, e ressuscita na bandeira da Revolução Pernambucana de 1817 e da "República do Equador" de 1824, nos trapos drapejantes de Piratini em 1835, e na arrancada tumultuária da Revolução Liberal de 1842;

morre com Tiradentes, reponta com Frei Joaquim do Amor Divino — o cultíssimo e claro Frei Caneca — com padre Roma, padre Miguelinho e todos os trinta anjos de batina que acolitavam o maçom Domingos José Martins, do Recife revolucionário de 1817 e de 1824; espadana com Bento Gonçalves dos Farrapos, e ressurge com a montanhosa integridade de Teófilo Otoni. Submerge por instantes e logo borbotoa em outras nascentes que, então, já fervilham sob as próprias senzalas os borbulhos escaldantes da liberdade.

E, verbo ou ribombo, versos ou murros, nos salões mundanos, nos serões literários, nas correntes de conjurados que se aprazavam para dar fuga aos escravos ou nas vigílias indormidas dos quilombos, havia sempre e ainda a mesma constante da fé que não pede recompensa; do altruísmo, que não espera por gratidão; do desinteresse, que não almeja posições; mas da consciência cívica, que sempre desejava a instauração ou restauração do bem comum da dignidade, sob a luz única da sinceridade sem mesquinhez nem calculismo, sem escusos planos nem sonsas atitudes.

A cada volta da História, a cada curva do caminho, reencontravam-se os duendes dos heróis, os belos e refulgentes fantasmas de suas ideias, conferindo esperanças e medindo o tempo ou o avanço conseguido, na marcha para forçar à rendição na vida pública da insistente e atrevida mediocridade, que sempre buscou o poder pelo poder e pela pompa, e nunca por seus ônus e encargos, ou humilde espírito de servir.

A prova maior da obsessão do idealismo foi o banho da República nas águas geladas do positivismo, numa apaixonante busca de austeridade e purificação sob a integérrima inspiração de Benjamin Constant.

Depois, haveria uma explosão humana de inteligência, num maremoto de bravura cívica elevada à mais alta temperatura da coragem humana: Rui Barbosa e o seu catecismo civilista. Por muitas décadas, ninguém o suplantaria nas lições e nas ações, gigante solitário, mas solidário, homem-exército, a quem nunca amedrontou o poderio do poder, e o terrorismo ou o gigantismo do adversário. Advogado obsessivo que tomou a Pátria para seu eterno constituinte, Rui trouxe nas mãos e no cérebro todas as armas arrebanhadas entre os que tombaram vencidos ou irrealizados ao longo da História, e desses despojos divinos fez a sua armadura.

Pensando como ninguém ainda pudera pensar; falando como ninguém conseguiria falar, Rui lançou sobre o Brasil, para os milênios que vierem, a semeadura da claridade contra a ação tenebrosa dos obscuros; da definição frontal, contra os subterfúgios marotos dos técnicos do escapismo; do desprendimento consciente ainda mesmo que suicida, contra as miúdas conveniências do calculismo. Muitas vezes, ele teve que ser o homem contra a avalanche ignara ou açulada; e era aí, na luta desigual, que o gigante lançava na porfia o arsenal alucinante do seu mecanismo intelectual soberbo e divino.

Nunca tendo perguntado quantos estavam a favor, Rui levantava aos céus da Pátria as ideias e soluções que julgava justas e certas para os problemas nacionais. Jamais poderia admitir pronunciamentos medidos a computador eletrônico, que lhe calculassem a popularidade ou os votos a serem obtidos com esta ou aquela atitude. Patrulha avançada, nunca olhava para trás buscando a conveniência de estar na mesma rota seguida pela ignorância de quase todos, ou pelo carneirismo dos rebanhos.

Batendo-se contra todos os assaltantes do templo — os que distribuem o dinheiro público entre os sequazes, ou os que espargem leis de favores, privilégios, vantagens e concessões aos correligionários — Rui era o exato oposto desses pululantes e postulantes homúnculos sempre prontos a dar tudo que é da Pátria, mas nada à Pátria.

Quando se largou país afora na caminhada da Campanha Civilista, sabia que aquilo era uma procissão de anjos catequistas contra os demônios cascudos, longamente montados nas fortalezas do absolutismo e dos vícios políticos.

Mas avançou como um semeador de carvalhos que, lavrando pelos carrascais e caatingas à sua frente, só visava à colheita do futuro.

Do exemplo olímpico de Rui, do seu verbo grandiloquente, sairia inspiração de outro flamejante batalhador de epopeias, um búfalo bravio — Maurício Lacerda — cujos urros e arremetidas de inteligência e coragem abalariam, pouco depois, as muralhas de uma nação que iria ser politicamente sitiada por todo um quadriênio.

É nesse interregno da nossa História que um clarão de mil relâmpagos incendeia os espíritos e os corações; um clarão que iluminará para sempre todos os desvãos da descrença e aquecerá todas as nevascas do desespero; um clarão que dará luz eterna a quem quer que neste país sinta o dever de lutar pela liberdade e pela dignidade, se um dia cairmos de novo sob a noite do despotismo; um clarão que jamais deixará solitários os idealistas, ou desesperados os combatentes do bem público: a arrancada que ficou conhecida como os 18 do Forte de Copacabana, em 5 de julho de 1922.

Tudo o que em nossa História é bravura, desprendimento, consciência cívica, disposição para o sacrifício — o que vem daquele barbudo herói da

Inconfidência caminhando soberanamente tranquilo para o cadafalso, ou o que chegou até nós do duro orgulho daqueles que venceram recuando sem render-se, nem fugir, nem se destroçar nas planuras da Laguna; o que sobrou do ímpeto desmandado dos "chimangos", atacando à garrucha e bacamarte tropas regulares nas cargas dos liberais de 1842, contra a cidadela usurpadora dos conservadores; o que foi coragem sem preocupação nem solenidade, nos inacabáveis entreveros de dez anos da Guerra dos Farrapos, nas lutas bisadas de Guararapes, ou no 2 de julho que selou definitivamente a Independência — toda a mistura, caldeada nesse calendário do heroísmo brasileiro, repontou maciça e concentrada na iluminura viril daquela marcha de 18 e, depois, onze contra mil, contra dois mil, contra tudo — seguindo para nada mais, caminhando para a morte, escrevendo a cada passada firme um verso de mármore e fogo da nossa mais emocionante lição de civismo. (Que diferença, que extremo oposto, que antagonismo entre a decisão desses moços fardados caminhando para o fim sem nenhuma esperança, nem nada pedindo ou aceitando — e os bandos de mercenários juvenis inspirados a rublo-cruzeiro das cúpulas das "Uniões estudantis", que mancharam a história da juventude brasileira nesta primeira metade da década de 1960!)

Quando eles abriram os portões do Forte e se puseram em marcha — Siqueira Campos, Eduardo Gomes, Newton Prado, Mario Carpenter e, depois, o civil Octavio Corrêa, e seus companheiros, o cabo Reis, o soldado Anastácio e outros, estavam dando ao Brasil a sua certidão de eternidade, como o fizeram à Grécia aqueles 300 heróis de Leônidas, combatendo nas Termópilas contra dezenas de milhares de persas.

Havia, no rosto fotografado desses heróis, uma serenidade enérgica, a mesma que as testemunhas apavoradas guardaram do semblante daquele alferes que, num milagre de equilíbrio humano, soube marchar sem humildade nem arrogância para a forca, o esquartejamento e a salgadura. Eles caminharam areal afora na praia luminosa, para receber as rajadas da fuzilaria adversária, na mesma tranquila cadência e no mesmo porte varonil com que, quase século e meio antes, Joaquim José da Silva Xavier fizera o espetaculoso trajeto até onde armaram o tablado do seu sacrifício. Tombando um a um, quase todos feridos de morte, a areia lhes empapava as feridas; como também o sal cozinhara os restos de Tiradentes, para as exibições públicas do escarmento aos que ousassem ou se atrevessem.

Desse 5 de julho cascatearam outros fatos e datas de nossa História contemporânea: o 5 de julho de 1924 em São Paulo, com Isidoro Dias Lopes, Miguel Costa e João Cabanas; a Coluna Prestes, com Juarez Távora, João Alberto e Cordeiro de Faria; e a Revolução de 1930 que desaguaria no pantanal do caudilhismo de um sibarita ambicioso de poder. No fragor das lutas e das agitações das décadas de 1920, 1930 e 1940, o povo brasileiro ouviria nomes de idealistas, que ficariam na sua perene memória: Alcides Etchegoyen, Joaquim Távora, Djalma Dutra, Juracy Magalhães, Manuel Rabello, Virgílio de Mello Franco, Oswaldo Aranha, Euclydes Figueiredo, Canrobert Pereira da Costa, Jurandyr de Bizarria Mamede.

O Brasil paisano e o "milico" amadureciam a um só tempo, numa prova a mais do amálgama de sangue e ideais entre os quartéis e a "civitas", a praça pública. Diante de seus olhos, o homem do povo das gerações atuais tinha bem vivos os episódios de 22, 24, 30, 32, 45 e 54, até aquela madrugada em que outro moço — o major Vaz — soldado do céu, era trucidado por sicários pagos por um dinheiro vindo da lama de um governo apodrecente e apodrecido.

Por isso, foi com uma esperança de nova aurora, de um outro dia, de redenção e recomeço, que cinco anos mais tarde a nação recebeu a eleição de Jânio Quadros — confluência de todas as insurreições armadas e paisanas, de todos os anseios, de todas as forças que vinham lutando por vários decênios pela implantação da dignidade, da firmeza, da clareza, do idealismo na vida pública.

Para muitos idealistas batidos em tantas lutas, aquilo parecera o resultado final da descontínua, mas recalcitrante, procissão cívica, tantas vezes interrompida e persistentemente reiniciada, que veio pacientemente costurando preces e tricotando orações ao longo da História contemporânea, nas catacumbas das conspirações pela liberdade e pela democracia, em inacabáveis décadas de sofrimento, espera, angústia, fé, desespero e esperança.

Traída que fora a Revolução de 30 pelo continuísmo sibarita, a ascensão do senhor Jânio Quadros repontaria, trinta anos depois, como o momento solar do civismo brasileiro. Em sua vitória, desaguavam os sacrifícios, os esforços, as pregações de todas as insurreições, todas as rebeldias, todas as ansiedades, os gestos todos daqueles que nos séculos distantes e nas décadas próximas, vieram colocando, uma a uma, as pedras angulares e puras, sobre as quais se assentam a existência e a sobrevivência desta nação.

A moldura fora, porém, demasiado grandiosa para o retrato; o pedestal, elevado demais para a figura; a fé, completamente errada em seu alvo, e a confiança se perdera, concentrada que fora num vácuo sob forma humana.

Aquilo que a muitos, quase chorando de emoção, parecia um milagre divino, fora apenas uma trapaça do demo; o homem que as esperanças inteiras e mais puras da nação alçaram à curul presidencial era um vulgar candidato a soba africano, a ditador de republiqueta, um grosseiro mestre do fingimento que tentou, num gesto dramático, a palco aberto, arrancar as roupagens democráticas com que se enfeitara sob requintes de calculismo, para vestir toda a passamanaria e a perna de pau dos piratas absolutistas.

Alguns rápidos carpinteiros do palco político, velhos na ribalta e experientes na arrematação dos espetáculos, ao agarrarem o papelucho da renúncia, baixaram velozmente o pano. Colheram de surpresa o ator, quando este, na perigosa jogada do seu urdido entrecho, quisera novamente fingir, como a prima-dona amuada, a velha tática da saída de cena — a falsa renúncia àquelas luzes tão ansiosamente ambicionadas — para o retorno imediato, que se daria, mas então com os poderes de um deus, para a fúria de uma nova ditadura.

As "chaves" comunistas: terror intelectual e terror econômico

Quando os arraiais políticos brasileiros começavam a preparar-se para as eleições de renovação do Congresso Nacional em começos de 1962 — e já se punha a armar abertamente no cenário nacional o dispositivo oficializado da esquerda comunista — um veterano deputado, candidato que se predispunha à reeleição, procurou um amigo publicitário e lhe perguntou o que deveria fazer, em matéria de propaganda, para sua próxima campanha. Queria, disse ele, uma ideia vibrante, que atingisse em cheio os sentimentos e as preocupações do povo.

Tratava-se de um parlamentar dos mais brilhantes que nosso Congresso já teve em todos os tempos: homem de amplíssima cultura, pessoalmente corajoso, de indiscutida e até agressiva honestidade, por trabalho próprio e herança muito rico, e que sempre atuara com dignidade, fidelidade e lealdade num dos maiores partidos liberais do país.

Depois de fazer um sintético exame dos acontecimentos já em marcha e das graves ameaças que naquele momento já começavam a pôr em perigo as instituições democráticas, depois de fazer, assim, a análise das "necessidades psicológicas" do eleitorado, o publicitário sugeriu finalmente:

— Como sabe muito bem, o país está alarmado com a sucessão dos fatos que indicam uma conspiração palaciana rumo ao perono-comunismo. O melhor, então, é você encetar uma campanha aberta e frontal contra isso e, com base na crescente ameaça comunista, reunir o máximo de eleitores democratas em torno do seu nome.

— Você está doido! — retrucou o rico, corajoso e culto parlamentar liberal.
— Você não está vendo logo que vão passar a chamar-me de "reacionário"?!

Em meados de 1964, ao justificar para o bravo e lúcido deputado Afrânio de Oliveira, da UDN paulista, as razões pelas quais o governo instituído pela Revolução de Março voltava à carga com um projeto de reforma agrária, mais ou menos na trilha da demagogia perono-comunista, o líder da nova situação na Câmara dos Deputados afirmou com grande solenidade mineira:

— Uai! Se não dermos a reforma agrária, vão chamar-nos de reacionários!

Em fins de 1963, dois oficiais-generais da ativa, da nossa Marinha de Guerra, e um oficial naval reformado conversavam com um amigo escritor e jornalista, que lhes expunha seus candentes pontos de vista sobre os perigosos rumos antidemocráticos que tomava a situação política brasileira. O intelectual chamava-lhes a atenção para a distorção deliberada das medidas governamentais que visavam preparar terreno e ambiente para criar o caos propício ao golpe ditatorial perono-comunista.

— Eu concordo cem por cento com o senhor — disse um dos oficiais superiores. — Mas acontece que, quando abro a boca para falar qualquer coisa nesse sentido entre os colegas, há sempre alguém que diz que isso é "gorilismo". Então, resolvi calar-me.

Ao ser dramaticamente prevenido, em meados de 1962, por um velho amigo e companheiro de lutas políticas, sobre as armadilhas antidemocráticas do perono-comunismo que se escondiam sob o pretexto de "reformas de base", o governador de um grande estado central justificou-se:

— É, mas se eu disser que sou contra as "reformas" vão logo me enquadrar entre os "reacionários" ou "direitistas". E isso não é bom para a minha carreira política.

Na década de 1950, em plena fase mais explosiva do miraculoso progresso do norte do Paraná, o governo do estado, bem-intencionado, examinava seriamente a proposta que lhe fizera um consórcio norte-americano para construir uma autoestrada, pavimentada, de seis pistas, ligando aquela já lendária região ao porto de Paranaguá, para dar escoamento à fantástica produção de suas terras ubérrimas.

Pelas cláusulas do acordo, o governo paranaense nada pagaria, e o consórcio ressarciria suas despesas cobrando o pedágio durante quinze anos. Os estudos e conversações iam adiantados e as dificuldades e discordâncias estavam sendo aplainadas de lado a lado, quando alguém fez a advertência, envergonhada e tímida, de que os "nacionalistas" e comunistas poderiam desencadear uma campanha, dizendo que o governo "se venderá aos americanos".

Empinado o velho espantalho, não foi difícil, daí em diante, encontrarem-se outras "razões" — mais admissíveis de público — para considerar o projeto como inviável.

Em 10 de fevereiro de 1963, um articulista analisava no *Diário de Notícias* do Rio de Janeiro a exploração vandálica das florestas e dos pinheirais do Centro e Sul do país e afirmava textualmente: "É um erro gravíssimo. Ademais, o Instituto Nacional do Pinho não toma nenhuma providência adequada para corrigir a gravíssima conjuntura. A exportação de toras de pinho para as serrarias argentinas é um verdadeiro crime. Já deveria estar proibida há vários lustros".

E o colunista, ao final, recomendava que, para melhor aproveitamento das imensas possibilidades de todas as nossas florestas inclusive as da Amazônia, o governo criasse a "Selvabrás".

Linhas antes, ele próprio havia apontado a total inoperância do Instituto Nacional do Pinho para corrigir uma "gravíssima conjuntura", um "verdadeiro crime" que se cometia havia "vários lustros" exatamente na área de ação do Instituto. E logo a seguir sugeria que novo Instituto, nova organização estatal, fosse criado para enfrentar um problema de âmbito muitíssimo maior... e bem mais complexo.

Por certo, funcionara o subconsciente do articulista. Não havia de ser ele, um pobre filho de Deus, que iria enfrentar o xingamento e a calúnia, o vomitório do terrorismo intelectual que lhe cairia em cima, se tivesse a audácia de afirmar que a solução do problema jamais dependeria da criação de mais uma entidade estatal — inoperante como as outras. Mas, sim, da execução firme e enérgica de leis inteligentes, que tornem o reflorestamento uma condição e uma obrigação impostergáveis para quem derrube florestas ou explore madeiras.

No dia 2 de outubro de 1964, um vespertino carioca dedicava toda a última página de seu segundo caderno a uma reportagem em que expunha e condenava, em termos os mais enérgicos, o contrabando de ouro e pedras preciosas. Historiando que essa atividade ilegal "tem origem mais nas falhas das leis em vigor e nas instruções da SUMOC, que não controlam a produção e facilitam o contrabando e a sonegação dos tributos por parte dos proprietários de minas e exportadores de pedras preciosas", o redator, em vários pontos do seu trabalho, condenava "a indiferença e o desleixo de autoridades e entidades estatais" responsáveis pelo assunto.

Eram frases suas: "As constantes instruções da SUMOC sobre o controle e descontrole da produção do ouro, sem uma definição política da real situação do importante minério abriam aos contrabandistas e exportadores as comportas do tráfico ilícito". "A verdade sobre a fiscalização por parte da FIBAN na produção, mineração e venda do ouro é uma só: nunca existiu."

E a reportagem reforçava suas constatações, com citações de trechos de um inquérito policial-militar sobre o assunto, realizado em 1964, pelas quais ficava acentuado o que parecia um impressionante descaso das entidades estatais quanto ao cumprimento do seu dever.

Diante de tudo isso que relatara minuciosamente — contrabando nascido da frouxidão das leis e da indiferença de entidades e autoridades que não funcionavam como deviam — o jornalista saía para a solução de entregar todos os estágios das atividades de produção de ouro e diamantes, inclusive garimpagem e mineração, a um novo grupo de funcionários federais, reunidos em nova repartição pública: o monopólio estatal do ouro e diamantes, sugerido em projeto de lei por um senador.

Mesmo que um órgão de governo, da reputação de indubitável competência conseguida pela SUMOC, tivesse "falhado totalmente" segundo ele próprio testemunhava e afirmava — mesmo assim, o jornalista ainda ficava *prisioneiro* da sugestão do monopólio estatal dos minerais preciosos, proposta pelo senador.

Por que sempre essa mesma muralha chinesa, esse campo de concentração mental, limitado pelo quadrilátero monótono e estéril do Estatismo, dos monopólios estatais, das "Selvabrás", das "Mineriobrás"?

Interpelado numa reunião de simpatizantes em São Paulo, em 1945, sobre a atitude que um dos mais combativos intelectuais esquerdistas havia tomado contra a manobra espúria e obtusa de "Constituinte com Vargas", então preconizada pelo Partido Comunista, um líder vermelho tartamudeou, depois recobrou-se e retrucou: "Bem... Bem. Vocês sabem, por acaso, quanto ele 'levou' por isto, para ficar ao lado da candidatura do brigadeiro?!"

Mais tarde, tendo que explicar-se frente a frente com o escritor, o prócer comunista gaguejou: "Bem, eu tive que me 'safar'... Eu não tinha outra coisa para dizer..."

Ouviu, então, o que é dito no norte de Minas Gerais, quando sai a "pedra 90" no jogo de víspora.

Quando, pelas alturas de 1960, se prolongou um pouco mais a estiagem no Nordeste e já se punham em marcha as dolorosas procissões dos flagelados nas regiões mais assoladas, um dos melhores cronistas brasileiros, intelectual não comunista, escreveu uma furiosa crônica, apresentando uma inédita interpretação daquele fenômeno climático, que se repete secularmente no Nordeste. Segundo o cronista, aquela seca fora causada pelas explosões das experiências atômicas dos norte-americanos no oceano Pacífico.

No entanto, por aquela época, naqueles mesmos meses, a França já estava estrondando rumorosamente, nos areais do Saara — ali do outro lado do Atlântico — os seus primeiros artefatos nucleares, sem que isso merecesse a menor restrição ou referência por parte do vigilante e saboroso articulista.

E logo um ano e pouco mais tarde, Kruschev, após rebentar o salto do sapato de tanto batê-lo acintosamente numa mesa do plenário das Nações Unidas, ordenou que fossem explodidas 26 bombas atômicas, consecutivamente, num espetacular, afrontoso e publicitário desafio ao mundo que, então, temendo o envenenamento da atmosfera, clamava horrorizado pela cessação das experiências.

Nessa ocasião, o mesmo jornalista, embora não sendo vermelho, não escreveu nem meia linha de suas sensíveis e atiladas crônicas sobre o gritante assunto.

Por que tudo isso? Por que o escapismo do deputado culto, corajoso, multimilionário; por que a sensibilidade do almirante em armas, e de governadores de grandes estados; por que a oclusão do articulista florestal, e a desconversa do cronista da seca, e de tantos e tantos outros?...

É que, diabolicamente, os comunistas criaram palavras-algema, palavras-prisão, palavras-cadeia, palavras-sentença, palavras-detenção, palavras-grade, palavras-muro, palavras-curral, palavras-cubículo e, por meio delas, com a ameaça da calúnia, encurralam, prendem, emparedam, imobilizam seus mais sensíveis adversários.

Então, para não serem chamados de "vendidos", os políticos se calam e consentem. Para não serem cuspidos de "entreguistas", os economistas transacionam em seus pontos de vista. Para não serem mordidos de "fascistas", os deputados contornam ou votam. Para não serem apodados de "macartistas", os intelectuais se omitem ou assinam. Para não serem apontados como "reacionários", os governantes cedem ou apoiam. Para que não os pendurem como "gorilas", os militares se afastam.

E assim, sem nenhum constrangimento ou empecilho de amedrontados adversários que lhe cedem caminho, passa a caravana do ódio; a malta política que descobriu a indústria única de que vivem e de que poderão viver: a violência despótica, o liberticídio, a extinção das liberdades humanas, e de tudo aquilo que permita ao homem exprimir o que sente, o que pode, o que deseja fazer por si e pelos seus.

O cultivo da calúnia, seu uso sob várias formas, e sua utilização incessante contra tudo e todos que se lhes oponham, esta tem sido a grande e arrasadora ARMA NUCLEAR da atividade intelectual-psicológica dos comunistas. A calúnia tem vencido muito mais batalhas para eles que qualquer de seus obsoletos e surrados "argumentos" e axiomas.

E em nenhuma parte como no Brasil eles têm hoje o campo aberto para seu uso ilimitado — sem o empecilho de nenhuma lei ou "convenção" —, pois que o direito de calúnia lhes está praticamente assegurado pela atual contextura processualística da "Lei de Imprensa".

Muito MAIS INTENSO E MAIS BEM-SUCEDIDO para os comunistas do que o próprio terrorismo material é o TERRORISMO INTELECTUAL, através do qual fazem e mantêm permanentemente prisioneiros MILHARES DE INTELECTUAIS E POLÍTICOS de espírito sensível e "cauteloso".

Isso que tem espantado e confundido tanta gente — o bispo que, diante dos problemas sociais, fala a linguagem comunista e o intelectual católico que se exprime nos mesmos termos — é apenas a consequência psicológica de eles estarem subconscientemente submetidos e "dopados" pelo medo dos insultos, com que temem ser atacados se tomarem uma posição "reacionária".

A preocupação de serem sempre considerados "bonzinhos" — para assim fazerem jus aos aplausos de certa estridente, petulante e agressiva plateia — leva-os a um contorcionismo mental esdrúxulo, entre Deus e o diabo. E então eles procuram compensar o seu MEDO PELAS CALÚNIAS VERMELHAS com a AUDÁCIA de afirmativas "corajosas", que, cautelosamente, não lhes trazem nenhum constrangimento nem a punição de duros xingamentos — pois sabem que, quanto aos adversários do outro lado, podem contar com o fato de se conterem dentro dos limites da dignidade. Assim, a alguns "bispos" leigos, e até mesmo uns poucos tonsurados — primários "intérpretes" do Sermão da Montanha — avançando de "audácia" em "audácia", só falta dizer que o grandioso é ser miserável, o elogiável é viver em trapos e andrajos, o exemplar é não ter feito força nem ter vencido na vida.

Essas e muitas outras situações e constatações levaram os comunistas à conclusão de que o insulto e a calúnia são de fato a sua melhor arma de luta política. Xingando qualquer um de qualquer coisa, o que lhes interessa sempre é o fim tático: a paralisação, pelo terror, não apenas daquele oponente individual e eventual, mas de todos os outros alcançados pelo exemplo terrorista do que também lhes possa acontecer.

Lançando em torno dos espíritos sensíveis a eriçada cercadura de arame farpado do seu arsenal de adjetivos e alusões infamantes, os dirigentes comunistas mantêm imensos campos de concentração intelectual, dentro de todas as classes dirigentes do país, cultas ou não, praticando a sua técnica de vencer pelo insulto, e utilizando-a desde o salão da associação científica ou do centro social* até a sala fumacenta dos sindicatos ou das entidades estudantis, que querem dominar ou dominam.

Os "ofendidos" geralmente se retraem por faltar-lhes a noção da circunstância, um pouco de confiança em si próprios, ou tranquilidade, ou autocrítica, ou espírito de luta. Retraem-se, sem perceber que a calúnia é o pobre truque diário, a arma monótona, o estratagema rasteiro de um adversário que

---

* Durante o ano de 1963, no auge da onda ascensional do perono-comunismo, divulgou-se no Rio de Janeiro o incidente que teria acontecido numa reunião preparatória de associados do Clube Militar. Um dos oficiais fazia uma exposição sobre os objetivos de uma Assembleia que seria convocada, mas prevenia os presentes contra a infiltração de elementos interessados na agitação, no divisionismo e que poderiam tumultuar o ambiente etc. Logo foi aparteado por alguém: "Mas, colega, isto que você está dizendo, parece coisa de 'gorila'". A resposta veio, arrasadora: "Pois eu sou 'gorila'. O colega não sabia? Sou 'gorila', porque gorila não tem rabo nem chifre!"

assim luta porque sua bandeira logo se descolore se exposta à luz das verdades, por ser artificiosa, inumana, freudianamente doentia e frontalmente contrária às duas mais vigorosas forças impulsionadoras do homem: a liberdade e a ambição de progredir.

Esse bolsão de terror em que a minoria comunista mantém acuados e conformados os seus mais prováveis adversários, contém não apenas homens de governo e parlamentares, mas também intelectuais, jornalistas e escritores em geral, bispos e arcebispos, professores e magistrados, homens que por sua cultura, sensibilidade e conhecimentos jamais aceitariam a submissão ao despotismo grosseiro e sem nenhuma esperança.

O mal é que esses "prisioneiros" não perceberam que, apesar de sua força e grandeza intelectual, se deixavam e AINDA se deixam manietar psicologicamente pelas algemas de algumas palavras ou símbolos apodrecidos. Eles ainda não atentaram para o aspecto surrado e repelente dos enferrujados grilhões com que os comunistas os atam psiquicamente o seu exército de submetidos, o seu rebanho de amansados, emudecendo-os não pela convicção de uma boa causa — que não têm —, mas pelo terror, pela ameaça da agressão aos seus mais íntimos sentimentos, pelo esmagamento infamante de suas mais espontâneas, sinceras ou honestas reações.

Aliás, quase dez meses após a Revolução que interceptou a marcha da "Guerra Revolucionária" que os comunistas armavam aceleradamente no país, o presidente Castelo Branco registrava, em discurso pronunciado em novembro de 1964 em Vitória:

> Há ainda alguma coisa que não devemos admitir como fator de perturbação de um problema de tal maneira grave para o progresso do país. Desejo referir-me à propositada leviandade com que elementos interessados em dificultar nosso natural desenvolvimento têm feito rufar os tambores em torno das expressões "nacionalismo" e "entreguismo", ambas sem a marca de qualquer autenticidade, mas inegavelmente com um largo fator emocional, que muitas vezes consegue seduzir os mais sérios e os mais bem intencionados brasileiros. Não é sequer exagero afirmar-se que, através de uma bem orientada propaganda, alcançou-se instalar no Brasil um clima de verdadeiro terror "nacionalista". Quem não lesse pela cartilha dos seus pregoeiros, logo estaria esmagado sob a pecha aviltante da traição. E a

AS "CHAVES" COMUNISTAS: TERROR INTELECTUAL E TERROR ECONÔMICO

manipulação das intrigas mais soezes como instrumentos de opressão e de medo conseguiu produzir tais frutos que já se tornara impossível qualquer debate razoável em torno dos temas da livre empresa ou da estatização. Agora, libertados desses fantasmas maliciosamente colocados nas estradas do pensamento e da ação dos brasileiros, cabe-nos decidir, considerando única e exclusivamente os supremos interesses do Brasil.

Forçoso, porém, é reconhecer que, nesse ponto, os comunistas conseguiram muito mais do que o comum dos carcereiros. Pois seus "sentenciados" não apenas se deixam algemar como também — impelidos pela força subconsciente do terror — a eles servem, como estranhos "forçados", que agem por espontaneidade, repetindo-lhes mecanicamente os *slogans* e as palavras de ordem do momento, ecoando seus estribilhos, assimilando seus ódios, idiossincrasias e preconceitos, "pensando" com o que eles lhes dão para "pensar" — mesmo que sejam meias-verdades ou submitos já ultrapassados pela História, pela ciência, pela tecnologia, pela rápida e fulminante transformação do mundo moderno.

Eles sabem, esses grupos intelectualizados, por tudo que veem da explosão de radiosas realidades do mundo livre, como isso é esmagadoramente contrastante com os fracassos do mundo socialista, minguado, racionado, frustrado, permanentemente censurado e precocemente senil. Porém, mantém-se ainda de olhos vidrados ante o fauno ameaçador, envelhecido e exaurido, cujas aparências os encantaram no passado, mas que agora apenas ridiculamente urra as suas já desdentadas imprecações.

Eles sabem — como aquele cientista brasileiro que foi à URSS visitar parentes e teve de deixar-lhes todas as suas malas de roupas e pertences pessoais; mas, chegando aqui, ainda foi candidato comunista a posto eletivo; eles sabem o que significa a Rússia ter de continuar a ser uma férrea ditadura, apesar de o "Partido" já ter criado, amamentado, doutrinado e "convencido" três gerações em suas pupileiras vermelhas, em meio século de mando absolutista e total.

Eles sabem como se comportarão o povo russo e o Exército Vermelho, em caso de uma nova guerra tradicional — pois se lembram como agiram receptivamente, quando os nazistas arrancaram para o Leste, num passeio que ia sendo relativamente rápido e fulminante. Unidades inteiras do Exército Vermelho, formadas por karmucks, tártaros, circassianos e até cossacos — estes considerados durante séculos como as tropas de elite mais leais e valorosas da Rússia — desertavam ingênua e alvoroçadamente para o outro lado. Isso até que os cidadãos e soldados russos verificassem que os hitleristas eram comandados por bestas e não por gente, e que eram apenas carrascos de outro tipo, e não libertadores.

Bem-informados e estudiosos, esses elementos intelectualizados sabem o que significa a desmarxização dos partidos socialistas da Alemanha e países escandinavos, pela adoção dos princípios da livre iniciativa.

Está diante de seus olhos extasiados a maior revolução social dos tempos modernos, revolução que está rapidamente "nivelando por cima", elevando assombrosa e instantaneamente o padrão de vida dos povos beneficiados: o Mercado Comum Europeu — impressionante, irrespondível milagre da livre iniciativa, da livre concorrência, da concórdia de homens e países livres.

É inescondível a razão por que Joseph Tito se tornou um proscrito para Stalin: não foi apenas a mão permanentemente estendida aos EUA, mas a sua decidida "abertura para a livre iniciativa", as suas "concessões" à iniciativa privada, quebrando a ortodoxia estéril, livresca e sangrenta do Estatismo stalinista.

Esses cidadãos bem-informados sabem dos repetidos malogros das várias "reformas" agrícolas da Rússia, onde num período de três anos, de 1960 a 1963, foram "transplantados", podados e substituídos nada menos que quatro ministros da Agricultura.

Qual é o homem de inteligência e sensibilidade que não compreendeu o porquê do cauteloso "bom senso" soviético, quando o presidente Kennedy deu 48 horas de prazo para a retirada dos foguetes nucleares de Cuba? E qual deles não entende o meridiano e claríssimo simbolismo político do "Muro da Vergonha"; para que lado fogem, todos os dias, em surtidas perigosas e mortais, os alemães, povo de alta educação cívica e política?

Quem dentre esses estudiosos ignora estes algarismos: enquanto, desde o Plano Marshall, os EUA ajudaram o mundo com cerca de CEM BILHÕES de dólares em planos de assistência e estímulo ao desenvolvimento, a ajuda russa não conseguiu sair dos SEIS BILHÕES. Eles compreendem que isso prova uma de duas coisas, ambas igualmente comprometedoras para os soviéticos: ou o seu EGOÍSMO E DESINTERESSE em amparar os povos que mais precisam — o que estaria, aliás, dentro da sua política do "quanto pior, melhor" — ou a sua real INCAPACIDADE, devido aos limitados e pífios "resultados" econômicos do Estado Socialista.

Todos esses cidadãos triunfantes e vitoriosos em suas classes ou profissões — professores, parlamentares, intelectuais, profissionais liberais — e que se movimentam diariamente em seus próprios automóveis, entendem perfeitamente porque é que os comunistas ainda alegam infantilmente que "automóvel é luxo burguês", quando não sabem como explicar porque é que os 220 milhões de russos têm somente 650 mil carros particulares, enquanto no próprio Brasil já existiam em 1965 quase 900 mil, e nos EUA "apenas" 64 milhões de automóveis.

Se tudo isso é visível a olho nu, se todos os dias se registram fugas desesperadas e suicidas dos que abandonam o "paraíso soviético", se todos sabem que a Rússia dominou e absorveu irremediavelmente nações que os atuais estudantes de quinze a vinte anos nem sabem mais que existiram na Europa contemporânea (Estônia, Letônia e Lituânia) — como explicar, ainda assim e depois disso tudo, e com tudo isso, o neutralismo de certos políticos e intelectuais, o seu silêncio público ante os erros, o fracasso, os crimes e a incapacidade bolchevista?

Apenas há uma justificativa: o terror intelectual sob o qual, INCONSCIENTEMENTE, vivem; o seu não admitido, nem pressentido, nem revelado receio de passar a sofrer os apodos, as injúrias, a hostilidade ou até mesmo o simples "gelo" dos comunistas nas reuniões e manifestações públicas, e nas colunas, páginas, seções, programas ou horários de que dispõem nos veículos de comunicação de ideias, onde se acham tão organizados e infiltrados.

Os comunistas sabem muito bem — e até se divertem com isto — do resultado infalível, do efeito aterrador, do medo e do pânico que seus apodos e adjetivos causam sobre os socialistas de *pince-nez*, sobre os humanistas de alfazema, sobre os fascistas arrependidos, sobre os marxistas de turíbulo, sobre os democratas de ocasião e os liberais de punhos de renda.

E até desenvolveram uma técnica própria, monotonamente repetida, praticada todos os dias, de cerco e envolvimento dos ingênuos recém-chegados para a luta pela vida, ou dos mais adultos que, longamente indiferentes, são crepuscularmente tomados de uma nova curiosidade pela vida pública. Os bolchevistas catalogaram toda uma série de cuidados especiais com essa sua "divisão do balaio", este seu exército de reserva, sua futura legião do amém — os seus tão valiosos inocentes úteis.

Assim que notam certas qualidades intelectuais, ou de ambição e liderança, em pessoas que aspiram ou caminham para ser estrelas em seu campo de atividades — profissionais liberais, artistas em geral, líderes sindicais, estreantes políticos ou postulantes não realizados, ou militares ansiosos — eles logo lhes armam o cerco. Chegam-se de incenso na mão, soprando honras, elogios e homenagens àquele talento, ou embrião de líder, ou gênio — afogado "assim" sem esperança, num mundo medíocre "onde sobrenadam apenas os cifrões e os tubarões do tenebroso mar capitalista"...

E enquanto sopram o que sua presa É OU PAREÇA SER, enquanto lhes esticam maliciosamente ou romanceiam suas qualidades, vão também, paralelamente, delineando, anatematizando e apostrofando O QUE ELE NÃO DEVE SER.

SOPRAM até a mais sensível inchação da vaidade o talento "marginalizado" ou o gênio "injustiçado". E, ao mesmo tempo lhe erguem em torno a cerrada paliçada, dentro da qual o seu sitiado mental irá raciocinar daí por diante.

O encurralamento do novo acaudilhado é feito, a princípio, de maneira suave, com a tática de falar não dele, mas dos outros, para que "aprenda" sem espanto e sem choque O QUE NÃO DEVE SER, OU COMO NÃO DEVE COMPORTAR-SE.

O novo cordeiro a quem vão colocando manhosamente a coleira, elo por elo, palavra por palavra, adjetivo por adjetivo, xingamento por xingamento, ameaça por ameaça, fica então sabendo que: se for contrário às palavras de ordem lançadas pelo partido na vida pública do país ou às suas campanhas "progressistas" etc., o indivíduo será minimamente chamado de "reacionário"; se for um adversário que não só não aceita passivamente, mas que se mete a proclamar-se contra, e agride e dá o troco, então é fascista-macartista; se for contrário aos truques e estratagemas comunistas de insulamento e pauperização econômica progressiva do país, então é "vendido" ou "entreguista"; se for militar que não se deixa sitiar pelo medo, que não quer ser morto na cama, que rompe os bolsões de fumaça "nacionalistas", que paga para ver e não tem receio de caretas nem de blefes e alçapões — então é "gorila".

Toma tempo e paciência ao elemento encarregado do amansamento e doutrinação do simpatizante delinear a monstruosa face frankensteiniana desse tipo horrendo que é o reacionário-fascista-entreguista-gorila.

Mas o rendimento é altamente compensador pela docilidade, pela mansidão, pelo conformismo, pelo eunuquismo mental com que, daí por diante, aquele suave ser domesticado concorda com tudo e aceita todas as reviravoltas estratégicas de raciocínio, mesmo as que lhe são impostas pelas sucessivas contradições ou retardamentos em que são obrigados a viver os que decidiram reger-se por uma doutrina que a História desmentiu, o progresso superou, a tecnologia envelheceu e a democracia vem desmascarando dia a dia.

Sorrateiramente, a liderança bolchevista faz a convocação dos tolos sensíveis e ilustres na base do alpiste dos elogios, dos agrados, das honrarias e até dos prêmios de "repercussão internacional" à sua capacidade profissional ou a seu talento artístico. Depois, amarra-os pelo invisível baraço do terror, e os encosta nos moirões do curral onde mantém o seu gado de dizer amém, de assinar manifestos, de subscrever protestos e fingir um acabrunhamento cívico, de mecanismo ventríloquo — que só funciona na base de ideias e emoções sopradas sempre pelas mesmas conveniências de fora — por foles cujas bocas se assentam nos Urais ou no tétrico mundo cercado pelas muralhas da China.

E não apenas indivíduos isolados se entregam mentalmente desossados às forças de pressão dos mitos, dos espantalhos, das mulas sem cabeça e assombrações que os comunistas habilmente introduzem em seus sonhos e pesadelos políticos. Não somente intelectuais escoteiros se torturam com as palavras tenazes com que é comprimida sua sensibilidade, mas até mesmo as cúpulas dos partidos. Pois elas se deixam encurralar como rebanhos de apavoradas ovelhas por caminhos ilegítimos, que não são os seus, que não estão na rota do seu destino nem na lógica de sua origem, nem na finalidade de seus ideais.

Assim se originou o artificioso bolchevismo extremista a que se deixou conduzir mecanicamente, abulicamente, uma agremiação tão cheia de valores intelectuais e morais como fora o Partido Socialista Brasileiro. Cabriolando sempre para além do próprio campo ideológico, saltitando nervosamente à frente da hiena vermelha com medo dos miasmas e gases mortais dos seus uivos xingadores, acossado pelo terror juvenil de ser chamado de "reacionário" ou "diversionista", o Partido Socialista Brasileiro acabou por desfigurar-se, despersonalizar-se e estagnar-se, entregando-se à encampação total de todas as posições e teses comunistas para os problemas brasileiros.

A própria cúpula da UDN — que inegavelmente liderara com desassombro as lutas políticas em prol das liberdades — caiu na tentação do escapismo, para fugir freudianamente aos rótulos e labéus comunistas, e acabou por se aboletar no reboque da falsa charanga do "anti-imperialismo", quando votou contra a livre iniciativa e condenou o petróleo brasileiro aos azares, à lentidão, à inoperância, ao papelório, ao desperdício e à irresponsabilidade burocrática dos monopólios estatais.

Enrodilhado na bem urdida trama psicológica do binômio "nacionalismo" — ou — "entreguismo", acuado pelo medo do apodo e da calúnia, o legislador udenista agiu sob o impulso de uma violência que, visando exibir espetacularmente ao país o seu patriotismo,* levou a um confuso acesso de Estatismo furioso, que o fez ultrapassar de muito o que o próprio governo "nacionalista" de Vargas submetera como projeto ao Congresso.

Enredada numa disputa de suposto zelo patriótico, a ingenuidade udenista propôs o que não ousaram os próprios corifeus do "petróleo é nosso", e estabeleceu que quaisquer mãos particulares, estrangeiras ou mesmo brasileiras, eram impuras para tocar o límpido e sacrossanto patrimônio de óleo bruto que jaz sob a imensidão do nosso subsolo. E obturou os prováveis poços de petróleo com uma tal fúria nacional-estatizante que nem mesmo o integérrimo e indiscutível cidadão Luiz Alves de Lima e Silva, o Duque de Caxias, se vivo fosse, poderia esburacar o próprio quintal à procura de ouro negro. E Pedro I, apesar de nos ter dado de mão beijada a independência política, não reuniria condições de confiança nacional bastante para ter ações da Petrobras, por ser estrangeiro. Idem, com relação a Pedro II, por ter sido casado com uma "gringa" europeia.

Quando Baldur Von Schirach e Joseph Goebbels — o chefe da juventude hitlerista e o dirigente de sua propaganda — recomendavam "Caluniai, caluniai, porque alguma coisa ficará", eles executavam apenas mais um ato instintivo de capadócios, um gesto agressivo de bestas-feras que eram todos os líderes nazistas. Mas apesar de alguns deles terem pressentido o valor da calúnia como arma de terrorismo político, os nazistas, confiantes na arrogante onipotência de sua máquina militar, em seu até então indesmentido poder de trituração e esmagamento, rugiam muito mais as ameaças de uso da força bruta do que o palavrão nacional ou internacional.

Já os comunistas, não muito seguros de sua força militar, preferem o uso intensivo daquela arma úmida, pegajosa e fria que seus primos-irmãos nazistas usaram um tanto desdenhosamente. E então criaram uma utilização política quase científica para a calúnia. Assim, eles não a praticam como um gesto espúrio de pessoas mal-educadas, mas como algo técnico ou tático que sabem ser essencial

---

* Esse é o mesmo mecanismo freudiano que leva tantos filhos de estrangeiros a um nacionalismo boçal e agressivo: com isso, esses tolos visam "limpar-se" da "mancha" de sua origem, de serem "turcos", "carcamanos", "galegos", "gringos". E se tornam a bucha de canhão mais abundante e dócil de que se utilizam os que, por uma razão ou por outra, precisam viver dessa coisa tão vária e maleável que é o "nacionalismo".

à abertura de caminho para a marcha que o partido tem de fazer sobre os escombros seja do que for.

Para os treinados líderes comunistas, a calúnia é a sua cotidiana arma de tiracolo, a sua bazuca de bolso de colete, a garrucha sempre debaixo do travesseiro, o rifle sempre atrás da porta, a sua "peixeira" ora dourada, ora enferrujada, conforme se trate de Assembleias de certo nível ou modestos recintos sindicais.

A calúnia é o seu imprescindível "gás paralisante", de tão fantásticos resultados sobre os tímidos e os ingênuos. Com ela, os comunistas imobilizam a ação dos adversários certos ou em potencial; influenciam e distorcem a posição dos parlamentares; arrancam apoios, assinaturas ou silêncios altamente intelectuais ou eclesiásticos; cochicham habilidosamente ameaças até nos mais altos conciliábulos de Estado; ocupam e preocupam as congregações das universidades; fazem governadores desistirem de obras mais ousadas, ou ficarem confinados aos estreitos canais políticos que lhes delimitam os seus apavorados assessores sempre em obsessivo transe de populismo ou popularidade.

Vivendo em estado permanente de guerra contra o mundo que, anteriormente por ideologia, agora por frustrada obsessão, querem dominar — os comunistas desenvolveram um verdadeiro arsenal de apodos e calúnias pré-fabricadas que não são usadas a esmo, mas segundo as regras de um jogo em que entram até certos conhecimentos de psicologia do indivíduo (o adversário) ou das massas a serem influenciadas.

Assim, cada apodo, cada calúnia visa provocar determinada reação psicológica; o xingamento tem função partidária, traz palavra de ordem, vem com endereço certo e talhado para cada caso. Geralmente, o líder comunista orienta a aplicação das calúnias através dos seus artigos, crônicas ou pronunciamentos mais ou menos dentro do seguinte critério:

- "reacionário", "direitista", "fascista" — é o bastante para intimidar os intelectuais mais sensíveis;
- "macartista", "vendido", "entreguista" — são para os casos em que têm de usar de mais dureza para enquadrar políticos e jornalistas de todos os escalões;
- com relação aos militares, já se registra até um caso de obsolescência do apodo, pois não usam mais o velhíssimo "gravata de couro" com que durante anos perseguiram os militares democratas, mas o moderno "gorila" — tomado de empréstimo à hidrofobia dos peronistas para com o

famoso e moreníssimo almirante Isaac Rojas, principal articulador e comandante da deposição de Juan Domingo Perón.

Ainda não se apercebeu neste país que, vivendo e dependendo exclusivamente do "quanto pior, melhor", os bolchevistas e seus serviçais agem continuamente dentro das linhas imutáveis de uma estratégia psicológica, de objetivo depressivo-esterilizante. NÃO FAZER E NÃO DEIXAR QUE ALGUÉM FAÇA O que quer que seja que possa resultar em efetivo levantamento do nível de vida do povo — eis a sua consciente e fria obsessão.

Vem daí o monocórdio, tão generalizadamente aceito e intensamente preparado, da persistente qualificação de "país subdesenvolvido", e o apocalíptico realejo, usado assim como uma espécie de "verdade" acaciana, da "explosiva miséria do Nordeste".

A repetição incessante e indiscriminada dessas frases como conceitos absolutos é parte importantíssima da ação psicológica terrorista, que tem por fim esmagar as esperanças e levar à frustração as iniciativas dos brasileiros visando resolver os problemas mais ou menos agravados dessa ou daquela região do país. A suposta irremediabilidade desses problemas é propositadamente exagerada, cultivada e burilada de modo a levar os espíritos sensíveis, PRINCIPALMENTE OS MOÇOS E OS INGÊNUOS, ao estatelamento, ao desânimo e à inação da impotência ou ao extremismo dos desesperados.

Sobre qualquer notícia de fatos ou medidas — que redundem em melhorias ou vislumbrem progresso, ou entreabram possibilidades de desenvolvimento do país como um todo, ou do Nordeste em particular, as carpideiras profissionais do bolchevo-coitadismo colocam imediatamente o manto funéreo do seu pessimismo tático, do seu deliberado urubuzismo — cuja sobrevivência tanto depende da carniça da miséria, seja ela parcialmente real ou totalmente sugestionada.

O tema da miséria, a tecla da miséria, o mote da miséria é o cantochão que eles incessantemente entoam, numa tática pavloviana para que, de tanto ouvir, a plateia ingênua o repita mecanicamente e termine por também "sentir" essa "irremediável" verdade. Daí encontrar-se tanta gente do Centro e Sul do país que, quanto aos problemas do Nordeste, é comunista, por ouvir dizer. Isto é, aceita as teses e "soluções" com que os marxistas insistentemente lhes tamponaram os ouvidos.

AS "CHAVES" COMUNISTAS: TERROR INTELECTUAL E TERROR ECONÔMICO

No afã de maximizar politicamente quaisquer condições de miséria, por mínimas que sejam, certos intelectuais comunistas agem como esses falsos mendigos que alugam crianças sujas e esquálidas para, através desse efeito mais dramático, obterem mais resultados em sua "campanha financeira" diária. Dependendo vitalmente de que haja miseráveis e seus andrajos, os bolchevistas levaram ao paroxismo da perfeição a arte de explorar taticamente a existência e a realidade desses monturos humanos, e a industrializar política e doutrinariamente os seus odores.

Repetindo a charlatanice imaginativa dos alquimistas, os grupos serviçais do marxismo desdobram as fétidas moléculas que tão bem manipulam e obtêm um tal rendimento que chegam a fazer crer que o país inteiro está inapelavelmente coberto pelo bodum de incurável pobreza e insuportável sofrimento, que o seu masoquismo político alarga, estende e apregoa com tão rumoroso prazer. Perfumistas do ódio e do ressentimento, usufrutuários constantes de posições que taticamente ocupam no sistema de comunicações de ideias, eles procuram interferir com seu derrotismo profissional toda vez e por toda parte sobre que soprem os ventos oxigenados da esperança e da prosperidade.

Daí a importância que, tanto quanto o terror intelectual, tem para os comunistas o TERROR ECONÔMICO. Pois lhes é vitalmente necessário gerar e manter condições que lhes permitam atingir seus fins. Condições de desânimo, de desorganização, de desordem, de desorientação, de pavor, de retraimento, que conduzam à deterioração e à destruição do que existe; à perturbação, à paralisação e à suspensão do que se planeja; e à omissão, à retirada ou à fuga de todos que são capazes de arriscar-se, de começar, de fazer, de construir, de aumentar e de gerar prosperidade.

Usando da sagacidade que Deus deu a todos os demônios para que não pereçam de inanição em sua tarefa de submeter a Humanidade a provações — os bolchevistas servem-se de variados estratagemas para criar condições desesperadas e obstáculos desanimadores, no panorama econômico de suas presas mais fáceis: as chamadas nações subdesenvolvidas e as que eles querem forçar a quedarem-se como tal.

Através de uma oculta, habilidosa e infernal máquina de pressão — à qual tantos burocratas e políticos servem inocentemente — os bolchevistas preparam meticulosamente, em tempo de relativa paz política, a ambientação social propícia à pré-guerra revolucionária, à qual se lançarão em seguida, assim que tiverem danificado e desconjuntado suficientemente o sistema econômico do país.*

Como que seguindo um minucioso plano de Estado-Maior, e servindo-se, por toda a parte, em todos os escalões públicos, de assessorias que, inocente ou maquiavelicamente, lhes puxavam os cordéis marcados, os bolchevistas vieram, ao longo dos anos, "apertando o cerco" sobre a economia brasileira, para levá-la à agonia e à exaustão, paralisando-a paulatinamente pelo terror de tantas e sucessivas adversidades a enfrentar.

Por todos os lados para onde o homem de empresa tentava atirar-se, deparava-se com as garras visíveis da mais afrontosa e insuflada hostilidade, que visava precipuamente criar-lhe insuportáveis condições operacionais ou de impossível sobrevivência.

Embora difícil de identificá-lo em todos os seus traços, porque agia ora oculta, ora ostensivamente, o "dispositivo" do terror econômico funcionava como um primoroso mecanismo de estrangulamento, através de:

1. Superpressão fazendária — cada vez maior sobre o relativamente pequeno número dos que pagam todos os impostos diretos. (Jamais se cuidou de criar uma perfeita máquina fiscal que, atingindo todos os prováveis devedores de impostos, aliviasse as percentagens dos que, por espontâneo cumprimento do dever, ou por restrita pressão fiscal, pagavam a totalidade desse tipo de impostos.)
2. Superpressão salarial — com setores governamentais e o oficialismo político pelego-"nacionalista" estimulando despudorada e demagogicamente as mais absurdas pretensões, que iam desde as percentagens muito além do encarecimento do custo de vida, até a criação das tragicínicas taxas "de chuva", "de poeira", "da vergonha" para os trabalhadores dos

---

* O deputado Bilac Pinto — a cuja coragem intelectual e alertada clarividência deve o Brasil a revelação em fins de 1963 de que estávamos, perigosamente, já na terceira fase da "Guerra Revolucionária" — conta um episódio grotesco que bem demonstra a irresponsável noção de "festinha particular" que certos intelectuais comunistas davam às condições que desenvolviam para implantação do bolchevismo no Brasil. Logo após fazer suas primeiras e dramáticas revelações sobre as etapas já atingidas pela "Guerra Revolucionária" no país, o parlamentar foi procurado por deputados entrosados com os comunistas que, beatífica e simplesmente, lhe pediram "por favor", "para deixar de falar nisso"... E o fizeram com a angelical candura de um criminoso abúlico que pede ao vizinho para não apagar o incêndio com que planeja destruir-lhe a casa, e tudo que estiver dentro.

portos, "humilhados" com a carga ou descarga de virginais e novíssimos vasos sanitários.

3. Superlegislação social-assistencial — fazendo desabar sobre a iniciativa privada um dilúvio de taxas e contribuições sociais (eram "apenas" em média de sete as diferentes taxas que recaíam sobre cada organização comercial, industrial ou financeira, até o governo revolucionário ter criado mais três ou quatro novas). E tudo isso enquanto os sucessivos governos transitavam despudoramente a sua imponência de maior de todos os devedores dos institutos...

4. Superexigências burocráticas — armando um cipoal de dificuldades, de "não podes", de licenças e alvarás, de editais e protocolos, de carimbos e vistos, de notificações e perícias, de pareceres e diligências, que pareciam caprichosamente ordenadas para quebrar o queixo dos pretensiosos homens de iniciativa.*

5. Insulamento econômico — Sabedores da desastrosa importância do insulamento econômico, eles clamam histericamente por um hidrófobo "nacionalismo" que visa manietar essas nações dentro de si mesmas, limitadas ao pão e à água dos seus mercados internos. Para isso, chegam até ao desplante de realizar um "Congresso contra a exportação de minérios", num país que pode, sozinho, atender todas as demandas mundiais de ferro durante pelo menos dois mil anos!**

6. Terrorismo antilucro — pela diabólica transformação da motivação dinamizadora da ação de comércio ou de produção, da alavanca básica da livre empresa — o lucro — em abjeção social, poluindo assim a legitimidade do desejo humano de retribuição e melhoria, e quebrando o ímpeto e a ambição do homem de iniciativa.

---

* No começo da década de 1950, uma organização de reputação mundial, já estabelecida no Brasil havia cerca de trinta anos com vários empreendimentos, tentou criar no país uma nova indústria no ramo alimentar, que utilizaria exclusivamente abundantíssima matéria-prima brasileira. Seus representantes gastaram cerca de cinco anos, indo de ministério em ministério, de repartição em repartição, à cata dos vistos liberatórios de quinze diferentes tipos de licença e fiscalização. Só depois dessa maratona de paciência e persistência, conseguiram instalar a indústria.

** Em novembro de 1964, o governador do Amazonas dava conhecimento, em palestra realizada na Federação das Indústrias de São Paulo, que seu estado tem jazidas de ferro ainda "maiores do que as de Minas Gerais" — cuja cubagem conhecida, de 36 bilhões de toneladas, foi recentemente apontada pelo geólogo Othon Leonardos como sendo de 100 bilhões!

Maliciosamente, e principalmente visando impressionar os que vivem de soldos, espórtulas, donativos, honorários ou subsídios, os marxistas ergueram uma verdadeira câmara de horrores em torno da palavra "LUCRO". Em volta dela, passaram também a saracotear todos os exibicionistas a quem interessa qualquer espetáculo que lhes garanta o nome no jornal: os marginais políticos que vivem da demagogia, certos líderes liberais mordidos de populismo, os sôfregos e alucinados de todos os carreirismos, os frustrados de todas as tentativas, filosofias e profissões — e até padres e bispos.

Para esses falsos anacoretas, tão ansiosos para obterem a seu modo o máximo de vantagens das "misérias desta vida", o lucro tornou-se como que uma torpe ação de genocídio, algo de antissocial, um anátema que serve para ferretear tudo aquilo que, no campo das atividades humanas, deve ser malvisto ou vigiado com desconfiança. Para puni-lo, movimenta-se todo um dispositivo inquisitorial, sagrado e profano, todo um rosário de palavras sublinhadas e truque de semântica, camuflando com isso as várias manobras de estrangulamento que visam paralisar as corajosas iniciativas dos homens de ação.

Daí o labéu de "LUCROS EXTRAORDINÁRIOS" dado à taxa que, com esse nome, transformava em pecado dos indivíduos e das empresas bem administradas aquilo que era pura consequência da inflação galopante desencadeada por governos incompetentes, ineptos, levianos ou simplesmente diabólicos.

Daí o rótulo vermelho "REMESSA DE LUCROS" para levar os ingênuos a apoiar uma lei que eles pensam que visa somente impedir ou dificultar essa remessa PARA FORA, quando sua verdadeira finalidade era desencorajar ou impedir que novos capitais estrangeiros continuassem a vir PARA DENTRO do país.

Confinando, por um jogo de palavras ("REMESSA DE LUCROS"), a atenção do homem do povo a apenas este ângulo do problema, os bolchevistas, seus financiadores capitalistas monopolistas e seus intelectuais "proletários", conseguiam desviar para essa parte — aparentemente negativa para a economia do país (a fração remissível dos lucros) — o interesse e consideração que todos, se lealmente informados, dariam ao que acontece aos 95% restantes do quadro geral da ação dos investimentos estrangeiros no Brasil. Enfocando apenas a parte remissível dos lucros, desviava-se matreiramente a atenção dos que faziam ou produziam os 95% restantes da remuneração do capital estrangeiro: sua fixação material na forma de novas fábricas ou empresas no país, sua integração na comunidade, através das compras e industrialização de matérias-primas nacionais, através dos salários, impostos e benefícios sociais, e da difusão de novas técnicas e a disseminação do *know-how*.

AS "CHAVES" COMUNISTAS: TERROR INTELECTUAL E TERROR ECONÔMICO

Para todos os sebastianistas do marxismo, para aqueles que ainda não quiseram ver que o cadáver da sua teoria sacrossanta jaz exangue e insepulto na estrada da História, atropelado pela tecnologia, pelo progresso social e pela imortal capacidade de sobrevivência dessas duas inafundáveis irmãs gêmeas — a democracia e a liberdade — para eles, é furiosamente necessário atiçar a ignorância dos indivíduos leigos e religiosos contra a força e os efeitos político-psicológicos do lucro.

Pois, após a prova dos nove dos cinquenta anos de inescondíveis insucessos, fracassos e frustrações da experiência que transformou a Rússia no mais gigantesco e trágico laboratório da Humanidade, os teóricos marxistas ficaram sabendo à saciedade que o lucro é que é o insubstituível fermento do progresso, a catálise da qual se desdobram as atividades que dão dinamismo aos indivíduos e às nações; ficaram sabendo que o lucro só não remunera o medo comedido, a incompetência desleixada e a preguiça modorrenta, e que dele decorre a interminável e sadia pressão que conduz os cidadãos ao aprimoramento, que estimula as indústrias à perfeição e leva os povos à abundância; ficaram sabendo que a atração do lucro legítimo movimenta o interesse dos que, sem ele, cairiam no faquirismo da inércia e da miséria, ou no marasmo da indiferença.

Numa didática definição, afirmou o economista e ministro Daniel Faraco: "De certo modo, o lucro é o salário do risco, da mesma forma que o salário é o lucro do trabalho".

Após cinco décadas de dramáticos ensaios econômico-sociais, durante os quais os cidadãos perderam direito às iniciativas, em benefício do Patrão-único, do Patrão-Estado, do Patrão-PARTIDO, aqueles que na alta curul marxista ainda têm um olho para enxergar acabaram vendo que só as legítimas promessas do lucro conseguem agigantar materialmente os seres, e os arrancam da permanente subnutrição de esperanças e da inanição de ambição e orgulho em que jazem os povos das nações-cadeias, dos Estados "Socialistas", das "democracias" populares.

No que diz respeito a lucros, a opinião pública do país, principalmente aqueles cidadãos pouco familiarizados com assuntos econômicos, tem sido longamente ludibriada por um truque com o qual já foi envolvido até um chefe de governo. Os interessados em forjar uma moldura de desprezo intelectual ou de crime antissocial em torno do sucesso maior ou menor das empresas abusam continuamente da boa-fé do povo, quando falam sobre os resultados auferidos pelas organizações que eles planejam apontar à execração pública, como símbolos da iniciativa privada.

Para o êxito desse truque, bastava ao "doutrinador" mal-intencionado apenas cometer um "pequeno" erro deliberado: analisar maliciosamente os lucros obtidos face ao capital registrado das empresas, e não frente ao seu movimento de produção, de vendas ou de rendas.

Até a instituição obrigatória da reavaliação do ativo fixo em termos não punitivos, decretada em 1964, o capital teve que manter-se praticamente como o talvez menos expressivo dos componentes ativos da vida de uma organização comercial-industrial.

A sobrevivência e prosperidade de uma corporação sempre se deveram, de modo quase absoluto, ao conteúdo de dinamismo e agilidade com que ela participava da vida econômica, e à sua agressividade em produzir bem ou bem vender. Através da demonstração de capacidade, firmeza, experiência e honestidade, empresas grandes ou médias ofereciam a segurança e a confiança desejadas pelos que lhes abriam créditos.

E, assim, podiam acionar menores ou maiores volumes de riqueza, pela compra e venda de matérias-primas ou de produtos acabados, movimento esse que no fim de um ano fiscal, resultava em cifras superiores ao seu capital registrado.

Essas cifras é que exprimiam, de fato, a vivência da empresa, sua potência criadora, o quanto fizera, a que montante atingiram seus esforços de produção, de vendas ou serviços, o quanto conseguiram concretamente girar na economia da região ou do país.

Os homens-rãs do terrorismo econômico sempre insistem, porém, em colocar sob a boa-fé da ingenuidade pública as suas explosivas distorções numéricas, para fins emocionais. E então solenemente apontam como "argumento" para combater a livre empresa (e o sistema político a ela ligado) o "absurdo", por exemplo, de uma organização com Cr$ 120 milhões de capital ter um lucro de Cr$ 60 milhões. Lucro de 50%! Estertoravam eles, fingindo-se emocionados com o eco das próprias falsidades. Mas omitiam cuidadosamente que esse lucro fora obtido num movimento geral de vendas ou produção da ordem de Cr$ 750 milhões, isto é, fora um lucro de 8%.*

---

* A essa altura, ao registrar esse lucro de 8% ainda sujeito ao Imposto de Renda, a empresa já pagou todos os outros impostos e taxas, ao longo dos meses de operação do seu ano fiscal.
 Aliás, uma organização que tem sido responsável por uma contribuição das mais criteriosas para a ciência econômica no país — a Fundação Getúlio Vargas — informava,

AS "CHAVES" COMUNISTAS: TERROR INTELECTUAL E TERROR ECONÔMICO

Esta grande discrepância entre o movimento de vendas de uma empresa e seu capital nominal ocorria antes da nova legislação de 1964, quando as organizações eram praticamente forçadas a manterem baixo o seu capital, por causa das taxas, deliberadamente altas, do Imposto de Renda que incidiam sobre a reavaliação do ativo. Mantendo-se baixo o capital, a velocidade da inflação fazia, então, com que a percentagem dos lucros subisse substancialmente. E, aí, as empresas eram colhidas por pesadas taxações por terem "lucros extraordinários".

E, assim, os que ousavam tentar a prosperidade própria, e a do país, eram colhidos por uma e outra das presas da torquês de taxas punitivas, com que os estrategistas do caos os procuravam castigar e desencorajar.

Com o "inocente" estratagema de cotejar lucros versus capital nominal de valor meramente histórico, os assessores a serviço do terror econômico obtinham espetaculares algarismos percentuais de largo efeito publicitário-demagógico sobre os espíritos jejunos em economia (inclusive o do citado chefe de governo).

Eles comparavam os lucros — oriundos de uma ação dinâmica combinada, de produção, de vendas ou serviços — com um fator estático, um elemento de referência, quase histórico, e de menor influência nos resultados gerais que haviam ensejado tais lucros, como tem sido o capital das empresas.

É importante que os espíritos de pureza cívica, ou os de origem piedosa, que se mostram preocupados com o suposto aspecto antissocial do lucro, é importante ficarem sabendo que — graças ao crescente e ultranecessário poder de justiça do Estado democrático — nenhuma empresa média ou grande faz um lucro substancial sem que a comunidade dele participe, também substancialmente, através dos impostos e taxas. E, ainda que tenha prejuízos, a empresa particular se, por esta razão lógica, deixa de incidir no Imposto de Renda, mesmo assim, tem de pagar todos os demais impostos.

O Estado está ultraequipado de leis e meios para cobrar o que cabe à nação quando uma organização privada dá bons lucros. Não há nenhum

---

pelo número de fevereiro de 1964, de sua reputada publicação "Conjuntura Econômica" que o lucro médio das empresas comerciais no ano de 1962 tinha sido de 20,4% e o das organizações industriais, de 16,7%, isso comparando lucro *versus* capital mais os lucros (não distribuídos nos anos anteriores) a ele incorporados.

Nem era comparação do lucro *versus* **volume de vendas**, o que tornaria muito mais reduzidas essas taxas.

caminho para o qual a mais hábil estratégia administrativo-contábil de uma empresa responsável se volte, que não encontre, paralela e sempre presente, a vigilante mão estendida da Fazenda Pública, exigindo a participação a que a nação tem direito nos resultados satisfatórios de cada corporação mercantil ou industrial.

Talvez seja importante dizer, se é que isso pareça necessário, que, além de todos os outros tributos e das taxas e contribuições assistenciais-sociais mensais ou periódicas (já são mais de dez), todas as empresas organizadas estão ainda sujeitas a pagar o mais sábio dos impostos, que é o de Renda, este incidindo especificamente sobre seus lucros.

Quando algum capitalista ou alguns milhares de acionistas de uma empresa recebem lucros ou dividendos em suas mãos, o Estado, a nação já recebeu a sua gorda parte nesses benéficos resultados, e até antes deles; pois geralmente as corporações preferem prudentemente fazer distribuição de lucros e dividendos só após terem acertado suas contas com a Fazenda Pública.

Em nada menos do que três etapas, o Estado participava dos lucros de todos os empreendimentos privados:

a. *Pela taxa de 28% sobre o lucro puro e simples;*
b. *Pela taxação dos maquiavelicamente chamados "lucros extraordinários", taxação essa que ia num rápido crescendo até 50% do lucro apodado com essa denominação, imposto esse que, adicionado ao imposto normal de renda (acima mencionado), elevava a participação do governo pela legislação vigente em 1964 até a 78%!* E isso não sobre o lucro a ser distribuído aos acionistas, mas sobre todo o lucro taxável, bem maior que o lucro líquido, para distribuição aos criadores e responsáveis pelo negócio;*
c. *Existe ainda a taxa de 30% sobre o montante de reservas e lucros não distribuídos, que excede o capital registrado. Essa taxa, aliás, é uma demonstração de até que requintes de preocupação social vai a lei: ela visa evitar que os grandes acionistas de uma empresa imobilizem dividendos*

---

* A esse respeito, vale lembrar que são exatamente as empresas estatais, em sua maioria absoluta, que geralmente se prevalecem do privilégio de não pagar impostos, principalmente o de Renda. Esse protecionismo afrouxa ainda mais as condições operacionais dessas organizações, em que a falta de consequências e sanções elimina ou reduz a mínimos microscópicos o senso de responsabilidade.

que deveriam ser distribuídos com os acionistas menores, sem poder de comando na organização.

As vantagens que a comunidade inteira obtém das atividades das empresas que prosperam são de tão vital importância que, se as próprias duras contingências econômicas não punissem com a falência as corporações que apresentam contínuos prejuízos, seria o caso de o Estado fazê-lo. Pois, produzir lucros e resultados é um dever social da empresa, não só para com seus empregados e acionistas, mas também para com a nação, que deles participam avantajadamente.

Aliás, é bom que os santos espíritos preocupados com o "aleijão social" do lucro saibam que é muito mais fácil à sociedade dos homens de boa-fé vencer e "punir", através de impostos e taxas, o egoísmo — mesmo quando praticado por muitos, nas oportunidades que lhes possa dar o sistema democrático-capitalista.

O que se tem mostrado difícil e trágico é tentar derrubar o fanático despotismo de uns poucos, quando ele se instala sob a forma astuciosa de "democracia" popular — e se torna senhor da vida e da morte para os povos dessas nações dominadas.

Além desse "pecado" que é o LUCRO, há outro fantasma que os corifeus do Estatismo, ou da economia globalmente planificada, extraem da "casa de horrores" do sistema da livre empresa, para com ele confundir os ingênuos, ou espantar os tolos: é a VARIAÇÃO DE PREÇOS.

Aquilo que é a expressão mesma da livre concorrência — cada um produzir ou vender aquilo que pode, como pode — e que fornece ao consumidor essa SÍNTESE ECONÔMICA DA LIBERDADE que é a OPÇÃO DA ESCOLHA, isso que é um bem dos que vivem livres, os estatistas subvertem e apontam como o abuso da variedade.

Mesmo com toda a ninhada de órgãos burocratas-controladores que o Estatismo fascistoide desovou sobre o Brasil nas quase três décadas de sua duração ou de suas consequências — a economia brasileira viveu sob a fase chamada de mercado do VENDEDOR. Isto é, era o VENDEDOR, o produtor, quem dominava o mercado, e impunha sua mercadoria e seus preços. Tal acontecia porque, principalmente nos anos finais da década de 1950 e nos iniciais da década de

1960, o país vivia sob uma inflação desenfreada, uma de cujas características principais era o despejar contínuo de papel-moeda no mercado salarial.

Quanto mais chovia papel-moeda, mais os produtores reputavam suas mercadorias. Quanto mais subiam os preços das mercadorias, isto é, quanto mais SE DESVALORIZAVA O DINHEIRO das rendas ou salários, mais os consumidores corriam atrás daquilo que amanhã lhes custaria inexoravelmente muito mais.

Controlada relativamente a inflação — na segunda metade de 1965 — o consumidor passou a dispor de dinheiro menos fácil, mas ao mesmo tempo o preço das mercadorias já não "voava" mais. A menor velocidade dos preços redundou em mais tempo ou meditação para realizar a compra, menos açodamento em livrar-se hoje mesmo de um dinheiro que amanhã já não teria o mesmo valor.

O país entrou então na fase do MERCADO DO COMPRADOR, a era da economia mais sadia, e na qual todas as boas consequências da livre concorrência começam a fazer-se sentir: estabilização ou queda de custos e preços, preços mais acessíveis, melhores mercadorias, mais qualidades nos produtos, novos produtos, novas vantagens de uso ou compra.

Não foram raros os casos, durante os períodos de preços rumorosamente controlados — e controlados por CIMA, pelo mais alto — de revendedores ou produtores se rebelarem e, buscando vender mais, oferecer a mercadoria por PREÇOS MAIS BAIXOS e serem por isso penalizados ou ameaçados pelas autoridades, cujas portarias de preços "estavam sendo desacatadas".

Com exceção de um ou outro líder "nacionalista", todos sabem que o benefício da livre empresa está contido na livre concorrência. É este o acicate que leva cada produtor a tentar produzir ou fazer melhor do que o outro, e cada revendedor a vender em condições melhores ou mais atraentes do que o outro.

A variedade de preços pode ser uma variedade de mentalidade, se assim o quisermos. Pode ser até mesmo uma variedade de disposição espiritual — para aqueles que querem atribuir tudo apenas ao fator abstrato da ganância. Mas para aqueles que, no comércio organizado, trazem as coisas todas "na ponta do lápis", a variedade de preços exprime a maior ou menor capacidade de cada um, sua maior ou menor versatilidade nos negócios, sua maior ou menor agressividade em arriscar ou vender.

O controle ou uniformização de preços é um tiro que sempre tem saído pela culatra, para o consumidor, pois quando o controle estabelece um preço ABAIXO do interesse natural de compensação do produtor, este deixa de produzir a mercadoria, ou reduz sua produção — o que, uma e outra coisas, logo redundam em dificuldades no abastecimento e escassez da mercadoria. Se, ao contrário, o controle for feito e, pelo preço MAIS ALTO — para que diabo então servirá o controle?

A liberdade de preços resulta automaticamente numa variedade de preços — altos, médios, baixos. Ou resulta numa "confusão de preços" como dizem os enquadrados esquemistas do Estatismo. E daí se essa "confusão" não elimina, ao contrário, convida o consumidor a exercer o seu direito de opção e preferência, e a usar de variadas possibilidades de "pechinchar" e buscar os preços que lhe são melhores!

É simples, dirá o leitor. Por que então escrever isto?

É que, quando uma nação sai de um túnel de embustes políticos e calotes ideológicos, é incrível, mas torna-se preciso que se venham explicar em público até a vantagem da VARIAÇÃO DOS PREÇOS.

Pois ainda em julho de 1965 aconteceu que um ministro da Revolução, da área ligada a assuntos econômicos, reclamava nervoso, numa reunião de homens de negócios, o fato de uma pessoa de sua família, querendo comprar um aparelho eletrodoméstico de cerca de 200 mil cruzeiros, ter encontrado uma diferença de preços de 20 mil cruzeiros entre uma loja e a outra, bem vizinha. "É preciso estabelecer-se a UNIFORMIZAÇÃO DOS PREÇOS" — proclamara o ministro, sem entender ele próprio que seu familiar fora colocado apenas diante da saudável opção do preço mais alto e a do preço mais baixo.

Se fosse um preço ÚNICO, quem garantiria que o comprador, mesmo parente de ministro da Revolução, estaria sendo beneficiado com o preço mais baixo? E se este fosse forçado, quem garantiria que ele teria a mercadoria facilmente à sua escolha?

O PREÇO UNIFORMIZADO é uma "solução" econômica, amarrada pelo mesmo cabresto que une pela cauda o Estatismo mais pacífico e o marxismo mais violento.

Imutavelmente fiéis à sua obsessiva tática do "quanto pior, melhor" — os bolchevistas usam sempre as mesmas "chaves" para amarrar o progresso das nações livres, de economia ainda frágil e DE LIDERANÇAS POLÍTICAS DOMINADAS PELO PRIMARISMO INTELECTUAL. O astuto estratagema com que têm conseguido mantê-las em estado de subdesenvolvimento é perturbar com apelos e tensões emocionais os setores da economia que lhes pareçam mais suscetíveis às incursões psicológicas da demagogia.

Dentro de seu plano de operações, escolhem a dedo este ou aquele campo da produção ou de serviços públicos para fazê-lo considerado como "de interesse da segurança nacional" ou de "interesse da coletividade"; assim, criam as "atividades de significação estratégica" e os chamados "produtos políticos" em torno dos quais, graças a rumorosas campanhas publicitárias, põem logo a gravitar um cinturão intocável de altas descargas emocionais.

Mas esses movimentos não são de caráter apenas negativo ou passivo. É verdade que, primeiramente, eles visam impedir o desenvolvimento de certas atividades básicas, capazes de influir extraordinariamente na expansão da economia do país, quando manipuladas por empresas privadas, estrangeiras ou nacionais. Mas seus planos finalizam sempre na posterior obtenção, por infiltração, do comando das empresas estatais que se organizam em consequência da intocabilidade, por mãos particulares, dos setores, indústrias ou riquezas que eles, comunistas, têm em mira controlar politicamente.

Ao recorrer à inapelabilidade do fator "segurança nacional" ou ao truque, menos aparatoso, da "significação estratégica", os comunistas o fazem com endereço certo: assim, envolvem logo os espíritos que, por profissão e sentimentos, são mais sensíveis a esse condicionamento — os militares.

Obviamente, um oficial responderá, sem nenhuma hesitação, que o petróleo interessa vitalmente à segurança nacional. Dirá também que as telecomunicações se acham profundamente entrosadas nessa mesma finalidade. Também concordará que o sistema ferroviário idem. Idem, idem também para o complexo de transportes marítimos e fluviais. Também poderá afirmar o mesmo quanto à indústria do aço, quanto às indústrias pesada e leve, quanto à indústria de alimentos.

Que é que, na realidade, não interessa à segurança nacional? Que é que, hoje em dia, pode ficar fora do interesse militar ou do alcance de planos e levantamentos dos Estados-Maiores para as mobilizações bélicas, que são totais e universais na guerra hodierna?

Em caso de conflito, a nação inteira tem de ser inquestionavelmente posta a serviço da defesa de sua soberania. Tudo é estratégico, tudo se torna vital para a sustentação da luta armada, desde as montanhas e as jazidas de minérios até a incorpórea e fluida força das palavras e das ideias.

Se o Estado tem esse poder de vida ou morte — que todos indiscutivelmente lhe reconhecem durante o período de guerra — por que ou para que essas custosas e permanentes mobilizações brancas em tempo de paz, essa intervenção "bélica" por via de monopólios e semipólios estatais — através das quais a nação acaba sendo dessangrada com déficits astronômicos, oriundos da incorrigível inoperância mastodôntica da máquina governamental?

Se, em tempo de paz, este ou aquele produto (escolhido a dedo pela demagogia) tem que estar nas mãos do Estado, por haver sido maliciosamente classificado de "estratégico" por um grupo político — por que tal produto não há de ser, por exemplo, o arroz? Ou, quem sabe, o jabá, a carne-seca? Ou então cordão de sapatos, sem o qual mesmo os mais ovantes soldados não podem marchar eficientemente em caso de guerra?...

O maior general dos tempos modernos, e quiçá de todos os tempos, o corso genial, Napoleão Bonaparte, teve a arrancada inicial de sua carreira marcada por uma flamante, fulgurante e prosaica ação: vestir e dar de comer às tropas. Trapos e molambos humanos que a França tinha, havia meses, estagnados na fronteira da Itália — encostados a canhões e armas ensarilhadas, e dispondo de pólvora boa e ainda seca, mas que de nada lhes valiam porque faltavam a vulgaríssima "munição de busca" e umas tantas quantas ceroulas, perneiras e borzeguins.

Para marchar, o depois famoso "Exército da Itália", que abriria a Napoleão as planícies do norte da península — e as portas do poder, da glória e da História —, não dependeu apenas das armas que, essas, já as tinha de há muito, mas do trigo, da batata, do milho, da carne, das túnicas e dos quepes que, por má administração de comandantes anteriores, lhe faltavam.

Depois de dever tanto de sua capacidade combatente a coisa tão pouca e vulgar, Napoleão, que veio a ser também um dos maiores estadistas do mundo, não saiu criando monopólios estatais de quepes e ceroulas, nem considerou o arroz como "produto político" ou de "interesse estratégico" durante os períodos de paz.

As mais bem equipadas forças militares do mundo contemporâneo, cuja entrada em ação decidiu consecutivamente a sorte de duas Grandes Guerras — as tropas dos EUA —, não marcham apoiadas por monopólios estatais de coisa nenhuma, nem têm sua matemática eficiência vazada no controle permanente e direto desse ou daquele produto de "interesse estratégico" ou de "caráter político".

Muitíssimo pelo contrário: a imbatibilidade do poderio militar dos EUA apoia-se exatamente no fato de que os gigantescos recursos naturais do país e seu fabuloso parque industrial, econômico e financeiro são manipulados pela formidável capacidade criadora e realizadora da LIVRE EMPRESA, posta imediata e totalmente a serviço das forças armadas assim que soa a hora de mobilização nacional.

E são empresas cujos capitais não nasceram das mãos ingênuas, primitivas, mas botocudas, das tribos Apaches, dos Sioux ou dos Moicanos. São capitais que ali chegaram ao longo dos últimos cento e cinquenta anos, e ainda continuam chegando, para disputar com os que lá já estão a sadia competição do mais capaz, do mais bem aparelhado, do que melhor produz, do que mais se renova, do que melhor serve ao público.

O estratagema dos estrategos marxistas, de encontrar uma "chave" política através da qual intervir — para manietar ou estrangular — em certos setores de atividades de produção ou comércio, sob o bem posto sofisma do "interesse público", só encontra guarida e acolhimento no primarismo intelectual ou no imediatismo "administrativo" de autoridades atarantadas com problemas superiores ao seu fôlego mental, ou atemorizadas pelas caretas do populismo.

Já houve ministro de Estado que, em pleno 1964, engasgado com as dificuldades de abastecimento consequentes das omissões e erros dos governos anteriores, declarou que os pecuaristas e industriais teriam que se conformar com vender o leite ainda que abaixo do custo de produção, pois tratava-se de "produto político".

Conjugava-se nessa atitude, nessa "saída" de ilustre ministro da Revolução de Março, de modo perfeito, a ação combinada do terror intelectual e do terror econômico. Ele assim reagia em função do medo INCONSCIENTE que o impedia de reconhecer e proclamar-se a favor do aumento de preços. E aderia à forma de antecipada obstrução com que os bolchevistas bloqueavam o desenvolvimento e a prosperidade de um importante setor das atividades agropecuárias e industriais do país. Leite, "produto político". É difícil resistir-se à tentação de achar que se trata de ideia de bezerro.

Decisão semelhante já havia sido magistralmente "prolatada", tempos antes, por outras autoridades igualmente dedicadas ao bem público ao fazerem o congelamento dos preços dos refrigerantes. E é provável que um dia surja a mesma jurisprudência tabeladora a respeito dos preços de caramelos, batons e gomas de mascar por parte de algum prefeito às voltas com a demagogia de vereadores de proles numerosas.

Houve certo momento de quase alucinante euforia na vida econômica nacional, em fins de 1960, quando a surpreendente indústria automobilística dava a sua largada inicial. Então, ainda não se sentira ao certo a que dificuldades financeiras o país fora atirado com as despesas da construção de Brasília "a toque de caixa" e "a qualquer preço"; nem se sabia em que saco sem fundo se transformaria o orçamento da República, com os rombos incosturáveis, deliberada e continuamente alargados pelo concessionismo eleitoreiro como "presente pessoal" às três superclasses proletárias que "mandavam" nos pontos-chaves da economia brasileira: os transportes básicos.

Antes dos dias angustiosos que se sucederiam — de 1962 a princípios de 1964 — o Brasil era um país juvenilmente apitando de progresso e tinindo de oportunidades douradas, com os bolsos recheados de um dinheiro que se fabricava dia e noite, produzindo cifras e "riquezas" em bilhões e bilhões, com uma facilidade que alquimistas medíocres e financistas apoucados jamais poderiam imaginar.

Naqueles inebriantes e ilusórios momentos de 1960, mais do que em nenhum outro até então, as classes que vivem de salários sentiram que poderosa e concreta influência têm a competição e a prosperidade, ainda que falsamente estimuladas, para valorizar o mercado de trabalho.

Repentinamente, porém, em meados de 1961, sacudida pelo grave choque político da jogada desleal, da renúncia de um presidente, a nação mudou de ritmo e de ricto. É que simultaneamente também compreendera o que significavam para seu futuro imediato aqueles borbotões inflacionários de "valores" cada dia menos valorizados. E antevia em que trágica pagodeira poderiam terminar os trejeitos irresponsáveis dos inesperados homens que, então montados subitamente na gávea de comando, se haviam posto, num ensaiado desatino de loucos fingidos, a derramar, prometer e estimular dilúvios de favores sociais, de concessões políticas e reivindicações financeiras a quem quer que lhes pedisse mais, e lhes prometesse apoio para suas aventuras rumo ao ditatorialismo.

Por baixo daquele palco, no porão daquela ribalta, os técnicos da subversão faziam o contraponto para levar o país ao terror econômico e à alucinação: "Sobre os seus 80% de inflação, exigimos 100% como reivindicação!" "Para cada encarecimento de 100%, queremos 150% de recuperação, revistos de seis em seis meses!" E, pouco depois, já se proclamava: "Revisão salarial de quatro em quatro meses!"

Um álgido comando político-científico alterava quase de segundos em segundos o ritmo e o rumo da marcha, o conteúdo dos *slogans*, as percentagens das reivindicações, numa técnica satânica para levar tudo e todos à imobilização pela incerteza e pelo desespero, ao inerte estatelamento de uma rendição campal e incondicional — ao absolutismo bolchevista. De hora em hora, espocavam no ar novas condições e novas imposições político-financeiro-sociais sacramentadas pelo bando heterogêneo que ascendera ao poder, e que já tinha o Brasil como presa certa, atarantada, apavorada e rendida naquilo que estava sendo um dos mais soberbos e perfeitos desdobramentos da "Guerra Revolucionária" em todo o mundo.

Ao mesmo tempo que as sucessivas e sufocantes sentenças dos supersalários levavam o desalento e a perplexidade ao comando das empresas, a superinflação empanturrava as classes trabalhadoras, mas deliberadamente deixava-as novamente insatisfeitas e malogradas com a gorda fofice dos seus bolsos, recheados de zeros e nadas.

Acesa, atiçada e assoprada por todos os lados, a fornalha dos supersalários atingia a temperatura das hecatombes, para assim levar a nação à explosão do caos — o minuto delirante que antecede sua rendição final e total ao domínio marxista.

Fechada às oxigenadas injeções de capital estrangeiro, reduzidas também as possibilidades de recomposição, respiração e sobrevivência do empresariado nacional, a economia brasileira ia sendo submetida às pressões simultâneas de um plano de guerra total, executado pela frieza metódica de um fanático Estado-Maior inimigo, empenhado em sua "guerra santa" contra a livre empresa.

E, como guerra total, não houve recurso que não fosse utilizado.

Os metalúrgicos de Volta Redonda eram estimulados a pleitear mais e mais salários, ainda que isso elevasse a preço quase de ouro o aço que corria de seus fornos. Isso visava a amplos efeitos: encarecer os produtos de todas as indústrias que consumiam as chapas e os laminados da Siderúrgica Nacional, e, pela equiparação de salários, encurralar as usinas particulares, simultaneamente submetidas à mesma pressão e sem a liberdade de movimentos e abastecimento financeiro de que dispunha a usina oficial.

Davam-se mancheias de salários, e taxas, e adicionais aos marítimos e portuários, enquanto os operários dos estaleiros navais particulares eram espicaçados a exigir sua equiparação a esses nababos de beira-mar. Toda a espantosa tonelagem de dinheiro-papel drenada para os navios e portos visava obstruir as nossas vias de comunicações marítimas, tornando inacessível o seu afretamento — o que foi espetacularmente conseguido, transformando em nação mediterrânea, que vive apenas de suas rodovias, um país que tem nove mil km de costa e mais de trinta mil km de rios navegáveis!

A Companhia Paulista de Estradas de Ferro, uma das mais bem organizadas do mundo, caiu após um cerco sistemático realizado durante alguns anos. A estratégia desse "sítio" para forçar a empresa particular à rendição, consistia em criar condições salariais insuportáveis para sua sobrevivência. Foram as mesmas condições que acabaram rebentando também as finanças das próprias ferrovias governamentais — hoje o mais pesado fardo que a nação carrega nas costas.

Por causa dos supersalários da Petrobras, a Bahia e, mais particularmente, a cidade de Salvador, fora praticamente riscada dos planos de expansão nacional de qualquer empresa, devido à desordem e irrealismo deliberadamente lançados no mercado de mão de obra local com a inflação artificial dos salários nas diferentes unidades dessa empresa estatal.

Dentro ainda das próprias cidadelas do governo, era intencionalmente criada e cultivada uma inacabável desigualdade de salários, soldos e vencimentos, entre funcionários dos três poderes. Assim, havia margem para que se pusesse em moto-perpétuo um também interminável processo de reajustamento e equiparação de salários entre categorias semelhantes. Pois, ao fazer-se de tempos em tempos o confronto das remunerações, sempre se descobriam novos desajustes e injustiças, aos quais se sucediam novos movimentos reivindicatórios dos novos injustiçados, visando a um novo nivelamento.

Comandando exigências cada vez mais absurdamente inaceitáveis, transformando justas reivindicações em intoleráveis imposições, os planejadores do terrorismo econômico tinham uma ambição de efeito universal: levar o pânico a todas as atividades de produção, desencorajar e paralisar as novas iniciativas, deter a expansão dos que teimavam em progredir, impedir a instalação de novas fábricas, a abertura de novas lojas, novos escritórios, novos bancos, e desestimular a introdução de novos equipamentos e novos métodos na agricultura.

Era preciso fazer com que AS NOVAS GERAÇÕES encontrassem fechadas as portas da subsistência e os caminhos do futuro, transformando-se, daí em diante, na inflamável e ingênua massa de manobra com que os estrategistas do desespero contavam também ganhar a batalha que os levaria ao seu máximo sonho: o monopólio político, a ditadura totalitária.

Enquanto os falsos líderes sindicais punham nas ruas as carantonhas de todas as ameaças, e já deitavam as suas irrecorríveis sentenças de senhores de todos os destinos, um grupo de sapadores agia no Parlamento, recrutando demagogos desatinados e inocentes bobos, os quais, na fúria de um carreirismo intelectualmente desonesto e irresponsável, atulhavam as comissões do Legislativo com os projetos das "ofertas natalinas" aos trabalhadores; eram obras-primas de adulação das massas, que iam desde a instituição da estabilidade aos dois anos de serviço numa empresa, até a aposentadoria aos trinta anos de trabalho.

Pouco importava a esses políticos, medíocres de mentalidade e murchos de sensibilidade, que o Brasil, por via de suas extravagâncias legisferantes, viesse a tornar-se mais uma mendicante nação-albergue neste lado do continente, com as suas gerações jovens, inexperientes, tendo que carregar às costas os milhões e milhões de adultos acima dos 45 anos de idade, que já fizessem jus à madrugadora aposentadoria.

Pouco se lhes dava que, adernado pelo aleijão forçado dessa velhice precoce, o Brasil se afundasse; pouco se lhes dava que o excesso de carga parasitária fizesse emborcar o barco da Pátria; o que eles visavam era receber adeusinhos, e promessas de votos, de seus também inconscientes eleitores, mesmo que fosse em meio ao tumulto do próprio naufrágio.

Os que têm a tarefa do terrorismo intelectual e econômico não substituirão suas ferramentas, nem renovarão seus truques. Voltarão sempre à carga com a calúnia — que já lhes é uma segunda natureza — e com os seus mitos e fantasmas, que amedrontarão ainda os inexperientes, os imaturos, os inseguros. Mas uma nação não é um peru que se prende a giz, num quadrado de bobagem, e fica girando entre muralhas de mentiras.

Povo burro é povo pobre

> *O primeiro dever do Brasil é enriquecer. O desenvolvimento da riqueza no Brasil corresponde à sobrevivência. País pobre é quase sempre o culpado da própria pobreza. PAÍS POBRE É PAÍS BURRO.*
> GILBERTO AMADO, em entrevista ao jornalista Heron Domingues, publicada em O *Cruzeiro*, de fevereiro de 1965.

Certamente envergonhado e revoltado com o forçado e anacrônico voto de pobreza que certos filósofos retardatários querem impor ao Brasil através de seu "neossocialismo" cristão, Gilberto Amado, com a assombrosa capacidade de síntese de sua lucidíssima inteligência, jogou sobre o caderno de notas do repórter:

— País pobre é país burro!

O horror ao enriquecimento, a fobia ao ganho, ao lucro, proclamado por certos líderes do pensamento religioso e da política brasileira, poderia deter no nascedouro toda a força do desafio e do estímulo — país pobre é país burro — com que o universal mestre sergipano procurou agitar uma vez mais a sensibilidade de seus patrícios.

Assim posta a questão — país pobre é país burro —, os gratuitos inimigos jurados da prosperidade continuarão resmungando em suas cátedras, em seus livros, em suas colunas de jornal e até mesmo em certos púlpitos, tentando apresentar a tese do enriquecimento nacional como apenas uma simples equação de favorecimento de classe, que visa dar mais a quem já tem tudo, ou já detém os meios de produção e riqueza.

Por isso, preferimos partir da frase estimulante de Gilberto Amado e, alterando seus elementos, atingir por outro caminho do raciocínio e da sugestão de ideias, o mesmo fim grandioso por ele desejado — a elevação do nível de vida, em termos definitivos e universais, para todos os brasileiros.

Assim, em vez de "país pobre é país burro", optamos por esta outra verdade que nenhum contorcionismo dos demagogos poderá torcer; por esta outra sentença que é uma advertência; por este outro pensamento que deve transformar-se em nosso grito de guerra:

— POVO BURRO É POVO POBRE.

Sim, quem em nossos dias poderá contraditar que povo sem instrução, povo sem conhecimentos, povo sem estudos, povo sem preparo, povo sem técnica, povo sem ciência é povo sem capacidade, povo sem possibilidades, povo sem oportunidades, povo sem futuro, povo sem destino, povo sem vez?

Pode ser que alguns indivíduos totalmente incultos ou semianalfabetos ainda consigam tornar-se ricos em nossos dias. Mas nenhum povo iletrado e ignorante sairá da condenação irremediável da pobreza generalizada. Nenhuma nação de massas ignaras e primárias poderá utilizar por seus próprios meios, senão de modo também primário e rudimentar, as riquezas que Deus tenha posto em seu território.

Que país poderá progredir ainda que em velocidade aritmética, neste mundo de corridas já espaciais, se os seus filhos não têm capacidade para sequer reter e interpretar os saldos de suas próprias experiências, quanto mais para multiplicar e ampliar os milhões de informações e conhecimentos que se acumulam hoje nas prateleiras do almoxarifado de ideias, de que se abastece a arrancada humana?

Que povo poderá deixar de figurar a reboque do progresso da Humanidade se o lastro da ignorância pesar irremediavelmente sobre 70%, ou 50% ou até mesmo 20% de sua população? Só em condições excepcionais, um indivíduo despreparado e desequipado escapa à sentença da miséria. Mas não se conhece nenhuma nação de parvos que se tenha libertado da maldição da pobreza e da praga do subdesenvolvimento. O eterno estado de precisão é a sorte imutável dos Estados imprevidentes que não fizeram investimentos na instrução de sua infância, nem cuidaram da educação de sua juventude.

Uma nação que em 1965 tenha milhões de crianças sem escolas é uma nação que em 1980 terá milhões de submiseráveis, à espera das sobras de alguma prosperidade generosa.

Muito mais nitidamente do que nos séculos passados, no mundo moderno a ignorância será uma condenação certa ao marginalismo econômico e social, senão à própria mendicância. A tecnologia, o racionalismo, o perfeccionismo avançam por tal modo através de TODAS as atividades humanas, que será difícil encontrar, para quem tenha apenas o curso primário completo, outra função que não seja, melancolicamente, a pá, a vassoura e a lata de lixo. E essas nem serão tão numerosas porque se amplia cada vez mais o uso dos fornos crematórios.

Para aqueles que pensam que exageramos na ênfase ao problema da educação, convém citar apenas dois flagrantes do cotidiano, um deles obtido de um dos últimos relatórios da UNESCO.

Defendendo a necessidade de melhor e urgente preparação do homem comum para a luta pela vida, os pesquisadores educacionais da UNESCO afirmam que em face das transformações que a tecnologia vem impondo às mais diferentes atividades de produção e serviços, esse homem comum, para estar em condições de atender às novas exigências de cada profissão mesmo nos seus escalões mais modestos, PRECISA TER UM MÍNIMO DE DOZE ANOS DE ESTUDOS!

Como em uma intencional comprovação dessa afirmativa que foi feita no começo da década de 60 — *O Globo,* do Rio de Janeiro, reproduzia, em outubro de 1964, uma notícia segundo a qual uma nova usina de aço da região de Chicago anunciara "QUINHENTAS VAGAS PARA TRABALHADORES QUE TENHAM CURSO SECUNDÁRIO COMPLETO". Interpelado, o Diretor de Pessoal da empresa havia justificado: "É que o trabalho manual, com a pá de carvão, já é coisa do passado, nas modernas usinas".

Aliás, esse fato entrosava-se de modo perfeito com outra constatação impressionante, vinda da mesma região: enquanto se anunciava que havia 400 MIL DESEMPREGADOS em determinado momento do ano de 1965 no imenso complexo industrial da área de Chicago, informava-se também que ali HAVIA 600 MIL VAGAS PARA EMPREGOS QUALIFICADOS, à espera dos elementos a eles capacitados!

Aqui mesmo no Brasil nós já sentimos muito recentemente a demarcação contrastante, da alternativa que a tecnologia impõe hoje a todos os povos da terra: EDUCAÇÃO OU MISÉRIA. Quando, nos primeiros seis meses de 1965, se acentuaram vivamente as consequências da "mudança de expectativas", todos os freios e "breques" da economia do país rinchavam nas alterações da velocidade inflacionária. Na ocasião, nada fez tanto ruído quanto as decisões que grandes e médias empresas tomavam, de rever e podar o seu quadro de pessoal. Por toda a parte, centenas e milhares de trabalhadores tiveram de ser dispensados. Para evitar o inevitável, houve até um "brilhante" ministro de Estado que chegou a ter uma "notável" ideia: a estabilidade com "doze meses de casa".

Pois bem, todas aquelas momentâneas consequências da alta cirurgia a que se submetia a destroçada e ameaçada economia brasileira recaíram em cheio sobre um setor das classes assalariadas — o daquelas sem nenhum preparo, o da mão de obra primária, NÃO QUALIFICADA. Pois, ao mesmo tempo em que se verificavam essas dispensas em escala de quase pânico, *O Estado de S. Paulo* continuava a publicar um suplemento dominical, com dezesseis a vinte páginas, oferecendo empregos especializados, em todos os tipos de indústrias e atividades...

Os mais eruditos analistas do progresso humano afirmam já, sem nenhuma jactância, que, no período a partir do término da Segunda Grande Guerra, a Humanidade adquiriu mais conhecimentos do que EM TODA A HISTÓRIA DO HOMEM sobre a terra!

E essa afirmativa encontra apoio na simples verificação de que somente no ano de 1960 já se publicavam mais de 22 MIL PERIÓDICOS (jornais, revistas, boletins) TÉCNICOS em todo o mundo e atingia a 80 mil o número de livretos, plaquetas, memoriais e separatas, também de assuntos técnico-científicos, impressos apenas nesse ano! Só no setor das ciências ligadas à medicina, por exemplo, havia em 1965 mais de sete mil publicações, quando existiam apenas dez no ano de 1750 no mundo inteiro. E, somente nos EUA, editaram-se em 1964 mais de vinte mil livros novos, a maioria dos quais sobre todos os ramos das atividades do homem; as reedições chegavam ainda nesse mesmo ano a quase oito mil livros diferentes.

A velocidade da aquisição de conhecimentos oriundos da experimentação científica e prática cresceu de tal maneira que o grande problema é agora encadear os elos avançados da corrente da capacidade humana. É obter um fluxo racional no tráfico das informações e das inovações atingidas na rota de cada um dos emaranhados e interligados setores da ciência e da pesquisa.

Já está sendo preciso levantar-se como que uma constantemente atualizada corografia da ciência e da tecnologia, para permitir que os pesquisadores de cada país saibam se alguém já os antecedeu na rota do futuro, e possam então dedicar seu trabalho a explorar aquilo que ainda é ignoto e incógnito.

Nessa sadia maratona em que se empenham laboratórios e centros de estudos, a dificuldade já consiste em estabelecer-se um dispositivo atualizador de informações, que permita aos experimentadores e cientistas de cada país ou região, ou universidades ou empresas, saber a tempo que solução ou que verificação já tenham sido achadas para questões que lhes surgem pela frente, a cada novo estágio de suas indagações ou perquirições. O que se procura é evitar a perda de tempo e esforços preciosos na busca de informes ou na análise de dados, às vezes já alcançados ou já deslindados por outros estudiosos e pesquisadores, em outros pontos do mundo.

Um fabuloso exemplo da fantástica velocidade com que o homem pode avançar através de qualquer campo novo de indagações, descobrimentos e averiguações — e das formidáveis vantagens que isso coloca à sua disposição — está contido numa curiosa verificação feita por um astrônomo do Observatório Astrofísico Smithsoniano de Cambridge, nos EUA. Esse astrofísico, Owen Gingerich, reuniu todos os dados e elementos desenvolvidos por Johannes Kepler em sua obra clássica *Astronomia Nova* para determinar a órbita de Marte, e os submeteu, por meio de um código de transcrição, a um moderno computador eletrônico. A máquina realizou em apenas OITO segundos as operações todas que o alemão Kepler, mesmo sendo um extraordinário gênio matemático, levara de 1601 a 1605 para desenvolver e completar!

Outra demonstração da disseminação dos métodos e conhecimentos novos que por toda parte estão sendo introduzidos, revolucionando qualquer profissão e qualquer atividade, modificando continuamente os requisitos intelectuais que se vão exigindo em cada setor de trabalho é a presença cada vez mais universal do computador eletrônico, utilizado agora nas mais inesperadas funções, nas mais díspares tarefas de cálculo, administração, avaliação e previsão: nas pesquisas, na ciência, nas universidades, nos laboratórios, na administração pública, na astrofísica, na aeronáutica, na guerra, na indústria, no comércio e até na agricultura.

A corrida para raciocinar mais depressa e mais acuradamente chegou a tal ponto que, dos cem computadores então utilizados em 1951, os centros oficiais de pesquisas, as universidades e as empresas particulares norte-americanas passaram a utilizar 22.500 em 1965!

Há apenas onze anos, a primeira empresa privada comprava um computador eletrônico, transformando-o, assim, de peça fantasmagórica, própria para complexos laboratórios, em instrumento do seu trabalho quotidiano. Hoje, existem já empresas que têm até 200 computadores trabalhando continuamente, em seus mais diversos setores e departamentos.

Haverá alguém que suponha que o destino do Brasil nada tem a ver com isto?

Haverá quem diga que isso não interferirá nem agora, nem no futuro, nas condições de vida do nosso homem comum?

Haverá tolos que ainda acreditem nos espertos desconversadores que atribuem aos variáveis fantasmas externos, e não às nossas graves deficiências nacionais, a razão de nossa debilidade econômica e de nossa fragilidade técnica?

No plangente São Bartolomeu das nossas vindictas cívicas, já temos malhado demasiadamente, ao longo da História e da existência deste país, três judas avarentos e sanguessugas: o antepassado colonialismo português, o subsequente imperialismo inglês e o superposto imperialismo ianque.

Talvez já fosse chegada a hora de buscarmos dentro de nós mesmos, do que não somos, do que não fizemos, do que não temos, do que não nos interessamos em fazer, a razão das razões de todas as nossas frustrações nacionais.

Porque se já fôssemos um dos povos mais adiantados do mundo, se já fôssemos uma nação com ciência e técnica bastantes para enfrentar todos os desafios e tirar partido de todas as oportunidades do nosso tempo, se não tivéssemos 50% de analfabetos nem sofrêssemos dos permanentes, seculares e vergonhosos déficits escolares que nos tolhem, nos mutilam e nos amarram aos mourões e aos cabrestos da incapacidade — quem faria careta a esta nação, quem a ludibriaria, quem a exploraria, de dentro ou de fora?

Apesar de tudo, o Brasil já amadureceu bastante para libertar-se das justificativas freudianas, dos bodes expiatórios criados para pagar os nossos próprios pecados. E também para emancipar-se dos bichos-papões gerados nas insônias juvenis dos que ainda têm a mente vazia de mais conhecimentos objetivos e de mais ideias práticas para resolver os nossos problemas.

Durante os séculos passados e nos decênios recentes, estivemos de vassoura no ar, golpeando os fantasmas remotos. Agora, basta de caçar morcegos lá fora. É a vez de espancarmos as trevas que reinam aqui dentro, em nós mesmos e ao nosso redor.

Agora é a vez de nos sentarmos à roda do fogo familiar e, preparando a agenda do amanhã, perguntarmos por que admitimos que existam até hoje neste país CINCO MILHÕES DE CRIANÇAS SEM ESCOLAS?*

---

* Segundo o Censo Escolar Nacional, promovido em fins de 1964 pelo Instituto Nacional de Estudos Pedagógicos. (Inclui avaliação das zonas rurais de Goiás e os territórios não atingidos pelo Censo.)

Por que admitimos que nem 20% de nossos jovens de doze a dezoito anos tenham escolas secundárias?

Por que admitimos uma tal situação do nosso ensino secundário e superior que, como observa Luiz Victor D'Arinos Silva — descrevendo o "Índice Composto de Desenvolvimento de Recursos Humanos" —, num grupo de 75 nações analisadas por técnicos mundiais, o Brasil fique a reboque num constrangedor 49º lugar? Relativamente à nossa população, dispomos de menos ensino secundário-superior do que catorze outras nações AMERICANAS, e somos melancolicamente superiores apenas à Bolívia, à República Dominicana e à Guatemala.

Por que admitimos uma situação que redunda em termos muito menos agrônomos que a diminuta Costa Rica? Ou seja, como informa Arlindo Lopes Corrêa, temos um agrônomo para cada 2.100 lavradores brasileiros, enquanto cada grupo de apenas 250 camponeses costarriquenhos conta com a assistência e orientação de um desses importantes técnicos.

Por que admitimos, neste país ainda "essencialmente agrícola" — mas infelizmente não tão bem "agrícola" quanto deveria sê-lo —, que existam apenas DOZE ESCOLAS DE AGRONOMIA, isto é, 2,5 % somente do número de nossas escolas superiores?

E como o nosso imenso rebanho bovino irá adquirir reputação de qualidade, e não apenas quantidade, se contamos apenas um veterinário para cada 37 mil BOIS?

Se no Brasil existem 22 mil leitos de hospitais sem médicos e enfermeiras, como disse o ministro Raimundo Brito, por que admitimos que as escolas de enfermagem representem somente 8% e as de medicina apenas 6% do número de faculdades do país?

Por que, no ano da graça de 1965, ainda não chegava nem a 8% o investimento nacional em educação, num país em que governos e particulares investirão CINCO TRILHÕES DE CRUZEIROS num só ano?

Muita gente supõe que os EUA são ricos porque nasceram ricos. Porque têm um país cheio de riquezas minerais e agrícolas.

Enquanto todos produziam por métodos igualmente primitivos ou rotineiros, enquanto a tecnologia não era tão necessária, enquanto praticamente a massa populacional de todos os países era quase por igual ignorante, nós exercemos, muito mais vezes, mais lideranças que os americanos no terreno econômico.

Quando os EUA ainda nada eram, o Brasil já tinha sido o maior produtor de madeira do mundo, o maior produtor de açúcar do mundo, o maior produtor de ouro do mundo, o maior produtor de trigo das Américas, o maior produtor de borracha do mundo, o maior produtor de café do mundo.

Que fizemos das oportunidades e vantagens ensejadas por todas essas lideranças — algumas delas exercidas já como nação independente?

Enquanto Pedro II fazia o tricô de seus versos, os líderes americanos erguiam *high schools* e chamavam quarenta milhões de imigrantes para irem ensinar-lhes tudo que soubessem de qualquer ofício ou arte, qualquer serviço ou profissão.

Enquanto tivemos presidente da República que até se esqueceu do assunto EDUCAÇÃO no conteúdo de sua mensagem governamental, os dirigentes americanos investiam montanhas de dinheiro no ensino em todas as suas fases.

Numa substanciosa análise publicada em janeiro de 1965, "Recursos humanos e desenvolvimento", o estudioso de nossos problemas educacionais, Arlindo Lopes Corrêa, divulga impressionante informação extraída de um livro de Theodore Schultz, sociólogo e educador americano. Segundo Schultz, os dispêndios educacionais nos EUA vieram num tal crescendo que, de 1900 a 1956, eles foram TRÊS E MEIA VEZES MAIORES que os próprios investimentos físicos dos capitais das empresas!

Em seu estudo "Educação e desenvolvimento", o educador Luiz Victor D'Arinos Silva associa-se à mesma tese sustentada por Arlindo Lopes Corrêa: o alto índice de retorno econômico da escolaridade é o fim mais diretamente visado pelas verbas maciças investidas em educação nos EUA, e em outros países avançados.

Pois, quanto mais escolarizado o indivíduo, quanto mais adiantado o seu preparo profissional através das escolas, mais rápida a sua integração na vida econômica do país, mais imediata e mais alta a rentabilidade dos seus esforços e da sua capacidade — o que o torna desde logo um novo grande pagador de impostos, um novo gerador de riquezas e um novo consumidor de elevada capacidade aquisitiva.

É uma conclusão simples, que vem da força matemática desses fatores positivos, pois mais educação, mais preparação técnica, mais conhecimentos, melhor *know-how* significam automaticamente maior produtividade, maior versatilidade, maior criatividade, maior eficiência, mais rendas, melhores salários e melhores arrecadações para os cofres públicos.

Os intelectuais "não comprometidos" — mas reconhecidamente ainda atarantados e amedrontados pelas velhas sentenças apocalípticas do marxismo, costumam justificar sua opção masoquista contra a liberdade alegando que as nações ocidentais, capitalistas, estão obcecadas pela máquina e pela matéria. Para eles, o avanço tecnológico das nações líderes do mundo livre é uma simples expressão do materialismo de sua civilização.

Não é possível que eles sejam parvos até o absurdo do que dizem, sendo como o são homens de talento. Pois só mesmo por solércia é que um indivíduo de espírito superior não vê, não sente, não entende, não conclui que a máquina mais aperfeiçoada, a mais perfeita, a supermáquina, a que envelhece instantaneamente todas as outras, a que faz mais coisas e mais milagres é criação dos cérebros, que para isso foram ajudados, para isso foram preparados, para isso foram equipados.

Esses intelectuais fingem estranhamente, ou taticamente, não entender que a inteligência capaz antecede e se sobrepõe à máquina. Por mais preciosa ou requintada ou fantástica que seja, a máquina, será sempre o meio, e não o fim, para o homem atingir novos estágios, de melhores níveis, que lhe permitam criar continuamente a nova máquina ainda além da última máquina.

Uma parte ponderável da grita que se levanta contra a "civilização da máquina" vem do terror e pânico de que as supermáquinas causarão o desemprego em massa. Os que assim reagem não sabem que, ao contrário, segundo asseguram alguns cientistas, as somas de conhecimentos e as informações já proporcionadas até agora pelos computadores eletrônicos, por exemplo, redundarão em fontes de trabalho e oportunidades para o homem por MAIS UM MILÊNIO.

Além disso, máquina nenhuma, por mais fabulosa que seja, custará tanto a uma empresa ou organização quanto o seu grupo de cérebros criativos, pensantes e executivos.

Quando uma nação capitalista despeja bilhões de dólares, ou libras ou marcos sobre o seu sistema escolar, ela está cuidando do mais importante, do mais absoluto, do mais decisivo, do mais reprodutivo dos seus fatores de riqueza — o CAPITAL HUMANO. Não é na inanidade das supermáquinas que elas põem esse dinheiro imenso. É na semeadura, amanho e fertilização da mais generosa de todas as lavradoras: a da inteligência humana.

Talvez a confusão que a esse respeito deve atarantar certos intelectuais brasileiros é o fato de o ensino nessas nações não ser APENAS PARA SABER, para brilhar, eventual e frivolamente, nos salões — como era de bom-tom nos tempos de antanho. O ensino é, intencionalmente, para SABER FAZER, PARA SABER PRODUZIR MELHOR.

O ensino apenas para saber, este sim, é que era o ensino para privilegiados. Pois que somente eles podiam dar-se ao luxo de ter cultura para nada, para o ócio, para o vazio, para apenas as frases de espírito, para as tertúlias e não para o trabalho, para os salões mundanos e não para utilizar nas fábricas, nos laboratórios ou escritórios.

Eles se tornavam cultos, mas não em benefício de ninguém, já que era uma cultura para exibir, feita de florilégios, de filigranas, de belezas e raridades espirituais, não vinculada a nenhuma tarefa prática, "subalterna", "vulgar", quotidiana, da qual resultassem produtos materiais que outros seres pudessem usar ou consumir trivialmente.

É por causa dessa falta de objetividade, desse empoeirado e já por toda parte sepultado "espírito de Coimbra" — sepultado inclusive em Coimbra mesmo —, que há tão imensos desperdícios no tão limitado panorama do aparelhamento escolar e educacional brasileiro.

Apesar da objetividade com que o deputado Carlos Lacerda procurou rejuvenescer o projeto da Lei de Diretrizes e Bases da Educação (enviado ao Congresso em 1948 pelo então ministro Clemente Mariani, e estranhamente extraviado durante quase dez anos), os ginasianos que se destinam às diferentes especialidades da engenharia ainda estudam inacreditáveis minúcias do corpo humano, e os que se destinam às escolas de medicina, odontologia, enfermagem e farmácia são esterilmente torturados com intrincados problemas e teoremas de geometria e trigonometria.

Faltam centenas de escolas técnicas pelo país afora, mas os privilegiados alunos que conseguiam matrícula nas utilíssimas escolas do SENAI do setor ferroviário tinham, além de ensino ginasial-profissional e material gratuito, um substancial salário mensal!

Faltam ainda muitas centenas de escolas para monitores agrícolas, mas temos a mais espetacular Universidade Rural de todo o Universo.

Não há dinheiro para erguer faculdades, mas enterraram-se BILHÕES de cruzeiros (de 1965) para aterrar numerosas ilhotas do fundo da Baía de Guanabara — a fim de que os professores mal pagos pudessem ficar a um pulo de seus escritórios e consultórios, onde, aí sim, tiram partido financeiro de seus títulos de "catedráticos".

Nenhuma alta autoridade executiva ainda atentou demoradamente para a dramática frustração de que são tomados anualmente — e para o resto da vida — aquelas centenas de milhares de moços brasileiros que conseguiram atravessar os sete anos do curso secundário, mas não encontram vagas suficientes nas faculdades.

É frequente, principalmente nas escolas superiores mais renomadas das grandes capitais, que, para um total de 150 ou 200 vagas, se inscrevam dois mil ou 2.500 candidatos.

Se admitíssemos que todas as 482 faculdades existentes até há pouco no país pudessem, otimistamente, oferecer 150 vagas iniciais cada uma, mesmo assim, apenas 72.300 dos 220 mil jovens que terminam anualmente os cursos secundários teriam tido oportunidade de ascender aos cursos superiores. Cento e cinquenta mil anualmente é o exército crescente dos que de certa forma se marginalizam, dos que de certa forma ficam semipreparados para o progresso e condenados a uma meia escuridão em seu destino, apesar de haverem procurado ter todas as luzes para iluminá-lo.

Por isso, justiça seja feita à clarividente decisão do ministro Suplicy de Lacerda de lançar a ideia da redução substancial dos períodos de férias escolares e ampliar o número de horas dos estudos universitários — de modo a poder, assim, diminuir em um ano a duração de cada um dos cursos superiores. Com isso, haverá maior rotatividade de alunos e, portanto, maior produtividade das faculdades e novas e mais próximas oportunidades para os que antes não conseguiram matrícula.

Permanece, porém, um erro grave. A "produção de doutores" é feita conforme Deus é servido, sem se atentar para as demandas dos tipos de especialistas de que o país precisa. Nunca se procurou orientar a abertura de novas faculdades, segundo um plano que visasse o preenchimento exato das categorias de profissionais mais necessárias ao progresso e ao desenvolvimento, ou ao bem-estar do povo.

As escolas superiores vão sendo fundadas a esmo pelo Brasil afora, conforme as maiores ou menores facilidades encontradas. Por isso, enquanto o mundo avança aceleradamente pelos terrenos concretos das ciências positivas, entre nós vão sendo reconhecidas e, depois, amparadas pelos cofres públicos, escolas e mais escolas de Direito, ou de Filosofia e Letras. Não há nenhum critério ou controle ou iniciativa ou orientação, a fim de fazer convergir para cursos mais práticos, ou mais urgentemente necessários, os esforços pioneiros dos que desejam implantar escolas de ensino superior em suas cidades.

Por isso, das 482 faculdades existentes, 80 eram de Filosofia, Ciências e Letras, 59 eram de Direito, 54 de Ciências Econômicas, Contábeis e Atuariais. Havia 39 escolas de Enfermagem. E somente 36 para todas as especialidades de Engenharia. As de Medicina eram 29, e igual número eram as de Serviços Sociais. Havia 34 escolas superiores de Atividades Artísticas, 23 de Odontologia e catorze apenas de Farmácia e Odontologia. As de Farmácia eram doze, como somente doze eram as de AGRICULTURA. Outras especialidades ocupavam as restantes com algarismos isolados, inexpressivos.

Não admira, por isso, a informação de que em inúmeros estabelecimentos do parque fabril brasileiro há numerosos advogados, e até médicos e dentistas, ocupando cargos típicos de engenheiros industriais e de técnicos de produção.

Felizmente, já foi anunciado, ainda que sem muita convicção, que o governo da Revolução de Março pretende criar um "Centro de Orientação" ou de "Recursos Humanos", que se encarregará do planejamento permanente da "produção" de especialistas que o Brasil precisa de suas universidades.

Essa deficiência de profissionais adequados e adestrados tem sido agravada pela falta de objetividade e de atualização do ensino em todas as faculdades, inclusive até mesmo nas de Engenharia. A garantia de vitaliciedade da cátedra piorou ainda mais a situação, pois certos professores irresponsáveis reagem aos baixos salários com um absenteísmo contumaz; e outros, desencarnados e comodistas, se entregam pelos anos afora à repetição tatibitate dos mesmos currículos, das mesmas apostilas, das mesmas informações, dos mesmos conhecimentos. Pouco se lhes dá que tudo no mundo esteja voando já nas asas dos aviões supersônicos.

Parece até que muita gente importante nas congregações das nossas faculdades ou universidades ainda não se deu conta, teimosamente, de que o avanço combinado da ciência, da técnica e da pesquisa, conduzindo as passadas do desenvolvimento, tornou totalmente inerme, inexpressivo, irrazoável e inútil o "bacharelismo" oco e vazio, o teoricismo sem experimentação, brilhante, mas inconsistente; falastrão, mas inoperante; erudito, mas superado; racionalíssimo, mas inerte e contemplativo. Não bastam bibliotecas sem laboratórios. Não bastam alfarrábios sem provetas. Não bastam apostilas sem microscópios. Não bastam as faculdades farfalhantemente ricas de teóricos e de teorias, mas carentes de experimentos, de pesquisas e de prática.

Numa hora em que, nos EUA e na Europa, já se fala na revalidação obrigatória dos diplomas universitários a cada cinco anos — para atualização e modernização profissional —, e quando o tempo contábil de depreciação das máquinas que era de vinte anos, passou para dez e, para certos tipos, já é de DEZ MESES apenas, esse descompassado divórcio da cátedra com as realidades, essa sua descontemporaneidade com o presente, essa sua lentidão assimilativa, esse desligamento com o meio, tornam-se até mesmo um fator de perigo para a própria sobrevivência da nação.

No estágio atual do mundo, é simplesmente inquietante essa acefalia abúlica da nossa Universidade, esse bailado de rondó, literatices e vetustas vacuidades em que apesar de tudo ainda se mantém o ensino secundário e superior, mesmo quando se trata das disciplinas mais objetivas e fatuais. Pois, nesta hora em que o homem planifica e concretiza em poucos anos avanços tecnológicos que antes demandariam séculos, um país com as proporções geográficas e humanas do Brasil tem de pensar no futuro, não mais como uma preocupação, mas até como um sobressalto.

Os cultores do humanismo *a outrance* escandalizam-se com a perspectiva da inelutável e avassaladora necessidade, e domínio da tecnologia através do ensino das especializações. E então usam e abusam da famosa imagem, segundo a qual o especialista "vê somente as árvores, sem fazer uma imagem da floresta".

Esquecem-se de que o que se busca é dar a esse homem, igual a milhões de outros, um meio de vida à altura da eficiência e do progresso de seu tempo, de modo que participe, com espírito superiormente equipado, da sua tarefa na sociedade.

Quando se pede mais ênfase no ensino das ciências positivas, não se está, evidentemente, procurando produzir menos filósofos ou menos "técnicos das ideias gerais" que são os homens com lastro para dirigentes e estadistas.

Pois nada impede que, preparados profissionalmente para serem técnicos especializados, esses profissionais especialistas alarguem, pela força de sua curiosidade ou de seu interesse humano, o diafragma de sua inteligência, e se assenhoreiem de outros e amplos domínios do pensamento.

Aí estão, por exemplo, os casos de Eugênio Gudin e Gustavo Corção, dois engenheiros de origem e de profissão. E hoje dois autênticos humanistas, dois homens que têm a mais larga visão dos problemas do Brasil e do mundo. O seu caso, aliás, se assemelha ao do quase engenheiro militar, o gigantesco Euclides da Cunha.

Além disso, e como acentua, em estudo recente, o professor Fernando de Azevedo: "Que importa saber ler Platão no texto, quando se é incapaz de compreender Einstein, de ter consciência do ponto a que a humanidade de hoje levou o escrúpulo da verdade".

Lutando contra os "humanistas puros" que ainda hoje pretendem dominar as linhas mestras da educação em sua pátria, o grande físico e educador francês Lucien Poincaré teve uma afirmação de extraordinária singeleza e compreensão: "A ciência é imprescindível a todo aquele que pretenda desincumbir-se bem do seu ofício de homem".

E Anísio Teixeira completa, esclarecendo com lucidez e feliz objetividade que a escola "não é mais do que um esforço para redistribuir os homens pelas diversas ocupações e meios de vida em que se repartem as atividades humanas".

Por tudo que o mundo está vivendo neste ano da graça de 1965, já sabemos suficientemente que a liberação do átomo não ficou apenas como um fenômeno ou evento de laboratório. Também já tem sido dito que, com isso, se liberaram simultaneamente novas forças humanas e sociais, novos e justos desejos do homem. E, quando este quer ser grande por toda a parte, um país-continente não pode impunemente deixar-se ficar liliputiano. Quando é imperativo para todos os povos que sejam progressistas e o mais possível autossuficientes em *know-how* e tecnologia, não podemos irresponsavelmente correr o risco de nos mantermos retrógrados e sempre dependentes.

Também não é mais possível que, enquanto empresas europeias e americanas têm, cada uma, de 500 a 2 mil cientistas e pesquisadores nos seus quadros ativos, para as mais variadas atividades ou indagações, entre o milhão de funcionários, que vivem do tesouro público brasileiro, não estejam inscritos nem mesmo um milhar de cientistas. Utilizando algumas centenas de técnicos em seus laboratórios — um dos oito maiores dos Estados Unidos — só uma dessas empresas, a XEROX, está obtendo 200 NOVAS PATENTES POR ANO!

Mas também como iremos pesquisar em toda parte, em todos os escaninhos da vida intelectual e profissional do país, nas universidades, nas fábricas, nas lavouras, nos centros médicos, nos grupos de estudo e preparação das forças armadas, nas corporações privadas ou nas entidades públicas, em cada setor ou departamento que depende de inovações ou experiências, se não há escolas ou faculdades preocupadas em fornecer cientistas ou pesquisadores treinados para a manipulação experimental e as ilações práticas dos fatos ou dos conhecimentos?

Por outro lado, como se pode buscar o melhor e o mais perfeito, como poderemos livrar a nação dos malefícios do adulador em todas as escalas e em todos os setores — adulador na coisa grande ou na miúda, na solene ou na cotidiana, adulador do ministro ou do amanuense, do neurologista ou do carteiro, do general ou do guarda, do arquiteto ou do balconista — se a média de "aproveitamento" exigida em tantas escolas ou escalões do ensino baixa até o significativo QUATRO, a postura normal e deambulatória dos próprios quadrúpedes?

Admitir-se que alguém entre numa escola ou passe de ano tendo até mesmo nota QUATRO em uma matéria, ou como média, prova que, ou não se está fazendo questão de que saiba coisa alguma de alguma coisa, ou então que a matéria ou conjunto de matérias é excessivo, inadequado, irreal ou até punitivo.

Além disso, a nação não pode fornecer ensino de graça a quem não tenha a capacidade, ou não se dedique, para obter pelo menos a média sete, no conjunto ou como mínima de cada matéria considerada como necessária para o conhecimento de uma profissão ou disciplina.

E, por falar em ensino gratuito: ele o deve ser, totalmente, em todos os graus, mas APENAS para os estudantes oriundos de famílias ainda POBRES, catalogadas economicamente no que se convencionou chamar de CLASSES C e D.

O ensino oficial gratuito indiscriminado, para o filho do pobre, do REMEDIADO ou do RICO, é um LUXO, e até uma mentira "democrática", a que o Brasil não se pode dar no momento, sob pena de continuarmos como estamos, dispondo de escolas primárias, secundárias e superiores apenas para reduzidas FRAÇÕES da nossa infância ou juventude.

Todos os pais que tiverem renda mensal acima de vinte SALÁRIOS-MÍNIMOS, e até três filhos, deveriam ser obrigados a pagar o ensino das escolas públicas que eles frequentarem. Os que tiverem mais de três filhos ficariam isentos. E se algum brasileiro REMEDIADO ou RICO declarar que paga os impostos exatamente para, entre outras coisas, ter ensino gratuito para seus rebentos — então peçamos uma trégua à sua maneira estreita de raciocinar ou às suas ambiciosas conveniências financeiras individuais, mas ele que PAGUE cada um dos cursos, e pague O DEVIDO VALOR e não taxas meramente simbólicas.

Se também nesse ponto revelarmos que temos aquela maturidade de sacrifícios e compreensão que marca os povos destinados à liderança, o pagamento de taxas realistas às escolas públicas pelos filhos dos que tiveram a capacidade e a sorte de conseguir melhores níveis financeiros ENSEJARÁ A ABERTURA DE MILHARES DE OUTRAS ESCOLAS, ou um muito melhor equipamento técnico das já existentes.

É lógico que, infelizmente, nem os ricos nem os remediados ainda são tantos neste país que só o que pagassem pelas matrículas de seus filhos daria para sustentar o sistema escolar dos municípios, dos estados e da União. Mas mesmo sendo quantos já são, essa renda extra pode redundar numa ajuda razoável às tarefas educacionais desta nação, cujos cofres públicos, sangrados e exauridos pelas autarquias industriais, têm pela frente o desafio imperioso de, antes que seja tarde, dar 160 mil salas de aulas para os CINCO MILHÕES de crianças brasileiras que ainda não dispõem nem mesmo de ESCOLAS PRIMÁRIAS.

Foi talvez meditando sobre a amplitude estarrecedora e sobre a urgência urgentíssima do nosso problema educacional que, numa solenidade pública a que estava presente o então presidente João Goulart, um professor universitário propôs a venda maciça de minério de ferro, para financiamento exclusivo da construção de novas faculdades e escolas superiores.

Compreende-se o desespero da solução e aceita-se a extraordinária boa-fé dessa propositura idealista. Mas quem asseguraria que a autarquia-industrial que iria exportar esse minério-universitário canalizaria os lucros para o erguimento das escolas?

Essa pergunta ocorreria a quem quer que tivesse lido nos jornais do país, em julho de 1965, que a Universidade de Brasília estava devendo cifras astronômicas aos seus fornecedores, porque a Companhia Siderúrgica Nacional não lhe pagava, havia dois anos, os dividendos de DOIS BILHÕES de cruzeiros a que, por lei, tinha direito.

(Meses mais tarde, em 24 de novembro de 1965, depondo perante a Comissão Parlamentar de Inquérito sobre a Universidade de Brasília, o então presidente da Companhia Siderúrgica Nacional declarou com a mais fria franqueza: 1) que achava "injusto" a Siderúrgica ter de financiar a universidade; 2) isso apesar dos 44 bilhões de cruzeiros de lucros obtidos em 1964; 3) "pois esses lucros", afirmou ele, textualmente, "se perdem, em sua maior parte, na própria empresa, ao serem utilizados em seu capital de giro"; 4) que a Siderúrgica devia não "apenas 2 bilhões, mas 2 bilhões e 650 milhões de cruzeiros" à desventurada universidade.)

A esse propósito, é penoso ter-se de mostrar mais uma outra prova, também chocante, de como as repartições do Estado "cumprem" entre si as obrigações ou tarefas mútuas que lhes tenham sido delegadas pela própria lei, e mesmo que visem às mais sagradas finalidades.

Embora pareça inacreditável, os Institutos de Aposentadoria chegaram a ser oficialmente acusados de calote pelas autoridades encarregadas de zelar pelo ensino primário nacional. Pois, segundo informou o *Diário de São Paulo* de 11 de julho de 1965, em nota não desmentida, oriunda de Brasília, até então aqueles órgãos previdenciários não haviam recolhido ao Ministério da Educação os 12 BILHÕES DE CRUZEIROS que já haviam arrecadado do imposto de 2% do "salário-educação", somente no primeiro trimestre de 1965!

Segundo a nota, até a intervenção pessoal do presidente da República tivera de ser solicitada.

O total da arrecadação prevista para o ano de 1965, decorrente dessa NOVA taxa assistencial, era da ordem de 50 BILHÕES de cruzeiros, segundo as primeiras estimativas do prof. Carlos Pasquale, diretor do Instituto Nacional de Estudos Pedagógicos.

Dentro dessas mesmas previsões, nada menos que 1,65 MILHÃO DE NOVAS CRIANÇAS BRASILEIRAS teria oportunidade de ingressar, em 1965, nas escolas que seriam construídas com a arrecadação proporcionada pelo "salário-educação" nesse ano — o que absolutamente não acontecerá se os institutos, descumprindo uma obrigação legal e moral, continuarem retendo UM DINHEIRO QUE NÃO LHES PERTENCE.

Além do desleixo e da insensibilidade de certos setores do Estado para a dramática URGÊNCIA e absoluta PRIORIDADE que deveria ter o problema da Educação, ainda funciona, contra o futuro da infância e da juventude brasileiras, até o calote das autarquias viciadas e viciosas, oriundas do Estatismo fascista...

(Quase ao final de 1965, em novembro, o presidente Castelo Branco anunciava que o "salário-educação", pago pelas empresas particulares, ascenderia já nesse ano à auspiciosa cifra de 120 BILHÕES de cruzeiros.)

Os EUA parecem a todos uma nação tranquila, segura de seu destino e confiante em sua posição de liderança.

Mas essa visão que aparenta, exteriormente, uma altaneira segurança quanto ao amanhã, que exibe um quase orgulho, que, se existisse, seria vazio e herético num povo tão provadamente cristão, essa visão que aparenta a blasfêmia de uma embriaguez de força e pujança, desmonta-se internamente, num paradoxo que flutua permanentemente entre o poderio e a incerteza.

Internamente, em seu dia a dia, em suas horas de trabalho e em suas vigílias, a nação americana parece, sim, tomada pela neurose de uma palavra, e se agita continuamente pelo pavor de suas consequências.

É sob o acicate dessa palavra, que deixa indormidos e permanentemente intranquilos os seus homens de comando — os que dirigem as organizações decisivas da economia: na indústria, na agricultura, nas finanças, no comércio, nos transportes —, que a nação americana se movimenta e se acelera, e se mantém na dianteira dos povos do mundo.

Nesse país que atingiu as cumeadas da espécie humana, todas as grandes empresas — as que se parecem mais sólidas que as próprias instituições públicas, ou as que porfiam para obter liderança — trabalham inquirindo e auscultando permanentemente o futuro, procurando ver além e acima de suas próprias realizações e dos altos níveis de perfeição já atingidos.

Tocados pela inquietante força da palavra mágica e amedrontadora, os líderes e os homens responsáveis perscrutam sempre mais acima dos próprios cumes e horizontes escalados. Parecem insaciáveis alpinistas açulados por uma febre dos cimos, que os empurra continuamente a grimpar cordilheiras ocultas, envoltas nos nimbos do desconhecido.

Pressionados até o pânico pelo receio de uma palavra — OBSOLESCÊNCIA —, os EUA da América do Norte atiram-se à magia incessante das buscas e PESQUISAS TECNOLÓGICAS, na ânsia de ultrapassarem a si mesmos. E a nação inteira é como um trepidante laboratório de experimentos, em que todos, empresas e indivíduos, se entregam à dúvida de seus próprios sucessos e progridem ainda mais, pelo próprio temor ao progresso.

Insatisfeitos com o que é simplesmente ótimo, intranquilos até com o que é perfeito, as empresas e o governo disputam às universidades a posse dos cérebros e dos gênios. Nenhuma organização de porte médio ou grande está segura de seu futuro se não o entrega aos cuidados desse hodierno grupo de alquimistas e experimentadores — os homens de seus Departamentos de Pesquisa, esses modernos adivinhos que brincam com o amanhã, que vivem enovelados em suas próprias hipóteses, que têm a estranha profissão de duvidar da verdade de hoje, para entrever quais serão as verdades do futuro.

A constância e a perenidade de poder, que parecem favorecer a nação norte-americana, não vêm da imbatibilidade dos seus exércitos. Mesmo porque os milênios provam que não há exércitos nem impérios imbatíveis.

A verdadeira força que os grandes líderes norte-americanos adicionaram à sobrevivência e injetaram nas energias de sua nação, fazendo-a parecer cada vez mais um sol sem ocaso e viver em interminável estado de epopeia, é a sua obsessiva e sadia insatisfação com o progresso, o seu maníaco pavor pela obsolescência.

Aquele pânico de dormir e descansar, e, de dormindo e descansando, ser vencido ou dominado — que levava Sesóstris, um remotíssimo Ramsés egípcio, a perambular como sonâmbulo através dos 300 aposentos de seu portentoso palácio — mantém também acesas e flamejantes as luzes todas da técnica e do saber norte-americano. Nessa vigília incansável nos laboratórios, nessa insônia produtiva dos centros de pesquisa, nesse alerta criador das universidades, a nação americana coloca-se em permanente tocaia nacional, à espreita de todos os movimentos do futuro.

Por isso é que tantas alvíssaras, tantas novas, tantos comedimentos, tantos éditos, tantas inovações são anunciadas e alcançadas por aqueles guardiões desarmados da nação — os seus técnicos, pesquisadores e cientistas —, que receberam a altíssima incumbência de mantê-la sempre como anunciadora e contemporânea do futuro.

E assim, enquanto os tolos de todo o mundo, convocados por *slogans* de bobagem, buscam no chão de cada país os rastros e as pegadas da "penetração do imperialismo norte-americano", os exércitos de cientistas e pesquisadores ianques invadem os pontos estratégicos de dominação do amanhã: ocupam as posições de liderança da ciência e da tecnologia, e deixam sobre quase tudo que se usa em toda parte, isto sim, a sentença mortal da OBSOLESCÊNCIA!

Lançando mão do que há de mais avançado para suas buscas do futuro, eles vão transpondo e decompondo um a um os mais complexos mistérios da natureza, decifram e desdobram os enigmas da física, e criam milagres de técnica — na arrancada mais audaz, na marcha mais acelerada e na mais brilhante e produtiva sucessão de avanços e vitórias que o homem já empreendeu contra o desconhecido, contra o despreparo, contra a ignorância, contra a improvisação, contra a incapacidade e a miséria.

Enquanto os autossuficientes, "superpolitizados", olham para a carantonha blindada do Pentágono e se põem a remoer os seus velhos estribilhos infantojuvenis contra aquele "Estado-Maior do domínio imperialista", os milhares de "comandos", de sapadores universitários, as imensas equipes de homens-rãs dos laboratórios governamentais e particulares dos EUA, mergulham incansavelmente no oceano infinito das hipóteses e das especulações científicas e realizam um incessante avanço por todas as áreas do conhecimento humano, em busca de melhores técnicas e de mais invenções para sua tecnologia, de mais aperfeiçoamentos para sua instrumentária industrial e agrícola, de mais corpos e elementos novos para sua química, de novas equações para os seus cálculos matemáticos, de novos desdobramentos para os átomos de todas as suas ciências positivas.

É o imperialismo da sua ciência. Este, sim, um imperialismo impiedoso e avassalador, que leva de roldão e cambulhada a sucata material e as velharias administrativas de todas as nações ex-líderes, e das que nada ainda lideraram.

Enquanto a velha Inglaterra se perde na discussão de programas superassistencialistas, para dar lentes de graça a todos os seus míopes, e a grande França acrescenta mais um orgulhoso funcionário público aos seus já cinco entre cada vinte cidadãos — os americanos endurecem a competição para cada um, mas ampliam seus planos de educação em massa e firmam prioridade absoluta para tudo que diz respeito à tecnologia. E disso resulta a um só tempo uma colheita astronômica de oportunidades a serem disputadas e por gente cada vez mais equipada e mais preparada.

Só os cegos "politizados" não veem as diferentes consequências das opções de cada nação: impressionantemente — pela sua coincidência —, enquanto em outubro de 1965 se anunciava que o programa de Educação global dos EUA custaria ao governo e aos particulares a astronômica soma de 42 BILHÕES de dólares, mas daria ensino em todos os níveis a 54 MILHÕES de alunos, informava-se, ao ensejo da concessão do Prêmio Nobel de Medicina a três professores franceses (Monod, Lwoff e Jacob) que, DESDE 1935, havia trinta anos, A FRANÇA NÃO OBTINHA NENHUM DESSES LAURÉIS, em qualquer dos campos científicos. Isso prova que nem mesmo os povos que atingiram, como os franceses, a grandeza helênica ou olímpica, podem quedar-se desatentos ou tranquilos, diante da arrancada humana, pelos caminhos da ciência e da tecnologia.

Os ianques avançam firmes na liderança do futuro porque fizeram de há muito uma escolha clara e corajosa: em vez de lentes de graça para os seus estrábicos, mais microscópios nos laboratórios para os seus jovens cientistas. Em vez de mais funcionários em pomposas empresas do Estado, novas atividades privadas resultantes de novas profissões, oriundas por sua vez dos novos conhecimentos adquiridos ou das novas técnicas desenvolvidas.

Buscando continuamente, açodadamente, novos métodos de raciocinar, de prever, de planejar, de analisar, de trabalhar, de fazer e de administrar — e indo sempre ao fundo e ao profundo de todos os mistérios físicos e químicos, orgânicos e mecânicos de tudo que há ao seu redor —, os pesquisadores, os cientistas, os laboratoristas, os "scholars" americanos de todos os graus e especialidades criaram uma saudável mas dura condição de vivência, que se exprime pela insatisfação permanente e pelo perfeccionismo obsedante.

Os ilimitados limites por eles incessantemente alcançados, e logo ultrapassados, alteram e afetam os padrões profissionais e existenciais de todos os grupos sociais, forçando muitas das elites dirigentes, políticas e econômicas — ante a ameaça do perecimento por senilidade e obsolescência —, à substituição do seu tão desejado nirvana de perenidade, por uma incansável mutabilidade das coisas e dos métodos.

Inovando assim, renovando assim, transformando assim, prosperando assim, triunfando assim, a nação que propicia esse antagonismo permanente ao *status quo*, acabaria por receber também — como um para-raios que se colocasse no cocuruto de todas as cumeeiras humanas — os anátemas e as condenações consequentes das antipatias despertadas em todas essas lideranças, cujas posições de glória ou inércia tenham sido por ela afetadas. Os grupos sociais atingidos, as velhas lideranças alijadas e suas expressões políticas — os ricos fedorentos e os marxistas sebentos, de todos os países — para justificação própria, e por autodefesa, levantam, então, contra a prosperidade americana o diagnóstico da "espoliação" e não o diploma do progresso, e apontam as pegadas expansionistas do "imperialismo", e não os avanços avassaladores de sua tecnologia.

Ante essa atoarda dos sonolentos retardatários ou dos incomodados inconformados, alguns inocentes aceitam facilmente a alegação de que os EUA extraíram e extraem sua prosperidade do que haurem no comércio e em vantajosos negócios com outros povos. Deverão, então, surpreender-se com o fato de que 95% do dilúvio de coisas úteis, necessárias ou supérfluas, produzidas pelo gigantesco equipamento industrial americano são compradas e consumidas DENTRO DO PRÓPRIO PAÍS. Apenas 5% da sua prosperidade interna dependem, portanto, do consumidor estrangeiro.

Por outro lado, há também os que pensam que os americanos desfrutam de um fabuloso nível de vida porque usufruem, a bom preço, do que outros povos produzem. A esse propósito, é interessante lembrar o que, em novembro de 1965, informava o Departamento de Comércio dos EUA: tudo o que o país importaria nesse ano (alimentos, conservas, café, produtos tropicais, industriais e comestíveis, vestuário, vinhos, uísque) não atinge 3% do seu Produto Nacional Bruto.

Quanto aos lucros que acionistas americanos recebem das companhias sediadas em todo o mundo, também não chegam nem a 0,5% do Produto Nacional Bruto da nação do Norte. Este, em 1964, era de US$ 622,6 bilhões, enquanto os lucros que entraram atingiram US$ 3,6 bilhões.

O verdadeiro campo de "exploração" do qual os americanos se têm beneficiado ao máximo, e se preparam para "sucção" cada vez mais extensa e profunda, é a mente dos seus jovens e homens capazes, que são educados e treinados para obter crescentes milagres de produtividade, extraindo-os de todas as possibilidades, de todas as atividades, de todas as circunstâncias, de todas as situações, de todas as ofertas da vida do país e da sua própria vida.

Parece que a mão divina guiava protetoramente a mente e a decisão dos líderes americanos quando todos eles, de Washington a Jefferson, a Benjamin Franklin e a Abraham Lincoln, continuamente optavam pela Educação como a mais alta e PRIORITÁRIA obrigação de governo.

Quando os filhos dos brasileiros riquíssimos ainda precisavam atravessar os mares, rumo a Coimbra, para obterem o "luxo" e os crachás de uma educação mais aprimorada, já um estado da federação norte-americana, o de Massachussetts, onde está a Universidade de Harvard, tinha uma lei, em 1827, que obrigava a construção de uma escola SECUNDÁRIA em cada vila com mais de 500 famílias.

E, em 1862, em plena sangueira da estúpida guerra civil que retalhava o país, o grande Lincoln promulgava o *Morril Act*, que criava uma série de universidades estaduais, cujas faculdades pioneiras eram nada menos que ESCOLAS DE AGRONOMIA — logo chamadas de "colégios para vacas", pelos seus adversários. Foi nesses "colégios para vacas" que se amamentou uma grande parte do sistema universitário americano, e principalmente o seu espírito de OBJETIVIDADE, colocando a educação diretamente a serviço dos problemas do progresso e do bem-estar do país.

Frequentemente descritos como ingênuos, tolos ou até mesmo primários, pelos espíritos "eruditos" e pelos "enciclopédicos" de todo o mundo, os puritanos americanos levam a sua esperta "ingenuidade" até o ponto de darem às suas escolas a mesma importância, a mesma assistência e o mesmo amparo, a mesma intocabilidade, que dão às suas igrejas.

Assim, apesar do "primarismo" que lhes atribuem os nossos filósofos deslumbrados pelo "culturalismo" francês, eles demonstram entender melhor do que nós próprios aquela outra visão profética de Rui Barbosa: "AS NECESSIDADES DA EDUCAÇÃO ESTÃO NO MESMO PÉ QUE AS DA DEFESA NACIONAL".

Por isso, não é de admirar-se que já em começos de 1900, enquanto apenas 10% dos jovens europeus frequentavam escolas secundárias e superiores, o conjunto de moços americanos nesses estágios da educação atingia já 50% da população juvenil do país. Por essa época, no Brasil, ter um certificado ginasial era um verdadeiro privilégio, só desfrutado por muito poucos jovens das famílias realmente abastadas, ou das raras que tinham noção da importância da Educação.

Quanto mais analisarmos a já centenária obsessão americana pela educação prática, objetiva, realística, científica — que conduziu seu país a todos os prodígios atuais e vindouros da tecnologia, mais se aprofunda a nossa convicção de que reside aí, nessa preocupação na qual se acordam todas as lideranças nacionais, o verdadeiro plano-base que elas traçaram para si e para sua convivência com o mundo.

Não é em West Point, não é em suas várias academias militares, que eles buscam os meios de não serem superados por ninguém sobre a face da Terra. É em suas universidades, em seus centros de estudos e pesquisas, em seus laboratórios oficiais ou particulares, é por toda parte e em todas as salas onde se estude, se pesquise ou se façam experiências, que eles acumulam o mais indestrutível dos poderios — o dos milhões de mentes equipadas para as batalhas em que se disputa a hegemonia do progresso, em qualquer campo de atividades do homem.

O fenômeno humano dos EUA, que assombra o mundo que os admira, ou apavora o mundo que os detesta, não é nada mais que o imperialismo da inteligência, alimentado num império da liberdade.

Quando se pretende colocar face a face o fabuloso progresso dos EUA e o progresso-não-tanto do Brasil, é bom que se saliente que não nascemos nação enjeitada, nem eles nasceram país predestinado.

Enquanto a coisa foi taco a taco quanto à capacidade de exploração das oportunidades e das riquezas da terra, isto é, enquanto o confronto foi entre nação de semianalfabetos *versus* nação de semianalfabetos, entre país de despreparados *versus* país de despreparados, OS AMERICANOS MARCHAVAM À NOSSA RETAGUARDA. Na era universal dos carros de bois, eles também tinham apenas carroças. A enxada que usavam era igual à nossa, e também importada. As ferramentas de suas toscas oficinas vinham, como as nossas, da mesma velha Inglaterra, ou de outro qualquer canto mais madrugador da Europa. Talvez seja inacreditável, mas NÓS ATÉ OS ABASTECEMOS DE TRIGO. E os superávamos LARGAMENTE no volume e valor das exportações, no início do século XIX.

Quando, porém, se iniciou a revolucionária intromissão da ciência na maneira de plantar e de colher, no modo de fazer e de produzir, o Brasil começou a perder fôlego, e foi ficando a meio caminho, desnorteado, atarantado, desatualizado. Por falta de visão ou de grandeza, os dirigentes nacionais não fizeram chegar até seu povo, às populações que trabalhavam e produziam, as novas condições de progredir, de produzir melhor, mais depressa e mais barato.

Como um competidor quase ridículo de tão desinformado, o Brasil ainda marchava a pé, quando as novas condições do jogo já permitiam a máquina de correr, a de voar, a de atirar-se ao infinito.

Também alguns tolos racistas atribuem outra razão "fundamental" ao progresso dos EUA: suas "melhores" mesclas raciais. Essa "razão" parece ter a mesma lógica daquele velho truque ingênuo, montado para confundir criança: a do quilo de aço pesar mais que o quilo de algodão... Pois não há nenhuma diferença entre o analfabeto "gringo", loiro, sardento e o analfabeto "paroara", candango ou cafuzo. Todos eles se deterioram e se dissolvem na deliquescência da ignorância, todos eles se cegam nos negrumes do obscurantismo, todos se "degeneram" e se "inferiorizam", pois não há glóbulos vermelhos que resistam aos bacilos da obtusidade, do atraso, do primarismo, da parvoíce.

A prova concreta disso é que não há nenhuma diferença, substancial e superior, entre a fisionomia econômico-social de algumas regiões atrasadas do Brasil e aquelas regiões dos EUA, em seu famoso Meio-oeste, em que os rapazinhos iam para o bar, o balcão ou a carroça, quando ainda deviam estar num grupo, num colégio ou numa escola profissional — que também lá não havia.

Apesar desse "melhor" raciamento alegado pelo idioma bovino dos que mugem na linguagem racista, os EUA têm também, embora raros, os seus bolsões de atraso e subdesenvolvimento.

O Jeca deles, até hoje, não é melhor do que o nosso Jeca. Seus raros analfabetos mantêm a peculiaridade de também não serem mais ilustrados que os nossos... Pois lá, como em qualquer parte do mundo, onde se juntaram aglomerados de ignorantes, também se formaram as ilhas dos retardados caudatários do progresso, as "manchas" da estagnação e do imobilismo mental.

E o microrganismo que adoece essas áreas americanas de extrema pobreza, que as petrifica e fossiliza, tornando-as impermeáveis até mesmo ao gigantesco desenvolvimento do resto da nação, é sempre o mesmo: a deficiência escolar, a deficiência de preparo, a incapacidade intelectual e, em consequência, a incapacidade técnica, o primarismo profissional, o baixo rendimento de produção.

Os técnicos reunidos pela UNESCO nem perceberam que estavam isolando e qualificando um novo tipo de doença social, quando advertiam o mundo de que, devido à penetração da tecnologia através de todos os ramos das atividades humanas, o homem comum já necessita hoje de pelo menos DOZE ANOS DE ESCOLA para obter trabalho qualificado e mais rendoso. Essa nova doença que eles isolaram, sem a pressentir, é O ANALFABETISMO TECNOLÓGICO.

O analfabetismo tecnológico provoca a marginalização de todos aqueles por ele afetados. De todos aqueles que não foram preparados, ou não se prepararem, para participar da complexa engrenagem de produção, que vem sendo montada de novo — e novamente substituída, e incessantemente renovada — na corrida aprimoradora, irrecorrível, que o talento humano transforma em glória e suplício do progresso.

A tecnologia acabou acrescentando esse paradoxal fator novo de inquietação social que é a QUALIFICAÇÃO PROFISSIONAL, isto é, a exigência ou necessidade de o indivíduo ter uma profissão AINDA admitida e utilizada dentro da moderna maquinaria de produção, seja do que for, de coisas ou serviços.

Por isso, o analfabetismo tecnológico apresenta-se como uma das mais graves preocupações do mundo contemporâneo.

Uma prova terrível de suas consequências é aquele fato que já mencionamos, e que ocorre nos próprios EUA: a existência de 400 mil desempregados na vasta área industrial de Chicago, em 1965, quando, ao mesmo tempo havia 600 mil VAGAS para tarefas que exigiam, porém, mão de obra QUALIFICADA!

De nossa parte, ou desenvolvemos agigantada e aceleradamente o ensino tecnológico em geral no país, ou seremos eternos "pagadores de *royalties*", alugando as invenções, as criações alheias, os aperfeiçoamentos ou as inovações — feitos por outros povos, e que, por empréstimo, nos tiram do obsoletismo e nos permitem usufruir, caudatariamente, do que de melhor, de mais perfeito e mais eficiente o cérebro humano tenha criado.

Mas por que essa sentença de viver para sempre tomando arrendados a ciência, a técnica, o engenho criador gerados lá fora?

Por que termos de nos apertar no magote dos povos ensardinhados que se acotovelam por trás dos que fazem os grandes lances do mundo, para "colar", copiar ou "sapear", como os "filantes" dos baralhos alheios, nas jogadas do progresso?

Por que teremos de formar sempre na fila do "sereno" humano, à espera de que nos mostrem suas cartas aqueles povos audazes, que se equiparam para apostar no futuro e, assim, ter a hegemonia do presente?

Por que haveremos de nos manter sempre no melancólico papel de receptadores das obras do engenho alheio?

Por que essa posição marginalizada de praias do mar humano, onde vão bater as ondas — e a salsugem —, mas onde não se geram as correntes de pensamento e saber, que conduzem e dão a temperatura e a cor dos oceanos do mundo?

Por que essa interminável postura de caudatários, à espera de que outros nos cedam as patentes do inesperado, que nos ensinem a técnica das suas novidades, nos apontem o aperfeiçoamento das suas novas maravilhas e nos mostrem e expliquem as "peças" que garimparam em suas constantes pesquisas?

Por que não sermos nós próprios um centro irradiador, e não mera concha acústica ou câmara de eco nestes vales do mundo?

Qual será a escassez que leva uma nação de 80 milhões de habitantes a precisar que outros lhe forneçam sempre a ÚLTIMA PALAVRA TÉCNICA para seus empreendimentos, as ÚLTIMAS INOVAÇÕES introduzidas em seus equipamentos e maquinaria, ou O QUE HÁ DE MAIS NOVO em todos os campos da especulação e experimentação científicas?

Sem bazófias tolas, sem gabolismo vazio — não faltam qualidades ao nosso povo, ao nosso homem comum. O que falta, sim, é escola, é preparo, é educação, é treinamento e experimentação — em todos os níveis e em todos os campos de atividade do espírito humano.

Preocupados com as suas miudezas, confinados por suas mesquinharias políticas, enredados por suas vaidades, emparedados por sua estreiteza provinciana ou municipal, os governos todos, de todos os estilos, coloniais, monárquicos ou republicanos, presidencialistas ou parlamentaristas, militaristas ou civilistas, não souberam, não sentiram, não acharam necessário dar a esta nação aquilo de que ela mais precisa, para não perecer no oceano dos perplexos, dos amorfos, dos incapazes e dos embotados, que mendigam dos líderes, que se colocam à sombra dos povos líderes.

Pois não tivemos um imperador-poeta, "amigo da instrução" como o proclamam os seus áulicos — e que, após cinquenta anos de reinado, deixou o Brasil com 90% de analfabetos?

E já não passaram pelos governos presidencialistas ou parlamentaristas tantos juristas ilustres, tantos militares freneticamente patriotas que nem sequer olharam ou pensaram nas escolas?

Se não fosse grave, seria até anedótico o caso daquele bom homem, presidente da República, que encaminhou mensagem ao Congresso sobre seus planos de governo, e onde "por esquecimento" não havia uma palavra sequer sobre Educação.

O tempo perdido e a distância a recuperar se contam por milhões: milhões de analfabetos adultos; milhões de crianças ainda sem escolas; milhões de jovens sem ensino secundário; milhões de moços sem profissão técnica; centenas de milhares de outros espremidos às portas estreitas das poucas faculdades; centenas de milhares de engenheiros especialistas faltando nas fábricas, laboratórios e usinas; dezenas de milhares de agrônomos e veterinários faltando nos campos; 22 mil leitos de hospitais para os quais faltam milhares de médicos e enfermeiras para assisti-los adequadamente.

São números imensos. Mas o Brasil é maior que todos esses algarismos. Esses tantos zeros, que parecem amontoar-se como uma cordilheira de problemas, devem ser tomados corajosamente pelos brasileiros conscientes e responsáveis como apenas um rude desafio ao fôlego do nosso alpinismo cívico. Se os governos puserem em ação, para as tarefas da Educação, todos os instrumentos materiais e intelectuais que nos oferece a tecnologia, poderemos transformar o que hoje parece estatísticas de pavor e preocupação em exatamente números de esperança e fé no futuro. Dispondo desse trunfo extraordinário, dessa matéria-prima divina, que é a maravilhosa infância e juventude do país, conseguiremos ultrapassar em poucos anos os everestes de todos aqueles milhões negativos — desde que as possibilidades e a capacidade brasileiras sejam utilizadas com senso, inteligência, DECISÃO E CORAGEM.

Mas como pode cumprir seus compromissos com o futuro, como pode preparar-se para o amanhã, como pode dar instrução e educação, orientação cultural e técnica às suas novas gerações uma nação QUE ESBANJA 77% DOS SEUS GASTOS, APENAS COBRINDO DÉFICITS DE SUAS AUTARQUIAS E DAS "ATIVIDADES INDUSTRIAIS" DO ESTADO?

CADA CENTENA das várias centenas de BILHÕES DE CRUZEIROS que, ainda em 1965 e 1966, eram destinadas a alimentar os déficits das empresas que o governo não deveria ter nem gerir, daria ANUALMENTE para construir 500 GINÁSIOS OU ESCOLAS TÉCNICAS DE GRAU MÉDIO, mesmo ao custo de 200 MILHÕES de cruzeiros cada um.

CADA CENTENA das outras centenas de BILHÕES DE CRUZEIROS de impostos falhados, de impostos frustrados, de impostos aguados — volatizados pelas ISENÇÕES de toda natureza com que são acobertadas e protegidas as "organizações" industriais do Estado — permitiria ANUALMENTE construir CEM FACULDADES OU ESCOLAS TÉCNICAS DE GRAU SUPERIOR, mesmo ao custo de UM BILHÃO DE CRUZEIROS cada uma (valor de 1965).

CADA DEZENA de bilhões de cruzeiros destinados aos "fundos nacionais" pró-Eletrobras, pró-Marinha Mercante, pró-Ferrovias, daria ANUALMENTE para montar DEZ CENTROS DE PESQUISAS, ao custo de UM BILHÃO DE CRUZEIROS cada um e, portanto, altamente equipado.

E as usinas que a Eletrobras constrói, os navios que o Fundo financia, as locomotivas que a RFF compra? Para nada disso, a NAÇÃO TERIA QUE SACRIFICAR SEUS PRÓPRIOS COFRES, para nada disso teria que desviar dinheiro do atendimento da mais imperiosa necessidade nacional — que é a EDUCAÇÃO — se houvesse a coragem de permitir, como nos países adultos e livres, que eletricidade, Marinha Mercante e ferrovias fossem negócios de particulares, pelos quais estes pagariam impostos ao país, além de prestarem serviços eficientes e o pouparem dos sangrentos déficits inacabáveis.

Com sua mirada de visionário do futuro, e sua energia de fanático pelo Brasil — e após analisar as razões do progresso da Alemanha, do Japão, da Inglaterra e dos EUA —, Assis Chateaubriand bramia com fúria em novembro de 1965, como já o fizera em agosto de 1960, ou como em setembro de 1955:

"Torrem-se Volta Redonda, Cosipa, Hidroelétrica de Paulo Afonso, Lloyd, Costeira — por um sistema universitário, capaz de produzir aqui a única mercadoria em que não se tem pensado: homens com capacidade e produtividade."

Por que não somos maiores? Por que não somos melhores? Por que não somos mais ricos e mais desenvolvidos?

O grupo de sociólogos permanentemente espremidos pelos espartilhos de suas ideologias logo papagueia a sua fórmula pega-mosca: é por causa dos exploradores estrangeiros, os do passado e os do presente.

Outros, desimpedidos, sem as travas do curral filosófico partidário, perdem-se nas amplitudes da nossa geografia, na rarefação humana das nossas extensões territoriais ou em certos cômodos ou galpões nevoentos da nossa História.

E trazem de lá a incriminação da Terra: nossas deficiências, nossos males vêm da pobreza de minerais essenciais. Ou então: vêm da mal-aventurada e caprichosa disposição longitudinal de nossas cordilheiras, que obstaculizavam todas as tentativas de "marcha para o Oeste".

Ou, ainda, a incriminação do homem simples: é "a pobreza da mistura racial".

Quanto à primeira razão, torna-se até paradoxalmente ridículo buscar motivação para nossas pequenezas nas grandezas da nossa geografia. Pois ela oferece para a escassez, seja do que for, a alternativa de troca de tantas coisas abundantes, abundantíssimas, que jazem sobre e sob o solo brasileiro.

Também não é, absolutamente não é, no excesso de terras, na imensidão das chapadas e dos altiplanos, na desordem das montanhas ou no caudal diluviano dos nossos rios, que se encontram os cadeados que amarraram nossa marcha do passado para o presente e do presente rumo ao futuro.

A razão está no homem, sim. Mas não no humilde, no degredado ou no algemado homem passado. E, sim, no homem contemporâneo. Nas gerações que estão vivendo, e nas que vindas do fim do século XIX ainda entrariam por este século.

Por que recorrer a esse desengonçado contorcionismo de razões e motivos, por que esse pisoteio sobre a miscigenação racial, tentando apanhar, como culpados de tudo, nos desvãos da História, os milhares de portugueses que para aqui tenham vindo em ferros e para degredo, e os pretos que eram caçados em estado de mais absoluto primitivismo, para aqui sofrerem a amargura e o achincalhe da servidão?

Com sua fixação de alcova, certos historiadores e sociólogos, mais preocupados em saber quem gerou quem legítima ou ilegitimamente, atribuem nossas deficiências presentes a um mal de que de fato sofriam os primeiros colonizadores ou os formadores da nacionalidade: o seu baixo estágio cultural, o seu despreparo, a sua deseducação.

Mas esse mal é INTRANSMISSÍVEL, pois educação não se herda: adquire-se. Ela independe das leis da hereditariedade: assimila-se. Ela não vem nos glóbulos sanguíneos, mas sim dos bancos escolares.

E não foram as escolas que faltaram aos remotos filhos de alguns degredados que tornaram menos capazes os brasileiros de 1965. É uma iniquidade, senão uma rasteira indignidade, querer atribuir aos nossos analfabetos de dois séculos atrás — europeus, africanos ou silvícolas — as consequências presentes das nossas deficiências atuais.

Não é o que não se estudou em 1650, ou em 1720, ou em 1817, que está faltando aos cérebros dos brasileiros de hoje para fazer o país que todos desejaríamos já fosse o Brasil.

O fato de, nos longos tempos idos, os homens incapazes que dirigiram este país, ditando leis através do Atlântico ou fazendo-as aqui mesmo, governando a distância ou de corpanzil presente, não terem aberto mais escolas, não terem sentido a importância das escolas, não impediu, nem impediria, que aqueles que os substituíram séculos depois, juristas, médicos ou marechais, repusessem imediatamente a educação no plano de absoluta primazia que, hodiernamente muito mais do que no passado, se compreende que lhe cabe.

Não vêm das raças, nem da geografia, nem de "bodes expiatórios" alienígenas as dificuldades que nos assoberbam. O que falta a nosso país para assumir todas as magnitudes que lhe estão demarcadas por determinismo histórico — aí, sim, da extensão de sua geografia e da sua população — é o que ainda não temos no cérebro em técnica, em conhecimentos, em estudos, em experiências, em meditação, em capacidade de análise e síntese, de pensamento e ação.

Enquanto, para explicar o que nem sempre entendiam dos males que viam à sua frente, historiadores e sociólogos buscavam os vírus mortos de doenças e males do passado, agora parece surgir entre os que procuram resolver os problemas do presente, os economistas, uma disposição de, desde já, punir o futuro.

Em vez de pregar a cruzada sacrossanta de ESCOLA E TECNOLOGIA, JÁ, E A QUALQUER PREÇO! — e com seus resultados, suas colheitas, seus milagres, suas rendas, suas multiplicações, seus proveitos, prover e alimentar o futuro, em vez da luta positiva para fazer face ao desafio que temos com a História e o Destino, já se inicia A DESCONVERSA HINDU PARA A REDUÇÃO DA NATALIDADE.

Como se a desgraça do Brasil fosse o choro faminto dos brasileirinhos, e não o criminoso despreparo e o inadmissível atraso em que ainda são mantidos os seus pais. Como se o que ameaça perigosamente o Brasil fosse a proliferação dos berços, e não a manutenção do estado de incapacidade técnica dos milhões de adultos que lavram seus campos, e dos que mourejam, sem preparo e condições para o progresso, nas atividades citadinas.

A velocidade do crescimento demográfico brasileiro está cutucando os calcanhares dos economistas que, repentinamente autotransformados em santos milagreiros da vida deste povo, se perdem, atarantados diante da comoção dos problemas com que se defrontam, e cuja complexidade às vezes escapa ao seu circunscrito radar profissional.

Limitados pela sua própria especialidade e origem ao campo do econômico, DESAPOIADOS DE FORÇA OU TIROCÍNIO POLÍTICO, faltam-lhes os elementos básicos para a mirada mais audaz e a ação mais corajosa: a condenação frontal e SINCERA dos absurdos que geraram os males e as deficiências que nos atormentam.

O absurdo de uma nação desossada pela falta crônica de um poderoso, completo e moderno sistema escolar, atirar-se às sempre desastrosas aventuras do estado industrial. A estupidez de uma nação à míngua de meios tolerar e até ampliar as áreas e as oportunidades das perdas e desperdícios. A CRIMINOSA DECISÃO DE O ESTADO MONTAR MAIS ALTOS-FORNOS, EM VEZ DE FACULDADES, DE PILOTAR NAVIOS EM VEZ DE ABRIR GINÁSIOS E DE PRODUZIR MAIS CAVALOS-VAPOR SEM AUMENTAR AS ESCOLAS DE ENGENHARIA.

Só há duas medidas a fazer velozmente neste país, que pode um dia voltar a ser ameaçado de tornar-se a "solução" dos hitlers rosados, pardos ou amarelos, que busquem espaço vital ou outras mongólias para os seus imperialismos econômicos ou ideológicos: é abrir escolas e abrir maternidades. Mais depressa as escolas, sem impedir, nunca, de nenhum modo, a alegria de termos de ampliar as maternidades.

Precisamos urgentemente ser CEM MILHÕES DE BRASILEIROS. E bendito será o dia em que já formos 150 MILHÕES.

Mas 100 milhões ou 150 milhões apoiados em uma estrutura nacional erguida nos ombros de equipes inteiras de milhões de técnicos e profissionais preparados para a saudável corrida tecnológica do presente e do futuro.

Cem milhões ou 150 milhões de brasileiros cuja força nacional esteja montada sobre laboratórios e usinas, sobre escolas e fábricas, sobre universidades e lavouras — as usinas, as fábricas e as lavouras recebendo o mais constante, imediato e amplo proveito de cada novo experimento, de cada nova descoberta, de cada inovação que venham dos laboratórios, das escolas e das universidades.

Chega de sermos o país da improvisação e do mais ou menos. E basta de nos submetermos à opção medrosa e burra, de mantermos as babosas e pomposas autarquias industriais do Estado, em vez de abrir modestas, simples, mas bem equipadas, mas eficientes, mas milagrosas e numerosas e suficientes escolas e faculdades — que nos darão, hoje mesmo, aquilo que a desconversa sempre disse que só poderíamos ter no futuro.

Para aqueles que acham impossível ao Brasil fazer tão imensos investimentos financeiros na educação geral do seu povo, relembramos que apenas os déficits das autarquias do Estado previstos somente para 1965, DARIAM PARA FAZER EM APENAS UM ANO 2.250 ESCOLAS SECUNDÁRIAS OU PROFISSIONAIS, mesmo custando 200 milhões de cruzeiros cada uma!

Para aqueles de boa-fé que achem estarmos exagerando quanto à importância e à grandeza dos algarismos e cifrões que temos de usar para a solução do problema educacional brasileiro, apresentamos estes dados em torno do aparelhamento escolar dos EUA. Em 1965, havia naquele país mais de 125 mil escolas primárias (o curso dura OITO anos); mais de 31 mil escolas secundárias (*high schools*), quase 1.800 *colleges* independentes, universidades e escolas profissionais superiores. Isso assegurava ensino para mais de 35,5 milhões de crianças nas escolas primárias, mais de 13,2 milhões de jovens nas secundárias e cerca de 4,5 milhões nos cursos superiores em geral.

Usando aceleradamente de todas as facilidades ensejadas pela moderna técnica de construção e produção de equipamentos para todas as necessidades, e da comunicação de ideias, o Brasil poderá, EM MENOS DE UMA DÉCADA, alcançar a marcha dos povos líderes e, a seu lado, rumar seguro entre os capitães do barco do mundo.

Mas para isso é preciso que, DESDE JÁ, não haja:

- Nenhuma cidade brasileira de dez mil habitantes sem pelo menos um colégio secundário, e sem uma escola técnica.
- Nenhum município sem o seu centro de preparação de monitores agrícolas, onde os filhos dos pequenos lavradores e camponeses, depois de alfabetizados, recebam os conhecimentos técnicos básicos, que os ajudarão a romper a rotina secular e a despertar-lhes a ambição de progredir.
- Nenhum grupo de dez mil estudantes secundários sem o correspondente conjunto de estabelecimentos universitários, que lhes mantenha a rota aberta em busca do completo aperfeiçoamento intelectual e profissional.

As nações têm sobre os indivíduos a vantagem de, em qualquer época, mediante uma decisão de vontade, poder recuperar o tempo perdido e, mais do que isso, readquirir a plenitude de força da juventude. E nada há que marque mais o rejuvenescimento de um país que a permanente atualização dos instrumentos de trabalho manejados por suas massas obreiras, e a incessante renovação de técnicas e conhecimentos por parte dos que, nos médios e altos escalões, puxam as alavancas de onde se comanda o progresso de todas as atividades criadoras de seu povo.

Se, como se diz, os séculos se contam como horas na vida dos povos, nós dispomos de poucos minutos para começar a tarefa que marcará a nossa geração perante os centênios vindouros. A tarefa de encher com a nossa grandeza cultural, intelectual, tecnológica e política a perigosa imagem de vazio que dá ao mundo esta nação continental, que ainda tem de pedir quando já devia estar dando, que ainda tem de ser ajudada quando já devia estar auxiliando, que ainda precisa quando já devia estar distribuindo.

Necessitamos, sem perda de minutos preciosos, lançar mão de todo nosso fôlego, de toda nossa capacidade, de toda nossa imaginação, para a tarefa patriótica, humana e — por que não? — divina de equipar o homem brasileiro, em todas as idades, de todas as condições, com aqueles instrumentos que façam dele o trabalhador especializado, o técnico, o engenheiro — eletrônico, mecânico, industrial, arquiteto, rodoviário —, o agrônomo, o veterinário, o médico, o químico, o físico nuclear, o cientista e pesquisador, o administrador, o executivo, o estatístico, o chefe militar, o professor, o intelectual, o economista, o sociólogo, o juiz, o jurista, o político e sábio das ideias gerais — milhões e milhões de cidadãos e cidadãs em dia com o avanço de suas profissões, que falem a linguagem do presente e já comecem a decifrar a do futuro.

Numa das crises trimestrais que estremeciam as colunatas de pau a pique do Estado Novo, o mais firme ministro de Vargas (doze anos de ministério) teve que ir correndo à cidade de São Paulo, para tentar contornar uma grave agitação que parecia a ponto de explodir entre os universitários paulistas. (O ditador sabia quanto isso lhe custara de susto, em 1932). Como era óbvio, o ministro designado para a incumbência fora o da Educação, o mineiro Gustavo Capanema.

Conta-se que o delegado estado-novista conseguiu, logo de início, serenar milagrosamente os ânimos estudantis, tocando fundo no melhor do orgulho paulista, ao iniciar sua fala na reunião com os acadêmicos, por uma observação magistral e de grande felicidade.

Dissera o senhor Capanema: "Há grandes cidades do mundo, que se construíram em torno de um porto de mar. Há outras, que se levantaram na confluência de rios caudalosos e navegáveis, ou na encruzilhada dos caminhos das caravanas. Mas não há nenhuma metrópole no mundo que, como São Paulo, tenha sido erguida em torno de um colégio!"

Com essa saudação feliz, o ministro conseguira desarmar os espíritos e contribuir para que a paz voltasse ao silêncio noturno do Estado Novo.

Também um silêncio, envergonhado e profundo, caiu sobre a sensibilidade dos mais arrojados e dinâmicos brasileiros, os paulistas, quando em fins de dezembro de 1964, se divulgou a extensão de uma chaga cívica: havia, na própria CAPITAL DO ESTADO, na mais trepidante cidade da América Latina, na "metrópole fundada em torno de um colégio", nada menos que 113.234 crianças de sete a catorze anos SEM ESCOLAS!

Houve um emudecido estupor entre todos os órgãos de opinião e os cidadãos responsáveis, quando se divulgaram esses inesperados algarismos do Censo Escolar que acabava de ser realizado.

Que é que teria feito com que isso acontecesse na capital do mais rico e poderoso estado brasileiro? De onde vinha essa mancha no grande sol do nosso sistema planetário?

Por que tantas crianças sem escolas, sem a visão para o futuro, naticegas para o progresso e mutiladas para a tecnologia do amanhã — exatamente na cidade máxima do desenvolvimento brasileiro?

Como se admite que essa chaga exista, enquanto se constrói exatamente na urbe máxima dos valorosos bandeirantes, e no mais esplendoroso estilo babilônico-faraônico — como não podia deixar de ser neste país do 8 ou 80 — uma Cidade Universitária que é das mais espetaculares de toda a Terra?

É que, deslumbrados e açodados pelo mirífico poder eleitoral da monumentalidade das "grandes obras estatais", ou fachadísticas, e principalmente interessados no alto rendimento político-partidário das empoleiradas empresas industriais do Estado, os governadores da década de 1950 e do começo da década de 1960 empregavam nisso o máximo disponível de sua imaginação e do dinheiro público.

Enquanto tais governadores se enquadravam nessa linha administrativa e cacarejavam as realizações de seus "Planos de Ação" ou "de Obras", e sacudiam ao máximo o seu penacho de caspas e piados publicitários para que a nação os visse naquela sabatina de "capacidade realizadora" — os meninos do Brás, Bexiga e Barra Funda, os guris de Vila Carrão, Chora Menino e Tatuapé eram marginalizados pela estúpida sentença dos planejamentos estatizantes: menos garotos nas escolas, para mais cavalos nas usinas do Estado.

E os postulantes a "estadistas" que assim procediam eram socialistas de ocasião e professores de profissão.

Quando se divulgou o montante a que atingia o número de crianças sem escolas na própria cidade-usina do Brasil, o estarrecimento foi tamanho que somente sete meses depois, em julho de 1965, a Secretaria da Educação do Estado divulgou uma "explicação". Nesta, pedia-se que o leitor tivesse a bondade de deduzir o número das crianças que, na ocasião da matrícula (fevereiro de 1965), tinham mais de seis, porém, menos de sete anos, o que as tornava "ainda não computáveis". Quanto às que tinham mais de onze anos, isto é, de doze a catorze, também não se contavam, pois já haviam passado da idade escolar. (O censo fora em dezembro de 1964. A essa altura, julho de 1965, as crianças com QUASE sete anos em fevereiro, início das aulas, já os haviam completado. E a faixa censitária era, para todo o território nacional, de sete a catorze, e não de sete a onze anos.)

Deduzindo-se tudo o que a nota oficial pedia, restavam "APENAS 41.886 crianças sem escolas" em plena capital de São Paulo — o que, implicitamente, se deveria tomar até como uma coisa de somenos, no entender da Secretaria de Estado que a emitira.

Enquanto a autoridade ESTADUAL se tranquilizava com a sua própria nota, o secretário MUNICIPAL de Educação, jornalista e prof. Carlos Rizzini, fazia desesperados apelos para obter mais recursos, a fim de ter mais salas de aulas, já que "havia grupos escolares dando até três TURNOS por dia, o que levava milhares de crianças a permanecerem MENOS DE três horas no estabelecimento".

Para aqueles que, incapazes ou desconversadores, logo fazem o seu muxoxo justificativo: "Sim, mas como pode o estado, que não é tão rico quanto a União, dar escolas, e rapidamente, a essa gente toda?" Deve-se responder com a decisão obsessiva do governo da Guanabara, ao tempo do senhor Carlos Lacerda. Numa arrancada, de um sopro só, no fôlego de APENAS UM QUADRIÊNIO, as autoridades conseguiram matricular as (coincidentemente) 114 mil crianças, de sete a catorze anos, que ali se encontravam sem escolas. E mais: tornaram O CURSO SECUNDÁRIO GRATUITO acessível a 85 mil jovens, quando apenas 2.500 o tinham no início desse governo.

Por que, pois, para um estado tão rico e um governo tão poderoso, uma nota contorcionista para EXPLICAR, em vez de uma para INFORMAR sobre aquilo que deveria ser a resposta fulminante, uma resposta autenticamente paulista: a imediata construção de tantas escolas quantas fossem necessárias?!

Por que não usar, concretamente, esse ensejo de responder ao amargurante desafio daqueles números, fossem eles quais fossem?

Por que políticos tão ávidos de popularidade perdem assim uma oportunidade de agir "em cima da fumaça" sobre um fato tão dramático enfocado aos olhos da opinião pública?

É que, deslumbrados desde remotamente pelo fachadismo e, modernamente, pela monumentalidade, os "estadistas" populistas ou popularescos, os primários e os professorais, os "progressistas" do oportunismo ou os socialisteiros por carneirismo cristão, entendem que capacidade administrativa só se demonstra ou se consagra pelo volume de obras faraônicas, pela compridez dos quilômetros de estrada abertos, ou pela quantidade de cavalos instalados.

Escolas e colégios mal comportam acanhadas plaquetas comemorativas. São tijolinhos — quando comparados com o tamanhão do pedestal, que esse tipo de "estadistas" procura para as suas próprias estátuas.

Assim como não eram os únicos paulistinhas lançados à rocha Tarpeia da ignorância total — pois o Censo Escolar Nacional de 1964 revelara, chocantemente, que HAVIA EM TODO O ESTADO BANDEIRANTE NADA MENOS QUE 735 MIL CRIANÇAS SEM ESCOLAS! —, esses paulistanozinhos também não eram os únicos meninos de uma metrópole brasileira a isto sentenciados pelas nefastas consequências do Estatismo faraônico, fachadístico, amedrontado e — por que não? — obtuso.

Parece até que há o poder de alguma maldição fazendo cair sobre a indefesa infância pobre deste país a sentença secular de um determinismo impiedoso, que mantém como destino implacável de milhões de nossas crianças a vala comum do analfabetismo. Um determinismo cego, cruel e absurdo que estupidifica homens de governo, de qualquer tipo de governo, e os leva a aceitar apalermadamente o analfabetismo como uma doença nacional e sem cura, uma praga irremediável e sem oração.

Pois Brasília, a faustosa; Brasília, a babilônica; Brasília, a que foi feita para embasbacar o mundo e deslumbrar entorpecidamente os brasileiros, já não contava, apenas em seu quarto ano de fundação, com onze mil CRIANÇAS SEM ESCOLAS, conforme informou o ministro Suplicy de Lacerda em julho de 1964?

Enquanto ostentava a universidade, organizada para ser tecnicamente "a mais avançada" do Brasil, Brasília e os seus professores, Brasília e os seus criadores, Brasília e os seus mentores, Brasília e os seus ministros e primeiros-ministros, admitia, ali, junto de todas as suas megalomanias e de todos os seus brilhos, a mancha da doença sombria — os onze mil analfabetozinhos candangos e, também nisso, pateticamente pioneiros.

Os bilhões e bilhões que se gastaram na "capital do século", os bilhões de bilhões com que ali se escadeirou financeiramente a nação brasileira não foram suficientes para que lá se plantasse também o número necessário de escolas para que, ao menos por meio de sua novíssima capital, o Brasil mostrasse a si mesmo que o analfabetismo é uma circunstância, não um estigma nacional; é um defeito sanável e não um aleijão irremediável da vida de nosso país.

Por que também lá, no sopé de tantos monumentos, ao redor e através das avenidas deslumbrantes da capital-pirâmide, por que até mesmo lá onde tudo fora feito para ofuscar e extasiar, haveriam de manter-se as mesmas vergonhosas condições de subescolarização?

Por que também lá, na cidade que fora erguida supostamente tendo em vista a arrancada para os tempos novos, haveria de deixar-se formar, desde logo, aquele bolsão de mentes mortas, de inteligências desvitalizadas, que já nasciam postas à margem das possibilidades do presente e se destinavam, impiedosamente, a serem alijadas quanto às oportunidades do futuro?

É que, repetimos melancolicamente, escola, principalmente escola primária, não dá ensejo aos que visam os aproveitadores do fachadismo arquitetônico: o levantamento das colunatas da própria glória.

(Quanto aos pequenos analfabetos de Brasília, o inadmissível absurdo permanecia em 1965. Mas o governo revolucionário prometeu corrigi-lo totalmente em começos de 1966.)

- CENTO E DEZ FACULDADES OU ESCOLAS TÉCNICAS DE GRAU SUPERIOR, ao custo de UM BILHÃO de cruzeiros (de 1965) cada uma;
- CINCO MIL GINÁSIOS OU ESCOLAS SECUNDÁRIAS, ao custo de 200 MILHÕES de cruzeiros cada um.

Esse é o equipamento escolar, imenso e moderníssimo, que o povo brasileiro poderia ter ganhado entre 1955 e 1960, se, em vez da egocêntrica loucura da construção do automonumento (BRASÍLIA), tivesse acontecido a SAUDÁVEL E

NECESSÁRIA LOUCURA, da construção, mesmo a esse preço, daquilo de que precisam urgentemente a juventude e a sobrevivência deste país.

Os 600 MILHÕES DE DÓLARES que, segundo o prof. Eugênio Gudin, custou a capital-pirâmide ao Brasil EM SUA FASE INICIAL, até sua inauguração em 1960, teriam dado para construir através de todo o território nacional o gigantesco parque de ginásios e faculdades superiores, mencionado acima — sonho patético, delirante obsessão, capricho divino que, este sim, algum dia, algum louco útil precisa ter nesta nação.

(Em agosto de 1966, depondo perante uma Comissão Parlamentar do Congresso de seu país, já na qualidade de Secretário Adjunto para Assuntos Interamericanos, o ex-embaixador dos EUA no Brasil, prof. Lincoln Gordon, informou que os dados levantados indicavam que Brasília custara ao povo brasileiro, até o momento em que depunha, MAIS DE TRÊS TRILHÕES E MEIO DE CRUZEIROS (!). Além dos 600 milhões de dólares iniciais, nela haviam sido gastos, depois da inauguração, mais UM BILHÃO de dólares.)

Parece, aliás, que Brasília não nasceria apenas sob o signo do esbanjamento monumentalista, mas também sob o das coisas espantosas no terreno mesmo da educação.

Cometa com cauda de trevas, trazendo já, entre as faiscantes luzes da sua fantástica encenação arquitetônica, o pretume da mancha — onze mil CRIANÇAS SEM ESCOLAS —, Brasília ofereceria ao país em setembro-outubro de 1965 outra surpreendente e chocante explosão de fatos, em torno de sua tão promovida universidade.

Reagindo a uma greve geral de professores e alunos, o reitor da universidade, prof. Laerte Ramos de Carvalho, e o então ministro da Educação, prof. Suplicy de Lacerda, expuseram ao país o que, marcadamente desde o governo Goulart, se vinha passando naquela organização que se esperava viesse a ser o paradigma de todas as instituições nacionais congêneres.

Segundo o depoimento dessas autoridades perante o Congresso e a imprensa, a Universidade de Brasília tornara-se também MUNDIAL em seu recorde de número de professores para o número de alunos.

A Universidade de Brasília, quatro anos apenas após a sua fundação, já tinha 283 professores para os apenas 1.100 alunos dos seus cursos superiores. Segundo o que foi relatado à imprensa, constatou-se que "havia cursos, como o de Sociologia, que tinha três professores e nenhum aluno; o curso de Antropologia tinha três professores para dois alunos; o de Artes Industriais tinha onze professores para nove alunos. Nos cursos de pós-graduação, o de Sociologia tinha quatro professores e cinco alunos; e no de Antropologia, havia dois professores e dois alunos".

A média geral de toda a universidade era, pois, de quatro alunos para cada professor. Involuntariamente, como se fossem pirralhos de marajás, cada aluno custava então à nação, por ano, nada menos que TRÊS MILHÕES E SEISCENTOS MIL CRUZEIROS. A universidade, com seus apenas 1.100 estudantes superiores, custava anualmente aos cofres federais QUATRO BILHÕES DE CRUZEIROS, enquanto pelos catorze mil alunos da Universidade do Brasil (Guanabara), o país despendia 24 BILHÕES de cruzeiros, e 14 BILHÕES de cruzeiros pelos sete mil da excelentemente instalada Universidade do Paraná.

Enquanto a Universidade de Brasília atendia a 1.100 universitários numa cidade de então já quase 300 mil habitantes, a modesta e quase nacionalmente desconhecida Universidade de Santa Maria da Boca do Monte (160 mil habitantes), situada no coração geográfico do Rio Grande do Sul, tinha em suas doze faculdades cerca de três mil alunos, cem dos quais vindos de dez diferentes países latino-americanos. E custava à nação apenas 70% a mais que a Universidade de Brasília, embora tivesse o triplo de alunos.

O que ocorria com a Universidade de Brasília, saliente, importantíssima e até buliçosa peça da vida funcional da nova capital, é típico das coisas do Estado: os seus absurdos "administrativos" ocorriam ali, num burgo ainda relativamente pequeno, nas barbas do presidente da República, na cara de seus primeiros-ministros (do interregno parlamentarista) e aos olhos dos seus 400 parlamentares que, quase todos, tinham filhos ou parentes lá estudando.

Os aleijões característicos das atividades ou ações do Estado — o esbanjamento, a indiferença, a desconexão com o universo da coisa pública — ali se apresentavam em forma de gritante elefantíase, deformando aquilo que poderia ter sido, quem sabe, o sonho de alguns idealistas, mas que se transformara num desses típicos pesadelos da grande noite de que o Brasil conseguiu sair a 31 de março de 1964.

Se o país não tivesse sido sacudido pelo escândalo jornalístico — para "fins mundiais" — da rumorosa greve geral dos professores, é provável que a teratologia catedrática da Universidade de Brasília nem houvesse vindo à tona. É provável que a nação ficasse sem conhecer mais esse lapidar exemplo da fria desconexão com que se movimentam e convivem as entidades, as responsabilidades, as mazelas e os paradoxos do Estado.

Pois, enquanto se custeava na capital do país o mais oneroso cabide-universitário do mundo ocidental, o Piauí — o sacrossanto, de tão sacrificado, Piauí — não dispunha senão de alguns níqueis para pagar a seus professores primários, que, por isso, nem precisavam ser formados. E era também com a tutameia de outros níqueis que pagava aos professores catedráticos de sua Escola Normal Oficial.

Ostentando melancolicamente, em pleno ano da graça de 1965, ainda a espantosa taxa de 82% de analfabetos, o Piauí não fora socorrido até então por nenhuma cruzada efetiva e eficiente dos governos federais — nem mesmo em nome do eleitoralmente tão rendoso "coitadismo"... —, a fim de ajudá-lo a pagar seus professores primários municipais que, naquele ano, venciam o SALÁRIO MENSAL DE CR$ 6.250, isto é, DEZ VEZES MENOS DO QUE O SALÁRIO-MÍNIMO a que tinha direito o mais bronco e despreparado trabalhador braçal da região central do país. Ainda em outubro de 1965, o deputado piauiense Ezequias Costa clamava contra soldo tão ridículo para função tão divina.

E o jornalista Rogaciano Leite registrava em reportagem n'*O Jornal*, do Rio de Janeiro, publicada em março de 1966, que, ainda mais desafortunadas que suas colegas de outras cidades, as professoras municipais de Guadalupe (a cidadezinha piauiense que será submersa pela barragem da Usina de Boa Esperança) ganhavam, quando lá estivera pouco antes, a tutameia de Cr$ 2 mil POR MÊS (40 VEZES MENOR que o salário-mínimo vigente na região São Paulo-Rio-Minas).

Por isso, entre os 3.062 professores primários que havia no Piauí em 1963, nada menos que 2.125 eram "amadores", sem nenhum diploma que os habilitasse à importante função.*

E os catedráticos de sua Escola Normal Oficial ganhavam Cr$ 16 mil mensais, isto é, menos de um quarto do salário de um aprendiz de pedreiro em Copacabana ou no Jardim Paulista.

Mas o Piauí, com o isolamento de comunicações que o torna uma oclusão geográfica, um vácuo cartográfico, é daqueles problemas nacionais que, no entender de certos "estadistas" imediatistas, "não dão fama, nem estátuas".

---

* Para aqueles que julgarem que somente o Piauí tem professorado inabilitado convém lembrar que o Censo Escolar Nacional de 1964 revelou que, dos 320 mil professores primários de todo o país, apenas 161 mil (a metade) tinham a preparação adequada.

É inacreditável que durante toda a nossa História não tenha ocorrido a nenhum governo ou líder político fazer um esforço mais persistente, mais concentrado, mais audaz, mais agressivo e até fanático, em prol da Educação.

Como aconteceu que, durante tão longo tempo, uma nação que chegara a adquirir tanta eminência econômica e política no mundo, não sentiu a importância para ela vitalíssima da Educação? Como foi que ninguém de seu povo, indivíduos ou grupos, sentiu mais profundamente o que lhe estava sendo negado?

Como se explica que, numa História política recheada de tantos entreveros de cultura e academismo, e de tantos duelos verbais, nos quais gigantes intelectuais brigavam por nadas sectários, ninguém conseguiu sacudir ninguém, nem eletrizar multidões, a respeito da imprescindibilidade e da urgência do problema da educação de seus filhos?

Como se conseguiu que este país atravessasse mais de meio século de Império, e quase oitenta anos de República, rixando-se por tudo, brigando por causa de caudilhos, de vacinas novas ou de pesos mal medidos — mas nunca, nem uma vez, brigando por causa da alarmante e humilhante falta de escolas? Nunca brigando exatamente por aquilo cuja falta o fazia andar cada vez mais para trás, enquanto o mundo avançava; daquilo que o fazia perder hegemonias já alcançadas, enquanto outros se preparavam pressurosamente para abiscoitá-las.

Quem inoculou no Brasil a insensibilidade de passar século e meio, do Império aos nossos dias, olimpicamente indiferente ao que as armas e vantagens táticas da educação nos teriam proporcionado para nos mantermos à frente das Américas, e entre os grandes do mundo?

Teriam sido os líderes políticos, opacos e herméticos, ou seriam os próprios professores que, palavrosos e teóricos, desacreditaram a educação como instrumento ou ferramenta prática e útil para a vida do indivíduo e da nação?

Foram os ministros e primeiros-ministros do Império que não entenderam a correlação da educação com a Revolução Industrial, ou foram os professores e os catedráticos que não souberam mostrar a utilidade vital de suas próprias atividades para a nação?

Eram os membros do Conselho de Estado que não viam ou eram as congregações das poucas escolas ou faculdades que, por falta de objetividade, não conseguiam credibilidade para demonstrar as vantagens concretas da Educação, para melhoria das condições de progresso do país?

Na raiz dessa grave carência nacional, nas condições geradoras dessa anemia profunda que tanto nos incapacita, nos inibe e tolhe para as arrancadas do mundo moderno, está com toda a certeza a ideia, que tanta gente tinha, de que Instrução ou Educação eram tão despidas de finalidade prática ou de utilidade, que se tomava mais por uma espécie de inchação vaidosa da personalidade.

Por fatuidade, por despreparo especializado ou preconceito, o homem instruído colocava-se fora e acima das engrenagens vulgares que faziam andar a nação. Nem suas mãos nem seu cérebro receberam cultivo, estímulo ou orientação para tomar do timão, da manivela, da alavanca ou do cabo, fosse de instrumento ou máquina, de maquinismos ou empresa, para fazê-los andar mais iluminada e racionalmente.

Raros, raríssimos eram os João Evangelista de Sousa (Barão de Mauá), os Bernardo Mascarenhas, os Teófilo Ottoni, "doutores" e comandantes de iniciativas comerciais ou industriais de marcado pioneirismo e incomum arrojo.

O "doutoramento" de inspiração coimbrã visava no máximo garantir ao portador de um diploma uma sinecura condizente com seus "títulos", uma posição dourada e a cavaleiro dessas "coisas vulgares" que são negócios, fábricas, lavouras, mercadoria, barganhas e dinheiro...

Em consequência disso, aqueles brasileiros isolados, que no passado distante ou mais recente — José Bonifácio, Martim Francisco, Castro Alves ou Rui —, em instantes de preocupação ou inspiração, pediam "livros, livros a mãos-cheias" ou simplesmente mais escolas, pois "a educação é um dever do soberano", poderiam naquele tempo soar como românticos, que visavam apenas ampliar o auditório para o seu beletrismo, para o espetáculo de sua erudição ou para as suas atitudes condoreiramente patrióticas.

Assim deve ter sido considerado, em 1882, o famoso "Relatório sobre o Ensino", de Rui Barbosa, documento cujas afirmações e teses constituem uma verdadeira visão profética da importância econômica da Educação. Pena é que o grande gladiador, produzindo esse "Relatório" (de 6 volumes...), que é outro monumento da sua telúrica erudição, não tivesse aberto todas as comportas da sua ira sagrada para lutar e brigar por ele!

Dir-se-ia que agora já não é necessário que alguém se esforce por provar a necessidade e a importância da Educação.

Mas em que terra estamos, se não neste nosso Brasil que ainda conta quase 50% de analfabetos e milhões de crianças e moços sem escolas e colégios, e onde se teima em queimar o dinheiro da nação nas fornalhas das autarquias industriais?!

Por uns momentos, talvez por anos, precisaremos provar ainda, com fatos e cifras, repisando, como as orações que os crentes repetem, as razões concretas pelas quais nosso país precisa de ESCOLAS, MAIS ESCOLAS, MELHORES ESCOLAS.

É que entre as elites atuais que comandam a vida brasileira se acham assinalados três grupos diversos que, por motivos diferentes entre si, veem com mal disfarçado antagonismo, ou com soberana indiferença, qualquer empenho mais dramático ou qualquer exigência mais imperiosa em prol da Educação.

O mais atuante e negativista desses grupos é o dos que, filiados a ressentimentos de várias origens, não reconhecem à competência, mas, sim, à cupidez, a razão básica do progresso dos outros povos. E por isso desconversam sempre que se queira dar qualquer primazia à Educação nos planos de governo.

Para eles, os povos que são ricos adquiriram ou adquirem por furtos e assaltos essa riqueza. E assim não aceitam nem mesmo o exemplo de nações como o Japão e a Alemanha Ocidental que, só pela alta capacidade e férrea energia, emergiram da destruição total e arrasadora de sua economia, de suas estruturas industriais e sociais, e de quase todo o seu patrimônio material e humano acumulado em séculos de persistência e eficiência.

Cegos que deliberadamente não querem ver, esses indivíduos são daqueles que, ainda assim, dão como furtadas a seus olhos as luzes que iluminam os caminhos dos que se esforçam por enxergar.

Para eles, o que prejudica e atrofia o progresso do Brasil não é a falta de maior e melhor CAPITAL HUMANO, mas "a desumanidade do capital".

Eles não aceitam de nenhuma forma que a riqueza, o sucesso econômico dos povos líderes, suas colheitas mais abundantes, sua produtividade muito mais elevada, sua inventividade realizadora e mais eficiente, provenham das técnicas mais perfeitas que adquiriram e desenvolveram, e que buscam ainda continuamente aperfeiçoar. "Não", sentenciam. "Tudo o que têm é fruto da 'espoliação'."

Para forçar a validade da sua tese escapista — segundo a qual não temos o que nos tiraram ou o que não nos deram —, os pajés do botocudismo e do comodismo fingem ignorar a imediata e elevada correlação existente entre a renda nacional per capita de um país e a percentagem de sua população escolarizada. MAIS DE 80% do peso do que pode influenciar essa renda vêm de fatores DIRETAMENTE DEPENDENTES DO MAIOR OU MENOR GRAU DE PREPARO INTELECTUAL OU EDUCACIONAL dos seus habitantes. Consequentemente, os índices de renda *per capita* SOBEM ou BAIXAM vertiginosamente quanto MAIS ELEVADAS OU MAIS PRECÁRIAS sejam as condições gerais da Educação nacional.

Para esses clínicos de ideia fixa, que só admitem causas externas para os nossos males internos, deve ter sido altamente inesperado e decepcionante que o presidente de um país tão agressivamente nativista como o México, tenha demonstrado participar desse mesmo raciocínio quanto à influência decisiva do fator Educação. Pois o presidente Gustavo Diaz Ordaz proclamava, em setembro de 1965, "a necessidade de um importante INVESTIMENTO INTELECTUAL para a formação de técnicos e operários capazes, considerando-se que DOIS TERÇOS do incremento de rendas do mundo, nos últimos dez anos, SE DEVEM À TECNOLOGIA E NÃO A RECURSOS NATURAIS".

Partidários do gigantismo estatal, esses imediatistas preferem que, em suas mãos, o Estado se coloque no papel de pomposo argonauta nos mares difíceis da economia, a vê-lo vergado e sem altanaria nas tarefas fastidiosas dos que lavram, semeando escolas e alimentando individualmente as plantas tenras que só muito mais tarde se transformarão em troncos, embora os próprios troncos da nacionalidade: as suas crianças.

Entre nossas classes dirigentes, existe também um bom número de outros indivíduos que, por muita autossuficiência e algum cinismo, julgam que nada mais têm que aprender com ninguém para coisa alguma. Tais cidadãos, porque se incluem entre as elites, se sentem socialmente realizados ou garantidos. Realizados porque sobrenadam economicamente ante um oceano de iletrados ou semianalfabetos, e assim se asseguram de uma superioridade que os satisfaz. E garantidos porque, estimulando ou erguendo, eles próprios, barreiras de preconceitos xenófobos — ou de leis alfandegárias "protecionistas" —, se tranquilizam quanto à sua perpetuidade de donatários da imensa capitania brasileira. Quanto à ameaça do progresso vinda da estranja, basta que paguem os *royalties*, que "comprem as máquinas" e terão o direito de usufruir, comodamente, dentro deste imenso mercado que encurralaram para si, o que os outros lá fora descobrirem ou criarem de novo.

Há ainda outros grupos das elites que, deixando-se dominar pelos tentáculos da força da inércia, se retraem para as ilhotas do seu soberano orgulho e do seu inatingível comodismo. E, embriagados com a própria sabedoria, desdenham de tudo que fazem ou pensam os povos de espírito prático. E, refinados estultos, chegam até a dizer que esses povos "nem pensam", "não são cultos", pois não se amamentaram nas eruditas tetas do humanismo puro.

Com isso, escusam-se de preocupar-se com o futuro cultural do seu próprio país. Com isso, livram-se da insônia dos que contam como certo o definhamento e a falência de tudo que os rodeia, se não houver a reação pela Educação. E quando se lhes fala em tecnologia e no avanço dos povos que se movimentam sobre suas asas mágicas, sorriem superiores, como se vissem nesse esforço apaixonado das outras nações apenas uma sofreguidão infantil de correr atrás da sabedoria, que eles pessoalmente já detêm, extraídas de velhos livros ou de suas próprias axilas.

São os parentes tupiniquins daquele Mr. Smith que em 1899 iria propor ao governo dos EUA que fechasse a repartição que ele próprio dirigia — o Departamento Nacional de Marcas e Patentes —, porque nada mais haveria que inventar no século novo...

Nas torres de comando em que se aninharam, esses três grupos de ressentidos, indiferentes ou orgulhosos trancaram-se sob os mil ferrolhos da inércia e do imobilismo. Ninguém os convencerá de que a Humanidade não se deteve nem se deterá no que eles, os sábios, conhecem. Orgulhosos do que são, desdenham e ignoram tudo que poderiam ser. Falta-lhes aquela condição básica para o progresso do homem, aquele estado de permanente receptividade e compreensão que mantém sempre abertas as janelas do espírito e as ameias da inteligência: a humildade intelectual.

A HUMILDADE INTELECTUAL. A disposição para aprender sempre mais. A modesta e ágil certeza de que não se sabe tudo. A segurança tranquila, mas alerta, de que a cada instante novas experiências estão trazendo novos conhecimentos, mesmo para as mais velhas ciências ou profissões ou para a mais profunda sabedoria.

Temos que fazer da humildade intelectual um estado de espírito desta nação. Porque só assim, reconhecendo que temos de aprender o que ainda não nos foi revelado, que precisamos saber o que ainda nós próprios não experimentamos, e estudar o que outros já começam a ultrapassar, só assim conseguiremos somar para o futuro aquelas qualidades e capacidades que corrigirão os nossos desacertos e o nosso descompasso com a arrancada da civilização.

Para tanto, para essa retomada dos caminhos que levam à liderança, só falta que se desvie o Estado da marcha batida para o desperdício e a estroinice das suas aventuras "industriais". É preciso que o Estado se desvencilhe da megalomania dos altos-fornos e dos "grandes empreendimentos", que baixe da alucinação da monumentalidade e se entregue à mais eficiente, divina e PATRIÓTICA de suas tarefas: a cuidadosa e carinhosa elaboração da verdadeira, da maior, da mais absoluta e inesgotável riqueza de um país — seu CAPITAL HUMANO.

Enquanto, devido aos novos descobrimentos, criações e invenções, todas as riquezas materiais de um país podem estar sujeitas a uma repentina obsolescência — pois assim pode acontecer ao ferro, ao petróleo, às quedas d'água, à borracha, aos oleaginosos etc. — uma há, entretanto, que, cuidada, ao contrário de todas, será tão mais importante quanto mais progressos e inovações realizar a tecnologia: o CAPITAL HUMANO.

Os bilhões de cruzeiros (de 1965) aplicados em escolas técnicas e faculdades não envelhecerão nunca, como já envelheceram irremediavelmente os que há apenas quinze anos foram postos pelo Estado em altos-fornos. Jamais enferrujarão, como os que foram invertidos pelo Estado em maquinarias de fábricas de motores ou produtos químicos, que quase não funcionam.

O dinheiro investido em escolas não apodrece como o que o Estado tem gastado com locomotivas e vagões encostados indefinidamente nos desvios, ou com os navios ancorados nas enseadas da sucata e do ferro-velho. As fortunas que forem utilizadas para erguer universidades não correrão o risco de se tornarem repentinamente inúteis como as dezenas de bilhões de cruzeiros postos na compra de equipamentos para as indústrias do governo, que sempre nascem já ofegantes, sob os desmaios da inoperância e os achaques da obsolescência.

A lavradora sobre as mentes juvenis não é como a estéril semeadura dos pinheirais que jamais brotaram, ou dos seringais que nunca proliferaram, feitos pela mão do Estado-"produtor".

Aquelas sementes de saber e conhecimentos práticos que forem postas na mente dos jovens brasileiros frutificarão com a vitalidade e a generosidade das lavouras perenes, que dão colheitas sucessivas. Irrigadas pela curiosidade imanente aos espíritos arejados, elas se rejuvenescerão continuamente e durarão até além das próprias vidas dos seres.

Sem cuidar intensamente do seu CAPITAL HUMANO, o Brasil será sempre um país cuja prosperidade estará sujeita ao maior ou menor interesse, à maior ou menor confiança ou até mesmo à maior ou menor boa vontade dos capitais forâneos.

Uma nação jamais poderá ser totalmente independente, nem mesmo nos termos extremistas em que os nacionalistas-botocudos colocam a questão, se for um país de escravos da ignorância, com milhões de seres marginalizados pelo atraso e incapacitados para a competição, para o progresso, para a prosperidade.

Que poderemos vender para o mundo se as máquinas e métodos de nossas lavouras, se as máquinas e métodos de nossas indústrias só nos permitirem obter produtos sem possibilidade de enfrentar a concorrência dos países cujos métodos e máquinas tenham condenado os nossos à mais irremissível obsolescência?

Os sucessivos deslocamentos, as constantes perdas de hegemonia que sofremos ao longo da História, provam que a Humanidade está avançando muito mais aceleradamente que nós em todos os campos das atividades. Por que, pois, persistirmos irresolutos e amedrontados na hora de resolver as debilidades que nos enfraquecem e até mesmo nos aviltam?

Por que não corrigir pela cirurgia das medidas drásticas e corajosas os males que nos afligem? Por que não podarmos os inoperantes penduricalhos e os festivos balangandãs deficitários do Estatismo, que estão fazendo o Brasil emborcar pela popa como uma nau que afunda grotescamente pela ré?

Por que ainda, a esta altura do século, "país de analfabetos", país sem técnicos, "país do futuro"?

Por que tomamos tantos empréstimos para usinas e não os tomamos, mais numerosos ainda, para fazer faculdades? Por que a monumentalidade de umas tantas obras públicas, em vez da prolificidade e abundância de escolas primárias e secundárias? Por que tantos amanuenses, amanuense-ferramenteiro, amanuense-metalúrgico, amanuense-foguista, amanuense de convés, em vez de professores de química, de mecânica, de eletrônica, de genética, de física, de zootecnia, de mineralogia, de metalurgia? Por que mais autarquias, em vez de mais universidades?

Por que o superassistencialismo retardatário e remendão, em vez de mais cidadãos educados e, por isso, independentes? Por que um minucioso, pomposo, oneroso e INOPERANTE paternalismo do Estado, em vez de milhões de jovens mais bem preparados e, por isso, aptos, sozinhos, para a luta vitoriosa pela vida? Por que ampliar por artifícios eleitorais o número dos que vivem das complicadas esmolas oficiais, quando deveríamos estender ao infinito o dos cidadãos equipados para viver prosperamente, por si e pela pátria, e não às expensas da pátria?

Temos que dar uma intransferível PRIORIDADE BÉLICA à solução do problema da Educação no país.

Se não iniciarmos JÁ, E EM ESCALA NACIONAL, a escolarização em massa, em todos os estágios e ramos educacionais, da população brasileira, principalmente DE TODA A SUA JUVENTUDE, nós nos destinaremos a mantermo-nos no informe exército humano que viverá sempre na dependência das sobras tecnológicas do talento dos povos líderes. Nós pensaremos, mas só depois de eles pensarem. Nós raciocinaremos, mas com a orientação do raciocínio deles. Nós saberemos das inovações, mas quando nos comunicarem. Deslumbrar-nos-emos, mas com as descobertas que nos mostrarem. Utilizaremos seus inventos — depois de nos ensinarem.

Sem INSTRUÇÃO E EDUCAÇÃO EM EXTENSÃO E ESCALA ILIMITADAS, jamais seremos também maquinistas do comboio humano. Jamais nossas mãos influirão na alavanca que comanda os destinos da Humanidade. Ficaremos nos vagões de reboque, amontoados entre outros milhões ou bilhões de cegos de olhos sadios, que não entendem o que veem, nem compreendem o que os cerca — no mundo maravilhoso que se está iluminando aceleradamente com as luzes que vêm dos laboratórios, dos centros de pesquisa, dos simpósios de estudos — nas universidades, nas entidades governamentais, nas fábricas inovadoras, nos campos experimentais.

Enquanto os fantasmas noturnos que tanto apavoram ou preocupam os governantes brasileiros contemporâneos — a popularidade eleitoreira, o monumentalismo e O MEDO DE SER CHAMADO DE REACIONÁRIO — continuarem reinando sobre a insônia dos nossos estadistas, dos que nunca o serão e dos que procuram sê-lo, o Brasil terá poucas chances de arrancar para o futuro, nas únicas asas que levam um país rapida e concretamente ao progresso: as da EDUCAÇÃO EM MASSA.

Ainda em novembro de 1965, ao fechar do ano administrativo, um porta-voz oficial anunciava, triunfalmente, ou simplesmente repetia, "QUE O GOVERNO INVESTIRÁ CINCO TRILHÕES DE CRUZEIROS" em "TODOS OS SETORES DA ECONOMIA NACIONAL", no ano de 1966.

Sim, até mesmo um governo que nasceu da suprema decisão e da suprema coragem de enfrentar a mais terrível de todas as emergências da vida política brasileira em toda nossa História, até mesmo esse governo composto de homens de bem e patriotas, mostrava pela manutenção e até ampliação de seus "empreendimentos" e "investimentos" uma inescondível submissão aos terrores noctívagos das mulas sem cabeça — largados sobre a vida brasileira pelos silenciosos conspiradores ou pelos rumorosos "planificadores" marxistas, como inarredáveis e intocáveis abantesmas espanta-mocinho.

Em vez de livrar-se progressivamente dos tentáculos estatistas que o deixam sem braços e sem mãos para a sua mais alta missão, que é ESTENDÊ-LOS À ANSIOSA JUVENTUDE BRASILEIRA, em vez da coragem de ir desgrudando da pele da nação as ventosas sugadoras das autarquias industriais, com as suas ninhadas do filhotismo e do sibaritismo, um governo de idealistas sobe ao palco e desconversa, e ensaia um estranho atabalhoamento com papéis trocados, exibindo ofuscantes planos de obras que levantam poeira e gloríolas, MAS NÃO DECIDEM O AMANHÃ DESTA NAÇÃO.

Sem dúvida, o que fazem os atores nem sempre se coaduna com o que falam e até juram. Parece que, diante de certos tabus, atuam conturbados pelos anátemas cavernosos com que os atormentam, subliminarmente, os fantasmas que antes estrelavam na mesma ribalta. Descumprem então o seu claro papel, chafurdando cada vez mais no papelório da burocracia. Proclamam e exaltam a liberdade de produzir, porém ampliam cada vez mais os seus próprios monopólios, que já são insuportáveis megapólios, fazendo ofegar ainda mais a dispneia da nação.

O país desenredou-se do absolutismo marxista, mas ainda caminha atarantado pelos inafundados duendes, nas trilhas e no rumo do Estatismo absoluto.

(Talvez seja por isso que, em fins de 1965, transitava a toque de caixa no Congresso um projeto de lei reservando ao Estado o uso universal e infinito do sufixo "BRÁS" — para seus presentes, futuros e espetaculares empreendimentos no campo econômico. Não será, pois, por falta de siglas disponíveis, que o Estatismo deixará de continuar "beneficiando" o país com suas novas fábricas de déficits ou de glórias políticas.)

CINCO TRILHÕES de cruzeiros, de investimentos OFICIAIS, no CAMPO ECONÔMICO, em 1966.

Já que o pavor de enfrentar os xingamentos e as calúnias dos estatistas de toda origem — os maquiavélicos e os famélicos — impede o governo de livrar-se, ainda que paulatinamente, dos que, através das autarquias, se fizeram sócios da nação, por que então não dividir sua generosa munificência autárquica, ESTENDENDO CINQUENTA POR CENTO DESSA DADIVOSA SOCIEDADE À JUVENTUDE BRASILEIRA?

Por que não usar METADE — apenas metade, já seria milagroso — desses gordíssimos CINCO TRILHÕES, para FAZER UMA BARGANHA COM O FUTURO?

Por que, em vez de aplicar todo esse dinheiro em INVESTIMENTOS ANTIXINGAMENTO, o governo, sem dúvida honrado e sem dúvida patriota, não o "esbanja" com a infância e a juventude, fazendo-as sócias, ainda mais responsáveis — porque mais capazes — para garantir o progresso e a sobrevivência nacionais?

Por que tantos cifrões e tantos zeros para fugir à crítica de pelegos ou sinecuristas, zeros e cifrões que se esterilizam ou se volatilizam nos mistérios dos esbanjamentos burocráticos e não BILHÕES E TRILHÕES, aplicados NO MAIS RENDOSO CAMPO DE INVESTIMENTOS DE UMA NAÇÃO, QUE É A MENTE DA SUA JUVENTUDE?

Por que essa ilusão do governo — ilusão gorada em todos os cantos da Terra — de fazer "negócios" e lucros para o Tesouro da Nação, se TESOURO DE UMA NAÇÃO, segundo o consenso até mesmo dos menos imaginosos de seus conselheiros, é a sua infância e a sua juventude?

Por que mais empregos, em mais autarquias — e não mais matrículas, em mais colégios? Por que mais livros de ponto, em mais repartições — e não mais livros de ciências, em mais universidades?

CINCO TRILHÕES para as autarquias que existem, e para as que virão. Trilhões para os que "esforçadamente" já são burocratas, trilhões para os que virão a sê-lo.

Pode ser que, com isso, o governo vá produzir mais soda cáustica, mais açúcar, mais chifres de bois, mais abóboras, mais caminhões, mais quilowatts, mais aço de ouro, mais vaselina e mais fluido para isqueiro, e mais congestionamento ferroviário e marítimo.

Pode ser. Talvez o consiga, se este é seu "Plano".

Mas, por Deus, pelo futuro deste país: por que não aplicar metade desse açude de cruzeiros em fazer escolas primárias, ginásios, escolas técnicas, faculdades e centros de pesquisa que renderão a esta nação — EM PROGRESSO E TECNOLOGIA, próprios, nacionais, brasileiríssimos — mais que todas as usinas, as fábricas, os galpões, os armazéns de todas essas bobageiras estatais que, depois, só poderão funcionar, desenvolver-se ou atualizar-se alugando inteligência e experiência estrangeiras, e pagando *royalties* e *know-how* estrangeiros, nesta terra de tão apavorados "nacionalistas"?

Cada afilhado a mais, "encaixado" numa autarquia "industrial", são dez crianças a menos nas escolas primárias (que não podem ser construídas); são quatro ginasianos a menos nos colégios públicos (que não serão levantados); é meio aluno a menos nas faculdades que deixam de ser erguidas.

Apenas para que se fixe melhor. Com METADE dos cinco trilhões, que serão retumbantemente "investidos" só no ano de 1966, com DOIS TRILHÕES E MEIO , as crianças brasileiras que não têm escolas, os rapazes que não puderam ter colégios, os jovens que não couberam nas faculdades — poderão ter, com esse dinheiro de um ano apenas:

- 7.500 GINÁSIOS OU ESCOLAS PROFISSIONAIS, ao custo de 200 MILHÕES de cruzeiros (de 1966) cada um.
- 300 FACULDADES OU ESCOLAS TÉCNICAS SUPERIORES, ao custo de UM BILHÃO cada.
- 300 CENTROS DE PESQUISAS, ao custo de UM BILHÃO, cada um.
- E 400 BILHÕES de cruzeiros para pagar professores e assistentes.

Os trilhões, que duas ou três dúzias de empreendimentos estatais engolirão da nação, poderiam ser transformados numa fabulosa ninhada do único tipo de usinas geradoras, que poderão fazer com que o Brasil deixe definitivamente de ser uma "nação em promessa", um "país em projeto": escolas, colégios, universidades.

E só há também um tipo de "sócios" com os quais este país, não tão rico ainda, deveria gastar produtivamente tudo o que tem para obter rendimentos no presente e no futuro: a sua rumorosa, vibrante e já sôfrega juventude.

Todas as energias criadoras deste país precisam ser urgentemente aplicadas para impedir que continue o mais desastroso êxodo de nossa vida nacional, a dramática debandada que se realiza exatamente entre aqueles que deveriam ser a reserva de forças e esperanças da nação.

É um consentido e paradoxal tresmalhar de cegos, pelos descaminhos da ignorância; uma fuga trôpega dos que ainda nem têm todos os meios de andar por si; uma desastrosa descensão dos que mais precisam subir: enquanto, segundo o Instituto Nacional de Estudos Pedagógicos, todas as nossas escolas primárias acusavam em 1964 uma frequência de 9,24 milhões de crianças e cerca de cinco milhões fora delas, era de apenas 143 mil o número de alunos nas escolas superiores.

Assim, o número de universitários representava apenas 1,5% do número de alunos frequentando o primário, quando em países desenvolvidos essa percentagem é cerca de sete vezes maior, ou seja, 10%.

Isso quer dizer que, entre o curso primário e os portões das faculdades, acontece a mais danosa dispersão para a existência deste país — o desgarramento da sua juventude que, daí em diante, se afunda e se perde pelos deltas e pelos baixos estuários da semi-incapacidade anônima, onde se tornarão homens mais ou menos sem meios, mais ou menos sem saber, mais ou menos sem vez, mais ou menos sem esperança.

É revoltante a indiferença das chamadas elites políticas ante esse afogamento de gerações sucessivas, essa dilapidação de nosso tesouro humano, com o extravio de milhões de jovens rumo ao pantanal da semipobreza, onde irremediavelmente se atolarão ou se afogarão os que não tiverem sido devidamente adestrados para os novos tempos.

Acovardados diante dos insultos extremistas ou interessados no faraonismo eleitoral das obras monumentais, carregadas de prateleiras para o superempreguismo, os grupos que têm detido o poder preferem manter aceso um alto-forno ultradeficitário, a transformar em uma faculdade técnica o dinheiro que o Estado ali queima e esbanja. Preferem juntar mil burocratas para furar lentamente um poço de petróleo, a transformar em uma escola técnica o dinheiro que ali enterram com um civismo meloso e obtuso.

Ainda em março de 1966, a nação testemunhava este fato chocante: ao mesmo tempo que confirmava rumorosamente a inversão de CINCO TRILHÕES "no campo econômico", o governo informava solenemente aos secretários de Educação dos 22 estados, reunidos em Brasília, que nesse ano só lhes entregaria para aplicação apenas METADE da verba dos Fundos Nacionais do Ensino Primário e do Ensino Médio — verba esta que não é um "empréstimo generoso", mas LETRA DA PRÓPRIA CONSTITUIÇÃO.

O desapreço, o desinteresse pelo talento e pelos direitos da juventude numa nação que se diz jovem e, ainda assim, marca passo entre o sub e o meio-desenvolvimento, é a antecipação da efetividade daquela sentença que já passou a ser a comichão roendo a nossa sensibilidade: o país do futuro.

Apenas 9,24 milhões de crianças nas escolas primárias. Apenas 1,5 milhão de jovens nos cursos secundários. Apenas 143 mil estudantes nos cursos superiores. É colocar-se sobre ombros pouco numerosos e acanhados o destino de uma nação que, amanhã mesmo, terá cem milhões de habitantes.

Como poderão tão poucos brasileiros preparados realizar os gigantescos e complexos esforços que precisam ser feitos para repormos nosso país na dianteira dos que marcham à frente do mundo? Como alçar da vala comum da miséria o pesado corpo inerme de uma nação dominada, em sua maior parte, pela catalepsia do semianalfabetismo ou da total ignorância?

Quem pode prever o que acontecerá em 1975 a esta nação, num mundo fremente, imediatista e apressado, se, em vez de abrir milhares de escolas e faculdades técnicas para os seus milhões de jovens, o Brasil continuar a ensardinhar burocratas em navios, a atopetar de amanuenses os vagões ferroviários, a transformar aciarias em encostos de sinecuras e a colecionar derrotas e retiradas econômicas dos setores mesmos onde antes detinha a hegemonia?

Não podemos correr o risco de permanecermos uma nação-câmara-de-eco, que nada cria, mas apenas reproduz o que os outros fazem. Nem sermos a pátria do ferro-velho, onde se acumula uma velharia de métodos, de técnicas, de costumes e de atividades.

Não podemos correr o risco de ficarmos como o país da sucata, um dos grandes museus mundiais da ferrugem, onde se amontoem fábricas obsoletas, maquinarias antigas, laboratórios desequipados e cientistas e pesquisadores sempre desatualizados.

Sobretudo, atentemos para o grito de angústia de David Nasser, quando clama: "Libertemo-nos da grilheta de ser o país-semi: semianalfabeto, semidesenvolvido, semipotência, semipróspero, semifeliz".

Para que o Brasil sobreviva, para que o Brasil não retroceda, para que não fique um grotesco e irrealizado "país do futuro", para que não seja "o país do mais ou menos", para que o máximo de milhões de brasileiros ascendam às condições de uma vida com dignidade e bem-estar, é preciso que "ESCOLAS E MAIS ESCOLAS!" se transforme em nosso novo grito de guerra.

É preciso que nos lembremos todos os dias, como uma senha de civismo, como um brado de alerta, que POVO BURRO É POVO POBRE.

E, então, "ESCOLAS E MAIS ESCOLAS!" devem ser as palavras de ordem, o lema INADIÁVEL de todos os estudantes, de todos os professores, de todos os parlamentares, de todos os homens de negócio, de todos os profissionais liberais, dos oficiais das forças armadas, dos funcionários públicos devotados, dos fazendeiros, dos comerciários, dos bancários, dos operários, dos homens do campo, dos homens da cidade, dos homens do mar.

Ou ESCOLAS E MAIS ESCOLAS, escolas de verdade, escolas de fato, em grande quantidade e com também grande eficiência e objetividade no ensino — ou, então, baixemos a cabeça e aceitemos o analfabetismo como praga indesgarrável do destino de uma grande lunação.

Mas não, não será assim neste país cujo povo estoico e heroico já andou tanto por si mesmo, neste país quase sempre órfão de grandes e dinâmicos governos.

O que o Brasil já marchou contra os e apesar dos "estadistas" da mesmice, da mornice e do "deixa como está para ver como fica" — mostra que esta nação, quando lhe derem o fôlego da Educação total pelos pulmões das verdadeiras universidades, avançará pelos cimos de todas as alturas humanas, como a grande estrela por quem o mundo espera já há mais de um século.

Aquelas ainda poucas centenas de milhares de brasileiros que conseguiram atingir os cursos superiores provaram sua capacidade de assimilar, nas profissões que escolheram, o máximo do avanço até onde chegaram os profissionais de outras nações. Mas poucas centenas de milhares podem fazer por seu país muito pouco do que se fará, quando se contarem por milhões o número daqueles que saírem das escolas técnicas superiores e das universidades.

As novas gerações estão aí, ansiosas e sôfregas, nos portões das faculdades, à espera de sua vez, e nas antessalas da vida, à espera de que se cumpra e se atenda o direito que têm, de participar preparadas e equipadas das arrancadas do futuro.

Este país já mostrou, por suas áreas e populações mais atualizadas com o progresso, que irá definitivamente libertar-se das sentenças e dos agouros pessimistas. Este país já demonstrou que não quer sofrer de senilidade precoce. Este país quer, sim, cumprir à risca a letra de seus hinos endeusadores e o condoreiro vaticínio de seus poetas.

E quando um país não quer ser apenas mera expressão geográfica, nem ficar eternamente com um rótulo a respeito do "futuro"; quando um país anseia progredir por caminhos firmes e seguros, por dentro e por fora, de alto a baixo, do rico ao pobre, do norte ao sul, de um extremo a outro, só há um roteiro fácil, claro e comprovadamente certo: ABRIR ESCOLAS E MAIS ESCOLAS, escolas técnicas, escolas secundárias, escolas profissionais, escolas de ciência positiva, escolas para fazer seu povo rico, feliz, independente e sem complexos.

E há um ato de expressivo simbolismo que marcará perante a História e perante o mundo a nossa nova decisão sobre a Educação. Há uma medida excepcional, que cercará de drama e glória o nome do corajoso homem de governo que se dispuser a começar por ela, a provar utilizando-se dela, a profundidade e o ímpeto dos esforços que daí em diante serão feitos em prol da escolarização em massa de milhões de brasileiros.

É a transformação de Brasília, a capital-frustrada, no maior centro universitário de toda a Terra.

14

Ideias em resumo, à guisa de conclusões

A falta de transportes adequados, eficientes e econômicos — eis aí, isolado em sua total singeleza, o vírus da "doença" de aguda pobreza e crônico subdesenvolvimento do Norte e do Nordeste. Aí está, no lento perecimento da solidão e da inacabável quarentena econômica, a verdadeira e absoluta matriz da miséria material e social dessa vasta região do país. A marginalização perene, pela sentença das distâncias que a desídia e a má-fé tornaram irrecorrível, eis aí a carência grave que levou as deficiências, COMUNS TAMBÉM A OUTRAS REGIÕES DO PAÍS, a adquirirem, ali, com o passar das décadas, os contornos mortais de uma metástase. Foi por causa do longo imobilismo, que fossiliza as mentes e mumifica os corpos, que ali, no Setentrião brasileiro, os males econômico-sociais, SEMELHANTES AOS DE TODOS OS OUTROS ESTADOS DA FEDERAÇÃO, atingiram a deformidade das elefantíases.

Mas aquelas simples moléstias de conjuntura, que o isolamento ampliou até as condições de peste e calamidade, ou de penitência dada por Deus, ou de praga do demônio, tudo desaparecerá quase como inconsistentes miasmas, quando os fumos das chaminés dos estuantes navios e o bracejar intenso dos poderosos guindastes fizerem soprar, sobre aquelas regiões benditas, os ventos limpos, os revitalizantes aracatis, que levarão oxigênio, ozônio e o próprio sol da vida, de porto a porto, de cidade a cidade, de rio a rio.

A tão enrodilhada, palavrosa e até artificialmente insuflada cordilheira dos "insolúveis problemas do Nordeste", sobre a qual se acumulam relatórios de meticulosos burocratas e estudos de sociólogos esquemáticos e ideólogos preconcebidos — e agora também pastorais acacianas de arcebispos "úteis" — ruirá sob os irresistíveis tufões de melhoria quando, num dia infelizmente ainda futuro, ali chegarem de volta as locomotivas que, cruzando a Borborema, os Cariris e a Ipiapaba, varando sertão, a mata, o agreste, a caatinga e os campos gerais, foram ao sul, na ida e volta do progresso, que é o mais velho passageiro dos trens de ferro.

Nenhum dos grandes problemas que contribuem para "a tragédia do Nordeste" resistirá, teimosamente insolúvel, aos efeitos do vendaval de coisas, ideias, ferramentas, costumes, máquinas, melhoramentos, produtos, técnicas e gentes, resultante do bafejar dos navios e do resfolegante vaivém dos comboios novidadeiros, como diz Rachel de Queiroz, que seguirem do Sul para o Norte, e que do Norte partirem com suas novidades para o Sul, numa viagem que corra sobre trilhos contínuos que — esperamos — um dia lá chegarão.

Identificado assim, esse pequeno grande monstro da tragédia norte-nordestina, que contra ele ajam, sem perda de tempo, os idealistas de dentro e de fora dos governos.

Basta apenas que esses idealistas se munam de coragem moral — a singela, mas raríssima coragem — de não fazer concessões ao concessionismo, ao eleitoralismo e à falsa popularidade, e destruam implacavelmente TODOS OS FATORES desse "vírus", que causou a várias gerações de milhões de brasileiros, que vivem nessas regiões, o tormento mortífero do isolamento econômico, da solidão sem esperanças e da mais injusta e paradoxal pobreza.

Quando, por eficiência dos navios e dos portos, dos trilhos e dos trens, as mercadorias do Sul puderem ser entregues nos cais e estações do Norte e Nordeste num máximo razoável de dez a quinze dias, e quando os produtos do Setentrião chegarem em duas semanas aos outros embarcadouros do país, desmontar-se-á, como numa grande mágica cívica, a terrível e "indecifrável tragédia" da miséria do Nordeste; a esfíngica "tragédia" cujos contornos cresceram com os decênios, quanto mais mistérios e suposições os exploradores de assombrações e os industriais do terror acumulavam como hipóteses de sua origem.

Aliás, chega mesmo a ser desconcertante e profundamente estranho o fenômeno de obliteração mental que veio impedindo que tantos técnicos e sábios mobilizados pela SUDENE não tenham visto esse quase ostensivo calcanhar de Aquiles, tão ao alcance de suas inteligências, de sua percepção e sensibilidade. Sempre foram espantosamente mínimas as verbas, e ligeirissimamente fugaces as referências, que, nos três primeiros Planos Diretores da SUDENE, se dedicavam aos problemas da navegação, dos portos ou das ferrovias que deverão religar o Nordeste com o resto do país.

Dir-se-ia que alguma dessas medidas nem seria de sua alçada EXECUTIVA. Mas não poderia deixar de ser referência de suas mais vivas, constantes, enfáticas e até obsessivas recomendações.

Apontado e isolado o "vírus", não interessa a polêmica que possa sobrevir dos que não o acham tanto assim. Pois haverá sempre o interesse "filosófico" dos que preferem manter o Brasil como um arquipélago de regiões isoladas entre si. Porque ao imenso fosso cavado pelo desmantelamento de nossos transportes básicos, talvez esteja reservada a função de um "paralelo 38"... ou das linhas e dos muros divisórios que ajudam o jogo do divisionismo, dos que desejam lançar uma região contra a outra, a "pobre" contra a "rica", a "espoliada" contra a "imperialista" — na satânica intriga a que se atiraram, e de que vivem, os criadores de Coreias e Vietnãs, de Congos e SubCongos, de Alemanhas do Leste e do Oeste.

Pensem como pensarem os sábios todos, reunidos sob qualquer sigla sonora e pomposa, sobre a prioridade de solução que deva ter este sobre aquele problema norte-nordestino; o que não é mais possível é que máquinas ou mercadorias enviadas de Porto Alegre, de Santos ou do Rio de Janeiro ainda "estejam a caminho" de qualquer ponto do Nordeste ou do Norte, por navios que nunca saem, a portos que nunca chegam — enquanto um cargueiro inglês ou japonês VAI E VOLTA de Santos a Melbourne, ou a TÓQUIO, levando e trazendo riquezas!

E é preciso que se corra com a solução. É preciso agir já, dentro da constatação levantada nesta e nas páginas deste livro onde tratamos do problema da "miséria eterna" do Norte-Nordeste.

Agir já, não só por todas as razões sérias e dramáticas, mas também para que não venha a ser novamente preciso que este tropicalíssimo e ensolarado país atlântico tenha de, como em 1966, importar sal da Alemanha... ou então até mesmo para poupar ao admirável e hoje venerando José Augusto Bezerra de Medeiros o esforço de conquistar pela décima vez, outra cadeira na Câmara Federal a fim de repetir, cinquenta anos depois de 1919, a sua ainda irrespondida frase de desafio:

> Deem-nos um porto e cinco navios, e inundaremos de sal as cozinhas dos lares, e os cochos dos currais do Centro e do Sul do país!

O povo brasileiro, que tem sido tão fartamente alertado e atiçado contra o "colonialismo" externo, precisa também estar prevenido contra aquilo que o ministro e economista Daniel Faraco chamou muito bem de "colonialismo interno".

Isto é, o colonialismo de certos industriais e financistas nativos que, desejando fazer do Brasil uma colônia para uso próprio, seu império de fundo de quintal, o curral ao redor de suas fábricas e de seus bancos, vão, paquidérmicos e imorais, até o ponto de aliar-se a bolchevistas e seus servidores, numa torpe barganha de votos por juros e dividendos, à custa da tranquilidade e da segurança da nação.

O colonialismo interno é partidário da manutenção da mesmice do *status quo* econômico, da obsolescência avoenga, da imutabilidade dos métodos de produção e de administração do "deixa como está", do monopólio em família ou do cartel entre amigos. Tem horror à concorrência e gosta de conviver com o silêncio e as ditaduras, na "paz" assegurada da nação transformada em sua ilha particular, onde se deleitam pantagruelicamente com um mercado interno que lhes pague o que querem, que aceite o que lhe oferecem e que deva ser só deles, ainda que, para isso, seja preciso comprar a ajuda e a perigosa conivência do demônio.

Houve quem visse na abertura da estrada Belém-Brasília apenas mais uma expressão de certa ânsia de monumentalidade.

Houve quem sentisse nas condições de acelerada precariedade como foi feita, e em que terá de ser mantida ainda por longo tempo, a busca de eternidade de quem se queria consagrar, sempre por via dos mais bombásticos monumentos públicos.

Mas, a nosso ver, há também outra razão oculta, que ficou inconfessada, no inconsciente e na determinação de quem a fez.

A estrada Belém-Brasília, construída a toque de caixa e varando atrevidamente a *selva-selvaggia* como um fio de audácia e decisão, nasceu, paradoxalmente, do vício da procrastinação e da falta de coragem. Nasceu da falta de condições psíquicas e morais para enfrentar o problema verdadeiro, rude, negativo, ANTIELEITORAL: a catastrófica situação da ligação marítima do Centro-Sul com o Norte-Nordeste.

O dispositivo político montado em torno do "todo o poder aos marítimos e portuários" fez dessas classes um tal fantasma para os eternos carreiristas

IDEIAS EM RESUMO, À GUISA DE CONCLUSÕES

políticos, que, para tentar resolver o problema do transporte para Belém do Pará sem ter que enfrentar suas caretas, um presidente da República sairia pelo escapismo-freudiano, atalharia pelo aventureirismo aparentemente romântico da construção da audaciosa "estrada das onças", a extensíssima Belém-Brasília.

A risonha figura preferiu enfrentar as prováveis feras e mistérios do jângal a ter que fechar a cara — e a bolsa da nação — aos abutres políticos que exploravam, em desenfreado condomínio, os homens da beira de cais e os de bordo e bombordo.

Detido, por suas conveniências políticas, pelo medo de enfrentar o mar de trevas infestado pelos tubarões do peleguismo, o presidente-pirilampo, preocupado em ser ele também um sol faiscante de deslumbrante auréola — como no soneto de Machado de Assis — agarrou-se à cauda daquela refulgente ideia-cometa: abrir a estrada espetacular, a estrada-impossível, a estrada-desafio, a estrada-monumento, a estrada-estátua e fincar sobre seus 2.500 quilômetros novas e extensas pegadas de sua glória.

Contemplando a Belém-Brasília, o velho Sigmund Freud talvez sorrisse ao ver que a portentosa e discutida rodovia começa e acaba na sua sombra: na ânsia de afirmação e perpetuação pela monumentalidade; e na ação realizadora, desencadeada para encobrir o medo de fazer aquilo que era o realmente necessário, urgente, natural, porém incômodo, realizar: a ligação pelo mar infestado de perigos eleitorais.

É incrível que colunistas e economistas brasileiros do mais alto calibre intelectual e profissional já se tenham posto em campo, nas primeiras sondagens, para chegar a uma recomendação que pode ser LÓGICA PARA A CHINA, pode ser INDISCUTÍVEL PARA A ÍNDIA, mas é TOTALMENTE ABSURDA, E ATÉ ESTÚPIDA, QUANTO AO BRASIL: a redução da natalidade.

Até mesmo a equação de Malthus (que viveu no último quartel do século XVIII e no primeiro do XIX) já foi exumada. Segundo o corajoso pastor inglês que se preocupou tanto com o crescimento do andrajoso rebanho humano que apascentava, enquanto a progressão dos meios de subsistência é aritmética, a progressão populacional é geométrica.

E Thomas Robert Malthus, NAS DUAS PRIMEIRAS DÉCADAS DE 1800, gizava então, no quadro-negro do destino da Humanidade, os seus inapeláveis e apocalípticos algarismos: a progressão dos alimentos era 1, 2, 3, 4, 5, 7, 9 — enquanto a dos bebês saltava de 2 para 4, de 4 para 8, de 8 para 16, de 16 para 32, de 32 para 64, e assim por diante.

É espantosa a restrição visual demonstrada por aqueles que ensaiam reviver os "argumentos matemáticos" do malthusianismo como uma das "soluções" para os problemas sociais brasileiros.

NÃO HÁ SIMILITUDE NENHUMA entre a situação atual do Brasil e a dos países superpovoados. Quer os superpovoados devido à acanhada limitação de área, como os países nórdicos, quer os que assim o sejam por consequência de uma quase teratologia humana, como a China e a Índia.

Estamos evidentemente diante de uma típica "solução" escapista. Pois é inacreditável que aos autores dessa recomendação, alguns deles economistas altamente capazes no campo de sua especialidade, falte a sensibilidade para ver dois ângulos, contundentemente primordiais do problema, sob o ponto de vista brasileiro:

1º — A vitalíssima necessidade que tem o Brasil de povoar urgentemente "os imensos vazios", por causa dos quais um dia poderemos defrontar-nos com dramáticas surpresas. Não visamos ser uma "potência demográfica" tipo China, mas indubitavelmente quanto maior for o número de brasileiros — brasileiros muito mais bem instruídos e equipados — mais longínqua e difícil será a concretização de qualquer ukase ou diktat inesperado — seja da parte de quem for.

2º — Malthus lançou a semente de suas ideias no dealbar de 1800. Por esse tempo, o sucesso de uma colheita agrícola dependia exclusivamente do favorecimento e do "trabalho" de Deus... Na época em que o piedoso pastor se preocupava com as bocas que chegavam periodicamente aos lares miseráveis, o mundo nem sonhava que um dia o homem poderia desenvolver métodos para transformar sistematicamente qualquer lavradora em um dilúvio de abundância, usando a superadubação, a superproteção química das lavouras, a irrigação artificial, a supermecanização da semeadura, do cultivo e da colheita.

Não tem nenhuma lógica tentar transformar em pesadelo brasileiro aquilo que, mesmo na Inglaterra, não resultou senão do susto e das preocupações de um pastor insone com a sorte de seu rebanho, num mundo em que o vigor das colheitas estava na dependência direta da força e sinceridade das orações.

Malthus deve ter-se assustado ao testemunhar um instante mais prolífico do romantismo dos seus patrícios e patrícias quando a Inglaterra quase dobrou de população, saltando dos oito milhões que tinha no alvorecer de 1800 para quase catorze milhões em 1830.

Mas quem duvida que a Inglaterra de hoje, com uma população de mais de 45 milhões, viva muitíssimo melhor — sob todos os pontos de vista diretamente ligados ao bem-estar do homem comum? Cada indivíduo de sua classe média e cada operário qualificado têm hoje um padrão de conforto com que não sonhavam os próprios nobres, contemporâneos da cura idealista.

Diante da população que crescia e do *beef* que minguava, Malthus teve um pesadelo, que talentosamente transformou em ideia ou "solução" social.

Quase ao mesmo tempo, Karl Marx, alemão que olharia o mundo também através do caleidoscópio da sociedade inglesa, iria arrepiar-se e crispar-se de horror e ódio diante de outro fantasma, este real, composto de carne e cifras: o capitalismo, então feudal e anti-humano, contra o qual lançaria a sua força de combate também feudal e anti-humana: a ditadura de classe.

Surpreende-nos que economistas tão atualizados, tão familiarizados com as dificuldades e também com as possibilidades brasileiras englobem, assim, nosso país em duas classificações de características totalmente diversas das suas: os países nórdicos (irremediavelmente carentes de espaço) e as potências demográficas asiáticas (com astronômicos excedentes humanos, apesar da extensão de seus territórios).

E cresce ainda mais o nosso estupor quando esses técnicos sabem o quanto de artificial, intencional, forjado e mal-intencionado existia nos fundamentos da crise brasileira. Sabem eles muito bem que, além do distorcionismo deliberado de certas áreas políticas que sempre viveram de explorar eleitoralmente as dificuldades nacionais, o Brasil, por falta de mais intensa e extensa aplicação tecnológica, ainda nem sequer "arranhou" as montanhas de sua potencialidade econômica.

Essa ressurreição do tema malthusianista, que também já fora aflorado por sociólogos estrangeiros que mal apeavam no Nordeste, vindos diretamente DA ÍNDIA, demonstra que os economistas, mesmo os mais brilhantes ou os mais bem-intencionados não escapam à doença do campo visual estreito, característica dos antolhos de todas as especializações profissionais. Falta-lhes, como a todos os técnicos e especialistas que só viveram ou conviveram com sua técnica ou especialidade, a continuidade da visão panorâmica, a lente grande-angular, ampla, aberta, que abarca todo o horizonte da sociedade humana. E que é a característica do LÍDER.

Do líder, do grande político que, tendo o senso geral da coisa pública, não se entrega a UMA ideia, não se prende a UM modo de ver, nem se encurrala NUM ângulo profissional ou filosófico. Nem se perde no turbilhão deles. Porque, sendo essencialmente um técnico das ideias gerais, ele capta, pelo mágico e experiente poder de seletividade do seu talento, as que melhor sirvam à função divina de guiar, ajudar ou orientar o seu povo.

Aliás, cabe lembrar que esta não é a primeira vez que, no caso dos economistas, o "ponto cego" de sua visão ESPECIALIZADA os leva a enfocar, de modo desastrosamente errôneo, um problema que tem as mais graves implicações econômicas, sociais e políticas.

Para aqueles que atribuem uma onisciência social aos especialistas em economia, talvez seja decepcionante lembrar-lhes que foram os economistas todos da CEPAL que elucubraram, desdobraram, analisaram, fundamentaram e encadernaram, para "pronta-entrega", aos governos dos países latino-americanos, a ideia esdrúxula, extraída dos seus pudores antilucro, contraproducente, economicamente errada e politicamente anti-humana, de que construções imobiliárias são investimentos "puramente especulativos".

Esse raciocínio "neutro e desinteressado" foi o fermento que ampliou aceleradamente o déficit habitacional, e as condições de crescimento dessa ferida da gangrena social que corrói a América Latina: as favelas e os mocambos.

Esses cogumelos da miséria multiplicaram-se, centuplicaram-se e formaram o seu avassalador cinturão de zinco e imundícies em torno das cidades latino-americanas, por causa da indiferença, do hermetismo e do pilatismo com que os governos locais, apoiados na douta e preconceituosa recomendação dos especialistas burocratas, fincaram todos os seus pés na afirmativa de que fazer casa era "negócio" que dava lucros a particulares... E, dando lucros a particulares, o governo não tinha que ajudar, abrindo-lhes créditos longos ou especiais nos bancos oficiais.

Quase sempre alternando a ingenuidade com a boa-fé no timão de sua política internacional, o Brasil chegou a ser levado também, por matreirice de certos chanceleres e governantes que confundiam esperteza municipal com sagacidade política, aos saracoteios de uma linha "africana" nas suas relações com o mundo. É que, supondo estar plantando fundo na seara local, certos políticos brasileiros resolveram ser "africanos" *a outrance*. Eles visavam, esses "habilidosos", a obter as boas graças dos pretos brasileiros — como se estes ainda se sentissem ligados àquele continente ou a qualquer de suas "nações". Eles não viam que, assim como certos filhos de "carcamanos", de "galegos", de "turcos", de "gringos", de judeus, procuravam, através do nacionalismo mais hidrófobo e boçal, fugir e renegar infantilmente as suas origens — pelo mesmo processo de decepação espiritual, e mais pelas razões da ignorância, o desligamento do preto brasileiro quanto ao continente berço de seus ancestrais é tal que, entre milhões deles, apenas alguns RARÍSSIMOS são capazes de ainda mencionar a raça, tribo ou região de que foram originários seus avós.

Procurando revestir de grandeza o "arranjo" de sua jogada juvenil, esses políticos cheios de ambição e vaidade encenavam-se para as plateias populistas como "estadistas dos dois mundos". E armavam no mundo, sim, da sua imaginação, a carpintaria teatral típica do jogo de habilidades dos exploradores do "coitadismo": faziam-se de protetores de "espoliados", para arvorarem-se em líderes dos rebelados.

Líderes brasileiros, do bloco afro-asiático... Exatamente do bloco das nações que, no mercado mundial, duramente empurram e asperamente acotovelam o Brasil, nações que vendem uma espécie de sucedâneo de café para deslocar e destruir o nosso café, que nos tomam dia a dia mais porções do mercado de cacau, que já estão "barrando" também o ferro e o algodão do Brasil, e até a banana, e que amanhã entrarão com seus oleaginosos e demais produtos tropicais, nas últimas prateleiras que nos vão restando nos mercados norte-americanos e europeus.

Eles não veem, esses estrategistas de mesa curta, que, fazendo nascer "nações" de onde era um simples cacho de taperas e surgir "povos" do simples aglomerado de famílias sultanicamente oriundas do mesmo soba, a África nos desloca, a África nos enxota, a África numerosa, já com 51 países num território apenas três vezes maior que o nosso, pulveriza a importância do Brasil e da própria América Latina nas Assembleias mundiais. Obcecado pelo caolhismo de fazer-se ditador, o principal animador dessa ninhada de anti-Rio Branco, que se alojaria no Itamarati entre 1960 e 1964, não enxergava o suficiente para ver, como aquele patrulheiro de Leônidas de Esparta, que as nações africanas já são tantas, que podem obscurecer facilmente a luz do nosso sol, nas disputas político-econômicas da arena mundial.

Que a Europa olhe com interesse "maternal" para as nações "novas" que surgiram do seu ventre colonialista — oito países depois de 1950, e trinta mais a partir de 1960 —, é totalmente compreensível. Pode ser também admissível o ridículo de tornar em "nação" a zona de influência de qualquer soba mais embonecada ou tribo mais aguerrida — a ponto de, entre os 51 países africanos, 42 apresentarem, em janeiro de 1965, menos de dez milhões de habitantes. E havia quinze dessas "nações" com menos de um milhão de habitantes — mas valendo UM VOTO nas Assembleias mundiais da ONU.

O que a nós brasileiros importa é que seis das maiores e mais ágeis e agressivas entre elas já se tornaram FLORESCENTES EXPORTADORAS DE PRODUTOS TROPICAIS diretamente concorrentes dos nossos.

Estender a mão à África, sim. Sim, por todos os motivos. Mas levar a África pela mão — segurando preços para seus produtos concorrentes dos nossos, ou concordando com suas "noites de São Bartolomeu" —, de modo nenhum! A África não é um parceiro. É um concorrente temível, que dispõe de armas mortais para a prosperidade brasileira: sua mão de obra ainda semiescrava, e sua associação umbilical com as nações "imperialistas" que a desocuparam, mas não a deserdaram. E com quem está engajada, no empreendimento comum de banir os produtos brasileiros dos portos onde outrora facilmente entravam, e das portas dos lares onde eram largamente consumidos.

Para os "estadistas de blusão hindu", ou de fofas bombachas, e os chanceleres que os serviam em sua linha política internacional, comandada pela vaidade e pelo ressentimento — de nada valia a lição da História, a hecatombe econômica que sacudiu o Brasil no começo do século, quando surgiu no mercado mundial a borracha asiática, fruto da tolerância tida para com o cientista-pirata, o inglês Wickman, que durante cerca de dez anos fez o paciente trabalho de "exportação" das sementes e mudas da *hevea brasiliensis* para o Ceilão.

Como é possível sustentar-se essa política ingênua de braços gratuitamente abertos para a África, se é de lá que vêm todas as mais graves ameaças que pesam sobre o equilíbrio e a prosperidade econômica do Brasil?

As nossas "moedas" de trânsito livre no mercado mundial não são ainda, ai de nós, os artefatos de nossa indústria — gravosa e ainda dependente da tecnologia alienígena. Mas os produtos tropicais, oriundos das lavouras e do solo brasileiros.

É a exportação desses produtos que nos fornece as cambiais de que vitalmente necessitamos, para cobrir os déficits das matérias-primas que não temos, ou das manufaturas que sempre precisaremos importar.

Ou será que alguém está pensando que o grosso das nossas barganhas internacionais, o que precisamos comprar ao mundo, é pago ainda com as pepitas de ouro do Tijuco, de Cuiabá e Vila Rica?

IDEIAS EM RESUMO, À GUISA DE CONCLUSÕES

Milhões de brasileiros talvez não façam a mínima ideia do desastre que poderá acontecer-nos, se perdermos definitivamente para a África o resto de liderança ou participação que ainda temos sobre o mercado mundial de produtos tropicais.

É que eles ainda carregam consigo as histórias caleidoscópicas, ouvidas nos bancos escolares sobre a época do fastígio do ouro em Minas Gerais, Goiás e Mato Grosso — e guardam a ideia ingênua de que, tendo sido o maior produtor mundial de ouro, o Brasil ainda continue pelo menos enfileirado entre os primeiros ou os maiores...

A triste verdade que, como outras, deveria ser melhor conhecida para determinar atitudes mais objetivas e inteligentes em nossa vida pública, é que o Brasil se acha hoje entre os menos expressivos desses produtores, vindo quase em 15º lugar na produção de 1963 (segundo o IBGE). E completamos a informação melancólica: atualmente, o Brasil tem até que importar algumas toneladas de ouro por ano, para atender às demandas da sua ourivesaria e outras atividades industriais.

Aliás, segundo "Realidades Econômicas do Brasil", obra do renomado estudioso de nossos problemas, José Pires do Rio, que foi ministro da Viação do governo Epitácio Pessoa e ministro da Fazenda do governo Linhares (1945), toda a produção de ouro do Brasil-Colônia, em 120 anos de exploração rudimentar dos garimpos, catas e aluviões, foi menor que a produção do Transval (África do Sul) em apenas três anos, de 1925 a 1927.

E o IBGE confirma com dados recentes que, enquanto o Transval obteve 853 mil quilos de ouro em 1963, a nossa produção nesse ano foi de apenas 5.600 quilos!

Afinal, que quadro traçou cada um de nós, para nosso país?

Deve isto aqui ser uma nação adulta, de homens feitos e rijos, talhados a martelo e não feitos de cera, que assimilaram da infância os imortais versos de Gonçalves Dias — "Sê bravo, sê forte. Viver é lutar!" — ou, em vez do Brasil sonhado pelos serenos, mas duros heróis de Vila Rica ou do 2 de Julho, de Tuiuti ou Guararapes, dos Farrapos ou dos 18 do Forte, vamos é caminhar mesmo para uma imensa Bebêbrás, ou Coitadobrás, ou Molezabrás?!

As nações-albergues se afundam ao primeiro safanão da História. As nações onde a pieguice é confundida com a piedade, e onde a justiça se rege pela mão torta da complacência, onde o dever da perfeição é substituído pela teoria faz de conta do mais ou menos; essas nações ficarão cada vez mais a meio caminho da marcha humana, adernadas pela preocupação de um estúpido nivelamento por baixo, nivelamento com as camadas sociais — existentes em todos os povos — constituídas por aqueles indivíduos que não se esforçaram por explorar e aprimorar os dons que Deus também lhes deu.

Carreguemos, sim, os nossos incapazes; despertemos e estimulemos os que dormitam na preguiça ou no desinteresse. Mas não deixemos que as leis promulgadas ou as leis costumeiras se façam em nome deles e para eles; não admitamos que seu fracasso humano seja a medida e a finalidade mesma das regras da nossa vida pública ou espiritual. Pois não são os mendigos, nem os pobres-diabos que produzem as colunas, os altares e as naves com que se constroem os templos; não são eles que levantam as paredes de cimento e aço das fortalezas, nem que lançam os alicerces ou edificam os anfiteatros das universidades; não são os seres comidos pela indiferença aos desafios da vida, os que fazem as maternidades, os que semeiam fábricas, plantam lavouras e carregam nos seus ombros e na sua tenacidade as imensas responsabilidades dos que se dão à audácia de produzir o progresso.

Se não tomarmos as corajosas medidas necessárias a fazer do Brasil uma nação e não um albergue, um país e não um asilo de cidadãos precocemente estropiados pela moleza e pelo superprotecionismo de excessiva e degenerescente legislação social — que iremos responder a certos "estadistas" europeus do futuro, quando de novo propuserem que os problemas de "espaço vital", de alimentação ou sobrevivência dos povos superprolíficos devam ser resolvidos à custa dos imensos vazios de certo *pays de là-bas*, ocupado por uma nação que adoeceu e se mutilou espiritualmente por excesso de cuidados, de leis e parágrafos protetores?!

Como o Brasil irá chegar independente, íntegro e livre ao ano 2000 — com a humanidade "estourando" em mais de seis bilhões de indivíduos —, se continuarmos a tirar de nosso solo apenas 30% das fontes minerais de energia de que precisamos, se nossas ferrovias e navios não transportam a tempo e hora nem 20% do que produzimos; se até lá ainda continuarmos a ter cinco, dez, quinze, vinte milhões de brasileirinhos sem sequer escolas primárias; se, então, ainda milhões de moços brasileiros tiverem de quedar-se com seus destinos entupidos à entrada das faculdades e escolas técnicas, que não os comportam?!

Sob muitos aspectos, mesmo depois da Revolução de 31 de Março — que teve o poder de virar a própria maré do grande embate político da História

IDEIAS EM RESUMO, À GUISA DE CONCLUSÕES

mundial contemporânea —, mesmo após ter imposto ao comunismo a sua mais espetacular e decisiva derrota político-militar da década de 1960, o Brasil é ainda, sob vários aspectos, uma nação capturada e mantida sob obediente e passivo cativeiro pela força magnético-apavorante dos mitos, dos símbolos, fantasmas e lobisomens que o marxismo-leninismo postou estrategicamente em cada esquina da nossa vida pública e espiritual.

Tem-se a impressão de que, condicionadas durante longos anos ao temor dos espantalhos e monstros xingadores, e submetidas à "lavagem de cérebro" com que o terrorismo intelectual comunista comandava as opiniões no jornalismo, na política e na literatura, as classes dirigentes da vida pública brasileira (parlamentares, políticos, militares, periodistas, professores e intelectuais) ainda caminham como sonâmbulos que tivessem sido repentinamente acordados de uma noite e de um pesadelo, que ainda lhes embaça a luz do raciocínio próprio e conturba a volição independente.

E enquanto marcham semitontas e abúlicas, não vendo a luz do dia novo porque suas retinas continuam espelhando o negrume da noite terrorista, elas avançam e recuam, como se receassem esbarrar-se a qualquer momento nos monstruosos leões de chácara da imensa capangagem intelectual que os bolchevistas reuniram em torno da fragilidade de suas ideias apodrecentes e obsoletas.

Ainda embebedadas pelas drogas entorpecentes do terror mental, essas classes dirigentes circum-navegam dentro dos mesmos círculos gizados; mantêm-se ideologicamente cativas, encurraladas pelo arame farpado das calúnias, enquadradas nas mesmas estreitas áreas espirituais — do coitadismo, do bom-mocismo, e do tonto reformismo, — que lhes foram delimitadas pelo terrorismo intelectual comunista.

Daí a Revolução — que com tão fulminante decisão e bravura reduziu a pó as "fortalezas" político-militares do absolutismo perono-comunista — encampar esdruxulamente, como tese, aquilo que era apenas um truque, as insinceras "reformas", como a do voto aos analfabetos e a agrária. Daí a Revolução manter, incrivelmente, como intocáveis, os setores das empresas estatais que os perono-comunistas haviam exatamente tentado transformar em suas "tropas de choque", e seus "grupos de sapadores", para o desmantelamento total da economia brasileira: as empresas marítimas oficiais, as ferrovias e os portos. Com as ferrovias, a navegação oficial e os portos ainda largamente deficientes, e totalmente antieconômicos, devido aos excessos ainda intocados do superempreguismo e das super-reivindicações, o perono-bolchevismo largou atravessada, sobre os trilhos da marcha brasileira, a sua gigantesca tora obstrucionista, contra a qual irão chocar-se ingloriamente todos os esforços que visem a reerguer a economia do país, e a melhorar o nível de vida do povo.

Enquanto portos, navegação e ferrovias forem, não as artérias condutoras e revitalizadoras, mas veias intumescidas e varicosas, que sangram sob os déficits astronômicos e inacabáveis, o país correrá, mas como um capenga; marchará, mas como um manquitola; progredirá, mas parcialmente; melhorará, mas sob tremendos sacrifícios de todas as outras classes, que terão que continuar pagando os superprivilégios das que com eles foram beneficiadas, por serem parte integrante do "dispositivo" de domínio ditatorialista do perono-bolchevismo.

Não há dúvida de que a calamitosa situação das ferrovias e das empresas do chamado Patrimônio Nacional (Lloyd e Costeira) exige, para sua solução, IMAGINAÇÃO E CORAGEM. Felizmente, não é isso que falta ao grupo de homens que se levantou Brasil afora, a 31 de março de 1964, para realizar o que será a mais profunda de todas as revoluções brasileiras.

Esses patriotas e idealistas sabem que o país não poderá continuar suportando, indefinidamente, o déficit DIÁRIO de mais de UM BILHÃO de cruzeiros, para manter aquilo que, na realidade, era apenas base de um sistema de domínio político, e não o sistema nacional básico de transportes.

Não faltarão ideias e sugestões aos pró-homens da Revolução, a fim de repor as ferrovias, os navios e os portos em seu decisivo papel, atuando com eficiência na vida econômica do país.

Num saudável desafio à capacidade dos trabalhadores, funcionários, dirigentes e comandantes das ferrovias e da navegação mercante, a Revolução poderia, por exemplo, entregar-lhes a propriedade dessas empresas, fazendo com que todos os que nelas servem se tornassem seus acionistas, à base do número de anos de serviço e do salário atingido. Durante três anos, a nação ainda ajudaria os novos proprietários a enfrentar os déficits. Daí em diante, a capacidade profissional e o espírito público das equipes dessas empresas já as teriam feito chegar ao seu ponto de eficiência e rentabilidade. Será muito mais saudável para a nação que ela generosamente torne dessa forma milionários, da noite para o dia, as duas centenas de milhares de cidadãos — os marítimos e ferroviários dessas autarquias — do que mantê-las em mãos governamentais, sob papelórios governamentais, sob desperdícios governamentais e com a irremovível inoperância governamental. Dado o gigantesco patrimônio de cada uma dessas empresas, acumulado em longos anos de dotações e subsídios oficiais, cada marítimo e cada ferroviário passaria a ter provavelmente nada menos que VINTE MILHÕES de cruzeiros, em cotas de sua respectiva empresa. Trabalhando para uma empresa que lhes pertence, que passou a ser patrimônio de suas famílias, os ferroviários e os marítimos brasileiros colocariam nisso o melhor de sua experiência, o seu já longo tirocínio, e o seu orgulho profissional de realizar algo que não dessangra, mas, ao contrário, dará impulso e revitalizará o progresso da pátria comum.

Pois o que a nação lhes entregará não será apenas um monjolo, que hoje cumpra mal uma função já também obsoleta. Não! Todos sabem que imensa importância terão sempre os transportes ferroviários e marítimos, como ALAVANCA PRINCIPAL para levar o grosso das riquezas da nação dos centros de produção para os centros de consumo. A batalha para o progresso econômico e do bem-estar social não poderá ser travada eficientemente, se o maquinista da locomotiva e o piloto do navio não simbolizarem duas forças realmente eficientes, que cumpram a decisiva missão de que se acham investidas no complexo econômico da vida brasileira.

Além da hipótese da entrega das autarquias de transportes aos funcionários, pode-se considerar também a da sua venda a empresas particulares, ficando, porém, a cifra disso resultante como patrimônio de cada trabalhador, dentro do mesmo princípio do "tempo de trabalho e categoria atingidos". O empregado só receberia sua parte caso se retirasse da empresa. Permanecendo nesta, mesmo depois da venda a particulares, o dinheiro ficaria depositado no Tesouro Nacional, valendo para este a correção monetária; mais tarde, ao aposentar-se, o funcionário receberia o montante de sua cota. Em caso de falecimento, ela seria entregue a seus herdeiros.

Há, pois, inúmeras soluções novas e POSITIVAS, desafiando o orgulho profissional e o sentimento patriótico dos marujos de um país que precisa de quase DEZ VEZES MAIS TONELAGEM MERCANTE do que tem hoje, em 1966.

E que tarefas formidáveis têm também os ferroviários para realizar, neste Brasil que até hoje ainda não se uniu pela força poderosa e criadora dos trilhos de aço, já que o Norte e o Nordeste ainda permanecem desligados do Centro e do Sul por ferrovia! E não se concluiu ainda, mesmo começado há quinze anos, o famoso TPS (Tronco Principal Sul).

Podemos ficar certos de que, quando a Revolução estabelecer a resolução, qualquer que seja, que não mais os deixe ser considerados como um peso morto atirado às costas da nação, os ferroviários, os marítimos e os portuários contribuirão, pelo seu instinto patriótico, para que suas atividades retomem na vida do país a importantíssima tarefa que elas, de fato, representam.

Muitos dos observadores da marcha humana já reconheceram, de modo inequívoco, a inoperância total do Estatismo, quer o dos regimes semissocialistas, quer os totalmente marxistas, quer os fascistas. Mas, como aquele admirável jurista e ex-governador de grande estado, jazem indecisos, estatelados, na encruzilhada Estatismo *versus* Livre Empresa, temendo avançar desprotegidamente pela rota da democracia capitalista. Quedam-se sem opção, torturam-se sem destino político-econômico, pelo receio de que, mais uma vez, como em tantas outras situações pendulares da História, se iria cometer o erro de partir de um extremo para outro. Recolhendo-se o Estado de suas aventuras industriais, ficariam então as nações, receiam eles, à inteira mercê do chamado Poder Econômico.

Quanto mais confiança nos infunde o sistema da Iniciativa Privada como única solução para a criação racional de riquezas e melhoria das condições que ensejam o levantamento do nível de vida de um povo, mais nos convencemos também da necessidade de reforçar ao máximo o poder de Justiça do Estado, poder de Justiça esse que outros preferem chamar de poder de Polícia.

À medida que, por força do seu racionalismo, do seu dinamismo criador e da sua ilimitada capacidade de iniciativa, cresce o poderio econômico das organizações privadas, deve crescer também, paralelamente, o poder do Estado em conter os abusos antissociais, que possam redundar da filosofia operacional egoística desse ou daquele comando empresarial ou grupo econômico.

É cada vez mais certo e mais pacífico, entre os homens de empresa arejados e realmente progressistas, que os monopólios não devam ser admitidos nem almejados. Que é, aliás, a democratização do capital, a abertura das empresas a milhares de novos acionistas, senão o "exemplo que vem de casa", com a espontânea quebra da propriedade monolítica, detida antes em mãos do pequeno grupo inicial ou familiar?

Já não há também, nos círculos do novo capitalismo, quem defenda ou sequer justifique os cartéis, hoje considerados uma obsolescência, que depõe contra a própria necessidade vital que tem o capitalismo de progredir sempre, de marchar pelas infinitas rotas que a tecnologia abre dia e noite, pela inventividade e pela inovação, para a livre concorrência. Diante da eletrizante mobilidade econômica causada pelo avanço tecnológico, o cartel tem as características de excrescência obsoleta de uma superada Linha Maginot.

Sem dúvida, a Livre Empresa deve ter seu campo totalmente desimpedido para atingir as metas econômico-sociais a que se propõe. Mas só pode atuar dentro das regras estabelecidas pelo Estado, em sua altíssima função de Juiz e Defensor do bem comum. Cabe ao Estado, liberto dos preconceitos do terrorismo intelectual, gizar as linhas do social e do antissocial, de modo que as duras disputas do mundo econômico, feitas sem privilégios, sem subsídios ou proteções tarifárias — se realizem em campo largo para os contendores, para os que disputam o êxito e buscam o melhor lucro —, sem ferimento ou dano aos interesses da coletividade.

Pelos impostos, pelas taxas assistenciais, mas sobretudo pelo Imposto de Renda, o Estado exerce o seu poder de limitar os lucros pela sua participação neles, TANTO MAIOR QUANTO MAIORES SEJAM. É nessa função coletora que o Estado vai trazer para a nação inteira a parte a que ela tem direito nos resultados de cada um dos que sabem produzir mais e com melhor sucesso.

Desistindo de ser participante direto e bisonho de um jogo para cujas liças definitivamente não tem capacidade — a produção de bens de consumo ou de riquezas —, o Estado não retorna, por isso, à impassibilidade de um espectador neutro e acanhado ou envergonhado. Pelo contrário, assume altaneiramente a sua nova posição de poderoso juiz vigilante, cujas sentenças devem ser implacáveis contra aqueles que quebram as regras do bem comum, ou que ainda tenham a pretensão de que os excessos de seu egoísmo possam pairar acima dos limites do bem geral.

Livre Empresa e Estado poderoso — eis a característica das nações libertas do medo e das mistificações, falsificações e assombrações do terrorismo ideológico.

Diante da batalha acirrada que se trava entre estatistas e defensores da liberdade de iniciativa do cidadão, há os que indagam perplexos: mas, afinal, que deve o Estado fazer? Que é legítimo e NATURAL, ou LÓGICO, que ele faça na vida do país?

A verdade é que muitos, até mesmo entre aqueles que pleiteiam mais poderes para o Estado, ficam às vezes atônitos diante do redondo fracasso dos governos no atendimento dos múltiplos problemas que lhes estão afetos. E, mesmo assim, não entendem por que alguém já chegou a sugerir que um país como os EUA tenha dois presidentes de uma vez.

Há também aqueles que, diante do combate cada vez maior ao Estatismo, chegam a recear que, despido de suas autarquias industriais, o Estado fique sem o que fazer, sem algo que justifique sua existência física...

Mas se atentarmos para as imensas tarefas que cabem ao Estado, ao governo executar — mesmo aos governos sem a preocupação da estatização eleitoreira ou socialisteira —, veremos que se trata de uma tremenda carga de ônus, cujo atendimento exige devoção total dos executivos e fertilíssima imaginação administrativa e criadora.

Acrescente-se a essa sobrecarga a lentidão característica das máquinas burocráticas DE TODOS OS PAÍSES, e então se compreenderá o constante desajustamento que existe entre o que os cidadãos realizam por si, e o que o Estado deixa de fazer na parte que é de sua incumbência.

Realmente, é avassaladora a soma de afazeres e responsabilidades de um governo, pois, além daquilo que é hoje a mais vital e sacrossanta função do Estado — atender os problemas da Educação em todos os graus —, ele tem pela frente as tarefas de cuidar, prevenir e prover:

- saúde pública,
- segurança interna e externa (forças armadas e polícia),
- códigos e leis que regulem a vida econômico-social,
- justiça de todos os graus e tipos,
- estradas e vias fluviais,
- portos,
- correios,
- finanças e recenseamentos nacionais,
- urbanismo,
- defesa florestal,
- trânsito,
- acumulação e depósitos de água doce,
- poluição da atmosfera e dos rios,
- prevenção e assistência contra as hecatombes,
- assistência social à invalidez, ao desemprego e à velhice.

E isso sem incluir os programas nacionais de habitação para as classes menos favorecidas, que os governos sempre preferem tomar a seu cargo, por motivos ora políticos, ora realmente administrativos.

São, como se vê, encargos que, por si sós, bastam para esgotar a capacidade e a dedicação de quaisquer gigantes que atinjam o poder com a mais alentadora vocação do bem público.

Basta a uma nação que seu governo cumpra bem e perfeitamente cada uma dessas suas intransferíveis tarefas. Quando um pugilo de homens de bem, reunidos no cenáculo supremo de um país, dá conta dos problemas de cada um desses setores de forçada ingerência governamental, então o país progride e prospera, e seus cidadãos vivem tranquilos porque podem cuidar bem de sua vida e de sua contribuição para a comunidade, enquanto alguém, por eles escolhido, cuida bem das coisas da pátria.

Confundindo alhos com bugalhos, muito se inquietam com o gigantismo industrial, tomando-o por monopolismo. Nos países altamente desenvolvidos, como consequência matemática desse desenvolvimento, há sempre vários "gigantes" atuando na mesma área industrial, financeira ou comercial, disputando a hegemonia da preferência do público, por meio de melhores produtos ou serviços e de preços mais acessíveis.

Ao contrário, muito ao contrário, do que pensam os tímidos e os desinformados, SÓ A GRANDE EMPRESA é capaz de produzir bens ou oferecer serviços de qualidade e AO ALCANCE DA GRANDE MASSA DE CONSUMIDORES. Só a grande empresa, por sua eficiência operacional e capacidade de constante aperfeiçoamento, enseja a DEMOCRATIZAÇÃO DO CONSUMO, seja do que for, produto industrial ou produto agrícola.

É graças à sua atividade que acontece o que chamamos de círculo VIRTUOSO da prosperidade: podendo produzir em maior quantidade, é a grande empresa quem dá ensejo a que áreas cada vez maiores da população possam adquirir seus produtos e, quanto mais mercado comprador ela tem, mais então pode produzir e, produzindo ainda mais, o faz sempre mais e mais barato o que, incessantemente, coloca o produto ao alcance de outras e novas camadas mais modestas de consumidores.

Esse fenômeno, que a alucinada inflação que o Brasil veio enfrentando não deixaria o homem comum perceber, nem a poder de microscópio eletrônico, é, porém, visível a olho nu em qualquer das nações livres de economia organizada, e que não esteja deliberadamente conturbada pelos criadores profissionais de forçadas condições convulsionárias.

Quando atacam tudo que é grande e exaltam tudo que é pequeno; quando se colocam contra os detentores de alguma coisa em favor dos que nada sabem ter, os rumorosos e falsos extremistas da caridade parecem querer transformá-la de válido, porém recatado sentimento individual, em regime político ou sistema econômico.* Arriscando-se, por isso, a tornar-se protetores inconscientes da ociosidade, deveriam lembrar-se de que existe uma áspera e saudável realidade comandando as relações de trabalho entre os homens, chamada PRODUTIVIDADE, da qual resulta não apenas o maior ou menor progresso de cada um, mas também o barateamento dos bens materiais assim produzidos e que são necessários ao indivíduo para manter e elevar sua dignidade de vida. Esse reconhecimento da importância social da produtividade existe em todos os países, nos quais, ao lado da justa e humana preocupação de ASSISTIR, há também a correspondente coragem moral de PREGAR E EXIGIR QUE AS COISAS SEJAM FEITAS COMO DEVEM; E SEMPRE DE MODO MELHOR.

Os primeiros vidros de penicilina foram vendidos no Brasil, no começo da década de 1940, a um custo que equivalia a cerca de 15 mil cruzeiros de 1965. No entanto, mais de vinte anos depois, essa penicilina, devido à melhor PRODUTIVIDADE DA TÉCNICA E DO HOMEM, é vendida a preços mais de trinta vezes menor! Em 1950, um quilo da importantíssima vitamina B-12 custava o equivalente a 550 milhões de cruzeiros atuais (250 mil dólares). Em 1965, essa vitamina custava apenas oito mil dólares, ou seja, 17,6 milhões de cruzeiros.

No começo deste século, as caranguejolas, que eram pretensiosamente chamadas de automóveis, custavam nos EUA de três mil a cinco mil dólares. Eram feitos de um a um, por métodos de primitivo artesanato, em milhares de fabriquetas que alcançavam, consequentemente, a baixíssima produção de apenas algumas unidades por ano. O automóvel só podia, então, ser um luxo de miliardários excêntricos — como ainda em 1945, em famoso discurso no estádio do Clube Vasco da Gama, do Rio de Janeiro, o classificava o coevo e atualizado senhor Luiz Carlos Prestes.

Hoje, fabulosos carros, belos e perfeitos, custam lá, novos em folha, de dois a três mil dólares. E disso resulta que em 1965 "apenas" 64 milhões de carros serviam às necessidades e aos prazeres dos milhões de cidadãos do país.

---

* Nenhum deles tem, porém, a indiscutível pureza de intenções daquela ingênua e apostolar figura da década de 1930, o general Manuel Rabelo, que, como interventor em São Paulo, baixou portaria, estabelecendo direitos, vantagens e reconhecimento público devidos ao cidadão-mendigo...

Só a produtividade e só uma filosofia rigorosa e rígida de retribuição cada vez melhor aos cada vez mais capazes é que tem levado a esse resultado magnífico de fazer com que também João da Silva se possa tornar proprietário e servir-se dessas "bigas" modernas, velozes, rebrilhantes, metálicas, macias, confortáveis — com as quais nem podiam sonhar aqueles próprios imperadores que, nos circos romanos, se antecipavam às sensações dos modernos autódromos, fazendo uso das disputas dos "velozes" carros do seu tempo.

Que milagroso segredo é esse que empurra continuamente para a frente a tão vilipendiada máquina do capitalismo? Se ele "esbulha", se oferece "o pior", como anda tanto, como funciona tão eficientemente, como obtém tanto sucesso, como se aprimoram tanto as coisas que produz?

Como consegue criar e aperfeiçoar tanto nos mesmos campos operacionais nos quais, quando o Estado se mete, as coisas não saem do lugar ou, pelo contrário, até se deterioram?

Como a mesma gente, que trabalha sem entusiasmo, ou simplesmente não trabalha, nas organizações estatais, se esforça e se dedica para produzir mais e progredir continuamente nas empresas privadas?

Progredir... Progredir continuamente, na medida do trabalho despendido, progredir segundo o esforço dedicado. Este é o segredo, a mola-mestra, a chave, o botão mágico que, premido, movimenta os homens cheios de esperança e de sadia ambição.

Exigindo produtividade e retribuindo, exigindo criatividade e reconhecendo, exigindo dedicação e consagrando, exigindo lucros e transformando-os também em melhores salários, exigindo inovações constantes e também se inovando para não perecer, a máquina do capitalismo já descobriu que só se emperra quando se associa à ditadura.

Pois as ditaduras, ainda que apenas políticas, ou também econômico-sociais, como o comunismo, desembocam inapelavelmente no mar gelado da fossilização, do emperramento, da lenta paralisação, que hoje equivale ao próprio retrocesso em todas as atividades humanas.

Depois da estúpida experiência autofágica do nazifascismo, o moderno capitalismo teve o bom senso de tomar por sócia definitiva a liberdade. Prudentemente, aceitou ser passageiro e tripulante de um comboio cujos rumos ele não marca sozinho, aceitando e assimilando as consequências e os solavancos da convivência com o pensamento livre — do qual lhe advém o progresso e também as críticas, as sentenças e os corretivos que alcançam e podam os seus pecados.

Garimpeiro atilado, pesquisador ágil e atento aos que dele discordam ou desconfiam, o novo capitalismo descobriu que o grande filão inesgotável, o inextinguível combustível da marcha do homem comum sobre a terra é a sua ambição sadia de VIVER SEMPRE MELHOR E EM LIBERDADE.

Aceitando a decisão irrecorrível que comanda o destino das sociedades livres de nosso tempo — "Vivemos num mundo dinâmico e em transformação" —, o novo capitalismo a adota, quer como filosofia política, quer como prática cotidiana na busca de novas técnicas e objetivos.

Colocando-se na cabeceira da pista, a favor dos ventos da História, tendo como inteligente mirada a máxima democratização possível de todos os bens produzidos, e como norma de ação e convivência a liberdade, a especulação criativa e a retribuição justa e equitativa — o capitalismo da livre empresa gizou já o seu caminho, o caminho da Humanidade para os decênios vindouros.

Pode-se afirmar com a maior segurança que não há mais nenhuma nação sobre a Terra que esteja irrecorrivelmente condenada à permanente pobreza.

Duas condições — indispensáveis cada uma delas — vieram abrir definitivas perspectivas de prosperidade PARA QUALQUER POVO e qualquer cidadão: a incessante descoberta e aplicação de novos conhecimentos por meio da tecnologia, e as infinitas oportunidades oferecidas pelo sistema da livre empresa.

A tecnologia não só assegura, mediante mais celeridade, mais eficiência e menos dispêndios, a decuplicação da produtividade e a centuplicação da produção, como também leva o homem moderno às próprias intenções finais da alquimia. Isso já ocorre quando ele consegue transformar em valiosas utilidades e em ricos alimentos aquilo que outras gerações, por menos saber, tinham de refugar como aparas, restolhos ou lixo, ou como imprestáveis criações da natureza.

Graças à tecnologia, o homem está podendo participar com os animais do "banquete" das novas fontes de alimento, vindos, como as algas, da profundeza dos oceanos ou das outrora inúteis montanhas de bagaço, das usinas de quaisquer produtos agrícolas.

Graças ao que constantemente aprende, desenvolve e renova, o homem transforma desertos em vergéis agrícolas, onde se triplicam colheitas que antes eram apenas anuais. E já está promovendo gigantescas migrações nos mares,

IDEIAS EM RESUMO, À GUISA DE CONCLUSÕES

encaminhando para "climas" mais propícios os cardumes e os espécimes que se desgarraram de seus "habitats", por força dos cataclismas milenares ou da guerra sem fim e sem quartel das profundezas oceânicas.

E ainda com a tecnologia, ele assegura, multiplica e até mecaniza a prolificidade e a engorda dos animais cujas carnes o sustentam. Pela supermecanização, pela superadubação, pela superproteção química das lavouras, pela irrigação comandada, ele pode transformar cada semeadura em uma véspera certa de abundância.

Ninguém, nenhum povo está mais condenado à definitiva pobreza, ainda que acampado sobre carrascais pedreguentos. Pobre e miserável, ainda que vivendo sobre terras ubérrimas, será, porém, aquela nação que não VIVER EM LIBERDADE e não adquirir, urgentemente, todas as técnicas necessárias para fazer com que o húmus da mente de seus filhos possa dar-lhe colheitas melhores, infinitas, abundantes — porque é exatamente aí, no cérebro do homem livre, que estão a semente, a flor e o fruto de todas as riquezas que se criaram e se criarão sobre a terra.

Que remorsos não sentirá o altíssimo poeta Carlos Drummond de Andrade por não se ter lembrado, a tempo, de pedir que tal como o famoso Pico do Itabirito, de Vila Rica de Ouro Preto, o bizarro Pico do Cauê, da sua outrora bucólica Itabira do Mato Dentro, fosse também considerado "monumento nacional" e, assim, tombado como peça do "patrimônio artístico e cultural" do país!...

Sim, o Brasil dispõe de tanto ferro que se poderia dar ao luxo de agir desse modo, para manter intactos aqueles monumentos da natureza que têm significação histórica ou geográfica, ou que comprovem liricamente a autenticidade dos versos de um seu grande poeta. Mas nunca se deixar ficar empanzinado com a burrice de "o ferro é nosso".

O empanturramento que, às vezes, se dá também com as inteligências, não deixa certas pessoas ou entidades enxergarem o vexame de certa demagogia; enquanto se admite que tenhamos as maiores reservas ferríferas de TODO O MUNDO (210 bilhões de toneladas: cem bilhões em Minas pelos cálculos de Othon Leonardos; cem no Amazonas, segundo a pessoa que o governava em 1965; e outros dez bilhões no Urucum, em Mato Grosso), espadana-se uma guerra doméstica, porque o Brasil está "cedendo" o seu precioso minério para encouraçar a economia de outros povos.

Enquanto nos concílios de tolice e nos congressos de infantilismo, era discutido se devíamos ou não vender ao estrangeiro algumas gotas de nossos oceanos de ferro, descobriram-se formidáveis jazidas na Austrália. Seu governo, SEMITRABALHISTA, deu imediatamente todas as facilidades a quem tinha dinheiro e competência para ajudar o país a explorar a nova riqueza. Resultado: o Japão, que se dispunha a ser o maior comprador da hematita brasileira, JÁ SE ESTÁ ABASTECENDO EM LARGA ESCALA em seu vizinho do Pacífico, comprando-lhe cerca de CEM MILHÕES DE TONELADAS nestes anos em curso.

Cada milhão de toneladas de ferro que não vendemos representa mais de CINCO INSTITUIÇÕES DE ENSINO SUPERIOR que deixamos de dar à nossa juventude — dentro daquela tentativa de objetividade, com que um mestre universitário ingenuamente sugerira ao então presidente Goulart encerrar um bate-boca já quase centenário.

Total da nossa participação no mercado mundial do ferro em 1965: 2%, segundo o presidente da Companhia Vale do Rio Doce, perante a ducentésima Comissão Parlamentar de Inquérito.

É lógico, e nem se discute, que o Brasil não deve vender os seus minérios por cotação abaixo do mercado mundial. Nem também trocá-los por latinhas de caviar. Isso talvez nem mesmo um burocrata bolchevista recomendaria.

Mas retê-los debaixo da terra, só porque os "nacionalistas", para exibir um patriotismo *ersatz*, querem trancar o Brasil no hermetismo de seus conceitos sem nexo nem senso, é condenar nosso país ao definitivo conceito de nação retardada e isolacionista.

Já se pensou no que aconteceria ao nosso desenvolvimento e ao atendimento de nossas necessidades industriais internas, se os outros povos do mundo também se deixassem comandar pelo mesmo primário "complexo do buraco vazio"?!

Pois, como bem acentua o economista Glycon de Paiva, dos trezentos minerais de que depende o conjunto agrícola-industrial de uma nação, para produzir os bens de consumo de que normalmente precisa para dar ao seu povo um razoável nível de vida, faltam ao Brasil, no momento, DUZENTOS E CINQUENTA! Entre esses, contam-se vários, essencialíssimos, e sem os quais ficariam definitivamente prejudicadas numerosas atividades vitais à nação.

Que faríamos se a mesma mediocridade ou teimosia bernadesca chegasse aos escalões governamentais dos países que produzem o petróleo de que ainda necessitamos, o cobre que importamos, o enxofre para numerosas atividades industriais, os fertilizantes para a nossa agricultura?

Como iria o Brasil movimentar racionalmente suas indústrias e sua lavoura, que precisam dos derivados dessas duas centenas e meia de minérios provindos de outras terras, se a Frente Parlamentar dos Retardados de cada país estivesse nos palácios de governo, acionando os dispositivos do terror intelectual e fechando-lhes os portos, trancando-lhes o raciocínio e obturando o futuro de suas nações, com a mesma argamassa de postiços "sentimentos cívicos", tão endurecida quanto seus miolos?

Se no Canadá ou no Peru, na Tunísia ou nos EUA, um dromedário com assento no Parlamento gritar "O enxofre é nosso" ou "O fosfato não dá duas colheitas" — e por isso não deva ser explorado e exportado senão por uma máquina estatal conta-gotas —, como é que iremos atender às nossas necessidades desses produtos, tão essenciais a numerosas atividades das indústrias e das lavouras brasileiras?

Com toda a imensa riqueza de carvão que ainda jaz em seu subsolo, a Inglaterra é hoje mais do que nunca uma nação totalmente dependente do combustível moderno, atualizado, que lhe vem de fora: o petróleo.

Mas por quanto tempo ainda — por mais dez anos, por mais quinze? — o petróleo subsistirá como combustível moderno?

Espera-o o mesmo secundário destino do carvão do País de Gales, diante das imensas vantagens que sobre ele terá a energia atômica, no momento, já tão próximo, em que a tecnologia desenvolve métodos econômicos de utilizá-la, nas múltiplas tarefas em que hoje *ainda* se usa o ouro negro.

Que valerá então ao Brasil, senão como uma curiosidade quase arqueológica, ter EM SEU SUBSOLO um verdadeiro oceano de petróleo — "provavelmente um sexto das reservas mundiais desse mineral" — intocado sob a montanha de papel e o exército de burocratas de um pomposo monopólio estatal?

Quando também lá pelo meio da década de 1970, as ligas de metais leves tiverem completado o alijamento do aço de tantas das suas atuais utilidades, o Brasil deverá, com os 210 bilhões de toneladas das montanhas, chapadões e cordilheiras de ferro que lhe irão sobrar para o fim dos milênios, erguer um inoxidável e ininferrujável monumento às mentes opacas e aos corações murchos, aos espíritos foscos e às almas duras que, com tanto empenho e "coragem", lutam para que ninguém tire de nosso subsolo aquilo que Deus nos deu em tão excessiva, ilimitada, oceânica e errônea abundância.

Qualquer que seja a posição do analista a respeito da "necessidade" ou não da construção de Brasília,* é ponto pacífico que ela se realizou sob condições que indicam o mais soberano desprezo pelas regras mais elementares do bom senso administrativo, e a mais orgulhosa indiferença pelas consequências, que seriam avassaladoras, dos gastos faraônicos que ali se faziam.

A esse respeito, é incrível constatar-se que, mesmo no começo de 1966, seis anos após a inauguração da portentosa urbe, os trilhos ferroviários, AS PRIMEIRAS COISAS QUE ALI DEVERIAM TER CHEGADO, ainda se achavam a caminho, a algumas boas dezenas de quilômetros da capital. Os historiadores do futuro talvez nem venham a acreditar que, já numa era de técnica tão avançada e de métodos tão racionais de administração, se tivesse levado a cabo a ambiciosa tarefa da construção da nova capital, usando os custos nababescos de uma fantástica e dourada ponte aerorrodoviária.

Mas o que importa já não é discutir o COMO da aventura, a um só tempo fria e frenética. Os catastróficos efeitos inflacionários da construção de Brasília foram demasiadamente "convincentes", para que se necessite ressaltá-los.

Há um lado, porém, inegavelmente fascinante na teatralidade da sua construção: foi aquele orgulho que, de repente, o senhor Kubitschek conseguiu transmitir ao país inteiro, o orgulho de que estávamos fazendo algo que realmente sobrepujava o arrojo dos outros povos. Num determinado instante dos idos de 1958-1959-1960, praticamente toda a nação pareceu tontear-se com a glória épica de estar construindo, em ritmo de relâmpago, a mais nova capital do mundo na mais velha parte do globo terrestre, que é o Planalto Central do Brasil.

E, leviana ou alucinadamente construída, Brasília chegou a transformar-se num símbolo da capacidade realizadora — e seu erguimento coincide com o período em que, supondo o país liberto para sempre da fase dos rasteiros caudilhos e demagogos traidores, o homem brasileiro arregaçava as mangas e lançava uma torrente de iniciativas particulares, rumo à prosperidade individual e ao enriquecimento nacional.

---

* Em substancioso estudo publicado em dezembro de 1964, sob o título "Decênio de inflação e de Política", o economista Glycon de Paiva esposa a tese de que a construção de Brasília foi uma ideia diabólica, maquiavelicamente insuflada nos vaidosos ouvidos do senhor J. Kubitschek pelos elementos de cúpula do Partido Comunista encarregados do "Planejamento do Caos". Afirma o economista que os gastos alucinados, decorrentes da maneira como foi projetada a educação da capital, eram parte da "engenharia da derrocada", para levar o país ao desmantelamento total, propício à ação bolchevista.

IDEIAS EM RESUMO, À GUISA DE CONCLUSÕES

Em fins de 1965, porém, cinco anos após inaugurada a capital, menos de 10% do conjunto administrativo federal haviam encontrado condições para transferir-se para sua nova sede. E avolumavam-se as queixas e as críticas sobre a localização da nova capital "em ermos tão distantes dos pontos nevrálgicos da vida brasileira". (Em setembro de 1966, era desautorizada a mudança do grosso dos funcionários do ministro da Viação para Brasília, "pois, em sua maioria, eles não teriam condições financeiras para ali viver".)

"Dobradinhas" e outros estratagemas para salários artificiais têm sido necessários, a fim de manter em funcionamento a pequeníssima fração da máquina governamental que se transferiu para o planalto. A forçada inconstância dos presidentes e ministros, transportando-se continuamente para o Rio de Janeiro, e o arrefecimento do entusiasmo dos primeiros deslumbramentos lançaram no espírito de todos a grande, e até mesmo temida, dúvida: E AGORA?

E, como tudo em torno de Brasília se pensou ou se justificou em termos de "embasbacar o mundo", o que mais afeta a preocupação de todos é outra pergunta: que dirão "lá fora", se a capital voltar de Brasília?

Mas um dos brasileiros de maior capacidade e de grande audácia intelectual, o jurista Dario de Almeida Magalhães, responde incisivo:

— Mas não se trata de VOLTAR! Trata-se de NÃO IR. O que é que se mudou até agora para Brasília, se não uma ínfima parte do organismo governamental?!

E Dario de Almeida Magalhães sugere a solução para Brasília, solução cuja grandiosidade seria capaz de encobrir quaisquer apupos de fiasco mundial para os brasileiros:

— Brasília poderá ser transformada em uma imensa Cidade Universitária!

Eis aí uma ideia tão audaciosa quanto a leviana audácia da construção de Brasília.

As repercussões em torno do ser ou não ser dessa decepcionante "capital fantasma", ou dessa esperançosa "metrópole do futuro", revestem-se de simultânea grande importância ESPIRITUAL E MATERIAL para o Brasil e o povo brasileiro. Pois Brasília não pode tornar-se um fiasco, ou uma estroinice de que nos curaremos "deixando os outros se esquecerem". Nem num erro que deva ser sustentado, "custe o que custar".

À primeira vista, a ideia de Dario de Almeida Magalhães parece vir cobrir com uma sugestão grandiosa, generosa e de imenso alcance humano, o sonho faraônico de Kubitschek.

Se a inacessibilidade em termos econômicos, e o isolamento espiritual e político, se a continuação da mudança material de tudo que ainda falta mudar, se a construção de tudo que ainda falta construir para alojar e abrigar repartições e gentes, se tudo isso representar um pesadíssimo fardo de desvantagens, inconveniências e absurdidades, sacrificando por esse capricho tudo o mais que a nação tem de fazer com muito maior urgência e precisão — se assim se concluir, APÓS OS ESTUDOS DESAPAIXONADOS que devem imediatamente ser feitos, então resta-nos aquilo que será a mais honrosa das saídas: a transformação mesmo de Brasília em Cidade Universitária.

E se ao que se visou com sua construção foi TAMBÉM CHAMAR A ATENÇÃO DO MUNDO, Brasília, com o que já é, poderá, com apenas uma minimíssima fração do que seria necessário gastar para insistir em fazê-la capital, tornar-se na mais espetacular e antecipadamente mais famosa cidade universitária de toda a Terra.

Fazendo de Brasília a maior, a mais bem equipada e a mais impressionante cidade universitária; reunindo ali um grande centro universal de estudos e pesquisas, onde confluíssem milhares de sábios mestres brasileiros e estrangeiros, obteríamos a vantagem de a metrópole do altiplano passar a representar, perante a Humanidade, o agressivo símbolo da importância, primazia, dinamismo e modernidade que o Brasil passou a dar ao problema da Educação de suas novas gerações.

A rumorosa e inovadora concepção urbanística, com que o gênio silencioso de Lúcio Costa renovou a paisagem milenar do chapadão mais velho do mundo encontraria, então, finalidade ainda mais elevada, à altura da sua dimensão. E dos laboratórios e faculdades, das cátedras e salas de aula, dos gabinetes de experimentação, meditação e estudos da MAIOR CIDADE UNIVERSITÁRIA DO UNIVERSO sairiam as criações, com que o gênio brasileiro pagará à Humanidade todos os imensos benefícios que, nesses quatro séculos, temos usufruído da Ciência e da Cultura dos outros povos.

Mas, repetimos, uma tal decisão sobre o destino de Brasília — embora URGENTE — não poderia ser tomada *ex abrupto*, com a mesma leviandade administrativa com que a cidade foi construída. O governo deve incumbir um grupo de homens ilustres, ponderados e arejados, sem preconceitos nem prevenções, que examinem os "prós" e os "contras", não apenas sob o ponto de vista material, mas também espiritual, sobre esse grande passo hamletiano que desafia agora a vida administrativa do país: ir ou não ir a capital definitivamente para Brasília. E, não indo, que destinação de significado altíssimo se deva dar àquilo que foi a ousada transposição, em termos faraônicos, da mesma ansiedade afirmativa, da mesma

IDEIAS EM RESUMO, À GUISA DE CONCLUSÕES

angústia consagratória, da mesma vaidade laudatória que incendiaram os sonhos de Chica da Silva, a grande "dama" do Tijuco imortal e histórico?!

Assim como está, "parada por falta de verbas", Brasília não deve continuar.

Nascida de uma inopinada decisão, Brasília não pode cair no extremo oposto, e quedar semiterminada, semi-habitável, semicapital, transformando-se no feto gorado da "metrópole do futuro".

Não foi para isto, para símbolo máximo da indecisão, e de todas as encruzilhadas que torturam o pendulismo dos nossos homens públicos, que Lúcio Costa criou aquela moldura audaciosa e aquele ousado e perfeito rendilhado urbanístico, dentro dos quais qualquer arquitetura, medíocre ou esdrúxula, simples ou enfatuada, sóbria ou exibicionista, teria grandeza e realce.

Tão inimigo da paz social e do futuro livre de seu país quanto agitador profissional, se torna aquele chefe de governo ou ministro que — sem imaginação e inteligência para obter soluções objetivas, e sem nenhuma coragem para enfrentar as amarguras e agruras da impopularidade — manda levianamente imprimir dinheiro em toneladas, montões de papel pintado que cubram os vácuos do seu despreparo e do seu coração, e que também pavimentam o rápido caminho da sua nação para o inferno.

São os "estadistas" que exibem uma constante euforia, a euforia da leviandade, para a qual nunca há problemas.

Pois eles resolvem tudo "na hora" e "sem mais-mais". Mandam fazer tudo, mesmo que não esteja em plano ou estudo algum, mesmo que não haja verba no orçamento da União. E fazem mesmo que seja uma estrada de três mil quilômetros, um hotel-palácio no jângal, ou uma capital faraônica. Mandam aprovar tudo, mandam dar tudo, mandam atender a todas as pressões e reivindicações. Mandam nomear todos os pedintes, mandam agradar a todos os descontentes e ceder mais a todos os incontentáveis. Vão fazendo, vão concedendo, vão aprovando, vão nomeando — porque vão também rodando a máquina de fazer o dinheiro para todos, e a miséria para a nação. Tudo é resolvido com aquela fácil máquina infernal que, quando desanda, espalha cifrões para todos os bolsos, e descarrega seu peso esmagador sobre as gerações vindouras.

Esses tipos vêm para a vida pública com uma lepidez juvenil, como autoconvidados de um banquete pantagruélico, onde lhes será servido, sem nenhum esforço, aquilo tudo porque tão exclusivamente anseiam: poder e POPULARIDADE.

E, para alcançarem os cimos desta embriaguez, desta aura de glória em vida, montam em andaimes de bilhões, de cifrões impunemente impressos, e em pilhas de títulos de nomeações correligionárias. Escalam assim, sobem desse modo, saracoteiam dessa forma nos degraus de palcos cada vez mais altos, sempre em busca de todas as luzes e de todos os aplausos. Pelo amor das ovações, oferecem tudo, dão tudo, tudo distribuem — como se fossem os leiloeiros do incêndio final no qual a pátria poderá arder —, mas que lhes oferecerá a soberba posição de se acharem no mais alto dos píncaros, iluminados pelos clarões e labaredas que só atingem os que são deificados pela inebriante deusa de poucos véus: a POPULARIDADE.

No entanto, já era tempo de esses tão enfatuados cidadãos que vêm para a praça pública com os guizos dos arlequins e os balangandãs de comediantes, já era tempo de saberem o perigo das armas e dos poderes, que tão ansiadamente pleiteiam ter em suas mãos sôfregas e doidivanas.

Desde o "encilhamento", o Brasil já sabe quanto de irresponsável e perigoso há, para a ordem social de um país, na emissão desbragada de dinheiro ou papéis pintados — cujas tintas, quando em demasia, se confundem e se dissolvem nas cores violentas das convulsões descontroladas e anarquizantes.

É por isso que as novas técnicas convulsionárias colocam a inflação como uma de suas mais eficientes armas de ação política. Os teóricos da agitação buscam-na por todos os meios — pelos desperdícios e esbanjamentos irresponsáveis nos orçamentos públicos, pelas grandes inversões "industriais" do Estado, pela tática empulhativa dos enrodilhados planejamentos NUNCA EXECUTADOS, pela pressão contínua das reivindicações puramente perturbadoras, como aquela imaginosa criação dos percentuais extras que cobriam, ou descobriam, condições "especiais" ou "anti-humanas" de trabalho: as taxas "da vergonha", "do chuvisco", "do cheiro", "do pozinho" etc.

Sabem os profissionais e os filósofos da subversão que a inflação atinge e afeta primordialmente as classes politicamente decisivas da sociedade: os trabalhadores e a classe média. E que ambas são quase sempre suficientemente sensíveis para reagirem aos malefícios, mas lamentavelmente ingênuas para perceberem os artifícios de onde se origina o contínuo desvalor de seus salários ou poupanças. A complexa contextura da vida financeiro-administrativa de um país não deixa suas classes populares entenderem, com clareza, em que ponto está sendo tisnada a linfa da tranquilidade social, do bem-estar de seus lares, da segurança para o dia de amanhã.

Por isso, a inflação gera condições ideais para os fins bolchevistas de revolta contra "isto que aí está". Torna o trabalhador um lambari dócil, que facilmente se fisga no anzol envenenado dos fariseus da ditadura burocrático-"proletária". E faz do remediado um tonto enrodilhado na encruzilhada, que não consegue ver mais com a mesma luz que o fazia enxergar, nem sente firmeza no solo que antes o amparava para marchar.

Por isso é que, com tanta frequência, se dão as mãos os chamados "estadistas-populistas" e os que vivem politicamente da metódica preparação e do paciente culto do "quanto pior, melhor". O mesmo farisaísmo os une continuamente, para a farsa com que enganam seu povo. Eles se toleram repulsivamente, cada um esperando pelo "seu momento decisivo" — até que, levada a nação ao beco sem saída das catástrofes sociais, eles se estraçalhem mutuamente, na luta final pelo butim que ambos vieram engordando, prelibando e desejando: o poder totalitário.

Os analistas de boa-fé registram, mas não compreendem, o porquê da veemência e sofreguidão de certos líderes em favor da concessão do voto aos analfabetos, quando essa sofreguidão ocorre simultaneamente com a sua nenhuma pressa em criar-lhes as oportunidades, os meios e totais facilidades e estímulos para que possam estudar e se libertar das múltiplas limitações da ignorância.

Se, porém, mergulharmos fundo nas "razões" desse aparente paradoxo, encontraremos um fenômeno estranho, chocante, mas típico dos mistérios, das profundidades submersas da alma humana.

É que, fingindo uma posição "avançadamente democrática", certas lideranças políticas e sociais contemporâneas encontram nas consequências eleitorais e espirituais do analfabetismo e do semianalfabetismo a base mesma de sua sobrevivência e, por isso, até os cultivam. Para isso, em vez de proclamar uma guerra santa para extinção do analfabetismo, querem, muito de propósito, dar aos analfabetos, no estado de abulia em que vivem, foros de cidadania total, estendendo-lhes "direitos que não devem ser 'privilégios' dos que estudaram e se instruíram".

Enquanto sempre encararam o ensino e a educação com o maior descaso e indiferença, certas lideranças sociais que vivem da mornice do *status quo*, ou as chefias políticas que exploram o chamado populismo, mostram um verdadeiro açodamento e acirramento em conceder ao semianalfabeto, e até ao analfabeto, o mais completo rosário de todos os diplomas cívicos.

É que essas lideranças descobriram, instintivamente, que podem plantar, sem nenhum escrúpulo, e com a maior facilidade e receptividade, na ingenuidade juvenil dos cérebros aparvalhados pelo analfabetismo, todas as sementes da sua semeadura de embustes e ressentimentos. Pois as mentes primárias tudo recebem e, acamando tudo no caldo de cultura de seus complexos, dão de volta uma estranha e secreta aberração do espírito humano, que poderemos chamar de PUTROTROPIA — um mal cujas evidências repontam, não raras vezes, ao longo de nossa História política, e que certamente se repete na vida de outros povos em igual estágio de limitação educacional.

A PUTROTROPIA é a doença nacional da atração pelo que é podre, ou pelo que é pior, ou pelo que é medíocre ou rasteiro, ou pelo que não tem brilho nem grandeza, ou pelo que é refugo intelectual ou espiritual.

A PUTROTROPIA é o impulso que leva grupos ponderáveis da população — encontradiços em TODAS as classes sociais — a preferir sempre o péssimo ao melhor, a condescender com o ladrão público para não ter que decidir-se pelo homem íntegro, a aceitar o traidor já conhecido para não optar pelo candidato de rijas e translúcidas linhas de caráter.

Foi a PUTROTROPIA que, no passado distante, comandou, entre os figurões da pátria que nascia, o apoio a um Pedro I já com seu Chalaça a tiracolo, em vez de a um José Bonifácio com seu luzeiro de ideias e cultura; foi ela que influiu a favor de um amorfo qualquer em vez de decidir-se pela genialidade de um Rui Barbosa; foi ela que, em décadas contemporâneas, votou por um viciado caudilho, já provadamente preguiçoso e sibarita, e não por um herói de legenda nacional, escolhido das páginas ainda quentes da maior epopeia cívica brasileira, os 18 de Copacabana.

Tendo madrugado em nossa História, a PUTROTROPIA comandou por quase toda a vida muitas das decisões e atitudes daquele varão não-muito-de-Plutarco que foi Pedro II. Talvez por ela se entenda, melhor do que por longos capítulos de História, as desconcertantes razões por que, mal obtida a maioridade, o novo imperador alijou de junto do poder os brilhantes — e incômodos — Andradas, que tanto haviam lutado para que o jovem Bragança ascendesse antecipadamente ao trono.

E qualquer figura, cujas dimensões humanas sobressaíssem, fosse em que área fosse da vida pública — na política, na economia ou na literatura —, encontrava pela frente uma constante e congênita animosidade palaciana, o que as fazia serem sempre preteridas no instante do poder ou do reconhecimento oficial.

E assim a misteriosa e escondida PUTROTROPIA, intumescida pelos fermentos que os áulicos extraíam gota a gota das antipatias pessoais manifestadas pelo imperador, barrou os caminhos públicos, por decênios, àqueles grandes que se chamaram Teófilo Otoni, João Evangelista de Sousa (Barão de Mauá) ou José de Alencar... Esses nunca tinham vez, em nenhum posto ou galarim que estivesse sob as vistas, as bênçãos ou as barbas de Sua Majestade.

E quando, ao fim do Império, o poder de eleição ou escolha passa mais diretamente para as mãos de certos grupos tornados em partidos republicanos conservadores, ou às mãos das próprias massas amplamente afetadas pela obnubilação do analfabetismo, a PUTROTROPIA já se firmara, sob a imantação da História, como o estratagema inconfessado, astuto e reles, de domínio e defesa, para todos os medíocres — quer eles se congregassem nas cúpulas de certos partidos ou classes, ou nas esquinas esclerosadas pela inveja e pelo ressentimento.

Alcançada a República, desaparecido o broquel protetor das inúmeras vaidades do imperador, restavam, porém, inafundadas, flutuando nas balsas e na fofice das vaidades de muitos outros vazios figurões e ex-áulicos, as condições de sobrevivência e predomínio dos meãos e insignificantes.

Só de raro em raro aconteceria eles serem lesados pelos acasos da História. E então surgiriam nos cimos do poder figuras do porte de Rodrigues Alves, de Prudente de Morais, de Campos Sales ou de Epitácio Pessoa.

Mas a força aglutinadora da PUTROTROPIA sempre excede, com frequência, os rastros de luz lançados esporadicamente em nossa vida pública pelos homens de exceção. Pois ela existe como uma conspiração incessante e espontânea. E decorre do instinto de sobrevivência que une automaticamente todos os que se encolhem de pavor à simples menção dos gustavoscorção feitos candidatos, ou que se arrepiam de morte, quando acontece o inesperado dos carlosdrummond eleitos governadores.

Uma surda clarinada geral, que toca secretamente nos tímpanos de todos os guardiões da mesquinhez e de todas as sentinelas da mediocridade, põe de pé toda a Liliput contra os homens cuja presença na vida pública força o estabelecimento de padrões de grandeza e valor, que são inconfortáveis para certos tipos, frequentes em TODAS as classes sociais — minúsculos de talento, murchos de coração ou frouxos de caráter.

Inserindo-se entre o ressentimento e a inveja, acomodando-se entre um niilismo boçal e uma autoflagelação suicida, a PUTROTROPIA é uma dissimulada, mas atuante monstruosidade social de duas cabeças: o masoquismo e o revanchismo. Por uma, ela quer o pior, como vingança; pela outra, aceita o pior, por insensibilidade ao sofrimento coletivo.

Essa aberração dos sentimentos humanos, e até dos sentidos, que é a PUTROTROPIA, leva os indivíduos, os grupos, as classes ou camadas inteiras da população à indiferença e à ingratidão, à mesquinhez e à deslealdade, ou à insatisfação cínica e permanente. A PUTROTROPIA se alimenta por um cordão umbilical na linfa deliquescente, que corre nas veias dos irmãos, dos primos, dos netos, da grei toda de Caim, o frustrado bíblico, o incapaz doentio e agressivo.

Embora firmando suas mais largas bases nas camadas culturalmente despreparadas da sociedade, a PUTROTROPIA rói e atinge também numerosos indivíduos, grupos e setores nas chamadas classes dirigentes — principalmente aquelas dadas ao ócio e à frouxidão de caráter, às facilidades marotas e às impunidades sucessivas, ou aquelas dominadas por complexos de inferioridade, das mais diversas origens. Ela se abriga a calhar, sem nenhum constrangimento, no clima daquilo que, segundo conta David Nasser, o grande espírito que foi Osvaldo Aranha, em momentos de irritação e crueza, classificava de "a submerdência nacional".

Os analistas da História recente do Brasil e do mundo sabem muito bem que ninguém se serve tanto da PUTROTROPIA quanto as ditaduras e os ditadores — cercando-se quase sempre, com raríssimas exceções, dos elementos inexpressivos ou piores, ora quanto à inteligência e à capacidade realizadora, ora quanto ao caráter — para que não façam sombra ao semideus plantado na transitória cadeira do poder.

A ditadura e os ditadores serviram-se e servem-se da PUTROTROPIA porque ela seleciona de baixo para cima, do nada até o mais ou menos, do péssimo até o sofrível, do incapaz até o duvidoso. Pois uma e outra não buscam os embriões de outros líderes, nem os espécimes ou protótipos que ofereçam, não somente algumas, porém cachos de qualidades humanas.

Jamais pairando pelas alturas onde se aninha o que é ímpar ou incomum, e sendo apenas um sentimento disfarçado e submerso, a PUTROTROPIA permite aos seus usadores mergulhar e rebuscar no lodo dos defeitos, e escolher pelos aleijões e pelas deficiências mentais, e classificar pelas deformações ou pouquidades espirituais.

Orientadas apenas pelo olfato, as lideranças que descobriram instintivamente, as "vantagens" da PUTROTROPIA, e as usam continuamente, e dela vivem, são naticegas, manquitolas e manetas para qualquer ato de idealismo. Pois elas não caminham, nem respiram, em clima de altruísmo ou de grandeza.

IDEIAS EM RESUMO, À GUISA DE CONCLUSÕES

Tais lideranças vivem e se banqueteiam nos prélios cívicos da força fossilizadora da PUTROTROPIA para a qual, num conluio esperto, mas desconcertante, vão buscar reforço exatamente nos "sentimentos" da massa ignara. E esta, movida por todos os seus ressentimentos e frustrações, na cegueira da sua ignorância, ajuda a manterem-se indefinidamente no poder aqueles que lhes conservem as condições de atraso e criem apenas "expedientes", mas não soluções, que permitam sua sobrevivência ou sua ascensão social.

Não há, na vida de um povo, nenhum círculo vicioso tão dantescamente enrodilhado em si mesmo quanto este, em que o explorador público de qualquer época se apoia em sua vítima que, por sua vez, lhe dá apoio contra aqueles que a querem libertar espiritual e economicamente. E libertar também a nação.

Há um grande devedor neste país; um devedor frio, agressivo, escapista, que desconversa e exibe a petulância de uma "superioridade" feita de truques ou déficits. Um devedor relapso, caloteiro insensível, que deve a milhões de crianças, a viúvas, aos pobres, aos paupérrimos, aos doentes de todas as doenças, aos homens ilhados sem esperança e, por isso, sentenciados à miséria.

Um devedor que exige que lhe paguem, mas não paga; e se cerca de imunidades ou isenções para esconder parte dos grandiosos fracassos das suas "realizações" industriais; e se torna voraz, e abocanha monopolisticamente as riquezas e as oportunidades, para sobre elas montar a sua faustosa inoperância e a sua secular incapacidade. Um devedor que não poupa, mas, ao contrário, acintosamente esbanja e desperdiça; que planeja e trombeteia obras monumentais, nas quais gasta como um alucinado perdulário, e "produz" ainda menos que um mísero incapacitado. Um devedor que é o mais desmazelado, o mais lerdo e o mais caro dos mensageiros; e que entope todas as rotas do rápido progresso do Brasil com os monturos do seu desleixo postal-telegráfico, com os burocraticamente sobrecarregados e onerosíssimos caminhos de ferro, seus portos preguiçosos, desaparelhados e aleijados, seus navios avoengos ou suas supertripuladas caranguejolas flutuantes.

Em vez de meter-se a fazer o que não sabe, em vez de afundar-se em aventuras empresariais que mantêm também toda a nação em angústias de naufrágio permanente, esse DEVEDOR RELAPSO e, às vezes, até cínico, o Estado, deve cingir-se àquilo que é o seu mais ingente e pungente dever constitucional; pois, aí mesmo, nesse aparentemente modesto "aquilo", a megalomania de certos indivíduos, ou a malícia eleitoreira de certos grupos que ascendem à curul do governo, encontrarão campo para gigantescas e faraônicas realizações.

Pois, por acaso, não será uma obra ciclópica o governo federal e os governos estaduais construírem juntos as 160 mil salas de aula, para ensino primário, que estão faltando para os cinco milhões de brasileirinhos que ainda não têm escolas?

Por acaso, faltariam as características de monumentalidade às realizações a que o Estado se dedicasse, para atender o segundo e terceiro estágios das suas intransferíveis obrigações para com a Educação, fazendo as três mil escolas de monitores agrícolas, os cinco mil ginásios públicos e escolas técnicas, e as duas mil instituições superiores e faculdades, que estão faltando para corresponder às demandas culturais de uma população de oitenta milhões de habitantes?

Por que é que o Estado deve meter-se a "grande realizador industrial", a magnata do ferro e do aço, do petróleo e da eletricidade, dos álcalis, das comunicações telefônicas, telegráficas, ferroviárias e marítimas, e a "fabricante" de automóveis e caminhões — se ainda não deu conta sequer nem da vulgaríssima e primordial tarefa de dar hospitais e centros de saúde, que funcionem, ofereçam cama limpa, médicos atenciosos, enfermeiros competentes e cumpridores dos mais rudimentares deveres profissionais — num país que ainda tem

> vinte milhões de opilados,
> onze milhões de papeiros (bacíferos),
> três milhões de chagásicos,
> quatro milhões de esquistossomáticos
> e cinquenta milhões de portadores de helmintose,*

como, em julho de 1964, era corajosamente proclamado pelo ministro da Saúde, prof. Raimundo de Brito.**

---

* Em 1964, o deputado Afrânio de Oliveira revelava levantamentos estarrecedores que chegaram às suas mãos: havia municípios do oeste de Minas Gerais e do Leste de Goiás cuja população era composta de 39% de chagásicos. E o secretário da saúde de São Paulo, senhor A. Lamoglia, informava em janeiro de 1965 que nada menos que 380 municípios do estado "estavam infestados de barbeiros".
** Para aqueles ingênuos e sonhadores que ainda se enganam com a ilusão de que as coisas nas mãos do Estado estão "nas mãos e ao dispor do povo", aqui vai uma pequena história, **parecida com milhares de outras**, mas diferente pelo seu agudo e incomum grau de crueldade e indiferença:

IDEIAS EM RESUMO, À GUISA DE CONCLUSÕES

Se quer fazer alguma coisa verdadeiramente dentro de seu papel de pioneiro, por que é que o Estado não estimula ou comanda a organização de duas mil equipes de geólogos, oficiais e particulares, para prospectarem o solo brasileiro em todas as direções — em busca dos 250 minerais que, segundo o economista Glycon de Paiva, ainda faltam para completar as crescentes demandas do nosso desenvolvimento industrial e econômico?

(Foram equipes assim, do governo semissocialista da França que, na década de 1950, descobriram o petróleo do Saara, cuja exploração e industrialização hoje estão sendo feitas por empresas particulares, francesas, europeias e norte-americanas, mediante grandes vantagens para a nação gaulesa.)

Por que é que o Estado brasileiro — que se desmandou como um caudal alucinado sobre searas e campos que não eram do seu *métier* e do seu conhecer, causando erosões sociais e tremendos arrombamentos econômicos para a nação —, por que é que o governo não retorna ao leito simples, mas largo de SUAS PROFUNDAS, LEGÍTIMAS E IMPORTANTÍSSIMAS TAREFAS, de esparzidor de educação, de saúde, de justiça, de segurança, e abridor e garantidor da rota real da paz política e da liberdade econômica, por onde o cidadão, ele sim, leva em suas mãos seguras e aptas as grandes aventuras do progresso e as corajosas iniciativas da esperança?

Talvez não haja no mundo país que ofereça as condições virgens de progresso que o Brasil apresenta para o homem de iniciativa e de ação.

Em todos os campos da atividade humana, o Brasil é um convite e um desafio aos pioneiros, aos cidadãos destemidos e realizadores, aos fazedores de coisas

---

"Durante o governo de Kubitschek, quando, seguindo as mesmas 'mágicas' administrativas da ditadura, se abusava do "suspense" provinciano de 'decretar ou não decretar feriado' o dia tal — e só à última hora se resolvia consumar mais esse agradinho eleitoreiro —, uma criança de cinco anos, o menino Ronal de Santa Inez, foi internado para extração de amígdalas no Hospital Antônio Parreiras, do IAPC, no Rio de Janeiro, ainda capital da República. A operação deveria realizar-se às 8 da manhã do dia 8 de dezembro de 1959. A criança já se achava anestesiada e a operação ia iniciar-se, quando um alegre burocrata chegou com a notícia, 'que o rádio acabava de dar', de que fora, enfim, decretado feriado aquele dia!

"Alvoroçada com mais aquele 'presente' do governo, a equipe encarregada da operação devolveu logo a criança, anestesiada como estava, ao quarto de onde viera; e foram todos gozar aquele 'merecido descanso', enquanto a mãe se quedava aterrorizada e petrificada diante de tanta frieza e irresponsabilidade."

e de mundos, aos criadores que trazem consigo a alquimia de transformar em ouro a ganga impura das jazidas, em riqueza viva a terra pedreguenta dos carrascais, e que são capazes de concretizar o milagre multiplicador das trocas comerciais, mesmo com os que nada têm para trocar.

Tem havido, porém, melancólicos momentos da vida nacional, de tão generalizada deliquescência espiritual, estimulada e encabeçada por governantes de gabarito moral rasteiro e irresponsável que, durante eles, chegou a ampliar-se sombriamente a dúvida sobre a capacidade do homem brasileiro em tirar proveito de tantas oportunidades.

Pondo mais nuvens negras nesse pessimismo do observador assustado, os jornais, de maneira geral, conduzidos por uma não pressentida deformação profissional, apenas abriam — e continuam abrindo — manchetes e títulos garrafais às tragédias e aos crimes, às traições e às tristes e chocantes proezas dos que quebram as normas do convívio social.

Quem vê esse negativismo tão continuamente salientado em letra de fôrma por uma inadvertida necrofilia profissional, pensa que somos uma parte degenerada da humanidade, ao estilo da hipocondríaca anatomia de nossa história e de nossa sociedade, feita por certos sociólogos e cientistas de gabinete, que querem cobrar uma sublime grandeza de raciocínio e espiritual a um povo que ainda não teve a preparação intelectual de que tanto necessita.

Impressionados pelo abundante, incessante e cotidiano registro e destaque dado quase exclusivamente às coisas trágicas, más, perversas e desonestas, aos fracassos e às frustrações de vidas anônimas entre a multidão, esses apressados analistas esquecem-se de que, sob essa salsugem que sobrenada com seus ruidosos borbulhos, existe um silencioso, profundo e límpido oceano de boa-fé, de altruísmo, de competência, de sabedoria e lealdade. Existência essa que só não se transforma em notícia porque falta aos que garimpam nessas espumas do dia a dia a orientada intenção e disposição ao mergulho profundo nas linfas mais puras. É aí, em sua tranquilidade e em seu silêncio, que convivem, lado a lado, o valor e a modéstia, o idealismo e o recato, a grandeza e a humildade, a genialidade e a timidez — também encontrados, felizmente em larga escala, no coração e na mente de nossa gente.

Partindo do pessimismo doentio dos que só veem no Brasil a confluência dos males e mazelas das "três raças tristes" do poeta, não podemos, porém, nos lançar ao gostoso embalo das autoilusões no imaginoso lado oposto, no vago e melífluo mundo do porque-me-ufanismo, que nos superestima e ilude, que nos enche com as gloriosas insignificâncias do vazio, e que, com medo das asperezas da realidade e da verdade, nos engoda com a fofice dos adjetivos balofos, e nos imobiliza na amedrontada contemplatividade dos incapazes ou preguiçosos.

Diante das várias encruzilhadas da sua vida material e espiritual, o Brasil tem que optar com decisão, clareza, firmeza, coragem e machidão. Pois não poderemos aceitar o destino de ser "o país do mais ou menos", o país do "deixa como está para ver como fica", o paraíso dos improvisadores e dos semi-incapazes, dos indivíduos "média 75", que sempre contam com o "direito de complacência" para com as "inevitáveis" deficiências de tudo que fazem, mesmo as coisas mais simples.

Não poderemos ser um país de lambões que se comprazem em realizar tudo "de qualquer jeito", empurrando com a barriga aquilo que deveria ser dirigido com a cabeça; ou o país dos contemplativos capanemas que pensam e repensam, emendam e reemendam e, pela tática da infinita procrastinação do que tem de ser feito ou produzido, adiam o áspero momento de enfrentar as durezas e as rudezas das decisões e realizações; ou o país dos preguiçosos ministros mendonças e dos interventores beneditos, cujas "soluções administrativas" se resumiam na pobreza bíblico-mental de tirar de um santo a roupagem com que vestiriam outro.

É preciso alertar os que pleiteiam cargos na vida pública sobre a suprema e cada vez mais pesada responsabilidade desses postos, num país que está marcado pelo destino, para um final — que já está bem à vista — de grandeza divina ou de tragédia total.

Não é mais admissível que se repita aquela cena deprimente e grotesca, apesar de cercada de ingênua sinceridade, daquele venerando cidadão que, ao assumir a pasta da Educação num dos períodos "presidenciais" do senhor Getúlio Vargas, afirmou: "Nada entendo de Educação, mas, como bom brasileiro, confio na minha capacidade de improvisação."

Não é mais possível admitir-se a complacência com a mediocridade, ou a tolerância com o erro ou a deficiência, numa nação em torno da qual dançam os anjos de todos os bens e também saltitam os demônios de todos os males; uma nação cujas proporções gigantescas farão com que tudo de seu venha a ser gigantesco — o êxito ou o fiasco, a felicidade ou a desgraça.

Quando Deus, pelos Seus desígnios, nos pôs nas mãos esta imensidão de mundo que é o Brasil, deve tê-lo feito na esperança de que, por nossa própria capacidade, façamos disto aqui um dos celeiros de abundância, de onde possamos tirar não apenas o pão para nosso povo, mas O QUE TAMBÉM DEVEREMOS DAR PARA AJUDAR OS OUTROS POVOS em estado de necessidade.

Enquanto a Humanidade vem por aí, explodindo numa população que será de seis bilhões de habitantes no ano 2000, é bom que se relembre àqueles brasileiros tranquilos e acomodados com a mesmice, a mediocridade, o procrastinismo e o egoísmo, ou os que, presos aos limites do seu quintal, pensam que também a nação deve entregar-se ao isolacionismo econômico e ao botocudismo espiritual; é preciso lembrar-lhes que ontem mesmo, em 1938, quando os urros da hiena nazista sacudiam a Europa e abalavam o mundo, reivindicando mais "Espaço Vital", o jeitoso e sinuoso *premier* Paul Reynaud insinuou matreiramente numa jogada de suposta grande figura: "E por que não o Amazonas?"

Quem garantirá a um desequipado povo de analfabetos e egoístas, incapacitados, por essas mesmas amarras, de aproveitar suas riquezas e de transformá-las também em proveito de outros povos, quem lhe garantirá eternamente a posse mansa e tranquila de quase um vigésimo do globo terrestre, num mundo apinhado de chineses uivantes, de gementes hindus e de ululantes zulus e hotentotes, que formam já agora MAIORIA ABSOLUTA DOS VOTOS DE QUALQUER ASSEMBLEIA MUNDIAL?

Veja-se quantas vezes, aqui mesmo, dentro do Brasil, se levantam certas vozes que, fingidamente piedosas, e pensando ferir determinados povos a quem marcaram com seu ódio gratuito, cuspindo para cima, proclamam indiscriminadamente que "as nações ricas têm a obrigação de solucionar os problemas das nações pobres".

E que é o Brasil, com seus vastos mundos intocados, ou mal aproveitados por técnicas ainda semiprimitivas, que é o Brasil cheio de larguidão e vazio, no entender de chineses, hindus, zulus e hotentotes, se não uma nação rica demais, rica de terras que não cultiva adequadamente, de mares em que não pesca, de florestas que não explora racionalmente, de jazidas que amontoa a esmo para o não-sei-que do "nacionalismo" boçal, e de rios que não usa?!

Diante dessa catapora de novas nações asiáticas e africanas, que vai pipocando uma a cada trimestre, como se nação fosse qualquer amontoado de cabeças de repolho que dá em qualquer canteiro, que acontecerá ao Brasil quando o ribombante tema da explosão populacional atroar pelas paredes da Assembleia das Nações Unidas?

Que acontecerá quando — alimentados pela própria baba dos nossos "nacionalistas" contra os "grandes do mundo", os representantes daquele enxame de nações e naçõezinhas, de países e subpaíses da Ásia e da África, numa união sagrada de todos os ressentidos e complexados, repetindo o velho estratagema freudiano da "transferência", usado por todos os falhados e por todos os medíocres orgulhosos — nos apontarem como os pequenos donos do imenso continente vazio? E, com toda a altiloquência da demagogia, exigirem, "em nome da Humanidade", imigração dirigida pela ONU, administrada pela ONU, para massas humanas que deverão viver sob condições mínimas, que também possam vir a ser impostas pela ONU?!

Impossível? Puramente imaginário?

Quem seria capaz de prever, na aurora deste século, que o mundo inglês — o maior império da História, garantido pela maior frota do mundo — se desmancharia pela simples força de alguns "argumentos humanos" em favor dos "oprimidos", dos "deserdados" que, então, nem se assentavam nas grandes mesas dos que têm voz nos recintos internacionais?

Para sua defesa ingente, imediata e vital, o Brasil tem que assinar consigo mesmo, rapidamente, sem perda de tempo, um sacrossanto TRATADO COM O FUTURO, por meio de uma gigantesca campanha nacional em favor da EDUCAÇÃO JÁ, E EM TODOS OS GRAUS, para tornar os brasileiros os cidadãos aptos e equipados de um país que, tendo retardado demais a arrancada definitiva para o seu próprio progresso, precisa urgentemente atualizar-se com a tecnologia, a fim de cumprir os seus deveres para com o mundo. Só mediante Educação em massa de seus filhos, o Brasil pôr-se-á em dia com o futuro, a fim de assim concretizar a grandeza profética de sua destinação histórica, que já está gizada no mapa dos tempos, e demarcada materialmente por sua própria geografia.

Há, definitivamente, um problema na vida dos povos sem cujo atendimento é impossível obterem-se soluções inteligentes para todos os outros: o da Educação.

Embora exista a educação dirigida, monofocal e cheia de silêncios, oclusões, lacunas e embustes — como nas ditaduras das "democracias" populares — TODO INVESTIMENTO NA EDUCAÇÃO, em qualquer dos seus estágios ou campos, É UM INVESTIMENTO NA LIBERDADE.

Por isso, será das universidades russas, e das suas escolas militares superiores, das gerações que por elas passaram e passarem que, apesar de tudo, apesar das distorções e de todos os antolhos, virá a libertação dos grandes povos eslavos.

Pois, quando um cérebro humano começa a raciocinar em termos superiores sobre quaisquer problemas, ele logo penetra como um insatisfeito clandestino pelas áreas vedadas à elucubração, onde o homem sempre se depara, não importa qual seja a escuridão reinante e circundante, com a luz eterna que vem do começo de todas as lutas, de todas as preocupações e de todos os sonhos: a liberdade.

Por se ter afastado de suas primárias e primordiais responsabilidades — de assegurador de educação, justiça, segurança, estradas, correios, portos e assistência social e hospitalar esbanjando o dinheiro do povo no irresponsável carnaval das empresas estatais —, o *governo* no Brasil deixou-se marcar perante a nação pelas características da insolvabilidade moral, da incapacidade executiva, da irresponsabilidade e da desumanidade mais atroz para com as classes humildes.

Jogando dinheiro na insaciável fornalha deglutidora de Lloyds-Costeiras-Centrais-Álcalis e tantos "*et ceteras*", o governo federal parecia um desatinado estroina, filho de um suposto pai rico, há muito falido. Acuados pela demagogia e fascinados pela obsessão eleitoral de exibir bandejas de empregos, os governantes buscavam todos os truques do escapismo e da desconversa para fugir às atitudes que contrariassem as classes superprivilegiadas, aceitando covardemente a intocabilidade dos sorvedouros das empresas estatais, por onde a nação tem sido sangrada até a quase mortal anemia.

Nenhum homem público de alta responsabilidade teve, até agora, a grandeza olímpica de dizer BASTA! aos crimes cujos resultados — os déficits astronômicos — todos apenas deploram e teórica e timidamente condenam. Esta geração está devendo ao país o estadista de coração e mente ciclópicos, capaz de se opor serena e firmemente aos caudais de desatinos que a enxurrada irresponsável da demagogia abriu sobre o futuro do Brasil.

Uma palavra de beira de estrada, paciente observador de caravana, aos que desejam fazer carreira na vida pública brasileira, de agora em diante.

Esqueçam-se do exemplo clássico e ainda recente daquele político medíocre que, durante vinte anos, conseguiu com sua matreirice e desmesurada e vazia ambição atravancar os caminhos da vida cívica brasileira, para semear o nada e lançar o Brasil, desequipado e sem rumo, na mais perigosa fase da História contemporânea, deixando-lhe apenas, nas mãos, uma mensagem de ódio e ressentimento.

IDEIAS EM RESUMO, À GUISA DE CONCLUSÕES

Não pensem que sejam a esperteza, o jogo dúplice ou, a fingida catalepsia, a omissão dos não comprometidos, o escapismo desconversante, a melhor fórmula para atingir as posições de onde se comanda o destino dos homens.

Se ambicionam que o povo, ou até mesmo a História, lhes guarde a efígie, fujam do exemplo, que já vai ficando anacrônico, desses políticos sempre sorridentes, sempre concedentes e sempre concordantes, que jamais terminam o interminável curso de bom-mocismo em contínuas lições. Os retratos que ficarão nos murais da memória das gentes expressarão imagens feitas às vezes com tintas duras e fortes, e até violentas, daqueles que se marcam pela coragem moral de ir contra a corrente dos amigos e partidários, quando esses estão entregues ao amolecimento das atitudes fáceis, ao comodismo do tomara-que-seja, ou à confusão mental dos desatinos.

A saturação obsessiva do *bom-mocismo carreirista* chegou ao auge no mundo político brasileiro no caso daquele ex-presidente que continuava sorrindo o seu sorriso papa-votos, nos idos dramáticos, dantescos e angustiosos de 1962, 1963 e 1964 — quando a nação tinha diante de si só a opção pelo cataclisma, daquela que seria a mais sangrenta guerra civil de sua História.

Quando no céu da pátria se cruzavam as preces das mulheres corajosas e as imprecações dos líderes que se preparavam para a morte ou o morticínio, o ambicioso político fazia-se de surdo e morto. Ele se fizera de pedra e gelo; pedra como uma esfinge, gelo como um *iceberg*. Pensava que, emudecido como uma esfinge, vararia os tempos e aquelas tempestades; e, como um *iceberg*, seria inafundável ante as vagas da tormenta que se prenunciava terrível.

Deixou, por isso, de exercer o papel que, pela antiga autoridade de seu posto, lhe cabia, de nau capitânia, encouraçado-chefe do esquadrão dos líderes que se juntariam, trezentos que fossem, nas angusturas das Termópilas da liberdade, para combater e deter a marcha dos antidemocratas que traziam também um cavalo rubro para Troia.

Mas ele contava com os votos, precisava dos votos, pensava nos votos, sonhava com os votos dos vândalos, dos hunos, dos persas, dos invasores todos, de gregos e troianos, de caldeus e filisteus, de turcos e cruzados, de romanos e cartagineses. "Eu vou buscar votos até nas sarjetas" — disse ele certo dia a David Nasser.

Enquanto a pátria, a liberdade e a democracia, que lhe deram a mais alta das honras, corriam o perigo mortal — ele, "esperto", como o antigo mestre, fingia não ver, não saber falar. Sorria. Queria votos para retornar a seus sonhos faraônicos.

Ele se perdeu, não pelas ações nefandas de que oficialmente o acusaram, mas pela omissão tão mal calculada, que parecia cínica; tão persistente, que parecia obtusa; tão esquiva, que parecia covarde.

O maior crime que pode ser cometido contra o bem de uma nação não é gatunagem contra os cofres públicos. Pois essa contravenção miúda e reles não a fere, não a faz menor, não a esmaga, nem sequer a atormenta — tão vulgar e suja é a própria face do ladrão público. A nação nem mesmo fica menos rica, pois ela, ainda que pobre, se coloca acima da fortuna dos larápios — que o mais que conseguem é coçar-lhes os bolsos, ou surrupiar-lhe periodicamente as burras.

Há, porém, um tipo único de criminoso que, este sim, a atinge gravemente, porque a degrada e avilta, porque a desorienta e põe em perigo, porque solapa sua tranquilidade espiritual, porque a leva ao desespero e pode até atirá-la no abismo onde reinam a estagnação e a própria decomposição. É o traidor de sua confiança.

E aquele perjuro que empunha duplicemente as grandes bandeiras cívicas e libertárias e, feito ocasionalmente comandante de uma arrancada pacífica ou revolucionária, assume a dianteira que lhe confiam, e a seguir manobra para conduzir seu povo aos tortuosos caminhos onde finalmente se acoitam a ditadura e os ditadores.

Assim é aquele tipo que, medíocre e baço, é içado à curul de todos os píncaros pela catapulta da esperança popular e pela boca dos bacamartes idealistas, em luta decenária contra o continuísmo de uma confraria carcomida. Uma vez grimpado o poder, nele despeja os arreios e coxins do seu doentio sibaritismo — e planta a bandeira pegajosa do seu "fico" — que só foi despregado aos arrancos e trompaços de novas agitações e sucessivas revoluções.

Semelhante no opróbrio, embora mais barato em sua rasteira ambição por tutameias, é igualmente aquele que, feito guardião das senhas e esquemas de uma luta libertária — a que a nação tentaria em 1937, através da eleição de José Américo de Almeida — ao ouvir ranger os ferros de nova conjura liberticida, sai ele próprio, o janota-bifronte, feito garçom-volante da futura ditadura. E pela gorjeta de uma embaixada, leva prestimosamente, em sua bandeja de latão, de palácio em palácio, exatamente a cabeça do candidato por cujos planos de vitória era responsável, para zelar, para comandar, para lutar e até para morrer.

Execrável e para sempre danoso à nação é também aquele outro tipo que, pacientemente, monta a maquilagem do "coitado"; solertemente, se oculta sob o "travesti" do "desgraçado" e fingidamente se promove nas vitrinas dos coretos com a imagem do *messias* de todos os subúrbios e o vingador de todos os sofrimentos pátrios. Diante de toda uma carpintaria cenográfica do que lhe parecia um herói de epopeia, ergue-se então a nação numa preamar épica de esperanças. Congregam-se, em renascedouro chamamento, os sobreviventes de todos os sonhos e frustrações cívicas. Reagrupam-se os combatentes que viviam isolados, sitiados ou amargurados depois de quase três decênios de lutas e derrotas.Põe-se finalmente em formação de combate, pela grande batalha do futuro, o maior exército de purificadoras vontades democráticas até então reunido na história dos prélios cívicos deste país.

E quando a vitória alcançada nem começava ainda a frutificar, nem o novo poder a ser de fato exercido, o fuão calculista, iludido pelos ares olímpicos com que o bafejavam as vitórias que lhe dava a enganada confiança popular, lança a sua cartada decisiva, a mágica diabólica de uma nova negaça, que deixaria nu, no grande palco, um esqueleto de ignomínia: outro candidato a ditador!

Todos os larápios reunidos que em quatrocentos anos de História tenham, porventura, furtado e assaltado esta nação; os piratas de cofres federais, os meliantes de cofres estaduais, os ratoneiros de cofres municipais, toda a camarilha zoológica dos rapinantes — nenhum dos bandos, nenhum deles, nem todos juntos com seu vício miserável, subtraiu tanto a este país, a seu povo, a seus homens simples, a suas mulheres confiantes, a seus jovens idealistas, quanto aquele indivíduo que num dia de sol de agosto lhes roubou a fé e a confiança, a tranquilidade e a esperança — tesouros maiores dos povos pobres, riqueza também dos povos ricos.

Só há um tipo de criminoso que pode, sozinho, desarvorar, estiolar e aniquilar uma nação. É o enganador de sua confiança. É o traidor de suas juradas esperanças.

O ladrão público quase sempre nem deixa pegadas. Mas o traidor larga empós si um odor de peste — que permanece fétido ao longo da História.

E — como diz o escritor Paulo Zingg — não há salga que apague do olfato dos povos o rastro de enxofre deixado pelos seus judas.

Aqueles todos que se inflam de orgulho em seus vaticínios de que seremos uma das maiores nações do mundo, devem atentar para o que significará de esforços e sacrifícios a epopeia necessária para levar-nos até essas alturas.

Esse alpinismo rumo às cumeadas humanas, rumo aonde nos ombrearemos aos povos que já atingiram os alcantis, não pode ser feito, nunca será feito, se ainda tivermos que carregar o lastro de 40 ou 50% de analfabetos, ou de 80% de cidadãos com apenas cinco anos de escola primária.

Com seus mais amplos contingentes humanos ligeiramente escolarizados em somente quatro ou cinco anos de estudos, o Brasil não será o que esperamos, não atingirá o que desejamos, nem se destacará como o queremos.

Quando a História pôs tantos mundos em nossas mãos, ficou traçado o destino próximo deste país — ou a estrela entre as estrelas, ou então um planeta abafadiço, pífio, sem cor para a vida, nem atmosfera para a grandeza. Uma nação enferma e quebradiça que, por tão grande e sem luz própria, poderá até romper-se em meteoritos adoidalhados e inconsequentes.

Tudo o que Deus e o destino puseram em nossas mãos, esta nação imensa que tem o tamanho de tantas franças e de tantas bélgicas, esse exagero divino e esse presentão da História, são o desafio supremo e INTRANSFERÍVEL, válido talvez para apenas mais duas gerações brasileiras: a que agora vive e a que vem surgindo.

Tanta imensidão de terras e florestas, de mares e rios, oferece a antevisão deslumbrada da riqueza, mas também a dura e impositiva advertência de que o Brasil não poderá ser uma nação meio-termo. Uma nação meio analfabeta, meio capaz, com um povo meio esforçado e meio enérgico. Pois o mais-ou-menismo é incompatível com a grandeza, com o dinamismo, com o progresso, com a prosperidade, com a cultura, a técnica e a ciência.

O mais-ou-menismo que produz cidadãos pela metade é o estilo de vida a que se entregam budicamente os povos compostos de estranhos seres meio humanos, meio animais.

Por causa do mais-ou-menismo é que se nivela para baixo, e não para cima. Por sua causa é que se baixam as médias e os níveis de qualidade em tudo. Baixa-se para 5 a chave de entrada nas faculdades. Baixa-se de Atenas para a Beócia. De Esparta para Sodoma. Baixa-se da República para o "Estado Novo". Baixa-se do patriotismo para o "nacionalismo".

O *mais-ou-menismo* é a característica dos povos incultos, das nações pedestres, que ainda marcham a pé ou em carros de boi quando já se "aterrissa" na Lua.

IDEIAS EM RESUMO, À GUISA DE CONCLUSÕES

Estamos, sem dúvida, diante da hora da opção e da decisão, quando o Brasil deve entregar-se a seus velhos defeitos, conformar-se com suas deficiências, encolher-se diante de seus velhos fantasmas e preconceitos, rendendo-se então a todas as suas negativas consequências — ou romper a barragem dos temores, podar os erros antes tolerados, e gizar os cidadãos pelo talhe dos heróis, preparando-os para durezas e sacrifícios, para as disputas em que só valem a inteligência e a capacidade, o engenho criador e a dedicação realizadora, o anseio de perfeição e o orgulho do bem-feito.

O progresso humano não é mais um vento que sopra fraco. Ele atingiu a velocidade dos furacões. É um tufão benfazejo, que traz em seu bojo um vendaval de coisas e possibilidades — mas que arrancará impiedosamente os mastros, as velas e as quilhas das nações que não se puserem em seu rumo e em seu ritmo.

Temos que dar à vida brasileira as mesmas cores vivas e o mesmo ritmo vigoroso, a mesma galopante e máscula energia contida na música de nosso Hino Nacional.

Desse hino cujos acordes, quando rompem nos ares, parecem enfeixar a flamejante orquestração de todos os ribombos e estrondos das grandes cavalgadas humanas, como se através deles a nação inteira se precipitasse sonoramente em marcha.

O estilo, o diapasão e compasso para a vida deste país já estão contidos, de há muito, profeticamente, na vibração dinâmica e enérgica da imorredoura cadência musical de Francisco Manuel, tão felizmente eleita para ligar os corações brasileiros nas solenes convivências do presente, e fundir as gerações, quando elas se superpõem na sequência das décadas e dos séculos.

Por tudo que está dito nestas páginas, e por muitas outras razões e motivos que nossa curta percepção nem tenha conseguido entrever, é fácil concluir que uma nação com as proporções continentais do Brasil já carrega consigo responsabilidades inarredáveis e intransferíveis, de responder perante o mundo e perante seu povo, pelo tanto que Deus lhe deu, em terras e em gentes.

Nascendo já 6.500 brasileirinhos por dia em 1966, o comando da vida brasileira assume a cada hora complexidade acima e além do eventual atendimento das vaidades imensas de certos minúsculos políticos que pensam poder exercer a direção da nação só porque são ricos de poder material, ricos de ambição de mando, ricos de dinheiro — mas que, pobres medíocres, não são RICOS DE INTELIGÊNCIA, NEM RICOS DE IMAGINAÇÃO; NEM RICOS DE CORAGEM MORAL E ESPIRITUAL.

Ninguém, nenhum líder, nenhum chefe político, por mais abastecido que traga o seu bornal de habilidades, jeitos, trejeitos e vaidades, conseguirá que a tática provinciana de "driblar" os homens e as situações, "drible" também a face dura, impassível e esfíngica dos problemas nacionais.

As decisões para as grandes equações da vida brasileira não poderão vir dos espíritos obcecados pela busca da popularidade e amedrontados pelas caretas do populismo — postura típica dos políticos-balancins, dos "líderes" cata-ventos, que vivem sempre preocupados em estar bem com Deus e jantar às escondidas com o diabo. Falta a esses frustrados aspirantes a estadista aquela coragem olímpica e o instinto divino para as decisões sagradas, tomadas acima dos histerismos momentâneos assoprados pelas bocas tortuosas da mistificação e da mediocridade, e alimentados pelo bafo odiento dos foles do terror.

Não poderá vir da mornice dos indecisos aquela capacidade de orientação precisa, no momento preciso: a que rasga as trevas nas grandes crises de uma nação adulta, ainda que para isso se façam chover raios e desabem furacões.

Os homens que fazem sua vida pública à base de contar votos e não gestos de grandeza, e não atos de talento, e não atitudes de coragem moral — esses amanuenses eleitorais, príncipes do carreirismo e do bom-mocismo, confundem a faixa presidencial com mais uma coroa de vaidosas flores — como as que os equinos ostentam após os páreos vitoriosos.

Não existe uma escola de alta política que conceda diplomas de estadistas. Mas estão aí, para que todos as contemplem e examinem, as máscaras sem ricto e pesadas dos problemas, dos macroproblemas, de uma nação de oitenta milhões de habitantes que, ou aspira a ser potência de primeira grandeza — e marcha masculamente para isso — ou se esfacela, se esfarela e se esfarinha numa aleijada ficção de muitas pátrias miúdas, hermeticamente fechadas e protegidas dentro de seus liliputianos preconceitos e suas subterrâneas frustrações.

O Brasil não pode mais ser governado por homens de coração murcho e de mente curta; homens que deliberadamente confundem admiração com popularidade; homens que digam sempre sim, mas à custa da nação; que exploram o *bom-mocismo* e se pavoneiam com generosidades feitas com o chapéu do Tesouro, que é amealhado com o que vem do suor de todos; homens inflados de muita vaidade, mas vazios de ideias e de cultura.

Com os problemas que se acumulam sobre nossos destinos, o Brasil não pode mais entregar a sua marcha ao ziguezaguear doentio dos "espertinhos" nem pode mais se dar ao luxo de submeter-se à direção de "líderes" que se acomodam com os erros, abusos e deficiências do presente, ainda que à custa do futuro; homens que não enfrentam e sempre contornam; que continuamente barganham decisões por acomodações, procrastinando o desagradável e o inadiável — e lançando-os deslealmente a débito das gerações vindouras.

Marcado pelo destino para uma grandeza futura que se situa nos limites em que se encontram Deus e o Infinito, o Brasil não pode mais depender das inteligências amedrontadas e das mãos macias dos "líderes" tímidos, sem imaginação nem coragem, que vivem de aplicar massagens na própria popularidade, em vez de usar o bisturi das necessárias decisões e dos cortes profundos — que dão o talhe dos estadistas e formam o contorno das nacionalidades.

LEIA TAMBÉM:

PHILIPPE MURAY
O IMPÉRIO DO BEM
A DITADURA DO POLITICAMENTE CORRETO

"UM DOS MAIORES ESCRITORES DO SÉCULO 20, UM GÊNIO DA CRIAÇÃO LITERÁRIA."
MICHEL HOUELLEBECQ

AVIS RARA

Em *O império do bem*, os alvos do autor são todas as formas de autoritarismo disfarçadas de civilidade. Com uma escrita e pensamento extraordinários, a obra de Muray proporciona um verdadeiro alívio nesses nossos dias.

Distanciando-se do "totalitarismo dos bons sentimentos", ele foi capaz de renovar o arsenal cognitivo para descrever o espírito da nossa época e analisar a nova civilização que emergiu no Ocidente na virada da década de 1990 — ocasião em que apontou para o surgimento d'*O império do bem* — e que se desenvolveu consideravelmente desde então.

Do que Muray tinha medo? Da devoção a um *Bem* com B maiúsculo que não pode ser questionado, sendo a fonte de inúmeras tolices e o caminho mais curto para novas formas de barbárie. Certamente, o império do Bem nunca deixa de inventar novas modas para arruinar as nossas vidas, impondo o seu ideal de virtude em todos os quadrantes. Pelo menos, Muray nos deixou ferramentas para ridicularizá-lo.

CURZIO MALAPARTE
LIVRO QUE PROVOCOU LÊNIN, MUSSOLINI, HITLER, TROTSKY...

TÉCNICAS DE GOLPES DE ESTADO

UTILIZADAS POR:
FASCISTAS
COMUNISTAS
NAZISTAS

AVIS RARA

Em todo o mundo manchetes alardeiam a ideia de que a democracia está sob constante ameaça, e a imprensa anuncia diariamente que nossas sociedades estão com os dias contados. Mas o que realmente constitui ameaça à democracia e o que é mera cortina de fumaça? E de onde virá o golpe?

São essas perguntas, entre outras igualmente vitais, que este livro trata.

ASSINE NOSSA NEWSLETTER E RECEBA
INFORMAÇÕES DE TODOS OS LANÇAMENTOS

www.faroeditorial.com.br

CAMPANHA

FiqueSabendo

Há um grande número de pessoas vivendo com HIV e hepatites virais que não se trata. Gratuito e sigiloso, fazer o teste de HIV e hepatite é mais rápido do que ler um livro.

FAÇA O TESTE. NÃO FIQUE NA DÚVIDA!

AVIS RARA

ESTA OBRA FOI IMPRESSA
EM AGOSTO DE 2022